21 世纪高等院校法学精品资源共享课教材

婚姻家庭继承法学案例教程

（第三版）

陈　苇　主编

群众出版社

2017·北京

婚姻家庭继承法学案例教程

（第三版）

主　编：陈　苇

副主编：李　俊　杜江涌

撰稿人：（以撰写章节先后为序）
胡　平　曹贤余　张华贵　朱　凡
李　俊　陈　苇　杜江涌　皮锡军

目　　录

第一版前言

2001年4月，经全国人大常委会通过颁布的修订后的《中华人民共和国婚姻法》，对我国婚姻家庭继承领域出现的新情况、新问题进行了规范。为指导司法实践，我国最高人民法院于2001年和2003年先后颁布了《关于适用〈中华人民共和国婚姻法〉若干问题的解释（一）》和《关于适用〈中华人民共和国婚姻法〉若干问题的解释（二）》。为了指导高等学校法学专业的学生学习"婚姻家庭继承法学"课程，加强理论联系实际，提高学生分析、解决婚姻家庭继承问题的能力，我们依据最新法律、法规和司法解释的精神，对2004年8月西南政法大学教材委员会审定在校内印刷、供全校学生使用的《婚姻家庭继承法学案例教程》进行修改、补充，撰写完成了此《婚姻家庭继承法学案例教程》教材。并且，为便于学生进一步研究学习，我们在附录中选编了有关的婚姻家庭继承法律、法规和司法解释。

本书既可作为高等学校法学专业本科生的案例教学用书，也可作为研究生的学习参考书，还可作为司法实务部门办理婚姻家庭继承案件时的参考书。由于我们水平有限，若有不妥之处，恳请读者指正。

本书各单元作者撰稿后，由主编负责统一修改、定稿。各单元的撰稿人如下：

第一单元：胡平、曹贤余；

第二单元：张华贵；

第三单元：朱凡；

第四单元：李俊；

第五单元：曹贤余；

第六单元：陈苇、杜江涌；

第七、八单元：皮锡军；

第九单元：杜江涌。

附录的婚姻家庭继承法律、法规和司法解释，由陈苇、杜江涌选编。

胡平

2005年5月

第二版前言

为了指导高等学校法学专业的学生学习"婚姻家庭继承法学"课程，2005 年 8 月群众出版社出版了我们编写的《婚姻家庭继承法学案例教程》。自本书出版后，在我校"婚姻家庭继承法学"课的教学实践环节中，教师们采用本书作为指导学生进行案例讨论的教材。教师通过组织学生进行课堂案例讨论，理论联系实际分析问题，增强了师生互动环节，提高了学生分析、解决婚姻家庭继承实际问题的能力。我校的"婚姻家庭继承法学"课程，于 2006 年被评为"西南政法大学校级精品课程"，于 2007 年被评为"重庆市市级精品课程"。

本书自 2005 年出版以来，已经过去五年了。这五年期间，在婚姻家庭继承法领域，有部分法律、法规和司法解释已经被修改或废止，有部分新的法律、法规和司法解释已经颁行，并且在我国社会现实生活和司法实践中，也出现了一些婚姻家庭继承方面的新情况、新问题。因此，我们根据最新颁行的法律、法规和司法解释，结合婚姻家庭继承方面的新情况、新问题，对本书第一版的部分内容进行了修改和补充，以满足教学、学习及研究的需要。本书既可作为高等学校法学专业本科生的案例教学用书，也可作为研究生的学习参考书，还可作为司法实务部门办理婚姻家庭继承案件时的参考书。在此必须说明，为保护当事人的隐私和避免发生误会，本书采用的案例一般都经过了专门改编，其中的当事人和法院均为化名，请勿对号入座。

本书第二版修改、补充的新内容，由陈苇、李俊、杜江涌共同撰写，最后由陈苇统一修改、定稿。由于我们的学识和水平有限，本书的内容如有不妥之处，恳请读者指正。

本书各单元的撰稿人如下：

第一单元：胡平、曹贤余；

第二单元：张华贵；

第三单元：朱凡；

第四单元：李俊；

第五单元：曹贤余；

第六单元：陈苇、杜江涌；

第七、八单元：皮锡军；

第九单元：杜江涌。

附录的婚姻家庭继承法律、法规及司法解释，由陈苇、杜江涌选编。

陈苇

2010 年 7 月

第三版前言

为了指导高等学校法学专业的学生学习"婚姻家庭继承法学"课程，2005年8月群众出版社出版了我们编写的《婚姻家庭继承法学案例教程》。自本书出版后，在我校"婚姻家庭继承法学"课的教学实践环节中，教师们采用本书作为指导学生进行案例讨论的教材。教师通过组织学生进行课堂案例讨论，理论联系实际分析问题，增强了师生互动环节，提高了学生分析、解决婚姻家庭继承实际问题的能力。西南政法大学民商法学院婚姻家庭继承法及妇女理论教研室教师主讲的"婚姻家庭继承法学"课程，先后于2006年被评为"西南政法大学校级精品课程"，于2007年被评为"重庆市市级精品课程"，于2012年被评为"重庆市市级精品资源共享课"。

本书自2005年8月出版第一版以来，于2010年9月经过修改补充出版第二版，距离现在已经过去六年多了。在此期间，随着我国经济社会生活的发展，民众婚姻家庭观念的变化，婚姻家庭继承领域出现了一些新情况、新问题。为适应调整我国婚姻家庭继承新情况、新问题的需要，我国婚姻家庭继承关系的部分法律、法规和司法解释已经被修改或废止，另有部分新的法律、法规和司法解释已经颁行。因此，我们根据最新颁行的相关法律、法规和司法解释，结合我国婚姻家庭继承方面的新情况、新问题，对本书第二版的内容再次进行了修改和补充，以出版第三版。为更好地满足教学、学习和研究的需要，对于本书第三版的结构体系，我们在继续保持原书结构体系的基础上，对其部分结构作了一定的补充。除第九章之外，在其余各章都分别增加了"基本理论概述"和"相关裁判实例摘录"这两个组成部分。本书既可作为高等学校法学专业本科生、研究生课程的教学用书或参考用书，也可作为司法实务部门处理婚姻家庭继承案件的参考书。

在此必须说明，为保护当事人的隐私和避免发生误会，本书采用的示范案例与讨论案例一般都经过了专门改编，其中的当事人和法院均为化名，请勿对号入座。同时，在本次修改中增加的"相关裁判实例摘录"则选编自真实案件，但对其判决部分的法律法规没有采用简称，以便让学生明确制作法律文书必须使用法律法规的全称。这有利于读者对相关司法实务有更为直观的了解，也有利于在课堂讲授中为学生提供第一手的分析素材。

本书第三版修改、补充的新内容，由陈苇、李俊、杜江涌共同撰写，第一单元至第四单元由李俊进行修改补充，第五单元至第九单元和附录的法律、法规及司法解释由杜江涌进行修改补充，最后由陈苇进行统一修改补充后定稿。由于我们的学识和水平有限，本书的内容如有不妥之处，恳请读者指正。

本书各单元的撰稿人如下：

第一单元：胡平、曹贤余；

第二单元：张华贵；

第三单元：朱凡；

第四单元：李俊；

第五单元：曹贤余、陈苇、杜江涌；

第六单元：陈苇、杜江涌；

第七、八单元：皮锡军；

第九单元：杜江涌。

附录的婚姻家庭继承法律、法规及司法解释，由陈苇、杜江涌选编。

最后，我代表本书的全体作者对2016年9月前来西南政法大学民商法学院婚姻家庭继承法及妇女理论教研室进修的山西长治学院的裴宝莉老师和西南政法大学民商法学院硕士研究生白玉同学为本书全文进行的认真校对工作表示衷心的感谢！并且，我代表本书的全体作者对群众出版社的编辑老师们的辛勤编辑工作表示衷心的感谢！

陈苇

2016年11月18日

本书引用的主要法律、法规及司法解释的简称

1. 《中华人民共和国宪法》（1982 年 12 月 4 日通过，1988 年 4 月 12 日、1993 年 3 月 29 日、1999 年 3 月 15 日和 2004 年 3 月 14 日共四次修正。1982 年 12 月 4 日起施行）简称：我国现行《宪法》。

2. 《中华人民共和国民法通则》（1986 年 4 月 12 日通过，1987 年 1 月 1 日起施行。2009 年 8 月 27 日修正）简称：我国《民法通则》。

3. 《最高人民法院关于贯彻执行〈中华人民共和国民法通则〉若干问题的意见（试行）》（1988 年 4 月 2 日起施行）简称：我国《执行民法通则的意见》。

4. 《中华人民共和国婚姻法》（1980 年 9 月 10 日通过，1981 年 1 月 1 日起施行。2001 年 4 月 28 日修正）简称：我国现行《婚姻法》。

5. 《中华人民共和国婚姻法》（1950 年 3 月 3 日通过，1950 年 5 月 1 日颁布施行）简称：1950 年《婚姻法》。

6. 《中华人民共和国婚姻法》（1980 年 9 月 10 日通过，1981 年 1 月 1 日起施行）简称：1980 年《婚姻法》。

7. 《最高人民法院关于适用〈中华人民共和国婚姻法〉若干问题的解释（一）》（2001 年 12 月 24 日通过，2001 年 12 月 27 日起施行）简称：2001 年《婚姻法解释（一）》。

8. 《最高人民法院关于适用〈中华人民共和国婚姻法〉若干问题的解释（二）》（2003 年 12 月 4 日通过，2004 年 4 月 1 日起施行）简称：2004 年《婚姻法解释（二）》。

9. 《最高人民法院关于适用〈中华人民共和国婚姻法〉若干问题的解释（三）》（2011 年 7 月 4 日通过，2011 年 8 月 13 日起施行）简称：2011 年《婚姻法解释（三）》。

10. 《中华人民共和国收养法》（1991 年 12 月 29 日通过，1992 年 4 月 1 日起施行。1998 年 11 月 4 日修正，自 1999 年 4 月 1 日起施行）简称：我国现行《收养法》。

11. 《中华人民共和国继承法》（1985 年 4 月 10 日通过，1985 年 10 月 1 日起施行）简称：我国《继承法》。

12. 《最高人民法院关于贯彻执行〈中华人民共和国继承法〉若干问题的意见》（1985 年 9 月 11 日起施行）简称：我国《执行继承法意见》。

13. 《中华人民共和国母婴保健法》（1994 年 10 月 27 日通过，1995 年 6 月 1 日起施行。2009 年 8 月 27 日修正）简称：我国《母婴保健法》。

14. 《中华人民共和国人口与计划生育法》（2001 年 12 月 29 日通过，2002 年 9 月 1 日起施行。2015 年 12 月 27 日修正）简称：我国现行《人口与计划生育法》。

15.《中华人民共和国妇女权益保障法》（1992年4月3日通过，1992年10月1日起施行。2005年8月28日修正）简称：我国现行《妇女权益保障法》。

16.《中华人民共和国老年人权益保障法》（1996年8月29日通过，2012年12月28日修正，2013年7月1日起施行。2015年4月24日修正）简称：我国现行《老年人权益保障法》。

17.《中华人民共和国未成年人保护法》（1991年9月4日通过，2007年6月1日起施行。2006年12月29日和2012年10月26日两次修正，2013年1月1日起施行）简称：我国现行《未成年人保护法》。

18.《中华人民共和国反家庭暴力法》（2015年12月27日通过，2016年3月1日起施行）简称：我国《反家庭暴力法》。

19.《中华人民共和国婚姻登记条例》（2003年7月30日通过，2003年10月1日起施行）简称：2003年《婚姻登记条例》。

20.《中华人民共和国婚姻登记管理条例》（1994年1月12日通过，1994年2月1日起施行）简称：1994年《婚姻登记管理条例》。

21.《人类辅助生殖技术管理办法》（2001年2月20日发布，2001年8月1日起施行）简称：2001年《人类辅助生殖技术管理办法》。

22.《最高人民法院关于人民法院审理离婚案件如何认定夫妻感情确已破裂的若干具体意见》（1989年12月13日起施行）简称：1989年《认定夫妻感情确已破裂的意见》。

23.《最高人民法院关于人民法院审理未办结婚登记而以夫妻名义同居生活案件的若干意见》（1989年12月13日起施行）简称：1989年《审理以夫妻名义同居生活案件的意见》。

24.《最高人民法院关于人民法院审理离婚案件处理财产分割问题的若干具体意见》（1993年11月3日起施行）简称：1993年《财产分割意见》。

25.《最高人民法院关于人民法院审理离婚案件处理子女抚养问题的若干具体意见》（1993年11月3日起施行）简称：1993年《子女抚养意见》。

26.《最高人民法院关于人民法院审理离婚案件中公房使用、承租若干问题的解答》（1996年2月5日起施行）简称：1996年《审理离婚案件中公房使用、承租若干问题的解答》。

27.《中华人民共和国民事诉讼法》（1991年4月9日通过。2007年10月28日和2012年8月31日两次修正，2013年1月1日起施行）简称：我国现行《民事诉讼法》。

28.《最高人民法院关于适用〈中华人民共和国民事诉讼法〉的解释》（2014年12月18日通过，2015年2月4日起施行）简称：2015年《适用民事诉讼法的解释》。

29.《中华人民共和国刑法》（1979年7月1日通过，自1997年3月该法被修订以来，先后通过了《全国人大常委会关于惩治骗购外汇、逃汇和非法买卖外汇犯罪的决定》和九个刑法修正案，最后一次为2015年8月29日的《刑法修正案（九）》）简称：我国现行《刑法》。

30.《中华人民共和国治安管理处罚法》（2005年8月28日通过，2006年3月1日起施行。2012年10月26日修正）简称：我国《治安管理处罚法》。

31.《最高人民法院关于如何处理农村五保对象遗产问题的批复》（2000年8月3日

起施行）简称：2000 年《处理农村五保对象遗产的批复》。

32. 《最高人民法院关于审理人身损害赔偿案件适用法律若干问题的解释》（2004 年 5 月 1 日起施行）简称：2003 年《审理人身损害赔偿案件的解释》。

33. 《最高人民法院关于确定民事侵权精神损害赔偿责任若干问题的解释》（2001 年 3 月 10 日起施行）简称：2001 年《确定民事侵权精神损害赔偿责任的解释》。

34. 《中华人民共和国合同法》（1999 年 3 月 15 日通过，1999 年 10 月 1 日起施行）简称：我国《合同法》。

35. 《中华人民共和国物权法》（2007 年 3 月 16 日通过，2007 年 10 月 1 日起施行）简称：我国《物权法》。

36. 《中华人民共和国涉外民事关系法律适用法》（2010 年 10 月 28 日通过，2011 年 4 月 1 日起施行）简称：我国《涉外民事关系法律适用法》。

37. 《最高人民法院关于适用〈中华人民共和国涉外民事关系法律适用法〉若干问题的解释（一）》（2012 年 12 月 10 日通过，2013 年 1 月 7 日起施行）简称：《涉外民事关系法律适用法的解释（一）》。

38. 《外国人在中华人民共和国收养子女登记办法》（1999 年 5 月 25 日起施行）简称：我国《外国人收养子女登记办法》。

39. 《最高人民法院关于贯彻执行民事政策法律若干问题的意见》（1984 年 8 月 30 日起施行）简称：1984 年《执行民事政策法律的意见》。

第一单元
违反婚姻法基本原则案例

基本理论概述

婚姻法是调整婚姻关系和家庭关系的法律规范的总和。婚姻法的基本原则是婚姻家庭立法的指导思想，也是制定婚姻家庭法和政策的依据，决定着婚姻家庭立法的性质和内容，也是解释和适用婚姻法的依据。

我国现行《婚姻法》第二条规定："实行婚姻自由、一夫一妻、男女平等的婚姻制度。保护妇女、儿童和老人的合法权益。实行计划生育。"这是我国婚姻法的五项基本原则。

为了保障这些基本原则的贯彻实施，我国现行《婚姻法》第三条又特别作出规定："禁止包办、买卖婚姻和其他干涉婚姻自由的行为。禁止借婚姻索取财物。禁止重婚。禁止有配偶者与他人同居。禁止家庭暴力。禁止家庭成员间的虐待和遗弃。"该法还明确规定了对实施家庭暴力、虐待、遗弃家庭成员等的救助措施和法律责任。

主要相关法律、法规及司法解释链接

我国现行《婚姻法》

第二条　实行婚姻自由、一夫一妻、男女平等的婚姻制度。

保护妇女、儿童和老人的合法权益。

实行计划生育。

第三条　禁止包办、买卖婚姻和其他干涉婚姻自由的行为。禁止借婚姻索取财物。

禁止重婚。禁止有配偶者与他人同居。禁止家庭暴力。禁止家庭成员间的虐待和遗弃。

第四条　夫妻应当互相忠实，互相尊重；家庭成员间应当敬老爱幼，互相帮助，维护平等、和睦、文明的婚姻家庭关系。

我国现行《人口与计划生育法》

第十八条　国家提倡一对夫妻生育两个子女。

符合法律、法规规定条件的，可以要求安排再生育子女。具体办法由省、自治区、直辖市人民代表大会或者其常务委员会规定。

少数民族也要实行计划生育，具体办法由省、自治区、直辖市人民代表大会或者其常务委员会规定。

夫妻双方户籍所在地的省、自治区、直辖市之间关于再生育子女的规定不一致的，按照有利于当事人的原则适用。

第四十一条　不符合本法第十八条规定生育子女的公民，应当依法缴纳社会抚养费。

未在规定的期限内足额缴纳应当缴纳的社会抚养费的，自欠缴之日起，按照国家有关规定加收滞纳金；仍不缴纳的，由作出征收决定的计划生育行政部门依法向人民法院申请强制执行。

第四十二条　按照本法第四十一条规定缴纳社会抚养费的人员，是国家工作人员的，还应当依法给予行政处分；其他人员还应当由其所在单位或者组织给予纪律处分。

我国《反家庭暴力法》

第二条　本法所称家庭暴力，是指家庭成员之间以殴打、捆绑、残害、限制人身自由以及经常性谩骂、恐吓等方式实施的身体、精神等侵害行为。

第三条　家庭成员之间应当互相帮助，互相关爱，和睦相处，履行家庭义务。

反家庭暴力是国家、社会和每个家庭的共同责任。

国家禁止任何形式的家庭暴力。

第三十七条　家庭成员以外共同生活的人之间实施的暴力行为，参照本法规定执行。

我国现行《刑法》

第二百五十八条【重婚罪】有配偶而重婚的，或者明知他人有配偶而与之结婚的，处二年以下有期徒刑或者拘役。①

2001 年《婚姻法解释（一）》

第一条　婚姻法第三条、第三十二条、第四十三条、第四十五条、第四十六条所称的"家庭暴力"，是指行为人以殴打、捆绑、残害、强行限制人身自由或者其他手段，给其家庭成员的身体、精神等方面造成一定伤害后果的行为。持续性、经常性的家庭暴力，构成虐待。②

第二条　婚姻法第三条、第三十二条、第四十六条规定的"有配偶者与他人同居"的情形，是指有配偶者与婚外异性，不以夫妻名义，持续、稳定地共同居住。

第三条　当事人仅以婚姻法第四条为依据提起诉讼的，人民法院不予受理；已经受理的，裁定驳回起诉。

一、干涉婚姻自由案例

基本理论概述

根据我国现行《婚姻法》第二条的规定，婚姻自由是我国宪法赋予公民的一项基本

---

①　最高人民法院于 1994 年 12 月 14 日在《关于〈婚姻登记管理条例〉施行后发生的以夫妻名义非法同居的重婚案件是否以重婚罪定罪处罚的批复》中规定：新的《婚姻登记管理条例》（1994 年 2 月 1 日民政部发布）发布施行后，有配偶的人与他人以夫妻名义同居生活的，或者明知他人有配偶而与之以夫妻名义同居生活的，仍应按重婚罪定罪处罚。但此规定于 2013 年 1 月 18 日已废止。

②　关于家庭暴力的界定，应以我国《反家庭暴力法》第二条的规定为准。

权利，也是我国婚姻法的一个重要原则，该原则对于建立和巩固以爱情为基础的婚姻关系，保障当事人的合法权益，具有十分重要的作用。

婚姻自由具体指当事人有权按照法律的规定，自主自愿决定自己的婚姻问题，不受任何限制和干涉，包括结婚自由和离婚自由两方面的内容。婚姻自由虽是法律赋予当事人的一项人身权利，在行使时亦需受到法律的约束。

示范案例一

干涉婚姻自由，法律如何规制？

王小强与肖采芬在打工时经人介绍相识后谈恋爱，两人相处一段时间后产生矛盾。2016 年 1 月，肖采芬提出两人分手，并把王小强给的 7 万元彩礼退回。事后，王小强几次对肖采芬提出和好要求，均遭到肖采芬的拒绝。不久，王小强得知，2016 年 5 月 25 日肖采芬将与本镇的一男青年按当地风俗摆酒结婚。王小强对前女友分手后与他人结婚气愤不已，觉得自己的感情受到了欺骗，于是产生了破坏婚礼、强抢新娘的念头。婚礼当天，王小强召集自己的几个弟兄在半道上拦截送亲队伍，强行把肖采芬挟持回家，与王小强举行婚礼，意图"生米煮成熟饭"。肖采芬不从，王小强将其打晕后由人搀扶着在其兄的主持下"拜了天地"。当地公安机关接到报警后，赶到王小强家解救了肖采芬，这场"抢亲"的闹剧才告结束。

请问：王小强的行为属于什么性质的行为？为什么？

分析意见：

本案王小强等人的行为属于暴力干涉他人婚姻自由的行为。

所谓婚姻自由是指当事人有权按照法律的规定，自主自愿地决定自己的结婚或离婚问题，任何第三人包括当事人的父母都不能侵犯法律赋予当事人的婚姻自由权利，婚姻当事人的任何一方也无权对他方加以强制。婚姻自由既是我国宪法赋予当事人的一项基本权利，也是我国婚姻法的一个重要原则，该原则对于建立和巩固以爱情为基础的婚姻关系，保障当事人的合法权益，具有十分重要的作用。为保证婚姻自由原则的实施，我国现行《婚姻法》第三条第一款规定："禁止包办、买卖婚姻和其他干涉婚姻自由的行为。禁止借婚姻索取财物。"我国现行《刑法》第二百五十七条规定："以暴力干涉他人婚姻自由的，处二年以下有期徒刑或者拘役。犯前款罪，致使被害人死亡的，处二年以上七年以下有期徒刑。第一款罪，告诉的才处理。"

在本案中，王小强在肖采芬拒绝与其和好并将与他人结婚的情况下，使用暴力手段强行挟持肖采芬，并强迫肖采芬与其结婚，其行为明显是对肖采芬婚姻自由权利的侵害，具有违法性。如果肖采芬向司法机关提起刑事诉讼，司法机关可依照暴力干涉婚姻自由罪的规定追究王小强的刑事责任。

示范案例二

违反婚姻自由的离婚协议是否有效？

张某与刘某于 2008 年结婚，婚后育有一女，后双方因性格不合常为家务琐事争吵，最终导致感情不和。为此，张某曾于 2015 年 9 月向法院起诉要求离婚，后经家人劝解，撤回起诉。2015 年 12 月 31 日，在双方家人的调解下，为促进双方当事人的和好，双方就财产及子女抚养问题签订了一份协议，协议内容如下：如果张某再次提出离婚，两人婚前婚后所有财产均归刘某所有，张某不得请求分割共同财产，女儿由刘某直接抚养，张某不得有任何异议。协议签订后，双方的关系并无改善，张某于 2016 年 4 月再次向法院起诉离婚。在诉讼过程中，张某以上述协议是在双方家人调解的情况下，为不伤家人情面所签，并非自己的真实意思表示，且协议内容违反法律的规定，应属无效协议为由，要求获得女儿的直接抚养权并按法律规定分割财产。刘某虽表示同意离婚，但坚持按照协议的约定确定财产归属及女儿的抚养权。

请问：该案应当如何处理？

分析意见：

该协议因限制他人婚姻自由而无效，法院应当支持张某的诉求。

婚姻自由原则是指婚姻当事人有权根据法律的规定，自主自愿地决定自己的婚姻问题，不受任何人的强制和非法干预。本案的争议焦点主要是协议是否违法的认定。在本案中，原被告双方通过协议约定：只要原告再次提起离婚的要求，两人所有婚前婚后财产均归刘某所有，张某不得请求分割共同财产，女儿由刘某获得直接抚养权。由于是否离婚在订立协议时尚不确定，因此该协议属于附生效条件的民事行为。但协议所附条件是原告提出离婚，实质上是被告以财产和子女抚养权的归属来限制原告提出离婚的权利，此条件违背了婚姻法的婚姻自由原则。婚姻自由包括离婚自由，指夫妻感情破裂时，任何一方当事人有权要求离婚，他人不得以任何理由和任何方式限制当事人的这种离婚意愿。

综上，婚姻自由原则是婚姻法的一项重要原则，婚姻自由是法律赋予当事人的基本权利，任何人不得任意干涉。本案中被告对于原告离婚自由的限制显然违反了我国法律规定，因此不能得到法院的支持。

讨论案例

1. 如何处理换亲引起的纠纷？

某村村民肖长贵与龙道全，各有一子一女，均已达婚龄，尚未婚配。因家境贫寒，两家儿子均已年过三十都还未找到合适的结婚对象。2015 年 11 月，两家商议换亲，决定肖的女儿肖英与龙的儿子龙建，龙的女儿龙芳与肖的儿子肖强联姻，互免"彩礼"，同一天办理结婚登记和举行婚礼。经各自征求子女意见，两家儿子甚为高兴，龙芳也自愿与肖强结婚。唯有肖英不同意与龙建成亲，便遭到父母的打骂。不久，肖、龙两人各自要求自己的子女四人共同去办结婚登记，当时虽肖英内心对此婚姻坚决不愿意，但在父母的打骂、威逼下，她被迫也一起到了婚姻登记机关，因婚姻登记机关审查不严，给两对青年发了结婚证。

婚礼当天，龙芳与肖强欢天喜地地接受了亲友的祝福，而肖英被父母胁迫到龙家与龙建举行了婚礼，并被限制人身自由强行同居。五天后，肖英趁龙家不备，深夜跑回娘家，哭诉在龙家所受的折磨和蹂躏，肖长贵夫妻既后悔换亲给女儿带来的痛苦，又担心龙芳也会因此不辞而别而左右为难。肖英见父母犹豫不定，便向县法院起诉，坚决要求与龙建离婚。龙道全见肖英坚决要与龙建离婚，觉得吃亏，便闯入肖家，强行将龙芳带走，并胁迫龙芳也向法院起诉与肖强离婚。龙芳不从，龙道全便以自己的名义起诉，要求法院判决女儿龙芳与肖强离婚。

请问：肖强与龙芳、肖英与龙建的婚姻，各属于什么性质的婚姻？法院依法应如何处理本案？

2. 在校大学生可以结婚吗？

某高校本科三年级学生王顺和女友朱小琼在校相恋数年。往年在毕业临近时，学校里很多情侣在毕业前夕上演了"劳燕分飞"的悲剧。王顺和朱小琼两人也即将走出校门去找工作，为了减少不必要的波折，两人决定在毕业前结婚。就在他们憧憬自己的幸福生活时，他们听说在校大学生禁止结婚。于是，他们两人来到当地的一家律师事务所进行咨询。

请问：如果你是律师事务所的工作人员，你将怎样回答他们的问题？

相关裁判实例摘录[①]

胡某英与郝某娇婚姻自主权纠纷案

原告胡某英诉称：她与被告是母女关系。2010年经法院判决她与郝某生离婚。被告不能对她的生活进行照顾，她希望与现在的男朋友结婚，但被告将她的户口本拿走，阻挠她再婚。被告的行为妨碍了她的婚姻自主权。现诉至法院，要求法院判令被告返还她户口本，诉讼费用由被告负担。

被告郝某娇辩称：她认为她母亲现在的男朋友不靠谱，而且她家的房子要拆迁了，为母亲以后生活考虑，她不同意母亲的请求。

经审理查明：原告胡某英与被告郝某娇系母女关系，双方户口登记在某某区西局东街104号，胡某英为户主，此户口本中有胡某英与郝某娇二人。2012年6月，郝某娇将户口本从胡某英处拿走并保管至今。现胡某英欲办理结婚登记，需要户口本，郝某娇以胡某英结婚有可能损害其权益为由拒绝将户口本交予胡某英。上述事实，有双方当事人陈述、某某桥村委会证明等证据在案佐证。

一审法院认为：我国《婚姻法》规定，禁止包办、买卖婚姻和其他干涉婚姻自由的行为。郝某娇反对胡某英再婚，拒绝将胡某英的户口本交予胡某英是干涉胡某英婚姻自由的行为，应予纠正。尽管诉争户口本中包含郝某娇的内容，但郝某娇仍应将户口本返还给胡某英，若郝某娇需要户口本时可另行主张。故胡某英请求郝某娇返还其户口本的诉讼请求，本院予以支持。综上所述，依照《中华人民共和国婚姻法》第三条第一款之规定，判决如下：被告郝某娇于本判决生效之日起十日内将原告胡某英的户口本返还给原告胡某

[①]　摘自中国裁判文书网，（2014）丰民初字第07299号。

英。案件受理费 35 元，由被告郝某娇负担（于本判决生效后七日内交纳）。

二、借婚姻索取财物、返还彩礼案例

基本理论概述

借婚姻索取财物是指婚姻当事人一方向对方索要一定的财物作为同意结婚条件的行为。借婚姻索取财物是对婚姻权利的滥用，违背婚姻自由原则。由于此种行为往往影响当事人婚姻自由权利的实现，具有极大的危害性，因此，我国现行《婚姻法》第三条将其明确规定为禁止行为。如果在结婚后，一方要求离婚的，应按自主婚姻处理，经人民法院调解无效时，应按我国现行《婚姻法》第三十二条规定的原则判决是否准予离婚。离婚时，婚前一方向对方索要的财物，按最高人民法院 1993 年《财产分割意见》第 19 条的规定处理，即"借婚姻关系索取的财物，离婚时，如结婚时间不长，或因索要财物造成对方生活困难的，可酌情返还。对取得财物的性质是索取还是赠与难以认定的，可按赠与处理。"

"彩礼"的表述并非一个规范的法律用语，一般指按照当地习俗由婚姻一方当事人（往往是男方）在婚前向对方给付的一定数量的财物，人民法院审理的彩礼纠纷案件的案由按照有关规定属于"婚约财产纠纷"。

示范案例一

借婚姻索取的财物，离婚时应否返还？

孙谊大学毕业后在某企业工作，每月收入三千多元。2014 年 1 月，经人介绍与某高校大学二年级女生王娅相识，确立了恋爱关系。王娅提出，因父母是下岗工人，要求孙谊每月给自己提供生活费 600 元，婚前必须购置 70 平方米以上商品房一套和家具、家电等生活用品，毕业后即结婚，否则终止恋爱关系。王娅的父母表示同意他俩恋爱结婚，但要求孙谊每月给付他们生活费 400 元，不然就不准双方恋爱结婚。孙谊再三说明，自己和父母都是一般职工，收入不高，经济上难以满足这些条件，但王娅及其父母毫无体谅之意。孙谊觉得自己已近而立之年，且相貌平平，恋爱多次受挫，只得被迫同意了王娅及其父母的要求，并签订了书面协议。孙谊只得节衣缩食，按时给付和筹集购房等费用。2015 年 5 月，王娅毕业前夕，一再催促孙谊购房和准备结婚用品。孙谊无奈，购置了价值 16 万元的按揭 15 年的商品房一套，向亲友借得 3 万元付了首付款，用自己这些年节余的钱简单进行了装修并购置了结婚用品。同年 7 月，王娅毕业工作后，双方办理了结婚登记。婚后，王娅提出双方收入归各自所有，在家庭生活中，自己每月只付 150 元生活费，其余家庭生活费用由孙谊负担。孙谊对此不同意，王娅便以离婚相要挟。孙谊考虑到，自己已经为王娅经济上支付了几万元，为了维持夫妻关系，只得被迫在财产约定协议上签了字。2016 年 2 月，孙谊因经济上不堪重负，向法院起诉，要求与王娅离婚，并要求王娅退还自己婚前支付的生活费及利息等 2 万元。在审理中，王娅表示双方毫无感情，同意离婚，但不同意退还孙谊婚前支付的生活费。经法院调解无效，判决双方离婚，并由王娅退还给孙谊婚前向她及其父母支付的生活费1.5万元。

请问：法院的判决是否正确，为什么？

分析意见：

这是一起借婚姻索取财物和因婚后经济纠纷引起的离婚案件，法院的判决公正、合法。

第一，我国现行《婚姻法》明令禁止借婚姻索取财物。我国现行《婚姻法》第三条规定禁止借婚姻索取财物。所谓禁止借婚姻索取财物，是指婚姻当事人一方向对方索要一定的财物，以此作为同意结婚的条件的行为。如果不满足一方或其父母索要财物的要求，便终止恋爱关系。在现实生活中，通常是女方向男方索要财物，有的女方父母也从中索要一部分作为同意结婚的条件，但婚姻关系是双方自愿，无包办、强迫行为。

借婚姻索取财物不同于买卖婚姻，也不同于婚前一方主动赠与对方或其近亲属的行为，更不同于恋爱中一方要求对方购置住房、家庭用品等行为。借婚姻索取的财物是归索要方所有或支配，给付方是被迫而为该行为。本案中的王娅及其父母要孙谊在王娅毕业前每月向他们提供生活费共计一千元，如果孙谊不同意，王娅便要与他终止恋爱关系。孙谊为了与王娅结婚，只得被迫同意此要求，因此，王娅及其父母的行为属于借婚姻索取财物的行为。至于王娅要求孙谊婚前必须购置住房和家庭生活用品，这一行为是不顾孙谊的经济条件的过高要求，因为婚前购置住房及家庭生活用品，仍属购置一方的婚前财产，归购置一方所有，仅供婚后双方使用。

借婚姻索取财物的行为，双方当事人结婚是自主自愿的并无包办强迫，但为什么我国现行《婚姻法》明令禁止这种行为？因为此行为具有一定的危害性。首先，违背社会主义婚姻基础的要求。在社会主义条件下，婚姻应当以爱情为基础，只有坚持这一基础，婚后夫妻感情才能巩固、深化、持久，才能夫妻恩爱、家庭和睦。借婚姻索取财物的行为是将婚姻建立在给付金钱的基础之上，从实质上说，是婚姻当事人一方（通常是女方）将自己当做商品，讨价还价，进行交易。这不仅有违社会主义婚姻基础，而且会腐蚀人的灵魂，败坏社会风气和社会道德，婚姻基础极不牢固，容易引起婚姻解体。其次，增加婚姻当事人的经济负担，造成婚后生活困难。当前不少收入不高的婚姻当事人为了满足另一方索要财物，只得被迫向亲友借贷，造成婚后债台高筑，生活困难，容易引发经济纠纷，影响家庭的正常生活。最后，容易导致违法犯罪发生。一些收入不高的当事人，为了满足对方索要财物的要求，在无法借贷的情况下，不惜以身试法，进行盗窃、抢劫、敲诈勒索等犯罪，造成"未进洞房，先进牢房"的后果。因此，我国现行《婚姻法》为了倡导以爱情为基础的婚姻，禁止借婚姻索取财物。

第二，借婚姻索取的财物，离婚时应当依法返还。借婚姻索取的财物，离婚时应否返还，我国现行《婚姻法》没有明确规定。但是最高人民法院的历次司法解释均规定，应酌情返还。1993年《财产分割意见》第十九条第一款再次重申："借婚姻关系索取的财物。离婚时，如结婚时间不长，或者因索要财物造成对方生活困难的，可酌情返还。"这一规定明确了借婚姻索取的财物，离婚时的处理原则。首先，不是全部返还，也不是一律不还，而要根据具体情况酌情处理。其次，返还的条件，一是结婚时间不长，二是造成对方生活困难的，凡是具备这两个条件之一的，都应酌情返还；返还的数量，应根据具体情况处理，如果被索要财物一方有返还能力或索要的财物原物尚在的，由法官自由裁量返还多少。本案中王娅及其父母在王娅结婚前向孙谊索要了 2 万元生活费，法院考虑到双方结婚只有半年，且王娅大学毕业后已工作有固定收入，具有返还能力，因此，法院酌情判决王娅返还 1.5 万元是正确的。

示范案例二

彩礼的认定及返还的法定条件是什么？

原告王鹏和被告徐丽丽经人介绍于 2010 年农历十一月十九日订婚，订婚时被告向原告索要彩礼款 10 万元。订婚当天被告收到彩礼款 1 万元，小相钱 2000 元，装烟钱 2000元。2011 年 3 月 16 日，原、被告办理了结婚登记手续，同年农历二月十六日原、被告举行婚礼后在原告父亲住房的西屋居住生活。在结婚前 10 天左右被告又收到彩礼款 9 万元。在原、被告结婚前原告父亲又为其子购买摩托车一台（现在被告父母家保管，价值为2000 元），其他家电、家具等由原告父母购买（现在原告家保管）。原、被告结婚后初期夫妻感情尚可。尔后因琐事原、被告曾因口角打架。2012 年 10 月原、被告用被告收到的彩礼款购买了五菱荣光牌微型面包车一辆（现由原告保管）。2015 年 1 月双方发生口角后，被告回娘家与原告分居至今。原告为结婚向他人借款 11 万元至今未偿还。

2017 年 2 月，原告向法院提起诉讼，要求判决离婚并返还彩礼。

请问：原告应否得到法院支持，为什么？

分析意见：

原告能获得法院支持。被告索要的彩礼款 10 万元应酌情予以返还，对原告父亲在原、被告结婚前购买的摩托车应认定为原告的婚前财产，被告也应返还给原告。理由如下：

首先，原告王鹏和被告徐丽丽经人介绍相处仅两个多月便登记结婚。由于婚前双方相互了解不够，婚后在日常生活中又未建立起真挚的夫妻感情，在共同生活期间曾因琐事而发生口角打架，于 2015 年 1 月双方分居至今。分居后如果原、被告已无和好可能，法院调解无效，可以确认他们夫妻感情确已破裂。原告的离婚请求应予支持。

其次，对在原、被告订婚时被告向原告索要彩礼的行为，已违反了我国现行《婚姻法》关于借婚姻索取财物的规定，且造成了原告家庭生活困难。2004 年《婚姻法解释（二）》第十条规定："当事人请求返还按照习俗给付的彩礼的，如果查明属于以下情形，人民法院应当予以支持：（一）双方未办理结婚登记手续的；（二）双方办理结婚登记手续但确未共同生活的；（三）婚前给付并导致给付人生活困难的。适用前款第（二）、（三）项的规定，应当以双方离婚为条件。"那么，如何理解"生活困难"呢？2001 年《婚姻法解释（一）》第二十七条第一款对"生活困难"的含义作出了这样的解释："婚姻法第四十二条所称'一方生活困难'，是指依靠个人财产和离婚时分得的财产无法维持当地基本生活水平。"

因此，被告索要的彩礼款 10 万元应酌情予以返还。但考虑原、被告已用彩礼款购买了面包车，并由原告使用和管理的实际情况可判决该车归原告所有。对原告父亲在原、被告结婚前为原告购买的摩托车应认定为原告婚前财产，被告也应返还给原告。

讨论案例

1. 是借婚姻索取财物，还是婚前赠与？

2014 年 5 月，吴明与郑霞经人介绍相识。在两人谈恋爱期间，吴明主动先后给郑霞买了手表、金银首饰及高档衣物等价值共计 5.2 万元。2014 年 9 月，两人登记结婚。由于双方性格不合，婚后纠纷不断。2016 年 2 月，郑霞向法院起诉，要求与吴明离婚。吴明认为，双方婚前不够了解，草率成婚，婚后又未建立起夫妻感情，同意离婚，但要求郑霞返还恋爱期间给付的手表、金银首饰等价值 5.2 万元的财物，并提供了购物发票凭证。郑霞认为，这价值 5.2 万元的财物，是吴明为讨好自己、培养感情而主动赠送的，因此，不同意返还。

请问：郑霞婚前收受吴明价值 5.2 万元财物的行为应属于何种性质，法院依法应当如何处理？

2. 婚约解除时，赠与的财物如何处理？

2015 年元月，刘兰和童刚经人介绍认识谈恋爱。同年 5 月，两人在双方父母的主持下，订立了婚约。在恋爱期间，童刚给刘兰买了价值约 1 万元的手机、首饰等物品。童刚在第一次去见刘兰的父母时，送给刘兰的父母 2000 元现金和一台空调机。在随后的相处中，刘兰发现童刚性格暴躁，而且在生活上有一些不良的习惯。而童刚也发现刘兰做事比较任性，不像初始交往时那么温柔体贴。为此，两人经常吵架。2016 年春节，刘兰提出两人终止恋爱关系。童刚对此表示同意，并要求刘兰返还手机、首饰以及 2000 元现金和空调机等财物，却遭到刘兰的拒绝。

请问：童刚可以请求刘兰返还上述财物吗，为什么？

相关裁判实例摘录①

李某甲与郭某离婚后财产纠纷案

李某甲与郭某于某某年某月某日登记结婚。婚前，李某甲依据习俗举行婚礼仪式，给予郭某礼金 38800 元、金器四件（一条项链、一个戒指、一只金镯、一对耳环）及 2 万元见面礼；郭某为双方结婚购买部分家电及生活用品。郭某婚后不久怀孕，后因"死胎、胎盘早剥、急性失血性贫血"入院手术，先后花去医疗费近 6 万元，并失去生育能力。李某甲与郭某于 2015 年 8 月 12 日经某某市中级人民法院调解协议离婚，离婚协议中未提及返还婚前彩礼。离婚后，李某甲多次向郭某要求退还彩礼钱、金器和见面礼，郭某以彩礼全部用于治病及日常生活开支为由不予返还。现李某甲诉至法院要求郭某返还礼金 38800 元、四件金器及 2 万元见面礼，并承担本案诉讼费用。

原审法院认为：李某甲请求返还按照习俗给付郭某的彩礼，应符合婚前给付并导致给付人生活困难的法定条件。李某甲所主张返还之彩礼确系婚前给付，但其未对因给付彩礼导致其生活困难而提供相应的证据证明，结合李某甲的职业、家庭境况及本地经济状况等综合因素，对李某甲提出支付彩礼使得其家中生活困难不予采信。本案中，郭某所收取的

---

① 摘自中国裁判文书网，（2016）皖 11 民终 98 号。

彩礼已用于结婚、生育治疗以及共同生活支出；其怀孕又流产，并失去生育能力，身心亦受到极大伤害。故对李某甲主张返还彩礼的请求不予支持。据此，依照《最高人民法院关于适用〈中华人民共和国婚姻法〉若干问题的解释（二）》第十条之规定，判决：驳回李某甲的诉讼请求。案件受理费1770元，减半收取885元，由原告李某甲负担。

李某甲上诉称：原审法院认定其家庭条件尚可不属于困难户，系认定事实错误；原审判决认定郭某所收取的彩礼已用于结婚、生育治疗以及共同生活支出没有依据。综上，请求撤销原审判决，改判郭某返还礼金38800元、四件金器及2万元见面礼。

郭某答辩称：请求驳回上诉，维持原判。

李某甲为支持自己的主张，二审提供了以下证据：

1. 村镇两级证明一份。证明李某甲及其家庭在该村属于贫困户。

2. 医疗费发票、费用清单、病案资料一组。证明某某年某月某日在双方结婚未达半年，李某甲遭遇车祸，在医院昏迷一个月后抢救过来，为此花去58566.16元。

3. 证明四份。证明李某甲因为住院抢救治疗，为购买营养蛋白花去24750元。

4. 门诊收据二份，检验单一份，报告单二份。证明双方当事人结婚后，怀孕期间花去的医疗费由李某甲家庭承担，并非一审中郭某辩称的由其本人承担；从发票和多家医院的检查报告单以及郭某在一审中提交的某某市鼓楼医院的检查报告单看，多家医院通过B超检查胎儿发育都是正常的，不可能也不需要引产的事实。

5. 银行借款借据三份，证明2014年4月9日郭某家庭为了偿还李某甲结婚时向外借的债务向农村合作银行借款48000元，该债务至今还未偿还。

6. 申请证人李某乙出庭。证人证言主要内容为：李某乙，系李某甲父亲。李某甲娶媳妇欠了一笔钱，出车祸也欠了一笔钱。欠马某信的这笔钱是车祸以后借的。娶媳妇的时候向邻居借了9万多元，从银行借了48000元用于还邻居，银行的钱还没有还。欠马某信本金6万元。李某甲受伤一共借了20万元左右。9万元用于彩礼、办酒席等。盖房子、装修加一起欠了两三万元，也是从邻居那里借的。

7. 借条复印件一份。证明李某甲自车祸后家庭向外举债系困难户。

郭某的质证意见为：对证据1、2、3真实性无异议，上述所有的治疗费用都是因李某甲车祸造成的，可能像证明所说的那样导致了李某甲目前生活困难，但这并不是因婚前给付的彩礼导致生活困难。对证据4的真实性无异议，但其怀孕期间的检查不是一次两次，李某甲持有的票据可能只是其中一次，而郭某在扬州和天康医院检查等的大多数检查都是郭某自己承担的。另胎儿发育过程是很长的一段时间，是否需要引产由专业医师检查判断后才能确定，不是孕妇自己确定的，一审中郭某提供的证据可以证明引产手术是必要的。证据5与本案无关。证据6，证人与李某甲系父子关系，证言真实性有异议。证据7，借条是复印件，真实性有异议，关联性不认可。

郭某在二审未提供新证据。

二审法院对李某甲提供的证据认证意见如下：证据1，该证明虽加盖了某某市某某镇某某村村民委员会和某某市某某镇人民政府的公章，但并无出具人的签名，形式上存在瑕疵；某某市某某镇某某村村民委员会于2015年4月2日出具的证明中记载李某乙家在村里有一栋水泥毛坯楼房，在便益医院街道有一套精装修楼房及门面房和车库一间，两份证明内容相互矛盾；证据1中虽说明李某乙家庭在该村系贫困户，但同时记载了家庭贫困的原因是李某乙腰椎间盘突出，不能从事农村体力劳动，李某甲 2014 年出车祸，并非因李某甲给付郭某彩礼所致，故关联性本院不予确认。证据 2、3 真实性予以确认，但与本案无关联性。证据 4 的真实性予以确认，但该组证据中的两份门诊收据不足 200 元，不能证明双方当事人结婚后，怀孕期间花去的医疗费由李某甲家庭承担；另妊娠过程存在多种不确定因素，郭某提供的出院记录中明确载明"死胎、胎盘早剥、急性失血性贫血"，故对该组证据的证明目的不予采信。证据 5，真实性予以确认，但该组证据中的借款借据明确载明借款用途为建房，故该组证据与本案缺乏关联性。证据 6，李某乙系李某甲父亲，与本案的处理结果有直接的利害关系。即使按其所述，欠马某信的钱是车祸以后借的，因李某甲婚后半年才发生的车祸，故该笔欠款与本案无关。证据 7，系复印件，从银行借的钱用于还从邻居处借的款，该部分与借款借据相矛盾；证人陈述其从邻居处借款 9 万元，除其陈述外无其他证据加以印证，且其也认可从邻居处借的款除用于支付彩礼外，还用于办酒席、盖房子、装修等支出，综上，对于李某乙的证言不予采信。

二审查明事实与一审一致，本院对一审查明的事实予以确认。

本院认为：综合双方当事人举证、质证及诉辩意见，本案的争议焦点为：李某甲要求郭某返还彩礼是否有事实和法律依据，如果有依据应当如何返还。

2004 年《婚姻法解释（二）》第十条规定：当事人请求返还按照习俗给付的彩礼的，如果查明属于以下情形，人民法院应当予以支持：（一）双方未办理结婚登记手续的；（二）双方办理结婚登记手续但确未共同生活的；（三）婚前给付并导致给付人生活困难的。适用前款第（二）、（三）项的规定，应当以双方离婚为条件。本案中，李某甲与郭某于 2013 年 10 月经人介绍相识，某某年某月某日登记结婚。婚前李某甲给付彩礼 38800 元、金器四件及见面礼 2 万元。在婚姻存续期间，郭某因妊娠花去数万元治疗费用。2015 年 8 月 12 日经本院调解离婚。现李某甲请求返还按照习俗给付郭某的彩礼，依照谁主张谁举证的原则，其应提供充分有效的证据证明其符合婚前给付并导致给付人生活困难的法定条件。因其在一、二审中提供的证据不足以证明其主张，故依法应承担举证不能的法律后果。原审法院综合李某甲的家庭境况及当地经济状况，以及郭某所收取的彩礼已用于生育治疗等实际支出和郭某在此段婚姻中失去生育能力，身心受到极大伤害的特殊情形，判决驳回李某甲的诉讼请求，并不违反法律规定，本院予以确认。

综上，李某甲的上诉理由不能成立，本院对其上诉请求不予支持。原审判决认定事实清楚，程序合法。据此，依照《中华人民共和国民事诉讼法》第一百七十条第一款第（一）项之规定，判决如下：驳回上诉，维持原判。二审案件受理费 1770 元，由上诉人李某甲负担。

三、重婚案例

基本理论概述

重婚是指男女一方或双方有配偶者又与他人结婚的行为。根据这一概念，重婚具有以下特征：第一，当事人一方或者双方为有配偶者；第二，实施了违反一夫一妻制又与他人结婚的行为。

需要特别说明的是，最高人民法院曾于 1994 年 12 月 14 日在《关于〈婚姻登记管理条例〉施行后发生的以夫妻名义非法同居的重婚案件是否以重婚罪定罪处罚的批复》中指出：新的《婚姻登记管理条例》（1994 年 2 月 1 日民政部发布）发布施行后，有配偶的人与他人以夫妻名义同居生活的，或者明知他人有配偶而与之以夫妻名义同居生活的，仍应按重婚罪定罪处罚。但该项规定已被最高人民法院关于废止 1980 年 1 月 1 日至 1997 年 6 月 30 日期间发布的部分司法解释和司法解释性质文件（第九批）的决定废止（发布日期：2013 年 1 月 14 日，实施日期：2013 年 1 月 18 日），故自 2013 年 1 月 18 日之后形成的有配偶者与他人以夫妻名义同居生活的不能再以重婚罪定罪处罚。也就是说，在 2013 年 1 月 18 日之前的重婚，是指男女一方或双方有配偶者又与他人登记结婚或与他人以夫妻名义共同生活的行为。前者属于法律上的重婚，后者属于事实上的重婚。但自 2013 年 1 月 8 日之后形成的重婚，只能是法律上的重婚。

示范案例一

未离婚与他人共同生活是否构成重婚？

被告谢某与原告张某 2012 年 1 月结婚，婚后育有一子。2014 年 8 月以来，被告谢某在未与妻子张某离婚的情况下，隐瞒自己已婚的事实与另一女性周某在同县他镇以夫妻名义共同生活。张某发现后，要求以重婚为由与谢某离婚，并主张精神损害赔偿费 2 万元。

请问：本案中谢某与周某是否构成重婚？

分析意见：

重婚分为法律上的重婚与事实上的重婚。对法律上的重婚，其认定关键在于当事人是否办理了结婚登记，有配偶者与配偶以外的其他人只要办理了结婚登记，无论是否同居、是否公开举行婚礼都构成法律上的重婚。对事实上的重婚，其认定关键则在于看有配偶者是否在前婚未解除时，又与他人未办理结婚登记就以夫妻名义共同生活。在现实生活中，重婚的表现形式大多数为事实上的重婚。但需要特别强调的是，在 2013 年 1 月 18 日之后，由于相关司法解释的废除，事实上的重婚之规定已不再被适用，即在此时间后，有配偶者与他人以夫妻名义的同居行为不再被认定为重婚行为。在本案中，谢某与周某虽以夫妻名义共同生活，但并未办理结婚登记，且时间在 2013 年 1 月 18 日之后，故谢某与周某并不构成重婚。根据我国现行《婚姻法》第四条、第三十二条的规定，谢某与周某的行为构成有配偶者与他人同居。该行为为我国法律所禁止。

示范案例二

表兄妹以夫妻关系同居已二十多年，
一方又与他人登记结婚是否属于重婚？

朱明强与唐明芳系姨表兄妹关系，从小青梅竹马、两小无猜，成年后自由恋爱，双方父母都认为他俩结合会"亲上加亲"。1980 年 10 月 1 日，朱明强已年满 20 岁，唐明芳已年满18岁，双方的父母筹备酒席，宴请亲友为他俩举行了婚礼。此后，两人即以夫妻关系同居生活，生有一子一女。当地乡政府曾以未登记结婚和无计划生育为由，给予了罚款处罚。村委会认为他俩是表兄妹同居，因此，不给子女上户口，不让唐明芳落户，不分给其母子三人责任地，全家四人仅靠朱明强一人承包的土地生活，又无其他经济收入来源，生活极端困难，双方经常为此吵架、打架。1982年以来，他俩多次去乡政府申请补办结婚登记，以便给唐明芳和子女落户，承包土地，解决生计问题，但婚姻登记机关认为双方不符合结婚条件，不给补办结婚登记。朱明强见补办结婚登记无望，全家生计难以维持，逐渐变得脾气暴躁，经常因家庭小事毒打唐明芳，虽经亲友多次劝解，仍不悔改。2000年1月，唐明芳再次被朱明强毒打后，不堪忍受，便向亲友及朱明强声称："乡村干部一直不承认我们是夫妻，今后我们两人一刀两断，各自另找对象成家。"从此，她便回娘家居住，发誓绝不再回朱家。朱明强多次前往赔礼道歉，要求恢复同居，均遭唐明芳及其父母等亲属拒绝。同年8月，唐明芳与同村丧偶男子黄清华登记结婚。2000年9月，朱明强得知此事后遂向县人民法院起诉，要求追究唐明芳与黄清华的重婚罪，并宣告他俩的婚姻无效。

一审法院经审理认为，朱与唐是三代以内旁系血亲，又未达法定婚龄以夫妻关系同居，属于非法同居关系，唐与黄婚姻关系合法，因此判决驳回朱明强的诉讼请求。朱明强不服，以他与唐明芳以夫妻名义同居已二十多年，早已是事实婚姻为由提出上诉。二审法院认为，朱明强与唐明芳属于事实婚姻，双方未经法定程序离婚，唐明芳单方声明脱离同居无效，唐明芳在事实婚姻期间，又与黄清华登记结婚，双方构成重婚。但由于唐明芳系不堪忍受家庭暴力而重婚，不以重婚罪论处，在民事上宣告唐明芳与黄清华的婚姻无效。

请问：一审法院与二审法院各自的不同判决，哪一个是正确的，为什么？

分析意见：

一审法院的判决适用法律不当，二审法院的判决合法。

第一，认定本案当事人是否符合结婚条件，应当适用1950年《婚姻法》的规定。本案当事人朱明强与唐明芳是1980年10月1日起以夫妻名义同居的，虽然同年9月10日已颁布了1980年《婚姻法》，但是该法第三十七条规定："本法自1981年1月1日起施行。1950年5月1日颁行的《中华人民共和国婚姻法》，自本法施行之日起废止。"按照这一规定，朱、唐两人以夫妻名义同居，应按1950年《婚姻法》规定的结婚实质要件认定和处理。首先，双方已达法定婚龄。1950年《婚姻法》第四条规定："男二十岁，女十八岁，始得结婚。"朱、唐同居时，双方符合法定婚龄规定。其次，双方无法律规定的禁止结婚情形。1950年《婚姻法》第五条规定的禁止血亲结婚的范围，只禁止直系血亲、同胞兄弟姐妹和同父异母或同母异父的兄弟姐妹结婚。其他五代以内的旁系血亲结婚问题从习惯。朱、唐是表兄妹，属于三代以内的旁系血亲。由于在我国历史上，盛行"表兄爱表妹，天生的一对"的习惯，民众中以表兄妹结婚为主的"中表婚"较为普遍，个别王朝虽明令禁止，但因传统习惯的影响，终于解禁。在1949年中华人民共和国成立初期，这一习惯仍难以用法律禁止，因此，1950年《婚姻法》作了"从习惯"的规定，即习惯上允许结婚的为合法，习惯上不允许结婚的为不合法。在我国历史上，兄弟姐妹、堂兄弟姐妹、伯叔姑与侄子女间、舅姨与外甥子女间等五代以内的旁系血亲在习惯上是不允许结婚的，但表兄弟姐妹在习惯上是允许结婚的，根据1950年《婚姻法》的规定允许遵从此

"习惯"。本案当事人朱明强与唐明芳表兄妹以夫妻名义同居时，符合1950年《婚姻法》规定的结婚实质要件，只是未办理结婚登记而缺乏婚姻成立的形式要件。

第二，朱明强与唐明芳已经构成事实婚姻关系。结婚登记一直是我国婚姻法规定的婚姻成立的唯一形式要件。但由于受几千年仪式婚的影响，一些群众尤其是农村的群众法制观念不强，结婚时"重仪式轻登记"。不少人结婚只举行婚礼，不办结婚登记，便以夫妻关系同居，组成家庭。为了稳定婚姻家庭，保护妇女和子女权益，1950年《婚姻法》实施后至1994年《婚姻登记管理条例》施行前的历次司法解释均对此类婚姻关系承认为事实婚姻，系"比照"合法婚姻处理而具有合法婚姻的效力。1989年《审理以夫妻名义同居生活案件的意见》第一条规定："1986年3月15日《婚姻登记办法》施行之前，没有配偶的男女，未办结婚登记手续即以夫妻名义同居生活，群众也认为是夫妻关系的，一方向人民法院起诉'离婚'，如起诉时双方均符合结婚的法定条件，可认定为事实婚姻关系；如起诉时一方或双方不符合结婚的法定条件，应认定非法同居关系。"根据这一规定，朱明强与唐明芳1980年10月同居时，已符合当时《婚姻法》规定的结婚条件，只是未办理结婚登记，因此，双方已构成事实婚姻关系。

第三，唐明芳与黄清华的结婚登记属于重婚行为。所谓重婚，是指有配偶者又与他人结婚，或明知他人有配偶而与之结婚的行为。这里所指的有配偶者，是指无配偶的男女已按法定程序登记结婚和1994年《婚姻登记管理条例》施行前形成事实婚姻的男女，在一方未死亡或双方未离婚前均属于有配偶者。这里的结婚，是指有配偶者又与他人登记结婚或以夫妻名义同居。前者为法律上的重婚，后者为事实上的重婚，均属重婚行为。即使重婚的另一方无配偶，如果其明知对方有配偶而与之登记结婚或与之以夫妻名义同居的，也会构成重婚罪。最高人民法院1989年《审理以夫妻名义同居生活案件的意见》第五条对前述问题作出了规定："已登记结婚的一方又与第三人形成事实婚姻关系，或事实婚姻关系的一方又与第三人登记结婚，或事实婚姻关系的一方又与第三人形成新的事实婚姻关系，凡前一个婚姻关系的一方要求追究重婚罪的，无论其重婚行为是否构成重婚罪，均应解除后一个婚姻关系。前一个婚姻关系的一方如要求处理离婚问题，应根据其婚姻关系的具体情况进行调解或者作出判决。"据此规定，唐明芳在事实婚姻关系存续期间，未办理离婚手续，又与黄清华登记结婚，此属于法律上的重婚。由于本案当事人朱明强只起诉要求追究唐、黄的重婚罪，并要求宣布该重婚无效，在审理中，唐明芳也未反诉要求离婚，因此，二审法院在民事上判决宣告唐明芳与黄清华婚姻无效，解除双方的重婚关系是符合法律规定的。

第四，重婚行为，不一定会构成重婚罪。违法与犯罪行为是两个既有联系又有区别的概念。没有违法行为不能构成犯罪，但是违法行为未达到法律规定的违法程度也不构成犯罪。重婚行为与重婚罪也是如此。我国现行《刑法》第二百五十八条规定："有配偶而重婚的，或者明知他人有配偶而与之结婚的，处二年以下有期徒刑或者拘役。"这一规定虽然没有规定重婚行为的违法程度，但当时的司法解释有明确规定。1979年2月2日最高人民法院《关于贯彻执行民事政策法律的意见》第一部分规定，人民法院审理重婚案件，"必须坚持一夫一妻制的原则，严肃指出重婚是违法行为。但对具体案件的处理，要分析重婚原因，考虑实际情况，区别对待。基于喜新厌旧，好逸恶劳，或'传宗接代'……而重婚的……情节严重的应依法处理。由于反抗包办强迫婚姻，或者一贯受虐待……外出与人重婚的，可不按重婚对待……"唐明芳是在长期受到朱明强打骂的情况下离开朱明强，她回娘家后才与黄清华办理结婚登记重婚的。而黄清华也与当地乡村干部一样，认为朱明强与唐明芳不是夫妻，只是同居关系，故不属于明知对方有配偶者。因此，二审法院鉴于双方重婚的原因特殊，对唐明芳和黄清华均不以重婚罪论处。

第五，婚姻登记机关拒绝对朱明强、唐明芳补办结婚登记是正确的。朱明强与唐明芳是1980年《婚姻法》实施生效后才要求补办结婚登记的。1980年《婚姻法》第六条规定禁止直系血亲和三代以内的旁系血亲结婚。所谓三代以内的旁系血亲，是指同源于祖父母、外祖父母的旁系血亲，即伯叔姑与侄子女、舅姨与外甥子女、兄弟姐妹、堂兄弟姐妹、表兄弟姐妹之间均禁止结婚。1980年《婚姻法》禁止三代以内旁系血亲结婚，这是由于1950年《婚姻法》已贯彻实施了三十年，经过了广泛的宣传和科学知识的普及，广大群众已经认识到近亲结婚往往会危害下一代的健康。从实质上说，1980年《婚姻法》禁止三代以内旁系血亲结婚，就是坚决禁止习惯上的表兄妹间的"中表婚"。因此，在我国民间其他三代以内的旁系血亲，在习惯上都是不允许结婚的。

综上所述，朱明强与唐明芳在1980年《婚姻法》生效后才申请补办结婚登记，不符合法律规定的结婚条件，因此，当时婚姻登记机关拒绝办理是合法的。

必须指出，我国现行《婚姻法》新增第八条规定："要求结婚的男女双方必须亲自到婚姻登记机关进行结婚登记。符合本法规定的，予以登记，发给结婚证。取得结婚证，即确立夫妻关系。未办理结婚登记的，应当补办登记。"最高人民法院颁行的2001年《婚姻法解释（一）》第五条规定："未按婚姻法第八条规定办理结婚登记而以夫妻名义共同生活的男女，起诉到人民法院要求离婚的，应当区别对待：（一）1994年2月1日民政部《婚姻登记管理条例》公布实施以前，男女双方已经符合结婚实质要件的，按事实婚姻处理。（二）1994年2月1日民政部《婚姻登记管理条例》公布实施以后，男女双方符合结婚实质要件的，人民法院应当告知其在案件受理前补办结婚登记；未补办结婚登记的，按解除同居关系处理。"可见，1994年《婚姻登记管理条例》公布实施以前，男女双方已经符合结婚实质要件的，按事实婚姻处理，即使双方未补办结婚登记，该事实婚姻关系也具有与合法婚姻相同的效力。

讨论案例

1. 冒名顶替结婚登记后，一方又与他人以夫妻名义同居是否属于重婚？

女青年陆芳经父母包办与素不相识的张春订婚后，因张春左眼失明，恐陆芳知道后不愿结婚，便叫23岁的弟弟张健经常与陆芳会面交谈。陆芳觉得"张春"高中文化，能说会道，会体贴人，又会木工，经济收入不错，便欣然答应了这门亲事。2014年12月，张春叫张健代其与陆芳申请办理结婚登记，因婚姻登记员是张家的亲戚，明知是冒名顶替，也为"张春"、陆芳办理了结婚证。2015年春节前夕，在张家举行的婚礼中，陆芳发现新郎不是与其恋爱、登记的"张春"，才明白自己受了欺骗，她当即大哭大闹然后跑回了娘家。事后，她找到张健说："恋爱、登记我都认定的是你，我要与你结婚。"张健从内心也爱慕陆芳，两人便在镇上租房以夫妻关系同居生活。张春持结婚证多次气势汹汹去镇上要陆芳回去同居，均遭到陆芳拒绝，为此发生纠纷。2015年5月，张春向法院起诉，要求追究张健与陆芳的重婚罪。

请问：张春与陆芳是否存在婚姻关系？张健与陆芳是否构成重婚？人民法院依法应当如何处理本案？

2. 本案被告是否构成重婚罪？

原告张燕青与被告贝进刚各自丧偶，双方经人介绍于 1995 年登记结婚，婚后未生育子女。2014 年 6 月 17 日，在未与原告解除婚姻关系的情况下，被告与外出务工时认识的另一离婚妇女在某县务工工地以夫妻名义共同生活。2014 年 8 月 5 日，原告以被告犯重婚罪为由向该县人民法院提起控诉。原告要求追究被告重婚罪并请求损害赔偿。

请问：原告的诉讼请求能否得到法院支持？为什么？

3. 重婚事由消失是否属于"法定的无效婚姻情形已经消失"？

被告赵某故意伪造身份证、户籍信息，隐瞒自己已婚的事实与原告张某交往，并于 2011 年 3 月 1 日与原告在民政局登记结婚。原告张某于 2012 年才发现被告赵某已于 2008 年 2 月 10 日和案外人田某在株洲县登记结婚并生育了小孩，原告认为被告故意隐瞒和违法重婚的行为给原告造成了极大的伤害，故原告向法院提起诉讼，请求法院依法判决原、被告的婚姻关系无效。该案在审理过程中，经审理查明，案外人田某和被告赵某已于 2011 年 9 月 6 日经某人民法院调解离婚。

请问：原、被告的婚姻关系是否无效？

相关裁判实例摘录①

罗某某重婚案

原审被告人罗某某，女，出生于广西融安县，住广西融安县沙某乡。广西壮族自治区融安县人民法院审理原审自诉人韦某某控诉原审被告人吴某乙、罗某某犯重婚罪一案，于 2013 年 12 月 24 日作出 （2013） 融刑初字第 183 号刑事判决。自诉人韦某某不服，提出上诉。本院受理后，依法组成合议庭，经过查阅案件全部材料，听取当事人意见，认为案件事实清楚，依法决定不开庭审理，现已审理终结。原判认定，1999 年 5 月 31 日，自诉人韦某某和被告人吴某乙于广西博白县龙潭镇民政办登记结婚，结婚证字号为：桂博龙婚字第 093 号，并于 2000 年 1 月 18 日生育一男孩吴某某，2007 年 1 月 30 日生育一女孩吴某丙。自诉人韦某某与被告人吴某乙至今尚未解除婚姻关系。

另查明，从 2003 年 12 月 26 日至 2013 年 12 月 8 日止，未发现被告人罗某某有结婚记录。

原判认定上述事实的证据有：自诉人韦某某提供的《结婚证》（结婚证字号：桂博龙婚字第 093 号）、吴某丙的《出生医学证明》、博白县公安局龙潭派出所出具的《证明》、被告人罗某某提供的融安县民政局婚姻登记机关出具的《无婚姻登记记录证明》。

原判认为，自诉人韦某某控诉被告人吴某乙、罗某某于 2011 年 3 月 19 日在融安县民政部门办理了结婚登记（结婚证字号：桂融安结字 011203085 号），并于 2013 年 8 月 28 日生育一子的犯罪事实，经查，融安县民政局婚姻登记机关在 2011 年 3 月 19 日未发现被告人罗某某有结婚记录，自诉人韦某某亦未能提供被告人吴某乙与罗某某于 2013 年 8 月

---

① 摘自中国裁判文书网，（2014）柳市刑一终字第 34 号。

28 日生育一子的证据，另自诉人所举的二被告人的合影照片、居室内照片、结婚摆酒的录音片段亦未能证实二被告人有重婚事实，因此，自诉人韦某某指控被告人吴某乙、罗某某犯重婚罪的事实不清，证据不足，所指控的犯罪不能成立。依照《中华人民共和国刑事诉讼法》第一百九十五条第（三）项的规定，作出判决：被告人吴某乙、罗某某无罪。

自诉人韦某某上诉认为，二被告人重婚的事实清楚，请求本院查明事实，依法改判二被告人构成重婚罪。

自诉人韦某某的辩护人意见与韦某某的上诉意见一致。经二审审理查明的事实和据以定案的证据与一审相同，相关证据均经一审法庭质证、认证，本院予以确认。本院认为，原判认定原审被告人吴某乙、罗某某无罪的事实清楚，证据确实、充分，定性准确，本院予以确认。关于上诉人（原审自诉人）韦某某指控吴某乙有配偶又与他人结婚并生育一子、罗某某明知他人有配偶而与之结婚的事实，经查，韦某某未能提供任何证据证实吴某乙、罗某某伪造结婚证并生育有一子的事实，对于该事实本院不予认定。对于韦某某提供的关于二被告人的合影照片、居室内照片、结婚摆酒的录音片段等证据，本院认为，结婚摆酒的录音片段因无其他证据佐证，无法证明本案事实，合影照片、居室内照片亦只能证实二被告人有同居、合照的可能，而不能证明二被告人有重婚的事实。故韦某某指控二被告人构成重婚罪的事实不清、证据不足，其上诉理由不能成立，本院不予采纳。原判认定事实和适用法律正确，量刑适当，审判程序合法，应予维持。综上，依照《中华人民共和国刑事诉讼法》第二百二十五条第一款第（一）项的规定，判决如下：驳回上诉，维持原判。

本裁定为终审裁定。

四、有配偶者与他人同居案例

基本理论概述

根据 2001 年《婚姻法解释（一）》第二条之规定，所谓"有配偶者与他人同居"，"是指有配偶者与婚外异性，不以夫妻名义，持续、稳定地共同居住"。在现实生活中也称为"姘居"，俗称"包二奶"、"包二爷"。其特征主要有四：第一，主体中至少有一方有配偶。第二，同居的对象是婚外异性，不能是同性。第三，无论是否以夫妻名义保持同居关系。[①]第四，同居关系持续、稳定。

示范案例一

夫妻"忠诚协议"，是否具有法律效力？

1998 年 12 月，原告庄女与大学同学陆男在经历了 3 年的爱情长跑后，终于幸福地结

---

① 但 2013 年 1 月 18 日前，此第三项为不以夫妻名义保持同居关系。

为夫妻。婚后，两人的感情一如大学校园里那般如胶似漆，陆男还时不时给庄女制造一些浪漫的惊喜。然而，由于丈夫陆男是某医院的主治医师，工作比较忙，在外面的应酬也比较多，庄女总有一种不安全感，担心陆男在外面会有越轨的行为。2000 年 1 月，陆男参加完一个同学聚会后，庄女在他的衬衣上发现了女人的口红印，当天两人便大吵了一架。此事之后两人虽然和好如初，但庄女仍觉得不踏实。后来，在朋友的建议下，庄女想与丈夫签订一份夫妻"忠诚协议"，以保证丈夫对自己的感情万无一失。经过与丈夫沟通，陆男认为这对于庄女也是一种承诺，于是便同意了，双方约定的违约金为人民币 55 万元。

2001 年 10 月中旬，陆男所在的医院想通过对员工的培训来提升医院的医疗水平，由于陆男是医院的业务骨干，所以医院便派遣包括陆男在内的几名医生到美国进修，期限为 1 年。在医院的安排下，陆男与几个同事一起来到了美国。对英语口语较为生疏的陆男为了不耽误学习，通过当地的中介机构找到了一名英文系华裔女大学生充当英文辅导老师。谁料两人日久生情，几个月下来，陆男便与这个女大学生住到了一起。而此时，在国内的庄女也听说了陆男的一些情况。

2002 年 11 月，陆男回国，庄女为此事与陆男争吵，但最终在陆男的苦苦哀求下，庄女还是原谅了陆男，毕竟，她不愿意放弃对丈夫的爱。她认为，既然丈夫已经认识到了自己的错误，就应该给他一个改过自新的机会。孰料，从 2006 年 1 月开始，庄女又获知，陆男又时常借口工作而夜不归家，却是与另一女性在外租房同居生活。在几番交涉无果后，庄女拿出了当初签订的夫妻"忠诚协议"，要求陆男依照当时的约定支付违约金，在被陆男拒绝后，她到法院起诉，请求法院判决陆男支付约定的违约赔偿金 55 万元，但没有提出离婚的诉讼请求。

在法庭辩论中，原告庄女提出，该夫妻"忠诚协议"是当时在与陆男双方自由协商的基础上订立的，且不违反法律的规定，如今被告陆男的行为已违背了当时的协议，所以应该依约定支付给原告 55 万元违约金。被告陆男则认为，该夫妻"忠诚协议"固然是双方自愿签订的，但这是关于人的感情的规定，且是对人的自由的限制，不能适用我国《合同法》，同时由于感情不是法律调整的对象，所以应该依法认定该协议无效。鉴于原告与被告之间的争议焦点是夫妻"忠诚协议"的效力这一目前法律尚无规定的问题，且经法院调解双方不能达成一致意见，所以法院将择期宣判。

请问：夫妻"忠诚协议"是否具有法律效力？

分析意见：

这是一起因有配偶者与他人同居，违反夫妻"忠诚协议"而引发的案件。

目前，我国一些夫妻为了守住感情而签订"忠诚协议"的并不鲜见。在现代社会，随着经济文化的发展，人们的思想观念发生了很大的变化，对婚姻家庭的态度也产生了潜移默化的影响，婚姻家庭关系的不稳定性与日俱增。我国现行《婚姻法》第四条规定："夫妻应当互相忠实，互相尊重；家庭成员间应当敬老爱幼，互相帮助，维护平等、和睦、文明的婚姻家庭关系。"第四十六条规定："有下列情形之一，导致离婚的，无过错方有权请求损害赔偿：（一）重婚的；（二）有配偶者与他人同居的；（三）实施家庭暴力的；（四）虐待、遗弃家庭成员的。"2001 年《婚姻法解释（一）》第三条规定："当事人仅以婚姻法第四条为依据提起诉讼的，人民法院不予受理；已经受理的，裁定驳回起诉"。

在本案中，尽管被告与他人同居的行为为我国婚姻法所禁止，但由于原告没有提出离婚，所以不能适用我国现行《婚姻法》第四十六条的规定，不能请求离婚损害赔偿。而原告请求法院依据夫妻双方签订的"忠诚协议"，判决陆男支付约定的违约赔偿金，这涉及该夫妻"忠诚协议"是否具有法律效力的问题。对此，我国现行《婚姻法》及现行司法解释均无规定。

关于夫妻"忠诚协议"的性质和效力，目前我国学术界和司法界，主要有以下两种对立的观点：

一种观点认为，忠诚协议当属无效。有人认为，我国现行《婚姻法》规定"夫妻应当相互忠实"而非"必须忠实"，"应当"意在提倡，只有"必须"才是法定义务。法律允许夫妻对财产关系进行约定，但不允许通过协议来设定人身关系。人身权是法定的，不能通过合同来调整。还有人认为，忠诚协议虽不违法，但这种协议应由当事人本着诚信原则自觉履行，法院不能赋予忠诚协议强制执行力。否则，必然面临一个尴尬而危险的举证困难和一系列社会负面影响，应当考虑赋予忠诚协议强制执行力可能发生的巨大社会成本。另有人认为，忠诚协议主张的侵权损害赔偿欠缺法律依据，不属于我国现行《婚姻法》第四十六条规定的离婚损害赔偿之列。忠诚协议限制了当事人的人身自由，法律不能通过合同契约的方式剥夺当事人享有的人身自由这一基本宪法权利，故忠诚协议当属无效。①

另一种观点认为，应当对"忠诚协议"认定为有效。有学者指出，夫妻之间订立忠诚协议，并不违法。因为夫妻忠实本来就是法律规定的内容，属于法律明确的要求，协议双方等于把法定的义务变成了约定的义务。法院应当予以认可。②有学者认为，对于夫妻双方自愿签订的忠诚协议，人民法院经审理查明确实属于夫妻双方的真实意思表示的，应当予以支持。这是因为，人民法院承认该忠诚协议有关财产赔偿约定的效力。这既符合婚姻法规定的精神，又符合社会主义婚姻道德的要求，也未破坏社会公序良俗，可以保障婚姻法有关"夫妻应当相互忠实"规定的实现，有利于弘扬夫妻相互忠实的道德风尚，有利于维护平等、和睦、文明的婚姻家庭关系，促进和谐社会的构建。③有法官主张：倾向于对"忠诚协议"认定为有效。因为其符合婚姻法的基本精神，是对婚姻法中"夫妻应当相互忠实"的规定的具体化。也正是由于夫妻签订了具体的协议，使得婚姻法上原则性的夫妻忠实义务具有了可诉性。法律也未明文禁止当事人自行约定。忠诚协议的约定与婚姻法的基本精神相吻合，给付金钱具有违约赔偿性质，这种协议应当受到法律保护。因此，法院应当认定这种忠诚协议有效。至于违反忠诚协议行为的举证问题，根据"谁主张，谁举证"的原则，法院当然不会依职权去调查。如果当事人一方主张另一方违反忠诚协议但没有相应的证据予以证明，其只能承担败诉的后果，法院又怎么会陷入"尴尬

---

① 《法律能干预婚外情吗?》，载《中国青年报》2002 年 12 月 31 日，综合新闻版。

② 李明舜：《妇女权益法律保障研究》，国家行政学院出版社 2003 年版，第 399 页。

③ 参见陈苇的发言纪要，载罗杰："最高人民法院关于适用《中华人民共和国婚姻法》若干问题的解释（三）（征求意见稿）专家论证会纪要"，西南政法大学外国家庭法及妇女理论研究中心网，http://www.swupl.edu.cn/mweb/wgjtf/content.asp? cid = 821305199&id = 959379247，最后访问时间：2010 年 6 月 15 日。

而危险"的举证困境中呢？①

示范案例二

婚姻存续期间双方出轨致离婚，前妻能否索赔？

黎捷与王伟原系夫妻关系，双方于 2007 年 8 月底结婚，2013 年年底办理了离婚登记。登记离婚时，双方协议约定王伟因婚外情给黎捷身心造成严重伤害，王伟自愿支付黎捷精神损害赔偿金人民币 5 万元作为补偿。

此后，王伟未按该约定支付补偿款，黎捷多次催收未果，于是诉至法院。在庭审中，双方承认离婚前于 2012 年年底开始分居，至 2013 年年底才正式办理离婚手续。黎捷自认其在离婚前的分居期间就已与他人同居，但表示她与王伟分居的原因就是由于他有婚外情的过错行为，且在分居期间自己曾多次向王伟提出过离婚，离婚时并不知道自己已经怀孕。

请问：法院能否支持原告诉求？为什么？

分析意见：

法院应判决驳回黎捷的诉讼请求。理由如下：

王伟辩称，当时与黎捷双方签订登记离婚的协议时，是在王伟本人有婚外情的过错行为的前提下签订的，他作为过错方同意支付给黎捷补偿款 5 万元。黎捷与现任丈夫结婚并生下小孩后，王伟从时间上推算出其在未离婚时亦有与人同居的过错，因而拒付补偿款。

对此，黎捷的解释是自己要开始过新生活，不能因为王伟不同意签订离婚协议而无限期被拖延。但这并不能推脱黎捷存在的过错，黎捷完全可以通过法律途径解决双方的离婚问题。黎捷在与王伟离婚时隐瞒了其亦有在婚姻期间与他人同居过错的事实，致使王伟违背真实意思而与其签订离婚协议同意支付补偿款 5 万元，我国现行《婚姻法》规定，夫妻双方应互相忠实，相互尊重。现夫妻双方均对婚姻不忠，均有过错行为，根据我国现行《婚姻法》第四十六条的规定："有下列情形之一，导致离婚的，无过错方有权请求损害赔偿……（二）有配偶者与他人同居的……" 2011 年《婚姻法解释（三）》第十七条规定："夫妻双方均有婚姻法第四十六条规定的过错情形，一方或者双方向对方提出离婚损害赔偿请求的，人民法院不予支持。"因此，该协议支付补偿款的内容无效。对于王伟的辩解，人民法院应予以采信，应判决驳回黎捷的诉讼请求。

讨论案例

1. 对"婚外恋"者提出的离婚请求，应当如何处理？

方雨红与肖长乐登记结婚后，一度感情较好，生有一女，现年 4 岁。自 2013 年元月以来，方雨红在舞厅中结识了外地来此经商的个体老板薛洪贵，双方坠入了情网。不久，两人即公开以情人关系在薛洪贵的住所同居。经肖长乐多次规劝，方雨红虽有时回家与肖

---

① 参见吴晓芳：《当前婚姻家庭案件的疑难问题探析》，载《人民司法》（应用版）2010 年第 1 期，第 54~56 页。

长乐过夫妻生活，但却仍继续与薛洪贵同居生活。2015 年 1 月，薛洪贵与其妻离婚后，与方雨红商议，让她也与其夫离婚，然后两人就登记结婚，做名正言顺的夫妻。方雨红遂以夫妻感情破裂为由，向法院起诉，坚决要求与肖长乐离婚，并表示不要共同财产中自己的份额，女儿由父亲直接抚养，她每月给付抚养费 400 元。在审理中，肖长乐考虑女儿年幼，需要母亲抚育，婚后夫妻感情尚好，只是因方雨红与薛洪贵同居才导致夫妻感情发生了变化，因此坚持不离婚。法官询问肖长乐：如果法院判决离婚，是否要求方雨红承担损害赔偿费？肖长乐表示，我既然不愿离婚，还提什么损害赔偿费。法院经审理认为，该夫妻结婚时间不长，女方因"婚外恋"而提出离婚，经多次调解和好无效，夫妻感情确已破裂，遂判决双方离婚，夫妻财产、子女抚养费亦参照方雨红起诉书提出的处理意见进行判决。肖长乐不服，向二审法院提出上诉。

请问：一审法院的判决是否正确？为什么？

2. 为了断"婚外情"而签下的补偿费协议是否有效？

2014 年 10 月，陈小姐在工作之余认识了来该地做生意的杨先生，两人互有好感。在双方交往的过程中，杨先生声称自己已经离婚，并出示了离婚证（后来证实为假证），有意与陈小姐正式交往。于是，两人开始了同居生活。陈小姐一心希望能与杨先生结婚，并于 2015 年元月怀上了他的孩子。但杨先生事实上并没有与其妻子离婚，在陈小姐怀孕后杨先生就明确地告诉她，自己不会离婚与她组成新家庭，让她去做人工流产。为了解除同居关系，双方经协商达成书面协议，约定由杨先生支付给陈小姐 20 万元作为补偿。基于此协议以及该协议所附的欠款条，陈小姐向法院起诉，要求杨先生支付为解除同居关系双方自愿约定的补偿费 20 万元。杨先生辩称，协议和欠款条是迫于原告及其亲戚、朋友的压力而写，并不是自己真实的意思表示，并认为陈小姐知道其婚姻、家庭状况，并非上当受骗，而且陈小姐在与其交往的同时也有其他异性朋友，不能确定孩子就是被告的，故请求法院驳回原告的诉讼请求。

请问：本案应当如何处理？

3. "有配偶者与他人同居"是否包括同性同居？

刘某（男）与黄某（女）一直在深圳打工，2012 年 8 月上旬，二人经媒人介绍相识，逐渐确立恋爱关系。2013 年 5 月 22 日，双方在政府民政部门办理结婚登记手续。新婚阶段，夫妻关系和睦。后来，刘某发现妻子常常去朋友张某（女）家打牌，夜不归宿，且妻子与自己没有了往日的亲密，遂怀疑妻子有了外遇。经深入调查，刘某发现黄某和她的朋友张某不是普通朋友关系，而是情人关系，二人早已同居。刘某无法接受这一事实，将黄某告上法庭诉求离婚，并要求赔偿自己精神损失费 2 万元。被告黄某辩称，自己和刘某结婚后，起初尚好，慢慢地刘某对自己不理不睬，加之生活与工作的压力，自己想找个同性好友倾诉，以获得心理和生理上的安慰。于是，自己在性取向上渐渐有了双性恋的习惯，现在同意离婚。但是，坚决不愿赔偿原告刘某精神损失费，因为自己是和同性同居，并没有和丈夫之外的异性发生过性关系，所以，自己不应当赔偿原告的任何精神损失费用。

请问，该案应当如何处理？

相关裁判实例摘录①

成某与赵某甲离婚纠纷案

原审法院审理查明，原告成某与被告赵某甲相识后于某某年某月某日登记结婚，某某年某月某日生育一子，取名赵某乙。婚后，原、被告因故发生矛盾，原告曾于 2006 年 12 月 31 日、2008 年 7 月 24 日两次向本院起诉，要求与被告离婚，被本院驳回诉讼请求。现原告再次起诉要求与被告离婚。另查明，原、被告婚姻关系存续期间夫妻共同财产有绍兴市越城区皋埠银春街 226 号银都苑 A 幢 103 室房屋一套。

原审法院审理后认为，原、被告婚姻基础及婚后感情尚可，嗣后双方因故发生矛盾。原告曾两次起诉请求离婚，被该院驳回后，原、被告夫妻感情并没有出现改善。现原告第三次起诉要求与被告离婚，态度坚决，应视为夫妻感情彻底破裂，已无和好可能，该院对原告要求与被告离婚的诉请予以支持。原、被告一致同意婚生子由被告抚养教育，本院予以确认。被告要求原告每月支付抚养教育费 600 元，原告提出其无工作，要求每月支付抚养费 200 元，但未提供无收入来源的证据，该院根据绍兴地区居民生活消费情况，酌情确定为每月支付抚养教育费 300 元。已查明的夫妻共同财产绍兴市越城区皋埠银春街 226 号银都苑 A 幢 103 室房屋一套，原、被告同意房屋总价按照 275000 元计算，该院予以确认。被告辩称，原、被告产生矛盾，过错在于原告，在分割夫妻财产时原告应不分或少分共同财产。该院认为，被告虽提供派出所证明以请求证明原告与第三人以夫妻名义同居生活，但依据被告申请该院向派出所调取的原告与肖琴英的询问笔录，并不足以证明原告与肖琴英以夫妻名义同居生活，被告提供的证据不足以证明原告存在过错，对被告要求原告少分或不分夫妻共同财产的抗辩不予采纳。考虑婚生子随被告生活，从照顾子女及妇女权益出发，原、被告共有房屋归被告所有，被告支付原告房屋折价款 12 万元。原、被告陈述另有家具、电器等夫妻共同财产，但对财产现在何处陈述不一致，且未提供证据予以证明，故在本案中不予处理。被告称其向外举债，该院认为该债务涉及第三人权益，在本案中不予认定，权利人可另案主张。依照《中华人民共和国婚姻法》第三十二条、第三十六条、第三十七条、第三十八条、第三十九条之规定，判决如下：1. 准予原告成某与被告赵某甲离婚；2. 婚生子赵某乙由被告赵某甲负责抚养教育，原告成某每月支付抚养费 300 元至赵某乙独立生活时止；原告成某可于每月第一个、第三个周日探望赵某乙，被告赵某甲应予配合；3. 坐落于绍兴市越城区皋埠银春街 226 号银都苑 A 幢 103 室房屋一套（建筑面积 123.38 平方米）归被告赵某甲所有；被告赵某甲补偿给原告成某人民币 12 万元；此条款于判决书生效之日起两个月内履行完毕。如果未按本判决指定的期间履行给付金钱义务，应当依照《中华人民共和国民事诉讼法》第二百二十九条之规定，加倍支付迟延履行期间的债务利息。案件受理费 800 元，减半收取 400 元，由原告负担 200 元，被告负担 200 元，在履行上述款项时一并支付。

原审判决作出后，上诉人赵某甲不服原判，提起上诉称：原审法院认定事实不清，判决错误。一、原审法院没有查清事实，对被上诉人的行为导致婚姻关系破裂不存在过错的

① 摘自中国裁判文书网，（2009）浙绍民终字第 863 号。

认定是错误的。被上诉人与肖琴英以夫妻名义非法同居才使得上诉人与被上诉人夫妻感情彻底破裂。上诉人为了证明被上诉人对双方婚姻关系破裂存在过错向原审法院提供了三份证据。上诉人提供的证据足以证明被上诉人与肖琴英以夫妻名义非法同居的事实，而原审法院却认为上诉人提供的证据不能证明被上诉人与肖琴英以夫妻名义同居，仅能证明被上诉人与肖琴英发生过性行为，从而作出被上诉人对婚姻关系破裂不存在错误的认定，这一认定明显错误。二、上诉人未基于《婚姻法》第四十六条规定向原审法院提出要求被上诉人对其进行过错损害赔偿，请求二审法院一并处理。三、原审法院对夫妻关系存续期间的共同债务没有加以处理，请求二审法院一并处理。综上，请求二审法院依法改判。

被上诉人成某未提交书面答辩状，口头辩称：一、皋埠银春街 226 号银都苑 A 幢 103 室的房子不属于夫妻共同财产，系被上诉人个人财产，购买房子的钱是被上诉人出的，银行按揭也是被上诉人在还；二、原审判决房子归上诉人，上诉人仅补偿 12 万元，明显不公，上诉人并没有证据证明被上诉人存在过错；三、共同债务问题，1 万元系房子装修时上诉人父母自愿送的，所要装修的是他们自己居住的房间。综上，要求二审法院驳回上诉，维持原判。

二审中双方当事人均未提交新的证据。

二审法院二审查明事实与原审判决认定的事实一致。

二审法院认为，本案的争议焦点在于被上诉人成某的行为是否符合我国现行《婚姻法》第四十六条规定的有配偶者与他人同居的情形。2001 年《婚姻法解释（一）》第二条明确规定，婚姻法第四十六条规定的"有配偶者与他人同居"的情形，是指有配偶者与婚外异性，不以夫妻名义，持续、稳定地共同生活。结合绍兴市越城区东湖派出所于 2009 年 4 月 23 日出具的证明及对被上诉人和肖琴英两人的询问笔录，本院认为该组证据并不能证明被上诉人成某与肖琴英存在持续、稳定地共同居住的情形，不符合《婚姻法》第四十六条规定的无过错方可以请求损害赔偿的条件，故上诉人要求被上诉人支付过错损害赔偿金的上诉请求本院不予支持。对于上诉人所称婚姻关系存续期间的部分共同财产、共同债务，在双方均未能提供足够的证据举证证明的情况下，原审法院为了查明事实，充分保护双方当事人的合法权益，要求双方当事人收集证据后另行主张权利并无不当，符合法律规定。综上，上诉人的上诉请求不能成立，原审判决认定事实清楚，适用法律正确。依照《中华人民共和国民事诉讼法》第一百五十三条第一款第（一）项之规定，判决如下：驳回上诉，维持原判。二审案件受理费 800 元，由上诉人赵某甲负担。

五、家庭暴力及虐待案例

基本理论概述

根据我国《反家庭暴力法》第二条之规定，家庭暴力是指家庭成员之间以殴打、捆绑、残害、限制人身自由以及经常性谩骂、恐吓等方式实施的身体、精神等侵害行为。

虐待则是指行为人经常以打骂、冻饿、禁闭、强迫过度劳动、有病不给治疗或其他方式，折磨、摧残家庭成员，对其身体、精神等方面造成伤害后果的行为。

虐待与家庭暴力一样，行为人与受害人双方都是家庭中互有权利义务的家庭成员，都会给受害人造成伤害后果，两者的区别主要在于：其一，虐待行为的表现方式具有多样性，包括作为与不作为，而家庭暴力均为作为之行为；其二，虐待行为具有长期性和经常性，家庭暴力则往往具有偶发性，经常性谩骂除外。

示范案例一

如何向法院申请人身保护令？

28 岁的女子李某，和丈夫宋某结婚 4 年多。近一年来，丈夫多次谩骂、殴打她，还将她捆绑起来实施家暴。2016 年 3 月 15 日，丈夫再次对她进行打骂，实在无法忍受的李某，被逼从家中四楼跳了下来，随后被送到医院进行救治。经诊断，身体多处骨折。

让李某更没想到的是，在她住院治疗期间，丈夫宋某竟再次来到医院，对她和她的家人进行打骂，严重干扰了李某的治疗及休养。李某依据《反家庭暴力法》向法院申请人身保护令。

请问：法院依法应当如何处理本案？为什么？

分析意见：

法院应当依照我国《反家庭暴力法》的相关规定，根据李某的申请依法裁定出具《人身安全保护令》。裁定禁止李某的丈夫对她实施家庭暴力，禁止他骚扰、跟踪、接触李某及其近亲属。

2016 年 3 月 1 日，我国《反家庭暴力法》正式施行，这是我国第一部预防和制止家庭暴力的专门法律。在对家庭暴力行为的法律调控方面，该法的主要特点在于以下几个方面：

一是以法律形式明确家庭暴力的范畴。"家庭成员之间以殴打、捆绑、残害、限制人身自由以及经常性谩骂、恐吓等方式实施的身体、精神等侵害行为"均属家庭暴力，此条把经常性谩骂、恐吓等精神侵害行为也纳入家庭暴力的范畴。

二是凸显对弱势群体的特殊保护。未成年人、老人、残疾人、孕期和哺乳期的妇女、重病患者遭受家庭暴力的，应当给予特殊保护。

三是建立了强制报告制度。学校、幼儿园、医疗机构、居民委员会、村民委员会、社会工作服务机构、救助管理机构、福利机构及其工作人员在工作中发现无民事行为能力人、限制民事行为能力人遭受或者疑似遭受家庭暴力的，应当及时向公安机关报案。

四是创设了告诫书制度。对家庭暴力情节较轻，依法不给予治安管理处罚的，可以由公安机关对加害人出具告诫书。告诫书可以作为认定家庭暴力事实的证据。

五是建立完善了人身安全保护令制度。人身安全保护令是一种民事强制措施，即法院为了保护家庭暴力受害人及其子女和特定亲属的人身安全，确保婚姻案件诉讼程序的正常进行而作出的民事裁定。当事人受到家庭暴力或者面临家庭暴力现实危险时，可以向法院申请人身安全保护令。此外，《反家庭暴力法》还将适用范围扩大到家庭成员以外共同生活的人，规定家庭成员以外共同生活的人之间实施的暴力行为，参照《反家庭暴力法》的规定执行。

从本案的具体情况看，我国《反家庭暴力法》第二十三条第一款规定："当事人因遭受家庭暴力或者面临家庭暴力的现实危险，向人民法院申请人身安全保护令的，人民法院应当受理。"宋某的丈夫对其妻子有明显的家庭暴力行为，且还在其住院治疗期间继续对她本人及其家属进行打骂，完全符合申请人身保护令的条件。另外，我国《反家庭暴力法》第二十九条明确规定："人身安全保护令可以包括下列措施：（一）禁止被申请人实施家庭暴力；（二）禁止被申请人骚扰、跟踪、接触申请人及其相关近亲属；（三）责令被申请人迁出申请人住所；（四）保护申请人人身安全的其他措施。"就宋某的不法行为，其妻子可以选择该条前两项的禁止性措施来加以申请，如有必要还可责令宋某迁出。

示范案例二

故意杀死施虐丈夫，可否被减轻处罚？

公诉机关：某市人民检察院。

被告人：张某，女。

某市人民检察院起诉指控：2015年6月12日12时许，被告人张某由于不堪忍受其丈夫周某长期的打骂和虐待，趁周某醉酒后趴在饭桌上睡着之际，用铁锤猛击周某头部数下，致周某当场死亡。被告人张某在案发当日主动到派出所投案自首。张某的行为已触犯我国现行《刑法》第二百三十二条之规定，构成故意杀人罪，但具有《刑法》第六十七条规定的减轻处罚的情节。

被告人张某对自己的行为不做任何辩解。

辩护人辩护意见：被告人张某的主观恶性比其他故意杀人犯的主观恶性要小。被告人张某不堪忍受被害人的打骂和虐待，离婚又怕儿女受伤害，不得已杀死被害人周某，法院应依法对被告人张某减轻处罚。

法院经审理查明：被告人张某与被害人周某（男，55岁）系夫妻关系，生有一子二女。婚后周某经常虐待、打骂被告人及其子女，曾将被告人一步一棒从车站打回自己家里，将女儿打得不敢回家，张某曾自杀未遂。张某多次提出与周某离婚，但周某以杀死全家相威胁而未果。2015年6月12日晨，被害人周某在自己的家中，因琐事骂儿子周某华并向其要钱，周某华交给周某300元，周某边喝酒边把钱放到炉火里烧，周某华上前阻止，周某便拿炉铲子击打周某华，又拿菜刀欲砍伤被告人张某，被周某华拉开。张某遂产生杀死周某之念。当天中午12时许，周某趴在饭桌上睡觉，周某华回房间午休，被告人张某乘机拿一把铁锤，向周某头部猛击数下，致周某当场死亡。当日下午，被告人张某到派出所投案自首。案发后，周某的子女及其他亲属还有同村的村民联名要求从轻处罚被告人张某。

请问：本案依法应当如何处理？为什么？

分析意见：

故意杀人是非常严重的刑事犯罪，我国现行《刑法》第二百三十二条规定了较为严厉的刑罚。在本案中，被告人张某趁被害人周某睡觉之际用铁锤击打其头部数下，致周某当场死亡，其行为已构成故意杀人罪。但是，本案的关键和争议的焦点是对被告人张某如何量刑，即本案是否属于情节较轻，是否具有应对张某减轻处罚的法定情形？

第一，本案不同于一般的故意杀人犯罪，是由家庭矛盾激化引起的故意杀人案件。1999 年 10 月最高人民法院的《全国法院维护农村稳定刑事审判工作座谈会纪要》① 规定，对于因婚姻家庭、邻里纠纷等民间矛盾激化引发的故意杀人犯罪，适用死刑一定要慎重，应当与发生在社会上的严重危害社会治安的其他故意杀人犯罪案件有所区别。

第二，被告人张某系临时起意、激愤杀人，主观恶性较小，犯罪情节较轻。自被告人张某与被害人周某结婚至本案发生，有证据证明她遭受了被害人的长期打骂和折磨，她提出离婚，其夫周某又以杀死全家相威胁，致使其因无法忍受曾自杀（未遂）。面对长期的难以反抗的家庭暴力，张某在被逼无奈、情急之下才选择了以极端的方式剥夺了周某的生命，以求得家庭的安宁。

第三，被害人周某的行为具有严重过错。周某酗酒成性，经常对其妻子张某、子女施以家庭暴力，其妻子、子女长期生活在恐惧之中。案发前，被害人又无故殴打被告人，导致家庭矛盾再次激化，致使被告人临时起意，产生杀人之念。

第四，被告人张某具有法定减轻处罚情节，在案发后主动到公安机关投案自首，如实供述了自己的犯罪事实，根据我国现行《刑法》第六十七条之规定，依法可以减轻处罚。

第五，社会公众对被告人寄予同情，社会危害性较小。在案发后，被害人周某的子女及其他亲属还有同村的村民联名要求从轻处罚被告人张某。

第六，妇女在家庭中往往处于弱势地位。在我国一些农村地区，法律知识普及不够，加上"男尊女卑"思想的残余影响，妇女在家庭中往往处于弱势地位。一些妇女由于受学历、阅历的限制，不知、不懂、不会用法律武器保护自己的合法权益，在被逼无奈的情形下采取非法手段自救而触犯刑法的，司法机关在处以刑罚时，应当酌情考虑给予适当的减轻。

综上，人民法院虽确认被告已经构成故意杀人罪，但依法可以减轻处罚。

讨论案例

1. 因家庭暴力受伤，受害人不提出离婚是否有权单独请求损害赔偿？

徐永元和向春蕾两人都是中年离婚者，经人介绍两人相识。2014 年春节前，两人登记结婚，系再婚夫妻。徐永元在外资企业工作，每月收入 1 万多元，向春蕾是国有企业职工，每月工资 4000 多元，由于双方都要负担与原配偶所生子女的抚养费，经夫妻双方书面约定，各自收入归自己所有和支配。徐每月出 2000 元、向每月出 1000 元作为共同生活费用，由向掌握使用。徐永元是有名的"酒罐子"，经常酒后回家无故打骂向春蕾。2015 年年底，徐永元随单位领导在酒楼陪酒回家后，又对向春蕾骂骂咧咧，向春蕾回敬了几句，徐永元便操起铁杆一阵乱打，致使向春蕾左手前臂骨折，经手术治疗，花去医药费 1 万多元，徐永元分文不付，由向春蕾向亲友借支。同时，误工损失工资、奖金 2000 多元。由此，向春蕾要求徐永元赔偿经济损失 1 万元和精神损失费 2000 元，徐永元置之不理。向春蕾便以徐永元实施家庭暴力为由，向法院起诉，要求徐永元赔偿经济损失和精神损失费 1.5 万元。经法院审查后，裁定不予受理。

---

① 最高人民法院关于印发《全国法院维护农村稳定刑事审判工作座谈会纪要》的通知（法〔1999〕217 号），1999 年 10 月 27 日。载 http://blog.sina.com.cn/s/blog_68135ca00100jm7y.html，最后访问时间：2010 年 7 月 1 日。

请问：法院不予受理是否合法，为什么？

2. 威胁可以被认定为一种家庭暴力手段吗？

原告郑某丽与被告倪某斌于 2009 年 2 月 11 日登记结婚，2010 年 5 月 7 日生育儿子倪某某。在原、被告共同生活期间，被告经常击打一个用白布包裹的篮球，上面写着"我要打死郑某丽"的字句。2011 年 2 月 23 日，原、被告因家庭琐事发生争执，后被告将原告殴打致轻微伤。2011 年 3 月 14 日，原告向法院提起离婚诉讼，请求法院依法判令准予原、被告离婚；婚生男孩倪某某由原告抚养，抚养费由原告自行承担；原、被告夫妻共同财产依法分割；被告赔偿原告精神损失费人民币 3 万元。

请问：法院依法应当如何处理？为什么？

相关裁判实例摘录[①]

程某与李某离婚纠纷案

2015 年 5 月 22 日，程某诉至一审法院，请求判令：1. 程某与李某离婚；2. 家庭财产依法分割；3. 诉讼费用由李某负担。

一审法院经审理查明：程某、李某于 2004 年 5 月经人介绍相识恋爱，某某年某月某日登记结婚（均系再婚），婚后未生育子女。双方在共同生活初期，程某随李某前往广州工作。2008 年双方回武汉与程某姐姐、姐夫相邻居住。李某怀孕后习惯性流产，其认为程某不照顾她，还埋怨她没有生育子女，且强行与她进行夫妻生活。双方于 2013 年后分居。2014 年 4 月，李某到建筑工地从事做饭工作，程某便到工地上质问李某是否与工地工人有婚外情，遭到李某否认。程某于 2014 年 9 月 1 日向法院提起离婚诉讼。因李某不同意离婚，经一审法院判决不准离婚。判决后，李某回家找程某，程某报警，不让李某进门，双方关系进一步恶化，程某再次起诉要求与李某离婚。

一审法院另查明，程某、李某夫妻共同财产有：冰箱一台，格力挂式空调一台，洗衣机一台，戴尔笔记本电脑一台。程某主张共同生活期间为李某交纳了两年的社会保险，但未举证证明交纳的具体数额。李某主张有无证房屋两套，该证据均涉及案外人的权利。双方无共同存款、债权、债务。

一审法院认为：程某、李某虽系自主婚姻，但婚后双方缺少沟通，李某不愿忍受程某行为而离家打工，程某则认为李某有婚外情，曾起诉离婚。因李某不同意离婚，经一审法院判决不离后，双方夫妻关系并未得到改善，程某再次起诉离婚。鉴于李某同意离婚，无和好可能，一审法院依法准予离婚。李某主张双方有无证房屋，但其提交的证据不能证明无证房屋由程某、李某享有，故本案不作处理。程某主张在共同生活期间为李某交纳了两年的社会保险费用，李某认可交纳一年多，双方均未举证证明交纳的具体数额。鉴于李某现无居所，生活较为困难，程某应适当给予李某经济帮助，故李某在婚姻关系存续期间交纳的社会保险费用由李某享有为宜，家庭生活用品则全部由程某所有。根据《中华人民共和国婚姻法》第三十二条、第三十九条，《中华人民共和国民事诉讼法》第一百四十二条之规定，判决：一、准予程某与李某离婚；二、财产分割：冰箱一台，格力挂式空调一

---

① 摘自中国裁判文书网，（2015）鄂武汉中民终字第 01677 号。

台，洗衣机一台，戴尔笔记本电脑一台归程某所有；三、李某所有的社会保险缴费由李某享有。一审案件受理费 200 元，实际收取 100 元，由程某负担 50 元，李某负担 50 元（程某已预交，李某于一审判决生效之日起五日内给付程某）。

一审宣判后，李某不服，向二审法院提起上诉称：上诉人没有子女，与程某结婚后，由于上诉人身体虚弱，营养不良，每次怀孕就流产。2008 年后上诉人没有上班，一边在家里照顾程某子女，一边积极备孕，但仍然流产。每次流产，程某不但不管，还强行要求过夫妻生活，不高兴就动手打上诉人。2012 年程某要求做试管婴儿，因上诉人身体虚弱没有成功，此后程某变本加厉，对上诉人进行严重的家庭暴力，辱骂殴打。上诉人被逼无奈外出打工，打工才 4 个月，程某就败坏上诉人名誉，天天吵闹，对上诉人实施暴力，卖掉老家的房屋，换掉房门锁芯，逼上诉人离婚。上诉人在程某一无所有时把自己的钱和在父母家借的钱给程某买房买车，而程某不知感恩，只想着自己的利益。程某为了达到生儿子的目的对上诉人造成严重的伤害，上诉人现在有严重的风湿、贫血和妇科病，没有子女，没有居所，生活无着。综上，请求二审法院：1. 判令程某赔偿上诉人抚养程某子女多年、照顾家庭的所有费用和精神损失费、名誉费；2. 判令程某赔偿上诉人在婚姻关系存续期间流产三次、做试管婴儿一次对身体的伤害费用；3. 判令程某赔偿实施家庭暴力对上诉人的伤害费用。上述费用共计 10 万元。

程某答辩称：双方婚后李某对家庭冷漠，不做家务，沉溺于牌场，不尊重夫妻感情，经常实施家庭冷暴力，对生病的老公不闻不问。李某于 2009 年独自在广东打工，在外与他人关系暧昧，并于 2013 年与他人一起离家出走，多次规劝不愿回家。当答辩人发现李某有婚外情时，李某同他人对答辩人进行殴打，婚姻无法继续，答辩人起诉离婚。双方婚后于 2005 年到广东打工，答辩人子女与爷爷奶奶生活，李某基本不管，不存在照顾。李某在与其前夫共同生活期间多次怀孕未能生育，造成不孕的事实。李某与答辩人结婚后隐瞒实情，没有进行治疗，耗费大量财力精力。李某打工至 2010 年回武汉，打工的钱由她自己保管，没有帮助家庭开支。2013 年李某离家出走后，带走 5 万元及 5 年半的养老医疗保险费用总计 9 万元。这些年为了家庭开支和给李某看病，答辩人已经一贫如洗。综上，请求二审驳回上诉，维持原判。

二审期间，被上诉人程某提交如下证据：

证据一：社保明细查询单一份，证明养老保险金 4 万多元属于共同财产，其中程某帮李某支付 2 万多元。

证据二：短信一组，证明李某对家庭和家人态度极其恶劣，早就作好离婚的准备，拿走家里的财产。程某的姐姐给了双方一套房屋，李某应该是感激而不是仇恨。夫妻双方很穷，没精力也不可能在武汉和老家都购买房屋。这些年为李某看病已经压得程某喘不过气来，没有更多的财产。

经质证，上诉人李某对被上诉人程某提交证据的意见为：对证据一的真实性没有异议，但该养老保险不属于夫妻共同财产。李某一直在家里照顾程某的子女，养老保险的款项不能说是程某帮李某支付的。夫妻双方于 2013 年分居，分居后程某不可能帮李某交费。李某的社会保险费用是借其弟弟的钱及自己打工的收入来支付的。对证据二中手机号码为 155××××7835 的手机短信的真实性不予认可，对其他证据的真实性认可，但该组证据只是截取了部分的短信，而这些短信达不到程某要证明的证明目的。

　　二审法院认为，被上诉人程某提交的证据一，上诉人李某对该证据的真实性予以认可，对其真实性予以确认。因该社会保险费用的交纳时间为 2008~2015 年，系夫妻婚姻关系存续期间交纳，故对被上诉人程某关于养老保险金 4 万多元属于共同财产的证明目的予以认可。对程某帮李某支付 2 万多元的证明目的，因程某没有提交证据予以佐证，故对该证明目的不予认可。被上诉人程某提交的证据二，上诉人李某对手机号码为 155×××× 7835 的手机短信的真实性不予认可，对其他证据的真实性认可，对除手机号码为 155×× ×7835 的手机短信外的其他短信的真实性予以认可，但该组证据不能达到其证明目的，李某对该组证据的证明目的也不予认可，故本院对该组证据的证明目的不予确认。

　　经审理查明，一审法院查明的事实属实，本院予以确认。二审另查明，上诉人李某在 2008~2015 年交纳的社会保险费用为 4 万多元。

　　二审法院认为，程某、李某婚后经常发生矛盾，李某不愿忍受程某的行为而离家打工，程某则认为李某有婚外情曾起诉离婚，因李某不同意离婚，经一审法院判决不离后，双方夫妻关系并未得到改善，程某再次起诉离婚。鉴于李某同意离婚，无和好可能，一审法院判决离婚并无不当。上诉人李某主张分割夫妻共同所有的房屋，但没有举证证明房屋由李某、程某共同所有，一审不作处理并无不当。上诉人李某在 2008~2015 年交纳的社会保险费用为 4 万多元，该款项于夫妻婚姻关系存续期间支付，本应予以分割，但一审鉴于李某现无居所，生活较为困难，从照顾女方的原则出发，判决程某应适当给予李某经济帮助，故李某在婚姻关系存续期间交纳的社会保险费用由李某享有，家庭生活用品全部由程某所有并无不当，本院予以维持。上诉人李某上诉请求判令程某赔偿上诉人抚养程某子女多年、照顾家庭的所有费用和精神损失费、名誉费以及判令程某赔偿上诉人在婚姻关系存续期间流产三次、做试管婴儿一次对身体的伤害费用，没有法律依据，本院不予支持。上诉人李某上诉请求判令程某赔偿实施家庭暴力对上诉人的伤害费用，因其没有举证予以证明，其该项上诉请求没有事实依据，二审法院不予支持。

　　综上，上诉人李某的上诉请求没有事实依据和法律依据，二审法院不予支持。一审判决认定事实清楚，适用法律正确，依照《中华人民共和国民事诉讼法》第一百七十条第一款第（一）项的规定，判决如下：驳回上诉，维持原判。二审案件受理费 200 元，由李某负担。

六、遗弃案例

基本理论概述

　　遗弃是指负有扶养义务的人，对年老、年幼、患病或其他没有独立生活能力的家庭成员，拒绝扶养的行为。这里所指的拒绝扶养应当包括以下三种情况：第一，人身遗弃，在人身方面拒绝照顾而让被扶养人置于无人看管照料之处，如车站、码头等地，抛弃被扶养人；第二，经济上拒绝供养；第三，生活上拒绝照料。

　　遗弃必须具备以下特征：一是行为人与受害人间必须具有法定扶养义务。我国现行《婚姻法》规定，夫妻、父母子女、祖孙之间、兄弟姐妹之间有相互扶养的义务。只有符合一定条件的义务人对权利人拒绝扶养才能构成遗弃。二是遗弃行为侵犯的客体是权利人的受扶养权。三是义务人主观方面必须具有故意。

示范案例一

因母亲与他人同居，成年子女可以拒绝赡养母亲吗？

王小花与丈夫梁天平婚后生育有一个儿子，名叫梁辉。2000 年 1 月，梁辉结婚后从家里搬出，分家时对家里的平房、承包田及毛竹山进行了分割。2006 年 6 月，梁天平去世后，家庭会议商定，梁天平在村里开办的一个加工厂折价人民币 1 万元由梁辉购买，梁辉每年给付母亲王小花稻谷 600 斤，并订立了书面协议。此后，协议大部分都得到了履行，但对给付母亲稻谷的义务梁辉却未履行。

2013 年 1 月起，王小花与本村村民丧偶老人查某同居，这引起梁辉的不满。梁辉认为其母的行为有伤风化，因此与母亲矛盾加深，不仅仍然拒绝履行给付母亲稻谷的义务，还强行占用了王小花的住房，使其流离失所。近年来，王小花患有角膜炎、妇科病、胆囊息肉等多种疾病，劳动能力下降，加上必需的治疗费用，导致其生活十分艰难。梁辉对于王小花的医疗费用则分文不付。2015 年 5 月，王小花以梁辉为被告诉至法院。

法院经审理认为，子女赡养扶助父母是法定的义务，赡养扶助包括精神上慰藉、经济上供养、生活上照料三个方面的内容。即使与他人同居也非违法行为，在他们需要赡养时，子女同样应当赡养。原告王小花近年由于患有多种疾病导致生活困难，被告梁辉作为其子女应当履行必要的赡养义务。2015 年 6 月 27 日，法院判决被告梁辉每月给付原告王小花赡养费 100 元及稻谷 60 斤，并负担王小花此后医疗费的一半，同时判决被告梁辉 1 周内返还王小花的 1 间房屋。

请问：法院的判决是否正确，为什么？

分析意见：

法院的判决正确合法。

第一，赡养父母是子女应尽的法律义务。我国现行《婚姻法》第二十一条规定："……子女对父母有赡养扶助的义务……子女不履行赡养义务时，无劳动能力的或生活困难的父母，有要求子女付给赡养费的权利。"此规定表明，子女对父母的赡养是一项法律义务。子女对父母的赡养其内容包括经济上的供养、生活上的扶助和精神上的安慰。子女对父母给付赡养费是有条件的，其条件是：（1）父母无劳动能力或生活困难，（2）子女有负担能力。凡具备这两个条件，子女都应承担起父母赡养费给付的义务。子女赡养的方式可以是多样的，既可以支付赡养费（包括父母的生活费、医疗费、住房、交通等必需的费用），也可以让父母直接在家中予以生活供养。当子女不履行赡养义务时，父母有要求子女履行赡养扶助义务的权利。此外，目前在我国，双方均无配偶的人同居生活，法律不予禁止，因此王小花的同居行为不是违法行为。而梁辉是由母亲王小花含辛茹苦抚养成人的，应该尽赡养母亲的法定义务。所以，梁辉拒付赡养母亲的稻谷和医疗费的行为是一种遗弃行为。

第二，解决子女不履行赡养义务的法律途径。我国现行《婚姻法》第四十四条第一款规定："对遗弃家庭成员，受害人有权提出请求，居民委员会、村民委员会以及所在单位应当予以劝解、调解。"遗弃家庭成员，受害人提出请求的，人民法院应当依法作出支付抚养费、扶养费、赡养费的判决。根据这一规定，对具备法定条件的子女不履行赡养义务时，可通过两个法律途径解决：一是父母可以要求有关单位调解，即王小花可以请求村民委员会调解，要求梁辉履行法定义务。王小花将梁辉诉至法院则为另一途径，即通过诉讼方式要求梁辉履行法定的赡养义务，如果梁辉拒绝履行，王小花可以请求人民法院强制执行。

第三，遗弃行为情节恶劣的，还可追究其刑事责任。我国现行《刑法》第二百六十一条规定："对于年老、年幼、患病或者其他没有独立生活能力的人，负有扶养义务而拒绝扶养，情节恶劣的，处五年以下有期徒刑、拘役或者管制。"这里所指的"情节恶劣"，是指行为人不履行扶养义务，造成受害人死亡（包括自杀）、流离失所、乞讨等情节，应按遗弃罪追究刑事责任。此外，根据我国现行《婚姻法》第四十五条和《刑事诉讼法》的相关规定，遗弃罪既可以由受害人提起自诉，也可以由检察机关提起公诉。受害人自诉的，可以和解或撤诉。

示范案例二

故意让患精神病的妻子流落街头，是否构成遗弃？

9年前，刘军经人介绍认识了张梅。在两人交往之前，张梅已经明确告诉刘军自己患有间歇性精神病，但刘军仍然决定跟她结婚。张梅怀孕后脾气变坏，时常找碴儿与刘军吵架，并摔东西。为了保住胎儿，刘军将张梅送往精神病院进行疗养。由于经济困难，一段时间后刘军将张梅接回家。回家后，张梅仍时常发病，几年过去了，张梅的病情并没好转，刘军便将她锁在一间曾经用于养猪的房子里，每天除给她送两顿吃的外，基本上不再去看她。

2014年年底的一次朋友聚会上，刘军认识了管维珍。管维珍对刘军的遭遇很同情，两人相处一年多后，刘军希望能与其结婚，但咨询律师后才知道，由于张梅患有精神疾病，如他要离婚，必须为张梅找到适当的监护人才行。因张梅父母已过世，现在具有担任监护人资格的是张梅的妹妹张丽。张丽在听完刘军讲述他想与张梅离婚且今后由张丽担任张梅监护人的想法后，她当场拒绝，并表示今后要断绝与刘军的往来。为了离婚，刘军决定用张梅将张丽诱出。由于担心张梅在路上可能会出现精神失常的情况，刘军请求父亲刘坤帮忙实施计划。2015年5月某日，刘军驾车同父亲一起将张梅从家中带到张丽家住的公路附近。刘军将事先写有张丽联系电话和地址的布条挂在张梅身上，将她带下车子，随后以自己去给她买吃的为由驾车离开。刘军认为，只要人们看到张梅身上挂有联系电话和地址的布条，总会有人打电话给张丽让她来领走张梅的。刘军回家等了好几天后，却始终没有接到张丽的电话。一周后，他向公安机关报警，谎称前几天张梅一人出去后就没回来。公安机关经调查，证实在5月某日晚发生的一起交通事故中的无名女尸正是张梅。因受不了良心的谴责，刘军和刘坤主动到公安机关交代了前述事情的经过。

请问：刘军的行为是否构成遗弃罪？为什么？

分析意见：

遗弃是指负有扶养义务的人，对年老、年幼、患病或其他没有独立生活能力的家庭成员，拒绝扶养的行为。行为人如将家庭成员中的婴儿、幼儿或生活不能自理的人等丢弃在医院、车站、码头、街道或荒郊野外，以达到推卸扶养义务的目的，即构成人身遗弃，人身遗弃属于遗弃行为的一种。此外，经济上拒绝供养和生活上拒绝照料扶养权利人也构成遗弃。

我国现行《刑法》第二百六十一条规定："对于年老、年幼、患病或者其他没有独立生活能力的人，负有扶养义务而拒绝扶养，情节恶劣的，处五年以下有期徒刑、拘役或者管制。"在本案中，刘军故意将精神病病人张梅独自一人丢弃在公路旁，且不采取任何预防措施，这是对没有独立生活能力的家人的一种人身遗弃，并最终导致张梅遭遇交通事故死亡的严重后果，其行为情节恶劣，已经构成遗弃罪。

讨论案例

1. 拒绝抚养人工授精所生的儿子，是否构成遗弃？

张男和李女于 2007 年结婚，婚后多年不孕，经医院检查，张男无生育能力。2012 年下半年，夫妻两人通过熟人关系到医院为李女实施人工授精手术 2 次，均未成功。2013 年年初，夫妻两人再次到医院，找熟人第三次为李女实施人工授精手术。不久，李女怀孕，于 2014 年 1 月生育一子。之后，李女辞去工作，全身心投入照顾孩子。张男经常借口工作忙而在外过夜。夫妻双方常为生活琐事发生争吵，又长期分居，致使双方感情急剧恶化。2015 年 5 月，李女向法院提起诉讼，要求与张男离婚，理由是张男对她和儿子不管不问，对家人也漠不关心，并从 2014 年 3 月起，停止支付儿子的生活费，以致她和儿子生活十分困难。李女曾多次提出要求张男回来看望孩子均遭拒绝。张男认为人工授精未经他的书面同意，该孩子与他没有血缘关系，因此拒绝抚养。为此，夫妻两人长期争吵。所以，她起诉到法院，要求法院判决张男支付孩子的抚养费。

请问：张男与该人工授精生育的子女是否有父子关系？张男对孩子拒绝抚养是否构成遗弃？

2. 是遗弃，还是买卖儿童？

2015 年冬，农村妇女付某在去县城赶集的路上看见路边放了个箩筐，里面放有一个婴儿。由于当时已经立冬，且当天正在下小雨，箩筐里的婴儿已经冻得哭不出声。婴儿的身上有张纸条，上面写着孩子的出生年月日以及"请求好心人收养这个孩子"的字样。付某觉得这个孩子太可怜了，就抱回家抚养。但是付某以打零工为生，微薄的收入显然不能满足两人的生活，孩子太小，付某不得不一直待在家里照顾他。2016 年夏，付某认为自己已经无力抚养这个孩子，经人介绍，付某以自己是该孩子亲生母亲的名义，将其以 1 万元的价格卖给了邻县的刘某。

请问：付某行为的性质应当如何认定？

相关裁判实例摘录[①]

欧某与李某离婚纠纷案

原、被告于 2013 年 1 月经人介绍相识，某某年某月某日在新化县民政局登记结婚。

---

① 摘自中国裁判文书网，（2015）娄中民一终字第 769 号。

婚后，被告因身体原因未生育小孩，双方因此夫妻感情不和。原、被告婚姻存续期间，无共同财产，亦无共同债务。原、被告结婚时，被告置办的嫁妆有棉被 10 床，密码箱 1 只（现均在原告家）。

原审法院审理认为：原、被告系自愿结婚，但婚后被告因身体原因而未生育小孩，为此夫妻感情不和，且经调解和好无效，可认定双方夫妻感情破裂，故对原告提出的要求与被告离婚的诉讼请求予以支持；考虑到被告需继续治病，应由原告给予其适当的经济帮助，但被告请求原告给付 100 万元经济补偿及帮助的要求过高，法院酌情予以确定，被告的嫁妆系其个人财产，依法应归被告所有。基于此，依照《中华人民共和国婚姻法》第三十二条、第四十二条之规定，判决如下：一、准许原告欧某与被告李某离婚；二、由原告欧某一次性给予被告李某经济帮助人民币 11000 元；三、被告李某的嫁妆棉被 10 床、密码箱 1 只归被告李某所有。本案案件受理费 200 元，由原告欧某承担。

上诉人李某不服原审法院的上述民事判决，向二审法院提起上诉称：（一）原审判决认定事实不清，证据不足。被上诉人欧某称上诉人李某患有某某疾病，但其在一审中提交的病历资料等证据均是复印件，不符合证据的三性，即便上诉人李某确实在这些医院检查过，现阶段的结论也只是初步诊断，尚未确诊，原审依据被上诉人欧某提交的真实性不确定的初诊结论即认定夫妻感情确已破裂并判决准许离婚是错误的。（二）根据《婚姻法》第三十二条第二款的相关规定，人民法院审理离婚案件，应当进行调解。原审法院在没有征得上诉人李某同意的情况下作出离婚判决违反了法律规定，应属无效。（三）《婚姻法》第二十条第一款规定："夫妻有互相扶养的义务。"上诉人李某只是被检查出身体可能有一些疾病（还未确诊），被上诉人欧某就不顾上述法律规定，打算彻底遗弃上诉人李某，上诉人李某保留追究被上诉人欧某遗弃罪的权利。综上，请求二审法院撤销原审判决，改判不准上诉人李某与被上诉人欧某离婚。

被上诉人欧某答辩称：（一）被上诉人欧某提交了充分的证据证明上诉人李某患有某某疾病的事实，该疾病导致双方不能过正常的性生活，而且不能生育子女，上诉人李某与被上诉人欧某因此争吵不断，未能建立起夫妻感情，并曾多次协商离婚，夫妻感情已完全破裂，没有和好可能。根据《婚姻法》第三十二条及相关司法解释的规定，一方患有某种法定禁止结婚疾病的，或一方有生理缺陷，或其他原因不能发生性行为，且难以治愈的，应准予离婚，故原审法院认定夫妻感情确已破裂并判决准予离婚合理合法。（二）原审法院组织双方进行过调解，程序合法。（三）上诉人李某对被上诉人欧某隐瞒其先天性子宫畸形并发育不良及阴道不全的病情，致使双方离婚，不但欺骗了被上诉人欧某的感情，还给被上诉人欧某造成了较大的经济损失。被上诉人欧某为结婚花费了 13 万余元，其中包括订婚彩礼 71387 元，该款应由上诉人李某予以返还。原审判决被上诉人欧某支付上诉人李某经济帮助费 11000 元不妥，应予纠正。（四）夫妻共同财产有存款 32800 元，由上诉人李某保管，该款应予分割，被上诉人欧某应分得 16400 元。请求二审法院维持原审判决第一项，撤销原审判决第二项，改判上诉人李某返还被上诉人欧某存款 16400 元、彩礼 71387 元。

二审期间，被上诉人欧某向本院提交了以下证据：1. 刘某某的证明及身份证复印件各 1 份，拟证明订婚、结婚期间被上诉人欧某给付上诉人李某礼金共计 56500 元；2. 上诉人李某的存折复印件 1 份，拟证明该账户上的 32800 元属夫妻共同财产，应予分割。上诉人李某经质证认为：1. 对证据1的真实性和关联性有异议，证人是被上诉人欧某的亲戚，且没有出庭作证；2. 对证据2的真实性无异议，但该款是上诉人李某的个人财产，且已用于治病和日常生活开销。经审查，上述证据均未在一审法院规定的举证期限内提交，被上诉人欧某未说明逾期提供的正当理由，且不能达到被上诉人欧某的证明目的，本院不予认定。

二审经审查，确认原审判决所查明的事实。

二审法院认为，根据《婚姻法》第三十二条第二款"人民法院审理离婚案件，应当进行调解；如感情确已破裂，调解无效，应准予离婚"，法院判决准许离婚的标准为夫妻感情确已破裂，而非双方当事人的同意。上诉人李某与被上诉人欧某结婚后，上诉人李某因身体原因未能生育小孩，双方常为此发生争吵，严重影响了夫妻感情，经一、二审法院组织调解，双方已无和好可能，应认定夫妻感情确已破裂，故原审判决上诉人李某与被上诉人欧某离婚并无不当。上诉人李某的上诉理由均不能成立，本院均不予采纳。原审判决认定事实清楚，适用法律正确，本院应予维持。据此，依照《中华人民共和国民事诉讼法》第一百七十条第一款第（一）项之规定，判决如下：驳回上诉，维持原判。二审诉讼费200元，由上诉人李某负担。

七、与计划生育问题相关的案例

基本理论概述

计划生育是指对人的生育行为实行计划化，做到有计划地生育子女，调节人口发展速度。计划生育包括两个方面的含义，一是节制生育，有计划地降低人口发展速度；二是鼓励生育，有计划地提高人口发展速度。实行计划生育是我国的一项基本国策，我国现行《婚姻法》第二条第三款特别规定"实行计划生育"。为了保障这一原则的实施，我国现行《婚姻法》第十六条规定"夫妻双方都有实行计划生育的义务"。

2001年12月29日我国颁布了《中华人民共和国人口与计划生育法》，该法自2002年9月1日起生效施行，使我国的计划生育工作全面走上了法律调控的轨道。2015年12月27日，根据第十二届全国人民代表大会常务委员会第十八次会议《关于修改〈中华人民共和国人口与计划生育法〉的决定》对该法进行了修正，最主要的内容是确立了"全面二孩"的规定，修订后的该法第十八条第一款规定"国家提倡一对夫妻生育两个子女。"

示范案例

妻子明确表示不愿生育，丈夫可以提出离婚吗？

2008年10月，40岁的潘某与离异单身的石女士举行婚礼后组建了新家庭，石女士带来了第一次婚姻所生育的女儿与夫妻俩共同生活，一家人一开始生活得有滋有味、和和睦睦。但时过不久，夫妻间的矛盾就产生了。潘某膝下无子，眼看着年龄越来越大，很想生育自己的子女，况且其父母也期望他生个孩子。随着时间的消逝，潘某想要生育自己孩子的欲望越来越强烈，有一天终于向妻子提出生育孩子的要求，却被妻子断然拒绝了。为了"生孩子"的问题，夫妻俩经常发生争吵，从 2014 年 10 月起，潘某便离家出走与妻子分居。2015 年 4 月，恼羞成怒的潘某更是一纸诉状以侵犯生育权为由将妻子石女士告上法院，要求与妻子离婚。

请问：潘某能否得到法院支持？为什么？

分析意见：

法院不应当判决双方离婚，应当驳回潘某诉求。

生育权是指生育主体享有的依法生育或不生育的自由以及根据生育权受到侵害、阻碍时，有请求法律保护的权利。我国现行《妇女权益保障法》对妇女的生育权利作出了明确的规定，该法第五十一条第一款规定："妇女有按照国家有关规定生育子女的权利，也有不生育的自由。"我国现行《人口与计划生育法》第十七条规定："公民有生育的权利，也有依法实行计划生育的义务，夫妻双方在实行计划生育中负有共同的责任。"这在法律上规定了男女都享有生育权。我国现行法律已明确规定了男性有生育权，但没有规定如何保障生育权，在这里适用强制执行显然是不合适的，主动权还是掌握在女性手里，男性的生育权之行使，需要妻子的配合，由于法律同时规定女性有不生育的权利和自由。因此，如果其妻子不予配合，男性的生育权就难以实现。从另一个方面说，如果法律通过强制措施使得男性的生育权得到了保障，对女性的不生育的权利和自由是否是一个剥夺，在学术上仍存在探讨空间。

2011 年《婚姻法解释（三）》第一次规定了夫妻之间关于生育权发生纠纷的解决方式，该司法解释第九条明确规定："夫以妻擅自中止妊娠侵犯其生育权为由请求损害赔偿的，人民法院不予支持；夫妻双方因是否生育发生纠纷，致使感情确已破裂，一方请求离婚的，人民法院经调解无效，应依照婚姻法第三十二条第三款第（五）项的规定处理。"本案中，虽然双方当事人关于是否生育的问题发生了纠纷，但是双方感情尚未破裂，因此法院未判决离婚。

讨论案例

1. 擅自生下曾与前夫协议同意做"人工流产"的孩子，是否违法？

2013 年 1 月，孙女和王男登记结婚。婚后双方性格不合，两人经常因为家庭琐事吵架。后来，因为家庭住址与丈夫王男的工作单位相距较远，王男经常不回家造成夫妻长期分居，两人的感情日益淡漠。孙女认为，这样的夫妻关系"名存实亡"，遂于 2015 年 6 月向王男提出离婚。当时，孙女怀有两个多月的身孕，他们双方协议要去医院做"人工流产"，不要这个孩子。但双方当事人因为急于分手，在办理离婚登记手续前孙女没有去医院做"人工流产"手术。当时，孙女承诺在办完离婚登记手续后，自己就去做"人工流产"手术。然而，离婚后的孙女却改变了主意，她没到医院去做"人工流产"，后来生下了一个儿子。她原本打算自己一人养育儿子，但随着她所在工作单位经济效益的逐年滑坡，其工资收入很不稳定，她一人单独抚养孩子确有困难。于是，孙女找到王男，要求他每个月给儿子 500 元抚养费。前夫王男不仅没答应，还指责孙女士没按照双方的协议去做

"人工流产"手术而生下这个孩子，这是违约的行为。

请问：孙女士违约生子的行为是否违法？为什么？

2. "丁克"，我妨碍了谁？

许桂芳和丈夫赵小全，两人都是 20 世纪 80 年代后期出生的"80 后"，他们的思想都比较前卫。2013 年元月两人结婚，过了三年他们一直都没有生孩子。起初，夫妻双方的家长还以为他们两人的身体在生育方面可能有问题，遂将两人带到医院做检查，结果显示两人都很健康。原来，许桂芳和赵小全认为，夫妻的二人世界很幸福，那种甜蜜感让人陶醉，而孩子的出现会破坏这种自由和惬意的生活。于是，夫妻双方商量决定，婚后两人不生育孩子。他俩的这种想法遭到长辈言辞激烈的谴责，认为"不孝有三，无后为大"，这种行为是对长辈的不孝、对祖宗的不敬。

请问：你如何看待此问题？为什么？

相关裁判实例摘录①

长沙市某某区人口和计划生育局申请执行社会抚养费决定案

被执行人邓某、庄某于 2008 年 11 月 25 日登记结婚，婚后于 2009 年 5 月 24 日生育一女孩，在符合再生育子女条件而未取得生育证的情况下，于 2011 年 6 月 22 日生育一男孩，属无证生育此子女的行为。因土地征收，被执行人庄某于 2012 年 10 月 15 日由农村居民转为城镇居民。申请人长沙市某某区人口和计划生育局根据《湖南省人口与计划生育条例》第四十二条的规定，决定按照长沙市某某区某某桥街道 2010 年度农村居民人均纯收入 10259 元的 30% 分别对邓某、庄某征收社会抚养费 3077.7 元，合计征收社会抚养费 6155.4 元。该决定于 2013 年 8 月 16 日作出并于同日送达，被执行人邓某、庄某收到该决定书后拒不缴纳社会抚养费。2013 年 10 月 16 日，经长沙市某某区人口和计划生育局书面催告，被执行人邓某、庄某仍拒不缴纳社会抚养费，长沙市某某区人口和计划生育局于 2013 年 12 月 6 日向法院申请强制执行。

法院认为，申请人作出的望金人口征字（2013）3 号征收社会抚养费决定事实清楚，适用法规正确，符合法定程序。被执行人对申请人作出的征收社会抚养费决定在法定期间内既未申请复议或提起诉讼，又未自动履行，申请人申请强制执行符合《中华人民共和国行政诉讼法》第六十六条的规定。依照《最高人民法院关于执行〈中华人民共和国行政诉讼法〉若干问题的解释》第九十三条之规定，裁定如下：

一、准予强制执行申请人长沙市某某区人口和计划生育局于 2013 年 8 月 16 日作出的望金人口征字（2013）3 号《征收社会抚养费决定书》；

二、限被执行人邓某、庄某收到本裁定书之日起 3 日内自动履行缴纳社会抚养费 6155.4 元的义务。逾期不履行的，本院将依法强制执行。

---

① 摘自中国裁判文书网，（2013）望非行执字第 95 号。

第二单元
亲属关系案例

基本理论概述

　　亲属是人类社会关系中最为亲密的类型之一，但并非所有具有婚姻、血缘联系的亲属关系都受到法律调整。法律意义上的亲属仅是指由法律确认的，因婚姻、血缘和法律拟制行为而产生的，相互之间有法律上权利义务关系的社会关系。法学上的亲属具有三个显著特征：1. 有固定的亲属称谓；2. 亲属因特定原因而产生；3. 亲属之间有法律上的权利义务关系。

　　现代各国法律根据亲属产生的原因将亲属分为配偶、血亲和姻亲三类：

　　配偶是指男女因婚姻有效成立而在相互之间建立的亲属关系，是亲属关系的核心，是发生血亲、姻亲的源泉。

　　血亲是指有血缘联系的亲属，按血缘的真假划分，血亲又分为自然血亲和拟制血亲。姻亲，是指以婚姻为中介而产生的亲属关系，但配偶除外。根据姻亲的发生原因，可以将姻亲分为四种类型：血亲的配偶，即己身血亲的配偶（包括己身自然血亲、拟制血亲的配偶），如儿媳、女婿、嫂、姐妹夫、姑父、舅母、姨父、伯母等；配偶的血亲，即己身配偶的血亲，如公婆、岳父母、夫的兄弟姐妹、妻的兄弟姐妹等；配偶的血亲的配偶，是指己身与配偶的血亲的配偶，如妯娌、连襟等；血亲配偶的血亲，即己身与己身血亲的配偶的血亲的关系，如继兄弟姐妹关系，夫妻双方父母之间的关系（俗称亲家）。

主要相关法律、法规及司法解释链接

《中华人民共和国刑事诉讼法》

第一百零六条　本法下列用语的含意是：

……

（六）"近亲属"是指夫、妻、父、母、子、女、同胞兄弟姊妹。

我国《执行民法通则的意见》

12. 民法通则中规定的近亲属，包括配偶、父母、子女、兄弟姐妹、祖父母、外祖父母、孙子女、外孙子女。

《最高人民法院关于执行〈中华人民共和国行政诉讼法〉若干问题的解释》

第十一条第一款　行政诉讼法第二十四条规定的"近亲属"，包括配偶、父母、子女、兄弟姐妹、祖父母、外祖父母、孙子女、外孙子女和其他具有扶养、赡养关系的亲属。

一、亲等计算案例

基本理论概述

亲等是计算亲属亲疏远近的单位。亲等数小的，表示亲属关系亲近，亲等数大的，表示亲属关系疏远。亲等在法律上运用较广，诸如禁婚范围、亲属间的权利义务等，大都用亲等来限定。由于各国法律不同，使用的亲等制也不同，计算亲等的方法也不尽相同。

国外通行的亲等的计算方法，有罗马法和寺院法两种主要计算方法，以血缘联系为依据，以世代的多少来计算亲等，姻亲比照血亲计算亲等，配偶之间则无亲等。我国现行《婚姻法》是以代数来计算禁婚亲属的范围。

示范案例

姑表兄妹是第几代的旁系血亲？

孟国兴的儿子孟元杰初中毕业后即与同村人一起外出打工，其间很少与家人联系，却与初中同学刘小娟联系频繁。刘小娟是孟元杰初中三年最要好的异性朋友，两人经常一起出去玩，一起探讨学习中遇到的问题，周围的同学经常取笑他们是最默契的"情侣"。当时两人还小，也没多想。后来，两人分别考上了不同的高中，彼此联系少了。2015年国庆节，两人在打工的地方意外相遇，两人久别重逢十分高兴。经过一段时间的接触，两人彼此认定对方就是自己值得终身守候的人，于是回到家乡办理结婚手续。

按照当地风俗，结婚前男女双方父母必须见面。刘小娟的父母从闲谈中了解到，自己两家竟然还是亲戚。原来，刘小娟的妈妈与孟国兴是亲兄妹，当年因为家庭贫困的原因，刘小娟的母亲被送养到外地的一个朋友家。孟国兴成年后，孟国兴的母亲才将其妹妹被送养的情况告诉他，嘱咐他有机会去看望这个妹妹。双方父母了解到这些情况后都大吃一惊，赶紧阻止孟元杰和刘小娟两人办理结婚登记。但两人都坚决不改变主意，并因此而十分痛苦。

请问：刘小娟和孟元杰可以结婚吗？

分析意见：

本案涉及要求结婚的当事人是否属于法律禁止结婚的近亲属问题。根据我国现行《婚姻法》第七条之规定，直系血亲和三代以内的旁系血亲禁止结婚。所谓直系血亲是指出自同一祖先，有直接血缘联系的亲属。包括己身所出和己身所从出的两部分血亲。己身所从出的血亲，是指生育自己的各代血亲，如父母、祖父母、外祖父母、曾祖父母、外曾祖父母、高曾祖父母和外高曾祖父母等。己身所出的血亲，是指自己所生育的后代，如子女、孙子女、外孙子女、曾孙子女、外曾孙子女等。这些亲属与自身有纵向的血缘关系，因此，都是直系血亲。所谓旁系血亲是指除直系血亲以外，与自身出自同一祖先的血亲，如兄弟姐妹、侄子女、外甥子女、伯、叔、姑、舅、姨、表兄弟姐妹、堂兄弟姐妹等。

　　三代以内的旁系血亲是指同源于祖父母、外祖父母的除直系血亲以外三代以内的血亲。出自同一祖父母、外祖父母的三代以内的旁系血亲，其范围包括：兄弟姐妹，堂兄弟姐妹，表兄弟姐妹，叔、伯、姑与侄子女，舅、姨与外甥子女。旁系血亲代数的计算方法是：首先找到同源的直系血亲，再从己身往上数至同源的直系血亲，记下代数；再从同源的直系血亲往下数至要计算的旁系血亲，记下代数。如果两边的代数相同，则任何一边的数目即为他们的代数；如果两边的代数不相同，则以大的数目为其代数。例如，自身与姑表兄弟姐妹，是同源于祖父母的亲属，从己身往上数，己身为一代，数至祖父母，其代数是三代，再从祖父母下数，祖父母为一代，数至姑表兄弟姐妹为三代，两边的代数相同，因此自身与姑表兄弟姐妹是三代旁系血亲。

　　在本案中，刘小娟的母亲和孟元杰的父亲孟国兴是亲兄妹，刘小娟和孟元杰属于三代以内的旁系血亲。按照我国现行《婚姻法》的规定，刘小娟和孟元杰两人是法律禁止结婚的近亲属，因此两人不能结婚。

讨论案例

1. 直系姻亲之间能否结婚？

　　河南某村农民张大勇在儿子张安 10 岁时，其妻子因出车祸不幸去世。考虑到儿子年幼，如果再婚怕再婚的妻子对儿子不好，因此一直未再婚，自己含辛茹苦把儿子抚养大。张安 23 岁时经人介绍认识了邻村的姑娘李芳，两人见面几次对对方的印象都不错。因为在家乡找不到更好的工作，张安决定南下。走之前张安和李芳办理了结婚登记手续。张安走后，李芳作为儿媳住进了张家并忙前忙后操持家务，张大勇也在生活中照顾李芳，两人相处融洽。两年后突然传来噩耗，张安在工厂工作时因厂房倒塌不幸去世。失去爱子的张大勇和失去丈夫的李芳都悲痛欲绝，两人互相安慰、互相鼓励走出心中的伤痛。此时李芳的家人劝李芳再婚，然而，经过两年多的相处，李芳已对张大勇颇有感情，因此不想回娘家，两人继续生活在同一屋檐下。而此时两人的感情已发生了变化，他们彼此照顾，互相关心，最后互表心意决定结婚。他们的决定遭到了亲朋好友的坚决反对，在婚姻登记机关申请登记时，登记员发现了他们曾经是翁媳关系，也劝他们放弃结婚。两人不清楚法律规定如何，因此向有关部门咨询。

　　请问：张大勇和李芳可否结婚？为什么？

2. 同父异母的姐妹所生子女能否结婚？

　　蔡勇的妈妈和高洁的妈妈是同父异母的姐妹。两家来往密切，蔡勇和高洁性格投缘，两人经常在一起讨论各种问题。2009 年，蔡勇去部队参军，家里人认为，蔡勇参军回来后年纪大了会不好找对象，不如在出发前就把亲事给定了。正当家里人到处托人说媒时，高洁对蔡勇的妈妈说要嫁给蔡勇。而蔡勇也一直很喜欢这个年龄比自己小一岁且很乖巧的表妹。于是，向家里提出要娶高洁为妻的要求。这一要求遭到长辈的极力反对，高洁的妈妈认为，两家有近亲属关系，不能结婚。蔡勇和高洁两人很苦恼。

　　请问：蔡勇和高洁能否结婚？为什么？

二、血亲关系案例

基本理论概述

血亲指有血缘联系的亲属，如父母、子女、伯、叔、姑、舅、姨，兄弟姐妹，表兄弟姐妹等。按血缘的真假划分，血亲又分为自然血亲和拟制血亲。

1. 自然血亲是指出自同一祖先，有真实血缘联系的亲属。如父母与子女、兄弟姐妹、伯叔与侄子女、舅姨与外甥子女等都是自然血亲。不分父系、母系。自然血亲是因出生而产生的，无论是婚生的，还是非婚生的，也无论是全血缘（同父同母的兄弟姐妹），还是半血缘（如同父异母或同母异父的兄弟姐妹）都是自然血亲。

2. 拟制血亲是指本无血缘联系或无该种血亲应具有的血缘联系，而由法律确认其与自然血亲有同等权利义务的亲属，故又称为"准血亲"、"法定血亲"或"假血亲"。不同社会、不同国家的法律确认的拟制血亲范围不同。我国现行《婚姻法》和《继承法》确认的拟制血亲只限于两种类型：其一是养父母与养子女及养子女与养父母的近亲属；其二是形成事实上扶养关系的继父母与继子女、形成事实上扶养关系的继兄弟姐妹等。

示范案例一

张某与喻巧巧之间有何种亲属关系？

徐州市某县某镇农民谢子风和妻子刘长玲，在已经生有两个女儿的情况下，2005年5月2日又生育了第三个女儿，为了不被查出来是超生，夫妻俩决定把这个孩子送人。谢子风夫妇连夜来到邻村的远房亲戚范富贵家，请求范富贵帮忙把孩子送人收养。

邻县55岁的喻某夫妇结婚三十多年，一直没有生育，听说有人要送养孩子，闻讯赶来。喻某夫妇从范富贵家抱走孩子后立即到民政部门申请办理收养弃婴的登记。民政部门经公告无人认领后，该小女孩被取名叫喻巧巧并办理了收养登记，然后与户主喻某登记成父女关系。喻某夫妇对这个孩子非常疼爱，将其视如己出。后来由于性格不合的原因，喻某与妻子张某于2009年7月离婚。喻巧巧随张某一起生活。2011年8月，张某与刘建斌再婚，喻巧巧也随养母张某到刘建斌家，与继父刘建斌共同生活。

自从孩子被送走以后，刘长玲后悔不已，日思夜想着自己流落在外的亲生女儿。刘长玲还偷偷去张某家看过女儿，只见张某家经济条件较好，女儿在他们家不愁吃不愁穿，刘长玲就稍微放心了。光阴似箭，转眼到了2015年，喻巧巧已经长成了一个活泼开朗的少女，而刘长玲一家通过做水产生意，腰包也渐渐鼓起来。刘长玲就想把自己的亲生女儿给接回来，于是找到张某，要求把孩子领回家抚养并补偿张某这些年抚养女儿的抚养费等。张某坚决不同意，并说："女儿是我的心头肉，谁也别想抢走。要是为了钱，我当初离婚的时候就不会放弃补偿了！"见张某的态度如此坚决，刘长玲知道这样的方法行不通，就于2015年6月向当地的人民法院起诉请求确认该收养无效。一审法院经调查审理认为，范富贵不具备送养人资格，遂判决该收养关系无效。根据判决，张某必须将喻巧巧返还给生父母谢子风和刘长玲抚养，刘长玲和谢子风夫妇补偿张某抚育费 18 万元。

张某就要和心爱的女儿分开，精神非常痛苦。喻巧巧见母亲这样痛苦，询问原因，张某含泪告诉喻巧巧整个事情的经过。喻巧巧搂着张某，很坚定地说："我只有一个妈妈，你就是我的妈妈。我不离开你，我支持你去打官司。"有了女儿的支持，张某向某中级人民法院提起上诉，说明自己收养喻巧巧符合收养条件且依法办理了收养弃婴的登记手续，是合法的；况且喻巧巧从生下来就一直与自己一起生活，因此由张某抚养喻巧巧，对孩子的健康成长更为有利，而喻巧巧本人也表示不愿意与其生母共同生活。该中级人民法院经过审理，最终撤销一审判决，驳回刘长玲和谢子风的诉讼请求。

请问：张某与喻巧巧之间形成何种亲属关系？二审法院的判决是否合法？为什么？

分析意见：

张某与喻巧巧之间因收养而形成了养母与养女的拟制血亲关系。二审法院的判决是合法的。

我国现行《收养法》第六条规定："收养人应当同时具备下列条件：（一）无子女；（二）有抚养教育被收养人的能力；（三）未患有在医学上认为不应当收养子女的疾病；（四）年满三十周岁。"第十条规定："生父母送养子女，须双方共同送养。生父母一方不明或者查找不到的可以单方送养。有配偶者收养子女，须夫妻共同收养。"第十一条规定："收养人收养与送养人送养，须双方自愿。收养年满十周岁以上未成年人的，应当征得被收养人的同意。"第十五条第一款、第二款规定："收养应当向县级以上人民政府民政部门登记。收养关系自登记之日起成立。收养查找不到生父母的弃婴和儿童的，办理登记的民政部门应当在登记前予以公告。"第二十三条规定："自收养关系成立之日起，养父母与养子女间的权利义务关系，适用法律关于父母子女关系的规定；养子女与养父母的近亲属间的权利义务关系，适用法律关于子女与父母的近亲属关系的规定。养子女与生父母及其他近亲属间的权利义务关系，因收养关系的成立而消除。"

在本案中，自喻巧巧出生起，谢子风和刘长玲夫妇即将孩子抱往远房亲戚范富贵家，请求其帮忙把孩子送人。喻某夫妇依法办理了收养弃婴的相关登记手续，且民政部门依法进行了公告，该收养行为符合我国现行《收养法》的规定，具有法律效力。并且喻巧巧自被收养以后随张某生活，与张某建立了深厚的感情，如现在改变其生活环境，势必对其心理造成不利影响。谢子风和刘长玲除喻巧巧外尚有其他子女需要抚养，而张某目前只抚养喻巧巧一人，喻巧巧亦明确表示不愿意随谢子风、刘长玲生活，故由张某继续抚养喻巧巧，对未成年子女的成长更有利。因此，二审法院撤销一审判决，对谢子风和刘长玲请求确认收养无效的请求不予支持，驳回其诉讼请求，这是有法律根据的。张某与喻巧巧之间的收养关系是合法有效的，其拟制血亲关系应当受到法律的保护。

示范案例二

父母子女关系可否因一方的声明而消灭？

现年 63 岁的退休老教师董谨有四个儿子，大儿子董刚在家种地，其余三个儿子均在外地的单位上班。2013 年春节期间，董刚结婚后与父母分家独立生活。董刚自己经营一家五金店，由于缺乏做生意的经验，五金店生意惨淡，面临倒闭的危险。董刚见饭店生意火爆，几个开饭店的朋友都发财了，而自己又没有经费，遂请求父亲董谨为其提供 5 万元资金帮助开饭店。董谨认为，董刚脾气暴躁，为人也不精明，不是适合做生意的人。而董刚的妻子经常在邻里之间说长道短，弄得邻居之间的关系不和，也留下了不好的名声。于是，董谨拒绝了董刚的要求。一直与父亲关系不好的董刚被激怒了。他觉得之所以就他一个人在家种地，就是因为董谨当年没有好好培养他，才使他不如他的弟弟们有出息，落到今天这么狼狈的境地。董刚越想越气愤，于是当着邻居的面，大声宣布他要与父亲董谨断绝父子关系。2016 年元月，董谨心脏病复发住进医院。董谨的老伴儿要求四个儿子轮流去医院照顾他们的父亲，遭到董刚的拒绝。董刚认为，他已经声明与父亲董谨断绝父子关系了，也就没有照顾父亲的义务了。

请问：董刚声明断绝与董谨的父子关系有效吗？为什么？

分析意见：

本案涉及的是自然血亲关系的解除问题。本案当事人董刚采取单方声明的方式来断绝与董谨的父子关系是无效的，其原因是，董谨和董刚的父子关系属于自然血亲中的直系血亲关系，不得自行解除。所谓自然血亲是指出自同一祖先，有真实血缘联系的亲属，如父母子女、兄弟姐妹、叔伯与侄子女、舅姨与外甥子女等，都是自然血亲，不分父系、母系。自然血亲是因人的出生这一法律事实而产生的。只要出生这一事实发生，出生者就与其父母、兄弟姐妹、叔叔、伯伯等亲属之间存在着自然的血缘联系，发生自然血亲关系，无须双方或对方认可，也不需要履行法律手续。因此，出生是自然血亲关系发生的唯一原因。自然血亲关系的消灭则只能是因为一方死亡，这是古今中外立法的通例。也就是说，自然血亲关系，除一方死亡外，不因为任何人为的原因而改变。父母子女关系不会因为父母离婚而消灭，也不会因为双方协议、一方声明或法院判决而解除。即使子女被他人收养，仅仅消除双方当事人之间的权利义务关系，因血缘联系而产生的父母子女的身份和称谓、法律上的禁婚效力以及对收养人的干预权利均不消灭。

因此，本案当事人董刚采取单方声明的方式来断绝与董谨的父子关系是无效的，他们之间的自然血亲关系和法定的权利与义务关系仍然存在。按照我国现行《婚姻法》的规定，他仍然负有赡养父亲的义务，所以，董刚应当承担照顾生病的父亲董谨的法定赡养义务。

讨论案例

1. 父母子女间的权利义务能否因女儿出嫁而解除？

钱老汉夫妻生育有两个儿子和一个女儿。2007 年年底钱老汉的老伴儿去世后，钱老汉就与小女儿一起生活，在外地工作的两个儿子只有在过节和周末才回家看看父亲。2013 年国庆节，钱老汉的小女儿嫁到外县为媳，回家的次数很少。两个儿子怕父亲一个人感觉孤独，就让父亲参加了家里附近的老年人俱乐部。2015 年 4 月，钱老汉在去俱乐部的路上被一辆违章行驶的出租车撞倒，导致右腿骨折。两个儿子闻讯赶往医院，钱老汉的女儿第二天也来到医院。三个人商量着如何照顾父亲，钱老汉的女儿说："我已经嫁出去，就没有照顾父亲的义务了，你们两个做儿子的应当承担照顾父亲的饮食起居的责任。"钱老汉的两个儿子听了，很不高兴。他们认为，不管女儿有没有嫁出去，都应该承担赡养父亲的义务。钱老汉的三个子女为此当场就吵了起来。

请问：钱老汉的女儿出嫁后，是否就解除了父母子女间的权利义务关系？为什么？

2. 父母离婚后子女未随其父生活的，亲子关系是否仍然存在？

刘家泰与王兰离婚后，两岁的女儿刘佳（后随继父改姓名为肖佳）随母亲王兰生活。刘家泰按离婚协议支付女儿的抚养费，并有时去看望女儿。后刘家泰与李玉结婚，两人婚后又生一女，名叫刘丽。22 年之后，刘丽参加了工作并已结婚成家，刘丽一家时常回来看望二位老人。已经结婚成家的肖佳也有时来看望父亲。但在女儿参加工作并结婚分家另过后，刘家泰与李玉却常常因生活琐事发生争吵，感情渐渐恶化，于 2014 年 1 月两人协议离婚。2015 年春节，刘家泰与潘琳再婚。2016 年元月，刘家泰因意外事故死亡，并留下了一笔遗产。当肖佳提出自己是刘家泰的亲生女儿，依法享有继承权时，遭到了潘琳等人的强烈反对。他们认为肖佳的母亲早就与刘家泰离了婚，并且肖佳已改随继父姓，与刘家泰的亲子关系已经不存在了，没有资格继承刘家泰的遗产。

请问：肖佳与刘家泰之间的亲子关系是否仍然存在？为什么？

三、侵犯亲属权的案例

基本理论概述

亲属权是亲属间法定权利的一种泛称，本部分的探讨主要集中在"祭奠权"方面。祭奠，原意是为死去的人举行的仪式，表示追念，引申意义为表示对过去的人或者事情的一种缅怀行为。祭奠主要是一种民间的习俗，其含义非常广泛，主要是生者对死者寄托哀思的一种方式，是存在于人的内心的一种精神利益，并通过一定的形式表达出来，属于一种受习俗和道德调整的行为。

祭奠权也是一种民事权利，属于死者近亲属对死者寄托哀思的一种权利。法律之所以从广义的祭奠行为中抽象出这一权利进行保护，是因为对死者的祭奠行为，对于死者近亲属人格的发展具有一定的影响，不仅涉及死者近亲属的内在人格利益，同时也可能影响到死者近亲属的外部社会评价。

示范案例

"祭奠权"被侵犯了，怎么办？

2015 年的国庆节，林玲带上父亲最爱吃的铜锣湾饼回家看望父亲。进门发现，只有继母一个人在家，林玲觉得很奇怪，就问道："我爸呢？"继母支支吾吾半天没说话，林玲就更觉得奇怪了，一种不祥的预感袭上心头，追问之下，继母告诉林玲其父亲已经在两个月前去世，连遗体都已经火化了。听到这个消息，林玲很悲痛，自己的父亲去世都未被通知，她觉得继母做得太过分了。

林玲的父亲在 2009 年暑假认识林玲的继母，当时两人觉得比较合适，于是产生了结婚共同生活的意愿。但两个长辈想要结婚的想法遭到包括林玲在内的三个姐妹的极力反对。林玲的父亲表示，他与林玲的继母结婚以后不需要女儿们供养。同时，林玲的父亲把家里的财产统计了下，平均分给了三个女儿。林玲的父亲再婚后，三个女儿总是借口工作忙，很少回家，且回家后都不与继母说话。父女关系因此也受到了影响。

现在林玲只能靠翻看以前的老照片来回忆和悼念父亲，更让林玲生气的是，在父亲的家里，林玲留意到墙上连一幅父亲的挂像都没有。林玲很伤心，认为父亲去世继母都不告诉她，害她连最后一面都没见到，而且遗体都火化了，以后想悼念父亲都不知道该去哪里。"连最后一个修补父女感情的机会都没有了，真是让人痛心！"林玲认为继母侵害了其对父亲的"祭奠权"，遂将继母告上法庭。

请问：本案应如何处理？

分析意见：

这是一桩涉及"祭奠权"的案件。我国现行法律没有明文规定公民享有"祭奠权"，但立法没有明确规定的，并不表示该项权利不受法律保护。原告主张的"祭奠权"可以被包含在 2001 年《确定民事侵权精神损害赔偿责任的解释》中的"其他人格权"的范围中，其是人身权的一种，也是亲属权的一种表现形式。根据民法理论，人身权包含人格权和身份权两部分，而亲属权是身份权的一部分。亲属权除去配偶关系和亲子关系以外还包括其他近亲属之间的身份权，其内容涉及除了配偶和父母与子女之外其他近亲属之间的权利义务关系。亲属权包括尊敬权、帮助体谅权、扶养权、"祭奠权"等内容。对这些权利，根据民事案件审判适用法律的原则，有法律依法律，没有法律依民事习惯。正如本案中林玲主张的所谓"祭奠权"，法律虽然没有明确规定，但按照我国民间的善良风俗习惯，人死亡后，近亲属瞻仰死者的遗容、参加火化及悼念等是其应尽的义务，也是其享有的权利。对近亲属的"祭奠权"的剥夺，既违反了我国民间的善良风俗和社会公德，也会让相关近亲属的精神遭受巨大的痛苦。故本案中，原告林玲主张的"祭奠权"应当受法律的保护，侵权人应当承担相应的民事责任。

讨论案例

1. 私自火化遗体是否侵犯祭奠权？

某日，某殡仪馆应船主甲某的要求，将因发生水上交通事故而死亡的船员乙某的尸体接运至该殡仪馆冷冻。次日，甲某送来某地方海事机关出具的关于乙某因沉船而死亡的《死亡证明》，在并未通知死者亲属的情况下办理了火化交费手续，某殡仪馆遂将乙某的尸体火化。乙某的亲属丙某知悉后，便以某殡仪馆违反了国务院《殡葬管理条例》关于"火化遗体必须凭公安机关或者国务院卫生行政部门规定的医疗机构出具的死亡证明"的规定，属于擅自火化死者遗体，侵犯了他们向死者遗体告别的合法权益为由，诉至人民法院，要求判决某殡仪馆赔偿其精神损失费 6 万元。

请问：原告的诉讼请求可否得到支持，为什么？

2. 骨灰的法律属性应如何确认？

原告张某、被告张某涛系父子关系。2003 年 4 月，原告委托其女张某兰购买了上海滨海古园某墓地。2015 年 2 月 12 日，原告的妻子刘某（即被告之母）去世，同年 2 月 15 日火化，刘某的骨灰暂寄存于殡仪馆。追悼会后，原、被告及其他亲属经商议，均同意于次年清明节时分将刘某的骨灰落葬于滨海古园墓地。2015 年 3 月 25 日，被告将刘某的骨灰从殡仪馆取走，但不同意将骨灰落葬，该骨灰现在被告处。故原告起诉要求被告将刘某的骨灰安葬到上海滨海古园墓地。

被告张某涛辩称，原告购买墓地的事是原告和其女儿商议的结果，张某兰自行操办后事，购买墓地的事也不让被告知道，还将墓碑上被告的刻字去掉，不告知被告墓碑正面刻写的内容，只要求被告分摊购买墓地的钱款。被告认为，被告的母亲生前并未委托张某兰办理其后事，被告作为家中长子，母亲的后事应该由被告负责操办，且被告与原告同样享有对刘某的骨灰的拥有权，被告有权利将母亲的骨灰盒放在家中，等原告百年之后将父母的骨灰盒一起落葬。故不同意原告的诉讼请求。

请问：骨灰的法律性质应如何认定？原告的诉讼请求能否得到支持？

相关裁判实例摘录①

张某贵、张某英与王某兰祭奠权纠纷案

王某兰与张某勤（已故）原系夫妻，二人于 1991 年 11 月 19 日登记结婚，均系再婚，张某勤于 2004 年 11 月 21 日去世。张某贵、张某英系张某勤的儿子和女儿。张某勤死亡后骨灰被寄存在某某市殡仪馆，骨灰存放证只有一本且由王某兰持有。在庭审中，张某贵、张某英与王某兰均承认骨灰存放证是前往殡仪馆祭奠张某勤的唯一凭证。张某贵、张某英诉称：二人的父亲临终前交代其骨灰等条件允许后送回老家安葬，但被告却霸占着骨灰不放，限制了上诉人祭奠父亲的权利。按照法律规定，夫妻有相互扶养的义务，妻子应当承担安葬丈夫的费用，由于王某兰领取了原告父亲生前单位发放的安葬费用，该部分费用应用在原告父亲的骨灰安葬上。另外，王某兰在未通知原告的情况下，伙同他人转移原告父亲的骨灰，剥夺了二原告祭奠父亲的权利长达十年，给原告精神上造成了很大伤害，为维护原告的合法权益和满足原告父亲的临终遗愿，请求判决王某兰归还二原告父亲的骨灰。

一审法院认为，根据侵权责任法的相关规定，公民的合法权益受法律保护，祭奠权是死者近亲属对死者寄托哀思的一种权利，是合法的民事权利，理应受到保护。本案中，张某贵、张某英是死者张某勤的儿女，依法享有祭奠权，王某兰持有张某勤的骨灰存放证且张某贵、张某英与王某兰均承认骨灰存放证是前往殡仪馆祭奠张某勤的唯一凭证，故张某贵、张某英要求祭奠权的请求应予支持，王某兰应当配合张某贵、张某英对死者张某勤进行祭奠。张某贵、张某英的其他请求无法律依据，原审法院不予支持。据此，依照《中华人民共和国民法通则》第七条、《中华人民共和国侵权责任法》第二条之规定，原审判决：一、王某兰应当在本地区传统风俗习惯形成的祭奠时间范围内配合张某贵、张某英对死者张某勤进行祭奠（祭奠时间应以上午 8 时至 11 时为宜）；二、驳回张某贵、张某英的其他诉讼请求。案件受理费 100 元，由张某贵、张某英承担 50 元，王某兰承担 50 元。

二审中，张某英认可王某兰在张某勤的遗体火化后曾通知其兄妹保管张某勤的骨灰证，但张某英、张某贵均未表示要求保管其父亲的骨灰证。二审法院认为：公民的合法权

---

① 摘自中国裁判文书网，（2015）新中民四终字第 295 号。

益受法律保护。祭奠权是死者近亲属对死者寄托哀思的一种权利，是合法的民事权利，应当受到法律保护。本案中，张某贵、张某英是死者张某勤的儿女，依法享有祭奠权，故张某贵、张某英请求保护祭奠权的要求应予支持，考虑到王某兰现持有张某勤的骨灰存放证，且系前往某某市殡仪馆祭奠张某勤的唯一凭证，故王某兰应当配合张某贵、张某英对死者张某勤进行祭奠。对死者张某勤的骨灰，因王某兰在张某勤的遗体火化后曾通知张某英兄妹保管其父亲的骨灰证，但张某英、张某贵均未表示要求保管其父亲的骨灰证，考虑到王某兰系张某勤生前的合法妻子，现张某勤的骨灰在某某市殡仪馆存放，王某兰也不同意将骨灰归还张某贵、张某英，故张某贵、张某英要求王某兰归还其父张某勤骨灰的请求无法律依据，本院不予支持。原判决认定主要事实清楚，适用法律正确，所作判决并无不当。依照《中华人民共和国民事诉讼法》第一百七十条第一款第（一）项之规定，判决如下：驳回上诉，维持原判。二审案件受理费100元，由上诉人张某贵、张某英负担。

第三单元
结婚制度案例

基本理论概述

结婚又称婚姻成立，是指男女双方按照法律规定的条件和程序，建立夫妻关系的民事法律行为。结婚的概念，有广义与狭义之分。广义的结婚，包括婚约的订立和夫妻关系的建立两个方面。狭义的结婚，仅指夫妻关系的确立，不包括订婚。

主要相关法律、法规及司法解释链接

我国现行《婚姻法》

第五条　结婚必须男女双方完全自愿，不许任何一方对他方加以强迫或任何第三者加以干涉。

第六条　结婚年龄，男不得早于二十二周岁，女不得早于二十周岁。晚婚晚育应予鼓励。

第七条　有下列情形之一的，禁止结婚：

（一）直系血亲和三代以内的旁系血亲；

（二）患有医学上认为不应当结婚的疾病。

第八条　要求结婚的男女双方必须亲自到婚姻登记机关进行结婚登记。符合本法规定的，予以登记，发给结婚证。取得结婚证，即确立夫妻关系。未办理结婚登记的，应当补办登记。

第九条　登记结婚后，根据男女双方约定，女方可以成为男方家庭的成员，男方可以成为女方家庭的成员。

第十条　有下列情形之一的，婚姻无效：

（一）重婚的；

（二）有禁止结婚的亲属关系的；

（三）婚前患有医学上认为不应当结婚的疾病，婚后尚未治愈的；

（四）未到法定婚龄的。

第十一条　因胁迫结婚的，受胁迫的一方可以向婚姻登记机关或人民法院请求撤销该婚姻。受胁迫的一方撤销婚姻的请求，应当自结婚登记之日起一年内提出。被非法限制人身自由的当事人请求撤销婚姻的，应当自恢复人身自由之日起一年内提出。

第十二条　无效或被撤销的婚姻，自始无效。当事人不具有夫妻的权利和义务。同居期间所得的财产，由当事人协议处理；协议不成时，由人民法院根据照顾无过错方的原则判决。对重婚导致的婚姻无效的财产处理，不得侵害合法婚姻当事人的财产权益。当事人所生的子女，适用本法有关父母子女的规定。

我国现行《未成年人保护法》

第十五条　父母或者其他监护人不得允许或者迫使未成年人结婚，不得为未成年人订立婚约。

2003 年《婚姻登记条例》

第六条　办理结婚登记的当事人有下列情形之一的，婚姻登记机关不予登记：

（一）未到法定结婚年龄的；

（二）非双方自愿的；

（三）一方或者双方已有配偶的；

（四）属于直系血亲或者三代以内旁系血亲的；

（五）患有医学上认为不应当结婚的疾病的。

一、婚约案例

基本理论概述

婚约是男女双方以将来结婚为目的所作的事先约定。订立婚约的行为，称为订婚或定婚。婚约成立后，男女双方产生未婚夫妻身份。婚约一般具有以下特征：一是婚约当事人必须双方亲自订立且意思表示真实；二是婚约当事人双方不得有法定的婚姻障碍；三是婚约不是结婚的必经程序；四是婚约为非要式行为。法律没有规定婚约的形式，当事人可以采取各种方式订婚，凡口头、书面、仪式、交换信物等当事人认可的任何形式，都可视为婚约成立。我国现行法对婚约没有作出规定，即婚约只能由当事人双方自愿履行，其不具有法律上的强制执行力。

示范案例

婚约是否具有法律效力？

王男与张女是邻居，从小一起长大，双方的感情一直很好。2012 年 7 月，王男考取了省城的一所大学，张女则名落孙山。当时，王男 21 岁，张女 19 岁，张女的父母怕王男上大学后变心，便提议双方订婚，王男的父母一直很喜欢张女，就答应了。王男和张女双方也无异议。在王男上大学的前夕，双方家长为王男和张女举行了盛大的订婚仪式，并订立婚约一份，婚约中载明王男的父母送给张女的父母人民币 1 万元，彩电一台，以及价值5000 元的金项链一条作为聘礼。张女的父母也送给王男人民币 5000 元作为路费和上学期间的生活费。上大学后的最初一段时间，王男与张女的关系依然较好，王男大一、大二暑假就是在张女家中度过的，张女的父母对未来的女婿热情接待，在此期间张女多次与王男出游，所需费用都由张女支付。在王男和张女分开的日子里，双方通过书信和电话的方式互致问候和思念之情，其间张女还多次给王男寄去不少生活用品。

2013 年下半年，王男在与同学外出访友时，认识了附近一所大学的女生秦某，双方一见如故，很快就成为好朋友，不久两人就出双入对，成了一对恋人。由此导致了王男和张女的信件往来越来越少，电话交流也少了许多。王男告诉秦某自己已经订婚，秦某最初不信，但王男拿出婚约时，秦某才相信这是事实，秦某非常苦恼，但秦某的同学告诉她，根据我国法律，婚约不受保护，秦某与王男才从婚约的烦恼中摆脱出来。王男经谨慎考虑，向张女提出了解除婚约的要求，张女坚决拒绝，并来学校找王男说理，双方为此大吵一场，两家父母虽然从中做了不少工作，但收效甚微。2015 年夏，王男与秦某将毕业，两人经努力被分到了同一个地方，不久王男与秦某登记结婚。张女一家知道此情况后非常气愤。张女起诉到法院，要求追究王男的重婚行为，并要求王男退还张家给予的 5000 元钱和偿还两个暑假在张家吃喝玩乐的费用 3000 元，以及支付张女"青春损失费"5 万元，张家订婚时收的聘礼因王男违反了婚约不予退还。

请问：法院应当如何处理本案？

分析意见：

本案主要涉及三个问题：一是王男和张女的婚约是否具有法律效力？二是解除婚约后双方发生的财产纠纷如何解决？三是本案中王男的行为是否构成重婚？

首先，在我国婚约不具有法律效力。婚约是男女双方以将来结婚为目的而事先所作的约定，订立婚约的行为称为订婚，习惯上群众将订婚的男女双方称为"未婚夫妻"。在我国古代社会，订婚是缔结婚姻的必经程序，婚约具有强大的人身约束力。至现代社会，依民国时期 1930 年"民法亲属编"的规定，在法律上已不承认婚约是结婚的必经程序。婚约可由男女双方自愿订立，但结婚不以婚约为前提；婚约的形式无统一要求；婚约不得强迫履行；但无正当理由解约的，应负赔偿之责。[①] 1949 年中华人民共和国成立后，在婚姻立法方面一直没有关于婚约的规定。为了指导解决有关订婚产生的纠纷，中央人民政府法制委员会在 1950 年 6 月 26 日公布的《有关婚姻法实行的若干问题与解答》中指出："订婚不是结婚的必要手续。任何包办强迫的订婚，一律无效。男女自愿订婚者，听其订婚，订婚的最小年龄，男为 19 岁，女为 17 岁。一方自愿取消订婚者，得通知对方取消之。"1953 年 3 月 19 日，中央人民政府法制委员会发布的《有关婚姻问题的解答》中，再次强调："订婚不是结婚的必要手续。男女自愿订婚者，听其订婚，但别人不得强迫包办。"我国现行《未成年人保护法》第十五条规定："父母或者其他监护人不得允许或者迫使未成年人结婚，不得为未成年人订立婚约。"

由上述规定可见，我国法律既不禁止订立婚约，也不鼓励订立婚约。订婚不是结婚的必经程序。男女双方自愿订婚并履行的，法律尊重当事人的选择。订婚后一方解除婚约的，只要有单方的意思表示即可解除。对于当事人在订婚过程中及以后发生的财产关系，应当区别情况加以处理：属于为结婚目的而赠与对方的财产，原则上应予返还，或折价补偿；双方日常消费的财物和支出，赠与人一般不应要求返还；但价值较大的赠与物，受赠人已经处理的，应向赠与人折价补偿。

---

① 参见胡平主编：《婚姻家庭继承法论》，重庆出版社 2000 年版，第 122~123 页。

其次，对于解除婚约时双方当事人的财产纠纷，应当酌情处理。由于张家送给王男5000元是基于今后女儿要与他结婚而为的赠与，现双方的婚姻关系已经无法成就，王男应予返还。至于双方交往期间的日常消费，不应视为赠与且数目不大，无须退还。对于青春损失费，由于婚约不受法律保护而不予支持。对于聘礼，由于价值较大，应予返还，但考虑解除婚约系由男方提出，且女方因婚约的解除而承受了一定的损失，应当酌情确定减少退还的具体数额。

最后，本案中女方要求追究男方的重婚行为，缺乏法律依据。如前所述，婚约不受法律的保护，存在婚约并不意味着双方存在婚姻关系，而王男与秦某的婚姻是进行了合法登记的婚姻，法律应予承认和保护。

因此，人民法院作出判决：王男与张女之间的婚约不受法律保护，王男与秦某的婚姻合法有效。王男应返还张女5000元人民币，张女退还所收部分聘礼人民币1万元，对张女要求王男支付"青春损失费"的请求，不予支持。

讨论案例

1. 婚约解除后能否请求返还"彩礼"？

2014年1月初，汪红军与姜小平经媒人撮合打算订婚。2014年1月15日，汪红军付给姜小平见面礼3万元。次日，汪红军再送给其金耳环一对。2014年1月18日，汪红军与姜小平订婚，又付给姜小平订婚宴的礼金1.8万元。姜小平实得汪红军彩礼计人民币4.8万元及金耳环一对。后来，由于汪红军与姜小平在交往中产生矛盾，双方于2015年1月算账退婚。2015年1月8日，姜小平退回汪红军彩礼3万元，其余彩礼1.8万元及金耳环一对拒绝返还给汪红军，汪红军遂向法院提起诉讼，要求姜小平返还剩余彩礼1.8万元及金耳环一对。

请问：如何界定本案中彩礼的性质？本案应当如何处理？

2. 彩礼返还请求权的主体应如何确定？

原告的次子与被告之女经人介绍相识，双方家庭商定择日为其子女举行订婚仪式。订婚之日，原告交给被告礼金1.92万元，金项链、金手链各一条，金戒指一枚。当原告指定双方子女婚期时，被告拒绝。后原告诉至法院请求被告酌情返还礼金1.5万元及金饰。一审法院根据上述事实认为：原、被告是因为其子女缔结婚姻产生的赠与纠纷。原告基于儿子成婚赠与财物给被告，是一种附条件的赠与，当所附条件不能成就，另一方应予返还。根据我国《民法通则》的规定，民事法律行为可以附条件，附条件的民事法律行为在符合所附条件时生效，现所附条件没有成就，原告请求被告酌情返还礼金1.5万元及金首饰，理由成立，予以支持。后被告不服提出上诉，认为一审将案由确定为赠与合同纠纷不妥，应属于适用法律错误。且本案诉讼主体应为婚约关系的当事人本人，而原审法院却以婚约双方当事人的母亲作为诉讼主体，属于遗漏主要当事人，违反了法定程序。

请问：被告的上诉理由是否成立？为什么？

相关裁判实例摘录①

岳某甲与张某甲、张某乙婚约财产纠纷案

张某乙系张某甲的父亲，岳某甲与张某甲经媒人王某氏介绍，于 2013 年农历腊月二十九日订立婚约，订婚时经媒人王某氏给付张某甲、张某乙婚约彩礼 2 万元。某某年某月某日，岳某甲与张某甲举行结婚仪式，但双方未办理结婚登记。后双方因生活琐事发生纠纷，张某甲回娘家居住，双方对返还婚约彩礼的数额问题未能达成协议，岳某甲即提起了婚约财产纠纷诉讼。原告起诉要求：张某甲、张某乙返还原告岳某甲婚约彩礼 12 万元。

一审法院认为：为建立平等、和谐、文明的婚姻家庭关系，维护社会稳定，促进社会主义和谐社会建设，应禁止借婚姻索取财物。本案被告张某甲、张某乙按当地风俗收受原告岳某甲彩礼款 2 万元，双方同居的时间在一年以内，故被告应酌情返还 8000 元（2 万元的 40%）。当事人对自己提出的诉讼请求所依据的事实或者反驳对方诉讼请求所依据的事实，应当提供证据加以证明，在作出判决前，当事人未能提供证据或者证据不足以证明其事实主张的，由负有举证证明责任的当事人承担不利的后果。本案原告岳某甲诉求被告张某甲、张某乙婚约彩礼款 12 万元，被告张某甲、张某乙仅认可收到婚约彩礼款 2 万元，因其未能提交出合法、有效的证据证明其余 10 万元婚约彩礼款系被告张某甲、张某乙所收，故对原告岳某甲的该诉讼请求不予支持；被告张某甲、张某乙辩称要求原告岳某甲返还被告张某甲的嫁妆，原告岳某甲不予认可被告张某甲的嫁妆（家具、电器等财产，价值 3 万余元）在其家中，因其未能提交出合法、有效的证据证明其嫁妆（家具、电器等财产，价值 3 万余元）在原告岳某甲家中，故对被告张某甲的辩称亦不予支持。据此，依照《中华人民共和国婚姻法》第三条第一款、《最高人民法院关于适用〈中华人民共和国婚姻法〉若干问题的解释（二）》第十条第一款第（一）项、《中华人民共和国民事诉讼法》第六十四条、《最高人民法院关于适用〈中华人民共和国民事诉讼法〉的解释》第九十条之规定，判决：一、被告张某甲、张某乙于本判决生效之日起七日内返还原告岳某甲婚约彩礼款 8000 元。二、驳回原告岳某甲的其他诉讼请求。案件受理费 2700 元，由被告张某甲、张某乙负担 50 元，原告岳某甲负担 2650 元。

一审宣判后，上诉人岳某甲不服，向二审法院提起上诉。

上诉人岳某甲上诉称：一审法院没有查清上诉人给付被上诉人彩礼的数额，而且上诉人及媒人都证实给付的财产数额为 12 万元，该案事实清楚、证据确实充分，一审法院没有认定彩礼为 12 万元是错误的，为此，请求二审法院撤销一审判决或者发回重审。

被上诉人张某甲、张某乙没有进行答辩。

上诉人所举的证据同一审，被上诉人没有发表质证意见。

二审法院认为：综合上诉人的上诉请求，本案的争议焦点为：一审法院认定岳某甲与张某甲的婚约彩礼数额 2 万元是否正确？

由于双方的媒人王某氏在一审时出庭作证，证明岳某甲与张某甲在 2013 年农历十二月二十九日订婚时岳某甲支付彩礼 2 万元。农历 2014 年十二月二十日传书时又支付彩礼

① 摘自中国裁判文书网，（2016）皖 16 民终 75 号。

10 万元。上述彩礼共计 12 万元。另一位证人岳某乙亦出庭作证，证明岳某甲在将 10 万元彩礼拿给媒人王某氏时其在现场，并跟着媒人去了女方张某甲家中，虽没有亲眼看见王某氏将 10 万元彩礼交给张某甲，但上述两份证人证言能够相互印证，证明 10 万元彩礼存在的事实。因此应当认定岳某甲给付张某甲的彩礼共计 12 万元。一审法院将王某氏证明岳某甲给付 10 万元彩礼的证人证言认定为孤证而不予认定，既不符合法律规定，亦不符合当地风俗习惯，本院予以纠正。由于岳某甲与张某甲没有正式进行婚姻登记且同居时间较短，对于张某甲、张某乙收取 12 万元彩礼，应当酌情返还，本院结合双方同居后张某甲怀孕的事实，酌定该 12 万元彩礼返还 36000 元（12 万元的 30%）。

至于张某甲在一审中主张的嫁妆，由于张某甲、张某乙没有上诉，二审法院对此不予审理，当事人可以另行主张。

综上，依据《中华人民共和国民事诉讼法》第一百七十条第一款第（三）项、第一百四十四条、第一百七十四条、第一百七十五条之规定，判决如下：

撤销安徽省某某市某某区人民法院（2015）谯民一初字第 03275 号民事判决。

被上诉人张某甲、张某乙于本判决生效之日起七日内返还上诉人岳某甲彩礼款 36000 元。

驳回上诉人岳某甲的其他诉讼请求。

一审案件受理费 2700 元，由上诉人岳某甲负担 1809 元，被上诉人张某甲、张某乙负担 891 元。二审案件受理费 2700 元，由上诉人岳某甲负担 1809 元，被上诉人张某甲、张某乙负担 891 元。

二、结婚实质要件案例

基本理论概述

结婚的实质要件，是指男女双方本身的状况与相互之间的关系均符合婚姻法规定的可以确立婚姻关系的条件。婚姻法规定的结婚实质条件，包括必备条件和禁止条件。

结婚的必备条件，又称结婚的积极要件，是当事人结婚时必须具备的不可缺少的条件。婚姻法规定的结婚的必备条件有二，即必须男女双方完全自愿、必须达到法定婚龄。

结婚的禁止条件又称结婚的消极要件或婚姻的障碍，是指当事人结婚时不得有法律规定的禁止结婚之婚姻障碍。根据我国现行《婚姻法》第七条的规定，结婚的法定禁止条件有三，即禁止一定范围内的血亲结婚、禁止患一定疾病的人结婚、禁止有配偶者结婚。

示范案例

继父与继女是否可以结婚？

苏某出生后不久，其生父死亡。母亲刘某独自抚养苏某到 10 岁时，与同厂男工何某结婚。何某比刘某小 5 岁，性情温和，很喜欢小孩，对继女苏某非常疼爱。何某不但与刘某一起供养、照料苏某的生活，还经常给继女苏某辅导功课，苏某也非常喜欢继父，一家三口生活幸福平静。刘某在苏某16岁时被确诊乳腺癌晚期，三个月后就去世了。刘某在去世前将已经渐渐长大懂事的女儿苏某托付给何某，何某承诺要将苏某抚养成年。苏某此后一直与何某共同生活，相依为命，继父与继女两人的感情也很好。多年来没有父亲又失去母亲的苏某非常珍惜现在的生活，对继父何某有一种很特殊的感情。苏某高中毕业后，在当地的一家大型超市找到一份工作。20岁的苏某给同事的印象是一个沉默、娴静、不太喜欢与人交往的女孩。每天下班后总是回到家里操持家务或读读小说、看看电视连续剧，与继父一起的生活是她感到最安心舒适的生活。亲友给苏某介绍男友，均遭拒绝。在她的心中，继父是选择男友的唯一标准，他性格恬淡、温和，有修养，有爱心，有责任感，没有任何不良的习惯，苏某把年龄与自己相仿的朋友一一与继父作比较，都感到不满意。渐渐地，苏某产生了一种想法，希望能够一辈子跟继父一起生活，或者嫁给继父。

请问：继父何某与继女苏某，是否可以结婚？

分析意见：

根据我国现行《婚姻法》的相关规定，继父何某与继女苏某不能结婚。

本案中的继父何某与刘某结婚时，继女苏某只有10岁，其后苏某与母亲、继父共同生活，继父何某承担了对继女苏某的抚养教育义务。在刘某去世后，何某还继续抚养继女苏某直至其成年。多年的抚养教育，已经使苏某与何某形成了法律拟制的直系血亲关系。我国现行《婚姻法》第二十七条第二款规定，"继父或继母和受其抚养教育的继子女间的权利和义务，适用本法对父母子女关系的有关规定。"即父母子女直系血亲之间的禁婚规定，也同样被适用于形成抚养教育关系的继父母子女之间。

有人可能会问，由于苏某与何某没有自然血缘联系，所以他们结婚后不可能生育不健康的后代，甚至苏某与何某做绝育手术不生育后代总可以结婚吧，禁止近血亲结婚不就是为了防止生育不健康的后代吗？那么，法律禁止苏某和何某结婚是不是没有科学根据呢？必须指出，我国现行《婚姻法》中关于禁止结婚的近亲属范围的规定，不仅要考虑当事人双方的近亲属血缘联系，以免今后的生育影响后代的健康；而且要考虑的另一个因素就是人们的伦理道德观念。直系血亲之间不得通婚，这是我国民众普遍认同的婚姻伦理道德观念。而法律是人们的善良风俗能够容忍的伦理道德的底线。法律为人们行为制定准则的标准之一是人们的善良风俗习惯和伦理道德观念。因此，法律规定直系血亲的父母子女之间不能结婚，其中一个因素就是基于婚姻伦理道德观念的要求。由于继父何某与继女苏某属于法律拟制的直系血亲关系，所以，他们两人属于法律禁止结婚的对象范围。

讨论案例

1. 艾滋病病毒携带者，是否可以结婚？

马某在上高中时就是学校有名的"大姐大"，为了讲义气在同学中拉帮结派，搞得班上乌烟瘴气。还没有毕业她就认识了一些社会上的"朋友"，他们带她吃喝玩乐，并教会她吸食毒品。为了吸毒，她不惜卖淫以获取足够的毒资。在强制戒毒中马某被发现已经感染艾滋病病毒。从戒毒所里出来后，父母不再允许她回家，马某只好在外暂时租房居住。方某发现隔壁马某白天沉默寡言，夜晚经常哭泣，于是经常默默帮助马某。日子一长，两人都相互有了好感，经常在一起谈天。马某向方某说明自己是艾滋病病毒携带者，但方某并没有因此中断与她的交往，而是更关心照顾她。堕入爱河的两人开始了长达两年的同居生活，现方某和马某决定申请结婚登记。经过检查，方某并没有感染上艾滋病病毒，马某依然是艾滋病病毒携带者。

请问：马某与方某可以结婚吗？

2. 如果表兄妹做绝育手术后坚决要求结婚，是否可予以登记？

张女与裴某是姨表兄妹。他们的母亲是同父异母的姐妹，早年两人一起出嫁到离家很远的同一个村里，平日里相互交往频繁，两家人关系一直非常融洽。张女从小与裴某一起长大，两人性情相投，感情也很好。张女与裴某的母亲都相信"亲上加亲"的说法，娶一个熟悉性情了解根底的儿媳妇总比娶一个不了解的女孩好，另外也不必担心亲家难以相处，所以支持他们在一起。张女与裴某去办理结婚的登记手续时，工作人员却告诉他们，因两人是三代以内的旁系血亲，近亲婚配会增加遗传病的遗传概率对后代不利，故依法不能结婚。张女与裴某感到难以接受双方分手的结局，回家思前想后，权衡利弊后决定不要孩子也要与自己所爱的人在一起。于是两人再次来到婚姻登记机关，说明双方愿意做绝育术后不生育孩子也坚决要求结婚。

请问：张女和裴某是三代以内旁系血亲吗？做绝育手术后的张女与裴某是否可以办理结婚登记？为什么？

相关裁判实例摘录[①]

李某甲、李某乙与刘某某等人婚约财产纠纷案

原告李某甲与被告曹某甲、王某某夫妇之女曹某丁（生于1996年1月）经人介绍订婚，因曹某甲、王某某夫妇均系智障人，被告家中由曹某丁祖母刘某某以及二位兄长曹某乙、曹某丙做主与两原告协商彩礼事宜。2011年农历十一月二十二日，通过媒人李晓州向被告曹某乙交付彩礼7.8万元；2012年农历正月十九日，双方按农村风俗举行了结婚仪式；随后，二人在成县索池乡人民政府办理结婚登记，审查时，发现曹某丁未到法定婚龄，并未成年。索池乡人民政府对原告李某甲作出罚款人民币1300元的经济处罚。2012年农历七月，原告李某甲带曹某丁去浙江杭州打工；其间二人失散，曹某丁下落不明，随后原告多次向被告家人交涉未果；2012年9月，被告曹某丙向原告李某甲借款4000元。两原告以与被告家女儿曹某丁没有建立婚姻关系为由，起诉至本院，要求返还彩礼7.8万元，并偿还借款4000元；被告家人以两原告将未成年的曹某丁带出打工走失，应承担将曹某丁寻找带回的法定义务为由拒绝返还彩礼和偿还借款。

原审法院审理认为，原告李某甲与被告刘某某孙女曹某丁经人介绍联姻，因曹某丁父母曹某甲、王某某均系智障人，订婚、结婚事宜均由曹某丁祖母刘某某、其兄曹某乙、曹某丙做主与原告协商定夺，被告曹某乙、曹某丙与祖母刘某某借婚约索取原告彩礼7.8万元，形成了事实上的婚约财产关系，并构成早婚；后来，原告李某甲将曹某丁带出打工，因曹某丁尚未成年，在外出的过程中，原告李某甲对曹某丁没有尽到看管义务，导致曹某丁走失，与家人失去联系，原告李某甲具有过错；被告把未成年的曹某丁做主"嫁"给

---

① 摘自中国裁判文书网，（2015）陇民一终字第87号。

原告李某甲，并借婚姻索取彩礼，漠视国家相关法律法规，亦存在过错；原、被告双方应承担同等过错责任。因此，被告应适当返还原告彩礼，较为公平，被告曹某丙与原告李某甲的借贷关系，不属本案处理范围，本案不予处理。据此判决：（一）被告应返还原告彩礼7.8万元的一半，即返还3.9万元；限判决生效后三个月内付清。被告刘某某、曹某乙、曹某丙应互相承担连带责任；（二）驳回原告要求被告偿还借款的诉讼请求；（三）根据《中华人民共和国民事诉讼法》第二百五十三条之规定，逾期给付金钱义务的，将支付延期滞纳金。

上诉人李某甲、李某乙不服成县人民法院上述判决，向本院提起上诉称：（一）成县人民法院（2014）成民初字第288号判决部分事实认定错误。原审认定：2012年7月上诉人李某甲带曹某丁去杭州打工期间二人失散。这种说法是错误的，事实情况是曹某丁在杭州打工期间，与同一工厂打工来自湖北省十堰市郧县某某镇某某村的卢某某恋爱并同居，据被上诉人村里的人说，曹某丁跟卢某某去河北打工后，已经生育了孩子。所以，不是李某甲带出后遗弃曹某丁，而是其与他人同居后出走。李某甲不但没有过错，而且是直接的受害者。（二）原审判决责任认定错误。上诉人为娶媳妇，花光了家里的积蓄，并向亲戚朋友四处借钱，共花费12万多元，致使生活陷入困境。由于曹某丁身体发育超常，举行结婚仪式前被上诉人隐瞒了其年龄，虽然在上诉人李某甲与其去办理结婚登记手续时，才发现其没达到法定结婚年龄，但此时上诉人家庭已经花了12万多元，为避免落得人财两空，不得已将曹某丁接来。故被上诉人把未成年的女儿嫁给上诉人李某甲，并借婚姻向上诉人索取大量财物，已经大大超过了上诉人的承受能力，造成全家生活陷入困境。其行为违背法律精神和婚姻法基本原则。被上诉人应该承担退赔全部彩礼的责任。另外，曹某丁虽未满18周岁，但其已满16周岁，并以其自己的劳动收入为主要生活来源，其是法律上的完全民事行为能力人，应当依法承担其行为产生的法律后果。其不愿与李某甲共同生活，而与他人同居并出走。上诉人李某甲无法控制其行为、限制其人身自由。所以原审判决称李某甲没有尽到看管义务致其走失，与事实不符。被上诉人在借婚姻索取财物，骗取财物后没有按承诺建立婚姻关系的问题上存在严重过错，上诉人作为受害方，没有过错。根据法律规定原审判决认定双方承担同等责任明显不当，故提起上诉请求：（一）请求依法撤销成县人民法院（2014）成民初字第288号判决；（二）请求人民法院判决五被告连带退还二原告彩礼钱7.8万元；（三）本案诉讼费由被告承担。

被上诉人刘某某等人二审答辩：对成县人民法院判决，表示公平公正。肯求中级法院维持原判。

二审查明的事实与原审查明的事实一致。

二审法院认为：被上诉人刘某某等人借婚姻索取财物，违反相关法律规定，应当承担部分返还彩礼的责任。上诉人李某甲与未成年的曹某丁"结婚"，之后又带未成年的曹某丁外出打工，致其走失，有一定过错，故原审判决李某甲承担一定的责任并无不当。李某甲上诉称曹某丁并非走失，而是与他人同居生子，但其并未提供证据证实，该上诉理由本院不予支持。根据《中华人民共和国民事诉讼法》第一百七十条第一款第（一）项之规定，判决如下：

驳回上诉，维持原判。

二审案件受理费800元，由上诉人承担。

三、结婚形式要件案例

基本理论概述

结婚的形式要件即结婚的程序，是法律规定的建立婚姻关系必须履行的法定手续，是婚姻获得社会承认的方式之一。我国现行《婚姻法》第八条规定："要求结婚的男女双方必须亲自到婚姻登记机关进行结婚登记。符合本法规定的，予以登记，发给结婚证。取得结婚证，即确立夫妻关系。"为保证我国结婚登记制度的实施，1955年5月、1980年10月和1986年3月我国先后颁布了三部《婚姻登记办法》，1994年2月1日还颁布实施了《婚姻登记管理条例》，直到2003年10月1日又颁布施行《婚姻登记条例》，该条例是目前婚姻登记的唯一有效行政法规。

我国法律规定结婚必须履行的程序是进行结婚登记，因此，合法婚姻成立的唯一形式要件是登记。当事人只要依法办理了结婚登记后，夫妻关系即确立，而不管其是否举行了结婚仪式，或者是否同居生活。

示范案例一

夫妻身份应当从何时开始？

2009年年初，离婚男子韩某经人介绍，与邻县丧偶妇女侯某认识。双方交往一段时间后，彼此都比较满意。为了迎接新娘的到来，韩某翻盖家里的旧房子，并一直忙于装修房子和布置新房。侯某也时常来帮忙，两人忙得不亦乐乎。

婚期将近，两人抽出时间办理各种相关手续，最后前往镇政府办理结婚登记。身份证、户口簿、婚姻状况证明书和婚检合格证书都带上了，结婚申请表也填好了，镇政府的工作人员经过审查认为他们符合结婚的法定条件，准予结婚。结婚证书都填好了，才发现没有带照片。工作人员只好遗憾地告诉他们今天办不了，明天把照片带来贴上才可以领取结婚证。

因为装修房子和筹备婚礼酒席等事情，韩某和侯某忙都忙不过来，又想反正已经去登记了，晚一些时间去领结婚证也没什么关系，所以就迟迟没有去婚姻登记机关补交照片。再后来，房子装修好了，婚礼也结束了，韩某与侯某两人就把补交照片取回结婚证的事情给忘记了。

2015年元旦节后的一个周末，韩某去城里进货，不幸遭遇车祸死亡。悲痛欲绝的侯某前往处理后事，韩某的父母就到家里来帮忙。在安葬韩某一个月后，侯某接到通知去领取赔偿金，却被告之韩某的父母已经将全部赔偿金领走。侯某回家后，发现韩某的父母已经关闭了韩某经营的杂货店，并叫来了韩某家的亲属辱骂侯某并勒令其当日搬走。侯某争辩说，自己作为韩某的妻子，有权继承韩某的部分遗产。更何况，家里的一些财产还是夫妻共同财产，别人无权擅自处分。可是，韩某家的亲属中有人知道他们因为忘带照片而没有领回结婚证的事，就要求她拿出结婚证来看。由于侯某拿不出结婚证，遂被韩某的亲属赶出了家门。

请问：侯某是韩某的合法配偶吗？为什么？

分析意见：

婚姻的有效成立，除了必须符合结婚的实质要件外，还应当符合法律规定的形式要件。在我国，婚姻有效成立的形式要件是结婚登记，即要求结婚的男女双方必须亲自到婚姻登记机关进行结婚登记。结婚登记的程序分为三个环节：申请、审查和登记。婚姻登记机关对当事人的结婚申请进行审查，符合结婚条件的，应当即时予以登记，发给结婚证。结婚证是认定婚姻关系有效成立的法定证件。我国现行《婚姻法》第八条规定，"要求结婚的男女双方必须亲自到婚姻登记机关进行结婚登记。符合本法规定的，予以登记，发给结婚证。取得结婚证，即确立夫妻关系"，可见，取得了结婚证，才能确立合法的夫妻关系，夫妻身份关系从取得结婚证时产生。

本案中，侯某与韩某虽然申请过办理结婚登记，并经过婚姻登记机关的审查双方当事人都符合结婚的实质要件，婚姻登记机关也准备予以办理登记。但是由于欠缺双方的照片，故没有取得结婚证。所以，侯某与韩某两人的婚姻还没有依法成立，侯某与韩某之间还没有确立法律上的夫妻身份关系。由于侯某不具有韩某合法配偶即妻子的身份，因此不能享有配偶继承权。

示范案例二

行政机关在婚姻登记中存在瑕疵应如何处理？

吉某（男）与张某（女）结婚，婚后生一男孩吉A。后双方因感情不和离婚。吉某患食道癌住院治疗，手术期间，徐某（女）前去照料。后吉某与徐某自愿结婚，并提供了印有吉某私章的结婚登记申请书及其他有关证明文件。镇政府根据申请为两人颁发了结婚证，但吉某所持结婚证日期与徐某的不一致，分别被错填为5月30日、5月10日，且吉某的婚姻登记材料被镇政府遗失。没过多久，吉某去世，留有房产等财产，吉A与徐某因遗产继承引起民事诉讼。诉讼中吉A发现徐某持有的结婚证日期与吉某的不一致，随后，吉A以徐某婚姻登记程序违法，侵犯自己的继承权为由，向法院提起行政诉讼，要求撤销该结婚证。

分析意见：

本案的分歧主要在以下三个方面：

第一种观点认为，颁证明显有瑕疵，应撤销结婚证。

第二种观点认为，应该维持政府颁发结婚证的行政行为。理由是吉某与徐某符合结婚的法定条件，双方共同生活体现了双方结婚的真实意思。政府在婚姻登记中即使存在一些差错，也不会影响双方婚姻的效力。

第三种观点认为，子女不是行政行为的直接相对人，也与政府进行婚姻登记的具体行政行为无法律上的利害关系，因此，不具备行政诉讼的原告资格，其不符合起诉条件，应当驳回原告的起诉。

首先，就该段婚姻的性质认定而言，在结婚当事人双方没有过错的情况下，因登记部门的疏忽而导致的瑕疵证件不应该作为认定婚姻无效或可撤销的事由。结婚当事人双方可以向相关部门提起行政诉讼，要求补正结婚证件。

其次，对于原告吉 A 是否具有原告资格，就本案而言，根据行政诉讼原告资格确定的利害关系标准和原告所请求保护的权利性质分析，原告吉 A 不具备原告主体资格，具体从以下几方面分析：

第一，原告不是政府的婚姻登记行为的直接相对人，也与该具体行政行为无法律上的利害关系。被告政府作出的该行政行为涉及的是吉某与徐某的婚姻关系这一特殊的身份权，这种行政行为的相对人只有吉某与徐某。吉 A 是吉某与前妻的婚生子，虽然吉某与徐某的婚姻关系是否有效的结果，会影响吉某遗产的继承份额，但这种间接的影响不是行政诉讼法上的权利与义务关系。

第二，被告的行政登记行为没有直接侵害到原告的合法权益，也不存在直接侵害原告权益的现实可能性。法律上的利害关系必须是具体行政行为作出时，客观上对行政相对人利益产生的客观的、直接的、现实的影响，而不是在行为作出后依赖特定条件所形成的影响。本案中，原告主张的是因行政登记行为侵犯了自己的继承权。继承权是一种期待权，只有在被继承人死亡后才能产生效力。虽然，镇政府的婚姻登记行为可能影响到原告继承的份额，但这种影响是站在案件发生结果的角度上考虑，依赖的是被继承人死亡后，对其原婚姻登记行为无法补救这一特定条件。因此，在镇政府为双方办理婚姻登记时，并不存在侵害原告合法权益的现实性和可能性。

第三，婚姻登记过程中的行政程序违法与婚姻当事人婚姻关系无效是性质根本不同的两个问题。婚姻关系涉及当事人之间的人身关系和财产关系，一般情况下对婚姻问题应当贯彻的是当事人意思自治的原则，除非在违反法律强制性规定的情况下，才赋予他人干预权。例如，我国现行《婚姻法》规定了无效婚姻制度，因无效婚姻违反了法律强制性规定，利害关系人或者基层组织可以要求民政部门查处。但本案不同，徐某与吉某结婚符合婚姻成立的实质条件，且已领取了结婚证，不存在无效情形，问题仅仅是婚姻登记过程中有关手续和行政机关的程序问题，且这种行政程序中行政行为瑕疵或违法并不能直接对婚姻关系的效力产生影响，也不能直接否定双方应有的夫妻权利。综上，应认定本案原告吉 A 不具备原告主体资格。

讨论案例

1. 结婚登记后一方反悔，应当如何处理？

葛晨是县城水泥厂的工人，经人介绍，葛晨认识了乡村教师孙灵。孙灵在县城郊区某小学当代课老师，一直希望到县城的小学来工作。葛晨的姨父在县教育局工作，认识葛晨以后，孙灵经常要求葛晨去找他姨父帮忙解决工作调动问题，但其姨父则称孙灵只不过是葛晨的女朋友，如果是侄媳妇，可能会考虑帮助。葛晨把姨父的意思转告了孙灵。不久，孙灵听说有名额可以调到县城小学，为了实现此心愿，她同意与葛晨结婚。两人迅速办理了结婚登记，然后葛晨在孙灵的授意下找到姨父请求帮助。

由于孙灵自身的条件比较差，在小学老师的选拔中名落孙山，葛晨的姨父也帮不上忙。眼见进入县城小学无望，孙灵在失望中把过错归咎于葛晨和他的姨父，认为他们根本就不打算帮忙，只是为了让葛晨娶到媳妇才合伙骗她的。孙灵认为，既然结婚是建立在为自己调动工作的基础上的，是以能被调到县城小学工作为目的的，那么现在此婚姻就没有存在的必要了。于是，孙灵取消了即将举行的婚礼，并到婚姻登记机关以自己被欺骗结婚为由，要求撤销结婚登记。在没有得到肯定的答复后，勃然大怒的孙灵在婚姻登记机关撕毁了结婚证，宣布她与葛晨不存在任何关系。

请问：结婚可以附条件吗？孙灵可以反悔请求撤销她与葛晨的婚姻吗？依法应如何处理本案？

2. 未亲自办理结婚登记的婚姻，是否具有法律效力？

2016年年初，田某（男）与黄某（女）经人介绍认识，同年10月底两人相约去登记结婚。因田某生意繁忙，在登记当天抽不出时间亲自去办理，便委托其亲戚张男代为办理。登记结婚后不久，两人的感情出现裂痕，在相持一段时间后，黄某提出离婚，并要求分割其丈夫的财产，而田某则向法院提出请求宣告该婚姻无效。

法院对本案进行审理后，在处理意见上有分歧：

一部分法官认为，该案可以调解结案。因为，我国现行《婚姻法》没有规定未亲自办理结婚登记的婚姻属于婚姻无效的情形。根据"法不禁止皆自由，法不授权皆禁止"的原则，不能笼统地认定此婚姻无效，应根据具体情况具体分析，调解处理。

但另一部分法官却认为，根据我国现行《婚姻法》第十条的规定，婚姻无效的情形包括四种：一是重婚的；二是有禁止结婚的亲属关系的；三是婚前患有医学上认为不应当结婚的疾病，婚后尚未治愈的；四是未到法定结婚年龄的。未亲自办理结婚登记并未明确包括在婚姻无效情形之中，但根据我国现行《婚姻法》第八条的规定，要求结婚的男女双方必须亲自到婚姻登记机关进行结婚登记，因此，由他人代为登记结婚的情形违反了该条的强制性规定。结合我国《民法通则》第五十八条第一款第五项的规定，违反法律或社会公共利益的民事行为无效，因此，对未亲自办理结婚登记的情形，虽然我国现行《婚姻法》并未规定其无效，但其违反了法律的强制性规定，符合我国《民法通则》第五十八条第一款第五项规定的情形，应属无效民事行为，因此，未亲自办理结婚登记而由他人代为登记的婚姻，应当被宣布为无效。

请问：本案应当如何认定和处理？

相关裁判实例摘录[①]

李某与黄某离婚纠纷案

李某向法院诉请离婚，但其提供的结婚证却存在瑕疵，该结婚证上所登记的公民身份号码并非是李某本人的。一审法院认为，人民法院审理离婚案件，应以结婚证上登记主体为当事人，本案原告所提供的结婚证登记主体姓名虽是李某，但所载的公民身份证号码为他人，故不能认定李某为本案适格主体。依照《中华人民共和国民事诉讼法》第一百一十九条的规定，裁定如下：驳回李某的起诉。

上诉人李某不服原裁定上诉称：1. 一审裁定认定事实部分错误。原审法院认定的事实，违背了公序良俗的原则，损害了上诉人的合法权益。从被上诉人一审答辩内容看，被

---

① 摘自中国裁判文书网，（2016）鲁09民终947号。

上诉人并不否认与其登记结婚的就是本案的上诉人，从结婚证照片来看也是上诉人本人。

2. 一审法院未从实际出发，才会作出错误的认定。本案是基于婚姻登记瑕疵引发的离婚诉讼，在考虑法律规定的同时，应尊重婚姻生活事实，适度保护当事人合法权益，稳定婚姻秩序。请求二审法院撤销原裁定，依法改判或发回重审。

二审法院认为，本案争议的焦点是，上诉人是否为本案适格主体。根据审理查明的事实，上诉人提供的婚姻登记证书记载的身份证号码与其本人的身份证号码不一致，致使无法确定婚姻登记证书的主体，上诉人不能成为本案适格主体，原裁定对此认定正确，本院予以支持。综上，依照《中华人民共和国民事诉讼法》第一百七十条第一款第（一）项、第一百七十五条之规定，裁定如下：驳回上诉，维持原裁定。

四、无效婚姻与可撤销婚姻案例

基本理论概述

无效婚姻是指不符合结婚实质要件中的公益要件，因而在法律上不具有婚姻效力的男女两性的结合。可撤销婚姻是指欠缺结婚实质要件中的私益要件，因而在法律上不具有婚姻效力的男女两性的结合。

根据我国现行《婚姻法》第十条的规定，凡有下列情形之一的婚姻无效：第一，重婚的；第二，有禁止结婚的亲属关系的；第三，婚前患有医学上认为不应当结婚的疾病，婚后尚未治愈的；第四，未到法定婚龄的。

我国现行《婚姻法》第十一条规定："因胁迫结婚的，受胁迫的一方可以向婚姻登记机关或人民法院请求撤销该婚姻。受胁迫的一方撤销婚姻的请求，应当自结婚登记之日起一年内提出。被非法限制人身自由的当事人请求撤销婚姻的，应当自恢复人身自由之日起一年内提出。"按照这一规定，可撤销婚姻的原因是一方受到胁迫，所谓胁迫，"是指行为人以给另一方当事人或者其近亲属的生命、身体健康、名誉、财产等方面造成损害为要挟，迫使另一方当事人违背真实意愿结婚的情况。"

根据我国现行《婚姻法》及相关司法解释的规定，无效婚姻只能由人民法院宣告。宣告婚姻可撤销的机关是婚姻登记机关或人民法院。

示范案例一

婚前隐瞒疾病史欺骗对方的婚姻，是否具有法律效力？

朴志兵，男，一家外企的人事经理。他已近而立之年，仍然没有找到人生中的另一半，亲朋好友都替他着急。虽然朴志兵各方面条件都不错，但也有自己的苦恼。上大学的时候他被检查出患有乙肝，两对半检查结果是"大三阳"。通过一段时间的治疗，肝功能指标恢复正常，病毒含量的检测也显示朴志兵的传染性很弱，但两对半检查却一直是"大三阳"。"大三阳"成为朴志兵最大的心病，他一方面担心自己的肝炎会恶化为肝癌，另一方面又担心别人知道会远离自己。曾经交往过的女朋友，都是在他坦诚相告后离开的，这也让朴志兵很伤心，很长一段时间他都不愿意谈恋爱。

2016 年年初，公司新招聘了一些员工，朴志兵也因此结识了一位叫段冰冰的女孩。两人在一起工作，非常投缘，迅速确立了恋爱关系。热恋中的朴志兵这次是再也不敢实话实说了，他向段冰冰隐瞒了他的慢性肝炎病情。由于该病并没有什么症状，段冰冰也没有发现朴志兵的健康有什么问题。虽慢性肝炎并非禁止结婚的疾病，但为了不让段冰冰发现他的两对半检查有问题，朴志兵以麻烦为由没有进行婚前检查，而通过熟人取得了合格的婚前医学检查证明，同年 5 月 1 日他与段冰冰顺利地领到结婚证。接下来两人开始装修新房，购置结婚用品，筹备婚礼，忙了整整两个月。婚礼在即，朴志兵感到肝区隐隐作痛，而且非常疲倦、恶心，于是背着段冰冰去医院检查，多次检查确定结果几乎将他击溃，肝部发现肿瘤。医生要求他马上住院治疗，动手术，并劝慰说肿瘤不是晚期，手术成功的话还可以维持许多年的生命。万念俱灰的朴志兵回到家中，把病情告诉了段冰冰。段冰冰感到非常害怕，但是还是为朴志兵收拾了东西，将他送到医院，并且一直陪伴着他。段冰冰的父母听女儿讲了朴志兵的病情，反应却很出人意料。首先，除了上班时间他们就把女儿软禁在家里，并劝说她赶紧与朴志兵分手；其次，他们去医院与朴志兵谈判，要求取消婚礼。朴志兵的父母无法容忍这样的行为，与段冰冰的父母发生激烈争吵，并将他们赶出病房。两家人关系闹僵后一个礼拜，段冰冰向婚姻登记机关提出，由于朴志兵在结婚前故意隐瞒重大疾病，欺骗了她，并且通过熟人获取合格的婚前检查证明，弄虚作假才取得了结婚证，所以要求婚姻登记机关宣告他们的婚姻无效，撤销结婚登记。

分析意见：

对以上朴志兵和段冰冰的婚姻是否有效，有两种不同的观点：

第一种观点认为，朴志兵和段冰冰的婚姻关系属于可撤销婚姻。婚姻是一种民事上的身份契约，应当适用合同法的一些重要原则。根据我国《合同法》，一方当事人因受到另一方当事人欺诈而缔结的合同，受到欺诈的一方有权在一定期间内撤销该合同。同理，朴志兵没有如实向段冰冰说明自己的真实健康状况，段冰冰在误认为朴志兵健康状况良好的情况下表示同意结婚，属于意思表示不真实。因此，朴志兵和段冰冰的婚姻契约是否能够有效存续下去，也应当由受朴志兵欺骗的段冰冰本人决定是否请求撤销该婚姻登记。段冰冰在结婚登记后三个月内向婚姻登记机关提出请求宣告婚姻无效，撤销该结婚登记，已明确表示不愿意承认此受欺诈登记的婚姻的效力，因此婚姻登记机关应当撤销该婚姻。

第二种观点认为，朴志兵和段冰冰的婚姻关系有效。根据我国现行《婚姻法》第二条、第五条、第六条、第七条的规定，结婚的法定实质要件有：男女双方完全自愿、达到法定婚龄、没有禁止结婚的近血亲关系、没有患有医学上认为不应当结婚的疾病、符合一夫一妻制度。朴志兵与段冰冰登记结婚，符合以上所有的结婚实质要件的要求，在实体法上不存在无效的情形。在登记结婚的程序上，虽然朴志兵有弄虚作假的行为，但是并非所有弄虚作假的行为都会使婚姻被宣告无效。应当被宣告婚姻关系无效的弄虚作假行为是指隐瞒我国现行《婚姻法》第十条所指情况的行为，即包括：重婚的；有禁止结婚的亲属关系的；婚前患有医学上认为不应当结婚的疾病的，婚后尚未治愈的；未达到法定婚龄的。朴志兵的慢性肝炎，并不属于医学上认为不应当结婚的疾病，即使经过正常的婚前医学检查，如果没有其他问题，朴志兵的健康检查也应该是合格的。因此，朴志兵的弄虚作假行为情节轻微，婚姻登记机关可以对其进行批评教育，但不宜宣告其婚姻无效。

我们同意第二种观点，朴志兵和段冰冰的婚姻关系有效。如果段冰冰要求解除两人之间的婚姻关系，可以通过离婚程序解决。我们认为，第一种观点不能认同。在民事领域，当事人因受到欺诈而作出缔结合同的不真实的意思表示，受到欺诈的当事人可以请求撤销。但是我国《合同法》第二条已明确规定不适用于与身份有关的契约。在我国现行《婚姻法》已对婚姻无效的法定情形有明确规定的情况下，应依照该规定处理。因此，第二种观点是正确的。

示范案例二

女方能否以其结婚时未满法定婚龄为由，请求宣告婚姻无效？

陈某（女）与顾某（男）是同乡，两人同在广东某家玩具厂打工，两个人经常来往，互有好感，不久就确立了恋爱关系。为了节省生活费用，陈某与顾某合租住房，开始同居生活。2013年年底，19岁的陈某在亲戚的帮助下隐瞒自己的真实年龄与顾某一起领取了结婚证。顾某认为结婚后陈某作为儿媳应该待在家里照顾自己的公公婆婆，可是陈某觉得自己还年轻应当出去挣钱，双方因此产生了矛盾。2016年1月，陈某向法院提起诉讼，以结婚登记时其未达到法定婚龄为由请求法院宣告其婚姻无效。

请问：人民法院对本案应当如何处理？

分析意见：

从本案的具体情况看，人民法院不应该支持陈某请求宣告婚姻无效的诉讼请求。诚然，依据我国现行《婚姻法》第十条第（四）项的规定，结婚的当事人未到法定婚龄的，婚姻无效。陈某与顾某办理结婚登记时均未达到法定婚龄，不符合结婚的实质要件的要求，婚姻应属无效。但是根据2001年《婚姻法解释（一）》，对无效婚姻采取宣告无效，即必须由适格的申请主体在导致婚姻无效的情形依然存在时向人民法院提出申请，经人民法院审理并依法宣告婚姻无效后，婚姻才自始无效。并且2001年《婚姻法解释（一）》第八条规定："当事人依据婚姻法第十条规定向人民法院申请宣告婚姻无效的，申请时，法定的无效婚姻情形已经消失的，人民法院不予支持。"

在本案中，陈某以自己没有达到法定婚龄就登记结婚为由请求法院宣告婚姻无效，由于陈某在起诉时已经达到法定婚龄，已不存在法定的无效婚姻情形，因此人民法院不应当支持陈某的诉讼请求。

讨论案例

1. 已经与人以夫妻名义同居后又与他人登记的婚姻，该婚姻是否具有法律效力？

瞿某的妻子在2013年年初因病去世，剩下瞿某和不满5岁的女儿一起生活。瞿某一方面要经营家具厂，一方面要照顾年幼的女儿，实在忙不过来。这时，厂里的会计张女主动帮助瞿某照顾小孩，操持家务。对张女的好意，瞿某很感激，也经常请张女吃饭或送些小礼物。经人撮合，瞿某正式向张女求婚，张女也欣然接受了。为了办理结婚登记，张女回到老家去拿户口簿。张女回来后，一直好像有什么心事，整日心神不宁。瞿某问她有什么不妥当的地方，她却说没有。

瞿某和张女顺利地办理了结婚登记手续，并定于2015年5月1日举行婚礼。婚礼的时间越来越近，本来应当感到幸福的新娘张女却越来越紧张和惶恐。举行婚礼的前一天，张女担心的事情终于发生了。一名三十多岁的男子带着几个精壮的小伙子登门"拜访"了瞿某和张女。这名男子声称张女是他的老婆，逃跑几年终于找到，要求张女跟其回家，与瞿某解除婚姻关系，否则告他们重婚。原来这名男子彭某与张女从 2006 年 3 月开始以夫妻名义同居，次年生有一个女儿。一天，张女在家里带孩子时，因为做家务时疏忽，孩子掉进排水沟淹死了。彭某为此将伤心欲绝的张女毒打一顿，并且经常以此为由毒打张女，双方感情急剧恶化，最后张女于 2011 年年初离家出走，没有任何消息。这次张女回家乡拿户口簿，被彭某查出行踪，于是发生以上一幕。

张女坚决表示不愿回去，瞿某不愿看到张女再受到彭某的虐待，也拒绝了彭某的要求。彭某带人砸坏了新房中的家具，留下威胁的话后扬长而去。为了不让瞿某受到重婚罪的处罚，张女第二天就与瞿某一起去婚姻登记机关，请求撤销结婚登记。

请问：张女与彭某之间是什么关系？张女与瞿某的结婚登记是否具有法律效力？张女与瞿某是否已经构成重婚罪？为什么？

2. 以自杀为由迫使对方结婚属于可撤销婚姻吗？

原告符少梅诉称：原告与被告在 2014 年 4 月经人介绍相识，相识后只见过几面。被告及家人认为 2014 年是个好年头，于是，被告多次要求与原告登记结婚，但原告认为双方相识时间不长，了解不深，未同意与其登记结婚。2014 年 8 月 29 日，被告再次要求与原告登记结婚，原告开始不同意，但被告就对原告说，如果其今天不登记结婚，他母亲就自杀，被告认为如果他母亲自杀了，其活在世上也没有意思了，以死相逼，并在原告的面前表现出自杀的倾向，无奈之下，原告被迫在 2014 年 8 月 29 日在民政局下班前与被告登记结婚。婚后双方没有共同生活，也没有共同财产和债务。符少梅于 2015 年 1 月向法院起诉，恳请撤销此婚姻。

请问：原告的诉讼请求能够得到支持吗？为什么？

相关裁判实例摘录①

胡某某与王某某离婚纠纷案

原告胡某某（以下称原告）与被告王某某（以下称被告）离婚纠纷一案，本院于 2014 年 6 月 30 日立案受理。依法由审判员谭某适用简易程序公开开庭进行了审理。原告到庭参加诉讼，被告经本院传票传唤无正当理由拒不到庭。本案现已审理终结。

原告诉称：2008 年 4 月，我与被告在福建泉州打工时相识。同年 5 月，我与被告在缺乏足够了解的情况下开始同居生活。双方于次年 2 月 14 日生育儿子王小某，于 2013 年 6 月 17 日补办了结婚登记手续。同居前，我与被告缺乏足够了解，同居后，我发现被告好逸恶劳，加之性格不合，双方经常因家庭琐事发生争吵。此外，被告不准我与男同事交往、接触，还曾发信息威胁过该男同事。2013 年 6 月初，被告为了逼迫我与其补办结婚登记手续，竟将我控制在其兄租住的房内数天。迫于无奈，我与被告到婚姻登记机关补办了结婚登记手续。之后，双方外出打工，不到一个月，被告辞职去往其堂弟处打工，仅十

---

① 摘自中国裁判文书网，（2014）奉民一初字第 290 号。

余天，被告再次辞职。数日后，被告向我索要数百元后回到奉新。2013 年 10 月，被告以各种理由向我及我母亲索要数额不等的钱，用于赌博。2014 年 6 月初，我和被告提出离婚，被告表示不同意并打电话、发短信息威胁我。2014 年 6 月 12 日，被告在亲友的劝说下，写下保证书。但事实证明，被告仍未悔改，继续在外游手好闲。综上，我与被告夫妻感情确已破裂，已无和好的可能。为维护我的合法权益，特向法院起诉，要求与被告离婚；婚生子王小某随被告共同生活，直至其独立生活时止；本案诉讼费由被告承担。

被告既未作出答辩，亦未参加本案一审庭审。

经审理查明：2008 年 4 月，原、被告在福州泉州打工时相识。同年 5 月，原、被告开始同居生活。次年 2 月 14 日，双方生育儿子王小某。2013 年 6 月 17 日，双方补办结婚登记手续。2014 年 6 月 29 日起，原、被告分居至今。婚生子王小某现随其祖父母共同生活。婚后，原、被告无共同财产、债权、债务。现原告以夫妻感情破裂为由，向本院提起诉讼，并提出前列诉讼请求。

本院认为：原、被告于 2008 年相识，于 2013 年 6 月 17 日在奉新县民政局补办了结婚登记手续，其夫妻关系合法有效。原、被告相识五年并生育儿子王小某之后补办了结婚登记手续，婚前有较牢固的感情基础。原告以被告"嗜赌"及其婚姻属于胁迫婚为由要求离婚，但其未提供相关证据证明，应由其承担举证不能的责任。原、被告共同生活期间发生争吵，多为家庭琐事所引发，只要被告在之后的生活中以家庭和事业为重，勤劳致富，以及原、被告能相互体谅、加强沟通，原、被告仍有和好的可能。再者婚生子王小某刚满 5 周岁，为其健康成长，原、被告亦应努力给其营造一个稳定健康的生活环境，故对原告要求离婚的诉讼请求，本院不予支持。被告经本院传票传唤无正当理由拒不到庭，视为其放弃抗辩权、质证权。依照《中华人民共和国婚姻法》第三十二条第二款、《中华人民共和国民事诉讼法》第一百四十四条之规定，判决如下：不准予原告胡某某与被告王某某离婚。案件受理费人民币 300 元，减半收取后为人民币 150 元，由原告胡某某负担。

五、事实婚姻与非婚同居关系案例

基本理论概述

事实婚姻是相对于法律婚姻而言的，其概念有广义与狭义之分。广义的事实婚姻，是指男女双方未办理结婚登记，便以夫妻名义同居生活，群众也认为是夫妻关系的两性结合。狭义的事实婚姻，是指没有配偶的男女未办理结婚登记，便以夫妻名义同居生活，群众也认为是夫妻关系，并双方符合我国法定条件的两性结合。

事实婚姻具有四个方面的特征：第一，欠缺结婚法定形式要件，即当事人双方未办理结婚登记手续。这是其区别于法律婚的主要特征。第二，男女双方均无配偶，即当事人双方均处于未婚、丧偶或离婚状态，均属于无配偶的人。这是其区别于事实重婚的主要特征。如果当事人一方有配偶，就是事实重婚。第三，具有目的性和公开性，即当事人双方具有长期共同生活的目的，并以夫妻名义公开共同生活，被群众公认为是夫妻关系。这是其区别于其他非婚两性关系的特征之一。例如，通奸具有隐蔽性；有配偶者与他人同居不具有终生共同生活的目的，且虽公开同居但相互间不以夫妻名义。第四，符合法定结婚条件和符合法定时间条件。这是事实婚姻区别于同居关系的主要特征。根据 2001 年《婚姻法解释（一）》第五条的规定，未办理结婚登记手续即以夫妻名义同居的，在 1994 年《婚姻登记管理条例》施行之前，双方已经符合结婚的实质要件的，可认定为事实婚姻关系，否则认定为同居关系。据此，构成事实婚姻的条件是双方在 1994 年 2 月 1 日前同居并双方符合法定的结婚实质要件。

非婚同居，指双方当事人不具备结婚形式要件的较稳定的长期共同生活形式。非婚同居关系包含以下特点：第一，非婚同居关系具有较稳定的长期共同生活关系，包括性生活及日常家庭经济生活。仅仅是短暂居住在一起，或是只有性的联系而没有共同的日常家庭经济生活，都不能构成同居关系。第二，同居是两个人的共同生活而不论双方性别如何。这里的两个人不仅仅指异性恋者，也可包括同性恋者。目前，世界上越来越多的国家承认同性恋者的同居关系具有与通常的异性同居相同或相似的法律效力（我国对此并没有法律规定）。第三，该同居关系不具备结婚形式要件。

示范案例

本案当事人是否构成事实婚姻？

1993 年 1 月，安徽某地农村，雷正国与李琼未办理结婚登记，仅以宴请宾客的方式举行婚礼，随即以夫妻名义同居生活。雷正国与李琼同居后一直与父母和兄弟同住。因李琼不会做家务，又有些小性子，这使得雷正国的母亲对儿媳妇很不满意。雷正国常年在外打工，二人结婚 5 年之后，李琼生了一个女儿。期望早日抱孙子的公婆脸色就越来越难看，不久就分了家，让雷正国和李琼在另一处生活。

为了偿还建房时的欠款，雷正国继续到广东打工。经老乡介绍，在一家酒店当保安。2015 年 8 月，雷正国在郊外游玩时不慎跌落悬崖致死。老乡带信给雷正国的家人，李琼带着女儿跟公婆一起到广东处理后事。酒店转交了雷正国的遗物和他 8000 元钱工资存款，并给了 5 万元的抚恤金，某报社还转交了社会各界对忠于职守的雷正国近亲属的捐款约 10 万元。雷正国的父母领走了全部款项，李琼要求分割，遭到拒绝。无奈之下，李琼以自己的名义并代理女儿要求分割丈夫遗产。

法院查明：1993 年 1 月，雷正国与李琼举行婚礼时，因为李琼只有 19 岁，不到 20 周岁的法定婚龄，所以没有办理结婚登记。举行婚礼后，一直以夫妻名义同居，没有补办结婚证。到雷正国 2015 年 8 月死亡时，他与李琼两人同居期间所得的共有财产价值约 13 万元，另有雷正国的工资存款 2.8 万元。

请问：本案应如何处理？

分析意见：

雷正国的父母之所以不同意分割部分财产给李琼，主要的理由就是李琼与雷正国没有办理结婚登记，因此李琼不是雷正国的妻子，无权请求分得遗产。本案的关键在于，李琼与雷正国之间是否构成夫妻关系？

根据 2001 年《婚姻法解释（一）》第五条的规定："未按婚姻法第八条规定办理结婚

登记而以夫妻名义共同生活的男女，起诉到人民法院要求离婚的，应当区别对待：（一）1994年2月1日民政部《婚姻登记管理条例》公布实施以前，男女双方已经符合结婚实质要件的，按事实婚姻处理；（二）1994年2月1日民政部《婚姻登记管理条例》公布实施以后，男女双方符合结婚实质要件的，人民法院应当告知其在案件受理前补办结婚登记；未补办结婚登记的，按解除同居关系处理。"该司法解释第六条规定："未按婚姻法第八条规定办理结婚登记而以夫妻名义共同生活的男女，一方死亡，另一方以配偶身份主张享有继承权的，按照本解释第五条的原则处理。"本案中，李琼与雷正国1993年1月举行婚礼开始同居时虽然没有达到法定婚龄，但是到1994年2月1日，李琼已年满20周岁，属于"1994年《婚姻登记管理条例》公布实施以前，男女双方已经符合结婚实质要件"的，所以李琼与雷正国的关系已经构成事实婚姻，故李琼有权以妻子的身份参加继承。同时依据我国《继承法》第十条的规定，李琼与雷正国的亲生女儿有权作为第一顺序法定继承人参加继承。

但是需要注意的是，雷正国的遗产只占他与李琼的夫妻共同财产（包括雷正国的工资存款）的一半，这些财产由雷正国的妻子李琼、女儿和父母四人继承。另外，酒店支付的抚恤金是依法给予死者近亲属的生活费，社会捐款是给予死者近亲属的慰抚金。也就是说，抚恤金和社会捐款并非雷正国的遗产，依照本案的实际情况，可以由雷正国的妻子李琼、女儿和父母四人共同取得并酌情分割。

讨论案例

1. 不足法定婚龄即同居是否构成事实婚姻？

戴惠凤与男友王朝早已确定了恋爱关系。由于王朝的父母在镇上开有一家诊所，19岁的戴惠凤2008年7月在卫校毕业后没有另外找工作，她直接来到王朝家从事护理工作。因为离自己家很远，戴惠凤吃住都在王朝家。不久，在王朝父母的主持下，王朝与戴惠凤举行了婚礼，然后两人开始以夫妻名义同居生活。

2014年春节前夕，王朝与戴惠凤准备办理结婚登记。这时，戴惠凤被检查出患有乳腺癌。于是，两人的结婚登记被取消了，戴惠凤住院接受治疗。但令戴惠凤意想不到的是，王朝和他的家人在送她到医院后就再也没有露过面。戴惠凤的父母无法承担巨额的医疗费用，遂向王朝家要钱。王朝家认为，还没有办理结婚登记，戴惠凤就不是王朝的妻子，他们没有义务出钱。但是考虑到戴惠凤曾经在诊所工作，可以本着人道主义精神拿出1000元。戴惠凤的父母则主张，女儿从19岁起就为王朝家工作，而且与王朝以夫妻名义同居生活已有多年，已经形成了事实婚姻。王朝应当为妻子看病治疗出钱，这是天经地义的。由于王朝家仍然拒绝支付医疗费用，2015年3月戴惠凤的父母代理戴惠凤向法院起诉，要求王朝支付戴惠凤的医疗费用，并要求王朝的父母支付戴惠凤在工作诊所5年多的工资。

法院经审理查明：王朝与戴惠凤开始以夫妻名义同居的时间是2008年9月。两人婚礼后同居时，王朝有21周岁，戴惠凤只有19周岁，周围的街坊邻居都认为他们是夫妻。此外，戴惠凤从2008年7月起开始在王朝的父母开办的诊所工作，至2014年2月止，共计工作了5年零8个月。由于戴惠凤吃住都在王朝家，又是儿媳妇的身份，所以从来没有领过一分钱的工资，只有逢年过节王朝的父母会给她发一些零用钱。

请问：

（1）戴惠凤与王朝两人不足法定婚龄即以夫妻名义同居，是否属于事实婚姻？

（2）王朝是否有义务支付戴惠凤的医疗费用？

（3）戴惠凤与诊所是什么关系？王朝的父母是否应当支付戴惠凤在诊所工作5年零8个月的工资？

2. 同居关系解除时应如何处理子女问题？

陈某和郑某系某大学研究生同班同学，两人在共同学习中产生感情，建立了恋爱关系并同居，双方计划在研究生毕业后结婚。同居一年多后，郑某怀孕并生下一女，陈某感觉有点儿失望。之后半年，陈某结识同校四年级大学生杜某，双方关系逐步密切。陈某以性格不合，经济困难为由，提出要与郑某分居并断绝关系。郑某不同意，并要求陈某承担照顾母女生活和负担孩子抚养费的义务。陈某虽然承认孩子是其与郑某所生，但认为目前自己还没有毕业，经济条件有限，没有抚养孩子的能力。郑某遂诉至人民法院，要求法院判决陈某断绝与杜某的关系，并承担对自己与孩子的扶养义务。

请问：本案依法应如何处理？

相关裁判实例摘录①

付某婷诉被告单某江同居关系析产纠纷案

原告付某婷向一审法院提出诉讼请求：1. 被告单某江返还原告享有的耕地10亩，所有权归原告付某婷名下；2. 被告单某江返还1998年7月14日至今的地补、粮补、粮种补贴和农资综合补贴共计7.4万元；3. 诉讼费由被告承担。事实和理由：1996年12月10日，原告付某婷与被告单某江在某某市某某街9委6组举行结婚仪式。2009年7月14日，双方经某某市人民法院调解离婚，女儿单某由被告付某婷抚养。在离婚前，原告付某婷曾多次向被告单某江询问土地经营权，被告称原告及女儿未分得土地，所以在（2009）某民一初字第318号民事调解书中并未提及土地承包经营权事宜。2016年4月某某乡某某山村找原告付某婷进行农村土地承包经营权确权登记，原告才知道1998年二轮土地承包时，其和女儿单某在某某乡某某山村已分得承包地10亩，一直由被告的弟弟单某波耕种，都在被告父亲单某某名下。被告单某江在婚内和离婚时故意隐瞒事实，侵犯了原告付某婷和女儿单某的合法权益。2016年4月份，原告付某婷在得知土地承包经营权被侵犯时，曾多次索要未果，故诉至法院，请求法院对付某婷与单某江离婚纠纷中土地承包权、经营权进行判定。

被告单某江辩称，原告付某婷在原居住享有土地经营权，故诉争土地和财产不是原告的合法财产。

一审法院经审理认定事实如下：原、被告于1996年12月10日同居生活，非婚生女孩单某于1997年2月20日出生。1998年某某市某某乡某某山村二轮土地承包时，原告付某婷和非婚生女孩单某每人分得承包地5亩，共计10亩，登记在被告父亲单某某名下。原告付某婷户籍所在地为某某市某某乡红某村，同居期间户口没有迁入男方的居住地某某

---

① 摘自中国裁判文书网，（2016）黑1281民初2421号。

乡某某山村，且原告及其女儿单某在某某市某某乡红某村已分得土地人均 2 亩。2009 年 5 月 15 日，原告以同居关系子女抚养纠纷向本院提起诉讼，一审法院于 2009 年 7 月 14 日下达（2009）安民一初字第 318 号民事调解书，调解非婚生女孩单某归原告付某婷抚养。

一审法院认为，本案争议焦点被告是否应将家庭承包土地 10 亩的承包经营权返还给原告及给付原告各种补贴 7.4 万元。根据《中华人民共和国农村土地承包法》第十五条规定，家庭承包的承包方是本集体经济组织的农户。本案中原、被告在未办理结婚登记手续的情况下，以夫妻名义同居生活，同居期间原告的户口未迁入到被告所在的某某市某某乡某某山村，则其不是本集体经济组织的成员，无承包方主体资格，且原告在其户籍所在地某某市某某乡红某村已分得土地承包经营权，故其主张土地承包经营权分割及返还各种补贴共计 7.4 万元的诉讼请求不予支持。

综上所述，依照《最高人民法院关于适用〈中华人民共和国民事诉讼法〉的解释》第九十条之规定，判决如下：

驳回原告付某婷的诉讼请求。

案件受理费 825 元，由原告付某婷负担。

如不服本判决，可在判决书送达之日起十五日内，向本院递交上诉状，并按对方当事人的人数提出副本，上诉于黑龙江省某某市中级人民法院。

第四单元
家庭关系案例

一、夫妻人身关系案例

基本理论概述

夫妻关系即夫妻法律关系，它是夫妻之间的权利和义务的总和。夫妻关系的内容包括夫妻人身关系和夫妻财产关系两个方面。

夫妻人身关系指与夫妻的身份相联系而不具有经济内容的权利义务关系。夫妻财产关系指夫妻间具有经济内容的权利义务关系。夫妻人身关系决定夫妻财产关系，夫妻财产关系从属于夫妻人身关系。

对于夫妻人身关系，我国1980年《婚姻法》规定有夫妻姓名权、夫妻人身自由权、婚姻住所决定权、计划生育义务四个方面内容。我国2001年修正后的现行《婚姻法》新增规定，倡导夫妻应当相互忠实。2001年《婚姻法解释（一）》第17条的规定间接承认了夫妻日常家事代理权。我国现行《人口与计划生育法》第17条规定了公民（包活夫妻）有生育权，并完善了其他有关夫妻计划生育的权利义务的立法。

主要相关法律、法规及司法解释链接

我国现行《婚姻法》

第十三条　夫妻在家庭中地位平等。

第十四条　夫妻双方都有各用自己姓名的权利。

第十五条　夫妻双方都有参加生产、工作、学习和社会活动的自由，一方不得对他方加以限制或干涉。

第十六条　夫妻双方都有实行计划生育的义务。

第二十条　夫妻有互相扶养的义务。

一方不履行扶养义务时，需要扶养的一方，有要求对方付给扶养费的权利。

2001年《婚姻法解释（一）》

第十七条　婚姻法第十七条关于"夫妻对夫妻共同所有的财产，有平等的处理权"的规定，应当理解为：

（一）夫或妻在处理夫妻共同财产上的权利是平等的。因日常生活需要而处理夫妻共

同财产的，任何一方均有权决定。

（二）夫或妻非因日常生活需要对夫妻共同财产做重要处理决定，夫妻双方应当平等协商，取得一致意见。他人有理由相信其为夫妻双方共同意思表示的，另一方不得以不同意或不知道为由对抗善意第三人。

第十八条　婚姻法第十九条所称"第三人知道该约定的"，夫妻一方对此负有举证责任。

第十九条　婚姻法第十八条规定为夫妻一方所有的财产，不因婚姻关系的延续而转化为夫妻共同财产。但当事人另有约定的除外。

2011 年《婚姻法解释（三）》

第九条　夫以妻擅自中止妊娠侵犯其生育权为由请求损害赔偿的，人民法院不予支持；夫妻双方因是否生育发生纠纷，致使感情确已破裂，一方请求离婚的，人民法院经调解无效，应依照婚姻法第三十二条第三款第（五）项的规定处理。

示范案例

夫妻一方擅自处分共有房屋的行为，是否属于行使夫妻家事代理权？

黄明与妻子谢霞结婚多年，但因婚前缺乏了解，婚后双方的感情一直不好，常常因为琐事争吵不休，但为了孩子，双方还是勉强地维持婚姻关系。黄明和谢霞为了改善居住环境，在婚后买了一套二手房居住，房产证上只登记了黄明一个人的姓名。2014 年 9 月，谢霞被其单位派出到外地进修学习半年。2015 年 1 月黄明没有与谢霞商量，私自在房屋交易市场与陌生人马天达成购房协议，将其名下的夫妻共有房屋以 90 万元的价格卖给马天，在办理了房屋产权过户登记手续后，即交付该房屋给马天使用。黄明带着孩子回到父母家居住。一个月后，谢霞结束在外地的进修学习回家，她才知悉丈夫擅自出卖夫妻共有的家庭住房给马天的行为。谢霞对此非常气愤，遂将丈夫黄明与马天两人告上法庭，请求法院确认该房屋买卖合同无效，并要求黄明对由此造成的损失对其进行赔偿。

在法庭上，黄明声称，自己作为丈夫有夫妻家事代理权，有权对夫妻共有的房屋进行处分，况且该房屋的产权证上只有自己一人的名字，自己完全有权进行此房屋的买卖行为，妻子谢霞没有理由起诉自己。然后，黄明向法官出示了自己为该房屋唯一所有权人的产权证书。马天则声称，自己对于谢霞突如其来的诉讼，感到莫名其妙。因为，该房屋的产权证上白纸黑字只有黄明一人的姓名，黄明是以自己个人的名义与他办理的买卖该房屋的相关手续，他没有理由不相信该房屋是黄明自己个人所有的。并且，在他向黄明交付了全部购房款后即依法办理了该房屋产权的登记过户手续，因此他根本不存在任何过错。所以，该房屋买卖合同应当有效，自己对该房屋的所有权应当受到法律的保护。

请问：法院依法应当如何处理本案？

分析意见：

本案涉及两个法律问题：一是黄明单方擅自处分夫妻共有房屋是否属于行使夫妻家事代理权的行为；二是黄明与马天的房屋买卖合同是否有效。

第一，根据有关家事代理权的法律规定，黄明单方擅自处分夫妻共有房屋不属于行使夫妻家事代理权的行为。夫妻家事代理权，是指夫妻因日常家庭事务与第三人为一定法律行为时互为代理的权利。夫妻于日常家庭事务互为代理人，互有代理权。被代理方须对代理方从事日常家庭事务行为产生的债务，承担连带清偿责任。虽然我国现行《婚姻法》没有规定夫妻家事代理权，但根据2001年《婚姻法解释（一）》第十七条的规定，"婚姻法第十七条关于'夫妻对夫妻共同所有的财产，有平等的处理权'的规定，应当理解为：（一）夫或妻在处理夫妻共同财产上的权利是平等的。因日常生活需要而处理夫妻共同财产的，任何一方均有权决定。（二）夫或妻非因日常生活需要对夫妻共同财产做重要处理决定，夫妻双方应当平等协商，取得一致意见。他人有理由相信其为夫妻双方共同意思表示的，另一方不得以不同意或不知道为由对抗善意第三人。"可见，夫妻家事代理权，仅限于处理满足日常家庭生活需要的行为。由于房屋属于价值较大的不动产，并且房屋的买卖行为不属于满足日常家庭生活需要的行为，所以黄明对夫妻共有房屋的买卖行为不属于行使夫妻家事代理权的范围。并且，依前述司法解释的规定，夫或妻非因日常生活需要对夫妻共同财产做重要处理决定，夫妻双方应当平等协商，取得一致意见。我国《物权法》第九十七条亦规定，处理共同共有的财产，应该经过所有共有人同意，共有人没有与其他共有人协商的情况下，擅自处理共同共有的财产，处分行为无效。也就是说，黄明在没有与妻子谢霞协商一致的情况下，擅自对夫妻重要的共同财产房屋进行买卖，构成对谢霞财产权益的侵害，谢霞有权主张对该财产的处分行为无效。

第二，2011年《婚姻法解释（三）》第十一条第一款规定："一方未经另一方同意出售夫妻共同共有的房屋，第三人善意购买、支付合理对价并办理产权登记手续，另一方主张追回该房屋的，人民法院不予支持。"从本案情况看，其一，马天在购买房屋时已尽到了一般买方的注意义务。由于马天并不知道黄明的婚姻状况，且该房的产权证上只有出卖人黄明一人的姓名，因此马天在购买房屋时有理由认为黄明一人为该房屋的所有权人，而不知道黄明是无权处分人，他是善意的。其二，马天在购房时他已向黄明支付了合理的价金。其三，马天购房时还依法办理了房屋产权过户登记手续，已取得该房屋的所有权。因此，黄明与马天的房屋买卖合同有效，马天取得的房屋所有权应当受到法律的保护。

此外，2011年《婚姻法解释（三）》第十一条第二款规定："夫妻一方擅自处分共同共有的房屋造成另一方损失，离婚时另一方请求赔偿损失的，人民法院应予支持。"故如谢霞并未提出离婚，则法院不应在本案中直接判决黄明赔偿损失。

讨论案例

1. 夫妻一方违反同居义务，是否应按协议支付"空床费"？

陈某（女）和李某（男）于2007年3月登记结婚，婚后因两人的性格不合，感情一直不太好。从2008年5月起，丈夫李某经常夜不归宿。经双方多次争吵和协商，夫妻双方达成一致签订了"空床费"协议，即如果丈夫李某在凌晨零时至凌晨七时夜不归宿，按每小时100元的标准支付"空床费"给妻子陈某。

2009年9月，陈某实在不堪忍受李某经常夜不归宿的生活状况，向当地法院起诉，请求判决离婚并要求丈夫李某按协议支付2008年5月至2009年9月的"空床费"共计23.8万元。

一审法院审理认为，由于李某经常夜不归宿，造成夫妻感情确已破裂致使调解和好无效，双方协议约定的"空床费"属于精神赔偿范围，但数额巨大，应当酌情减少，遂判决两人离婚，并判决李某支付陈某精神损害赔偿金 3 万元。但是，陈某认为"空床费"和精神损害赔偿两者完全不同，此赔偿数额不符合协议约定的"空床费"数额，于是提起上诉。二审法院经审理认为，夫妻双方有相互陪伴的义务，因在婚姻期间男方未尽此义务，夫妻双方协议约定给予女方一定的补偿费，名为"空床费"实为一种补偿费，该约定是双方真实意思表示，且不违背法律的规定，应属有效约定，应予支持，并就"空床费"的数额予以调解。

请问：李某是否应按协议支付"空床费"？为什么？

2. 对于子女的姓氏，父母应当如何确定？

周婷和曾明婚后于 2013 年 1 月生育一子。在周婷坐月子期间，曾明从医院领走孩子的出生证明，在未征得妻子同意的情况下，他替孩子取名为曾然，并办理了户口登记。后来，周婷与曾明因儿子应当随父母何方姓的问题多次发生争吵，导致夫妻感情破裂。2016 年 2 月，周婷诉至法院，请求与曾明离婚并要求将孩子改为随自己姓。法院经调解无效，认定夫妻感情确已破裂，判决准予离婚，并对周婷要求更改孩子姓氏的请求予以驳回。

请问：对于子女的姓氏，父母应当如何确定？

3. 生育权的侵犯应如何确认？

原、被告系夫妻，被告平时与婆婆关系不和，经常发生口角。2006 年 7 月 5 日，被告拿了一张余姚市人口计划生育局的证明和自己书写的一份承诺书到余姚市人民医院，将腹中怀孕 35 周的胎儿进行了人工流产手术。原告得知此事后，与被告交涉，被告蛮不讲理。被告的行为侵犯了原告的生育权，现在原告精神上受到创伤，身体四肢无力，头脑昏昏沉沉，饭吃不好，觉睡不好。现起诉到法院请求依法判令被告剥夺原告生育权，向原告赔礼道歉，承认错误，并赔偿精神损失费 2 万元。

请问：原告的诉讼请求可以得到支持吗，为什么？

相关裁判实例摘录[①]

梁某与王某离婚纠纷案

原告梁某与被告王某于 2005 年腊月在网上认识，2006 年农历十月十八日举行婚礼，2007 年 3 月 21 日办理结婚登记手续。后被告于 2009 年 9 月 14 日生育一子梁某甲，于 2013 年 6 月 22 日生育一女梁某乙，但上述两个孩子均不是原告亲生的，被告对此表示认可。后因原告怀疑被告与第三人有不正当关系，致原、被告经常生气吵架，双方于 2013 年 3 月分居至今。2014 年 7 月 2 日原告以两个孩子不是原告亲生的为由，认为被告侵害了其人格权、名誉权，还实际造成无抚养义务的原告经济利益受损遂向法院提起诉讼要求离婚；要求子女由被告抚养，原告不支付抚养费；要求被告支付原告在双方婚姻关系存续期间共同财产 10 万元；要求判令被告赔偿原告欺诈抚养费 6 万元；要求判令被告赔偿原告精神抚慰金 8 万元。

另查，原被告所在的潢川县产业集聚区奚店村梁庄组对该村民组已分得土地的村民有一个按一个计算，后来嫁进来的和生育的孩子均按半个人计算，已分得土地的村民若死亡

---

① 摘自中国裁判文书网，(2015) 信中法民终字第 856 号。

也按半个人计算。即原告婚后共从生产队分得 88300 元，被告王某婚后共从生产队分得 44150 元，其子梁某甲从生产队分得 43650 元，其女梁某乙从生产队分得 2750 元。

再查，潢川县产业集聚区奚店村梁庄组在 2003 年分给原告梁某一处宅基地，梁某在 2005 年就办理了建房审批手续。另外，该村民组去年有 8 亩土地被河南华英公司征用，华英公司同意为该生产队建 4000 平方米的住房作为交换条件，但这现在只是一个协议，还没有兑现，连土地上的附着物都没有拆掉，何时兑现遥遥无期。该生产队现有分配人数 193.5 人，4000 平方米的房子按 120 平方米一套，约为 34 套房子，5~6 人一套房子，每套房子 35 万元左右，每人约分得 6 万元。

一审法院审理认为，夫妻应当互相忠实，彼此忠诚。本案被告王某与他人通奸并生下两个孩子，对婚姻造成了实质伤害，也导致了夫妻感情破裂。故对原告要求离婚的请求，本院予以支持。被告辩称其找别人借种生育，是由于原告无生育能力，并经过原告同意，但被告无证据证实，原告对此也不予认可，本院对此辩解不予采纳。原告要求被告支付欺诈抚养费 6 万元，由于双方共同生活期间收入和开支情况无法查清，但抚养孩子的费用确实存在，本院酌定由被告返还原告 1 万元。原告要求被告赔偿损失的请求，于法无据，本院不予支持。原告要求被告返还婚姻存续期间的共同财产 10 万元的请求，因无相关证据支持，本院不予支持，可待有证据证明后另行解决。被告要求分割原告的宅基地和村民组安置房的请求，由于宅基地是原告的婚前财产，安置房尚未分配仍属村民组集体财产，故对被告的该项请求不予支持。依照《中华人民共和国婚姻法》第四条、第三十二条、第四十六条、《最高人民法院关于人民法院审理离婚案件如何认定夫妻感情确已破裂的若干具体意见》第八条的规定，一审判决：一、准许原告梁某与被告王某离婚；二、被告王某所生子梁某甲、女梁某乙归被告王某抚养，原告不支付抚养费；三、被告王某于本判决书生效后十日内返还原告已支付的抚养费 1 万元；四、驳回原告的其他诉讼请求。

上诉人梁某上诉称，1. 返还上诉人抚养费过低。被上诉人明知两个孩子不是上诉人的亲生子，自出生就交由上诉人父母抚养，应按每年城镇人均年生活消费支出标准返还上诉人。2. 应分割婚姻期间的共同财产 10 万元。有证据证实婚姻期间的共同债权 10 万元已经要回。3. 被上诉人应当赔偿上诉人精神抚慰金 8 万元。被上诉人在婚姻存续期间，与第三人保持不正当的关系，当上诉人提出时，被上诉人对上诉人实施殴打等家庭暴力行为，依据我国现行《婚姻法》第四十六条的规定，被上诉人应对上诉人承担赔偿责任。

被上诉人王某辩称，两个孩子确实不是上诉人的，但是经过上诉人同意和要求，被上诉人才向他人借种生育的，一审判决适当，请求维持一审判决。

二审经审理查明的事实与一审相同。

二审法院认为，1. 关于上诉人梁某上诉称，返还抚养费过低的问题。上诉人梁某与被上诉人王某在婚姻关系存续期间，由于其他原因，被上诉人王某与他人生育两个孩子，并由上诉人梁某父母抚养，其间上诉人和被上诉人均尽过相应的抚养义务，对此，可以认定，上诉人梁某及其父母对与自己无血缘关系的孩子无抚养义务。而被上诉人王某所尽义务，是法定义务。据此一审判决王某适当返还并无不当。2. 关于共同财产问题。上诉人所称 10 万元债权已经要回，应当共同分割的理由，因上诉人并未提出 10 万元的证据，因此，该主张没有证据、依据本院不予支持。3. 关于上诉人请求赔偿精神抚慰金 8 万元的问题。上诉人认为，被上诉人在婚姻关系存续期间，与第三人保持不正当的关系，有家庭暴力等行为，被上诉人应当承担赔偿责任。对此，二审法院认为，在家庭、婚姻关系中，双方均应诚实、信用、互敬、互爱，双方均不得以任何手段欺骗和隐瞒家庭生活中的重大事实。本案中的上诉人和被上诉人结婚多年，先后生育两个子女，这一重大事实，双方均应当是明知的，如果说有过错，也是双方的过错。综上，上诉人的上诉请求理由不足，证据、依据不充分，其请求本院不予支持，依照《中华人民共和国民事诉讼法》第一百七十条第一款第（一）项之规定，判决如下：

驳回上诉，维持原判。

二、夫妻财产关系案例

基本理论概述

我国婚姻法有关夫妻财产关系的内容主要包括夫妻财产制、夫妻扶养义务和夫妻继承权三个方面。

夫妻财产制又称婚姻财产制，是指规定夫妻财产关系的法律制度。其内容包括各种夫妻财产制的设立、变更与废止，夫妻婚前财产和婚后所得财产的归属、管理、使用、收益、处分，以及家庭生活费用的负担，夫妻债务的清偿，婚姻终止时夫妻财产的清算和分割等问题。

在我国，1980年《婚姻法》第十三条规定："夫妻在婚姻关系存续期间所得的财产，归夫妻共同所有，双方另有约定的除外。夫妻对共同所有的财产，有平等的处理权。"我国2001年修正后的现行《婚姻法》仍沿用此规定，并在此基础上作了必要的修改和补充。其立法的基本精神仍然是坚持夫妻在家庭中地位平等，保护夫妻双方的合法财产权益，并根据新形势的需要，注意保护与夫妻交易的第三人的利益和维护交易安全。根据我国现行《婚姻法》第十七条、第十八条、第十九条的规定，仍采取法定财产制与约定财产制相结合的夫妻财产制。

依据我国现行《婚姻法》的规定，法定财产制仍实行婚后所得共同制。我国习惯称之为夫妻共同财产制。它指在婚姻关系存续期间，夫妻双方或一方所得的财产，除法律规定或当事人另有约定的外，均归夫妻共同所有，夫妻对共同所有的财产，平等地享有占有、使用、收益和处分的权利的夫妻财产制度。

约定财产制是关于法律允许夫妻用协议的方式，对夫妻在婚姻关系存续期间所得财产所有权的归属、管理、使用、收益、处分权以及家庭生活费用负担和债务清偿、婚姻解除时财产的清算等事项作出约定，排除法定财产制适用的制度。我国现行《婚姻法》对约定财产制，具体增补了夫妻对财产关系约定的范围、内容、方式及约定的适用及效力（对夫妻的效力和对第三人的效力）等内容。

主要相关法律、法规及司法解释链接

我国现行《婚姻法》

第十七条　夫妻在婚姻关系存续期间所得的下列财产，归夫妻共同所有：

（一）工资、奖金；

（二）生产、经营的收益；

（三）知识产权的收益；

（四）继承或赠与所得的财产，但本法第十八条第三项规定的除外；

（五）其他应当归共同所有的财产。

夫妻对共同所有的财产，有平等的处理权。

第十八条　有下列情形之一的，为夫妻一方的财产：

（一）一方的婚前财产；

（二）一方因身体受到伤害获得的医疗费、残疾人生活补助费等费用；

（三）遗嘱或赠与合同中确定只归夫或妻一方的财产；

（四）一方专用的生活用品；

（五）其他应当归一方的财产。

第十九条　夫妻可以约定婚姻关系存续期间所得的财产以及婚前财产归各自所有、共同所有或部分各自所有、部分共同所有。约定应当采用书面形式。没有约定或约定不明确的，适用本法第十七条、第十八条的规定。

夫妻对婚姻关系存续期间所得的财产以及婚前财产的约定，对双方具有约束力。

夫妻对婚姻关系存续期间所得的财产约定归各自所有的，夫或妻一方对外所负的债务，第三人知道该约定的，以夫或妻一方所有的财产清偿。

2001 年《婚姻法解释（一）》

第十九条　婚姻法第十八条规定为夫妻一方所有的财产，不因婚姻关系的延续而转化为夫妻共同财产。但当事人另有约定的除外。

2004 年《婚姻法解释（二）》

第十一条　婚姻关系存续期间，下列财产属于婚姻法第十七条规定的"其他应当归共同所有的财产"：

（一）一方以个人财产投资取得的收益；

（二）男女双方实际取得或者应当取得的住房补贴、住房公积金；

（三）男女双方实际取得或者应当取得的养老保险金、破产安置补偿费。

第十二条　婚姻法第十七条第三项规定的"知识产权的收益"，是指婚姻关系存续期间，实际取得或者已经明确可以取得的财产性收益。

第二十二条　当事人结婚前，父母为双方购置房屋出资的，该出资应当认定为对自己子女的个人赠与，但父母明确表示赠与双方的除外。

当事人结婚后，父母为双方购置房屋出资的，该出资应当认定为对夫妻双方的赠与，但父母明确表示赠与一方的除外。

第二十三条　债权人就一方婚前所负个人债务向债务人的配偶主张权利的，人民法院不予支持。但债权人能够证明所负债务用于婚后家庭共同生活的除外。

第二十四条　债权人就婚姻关系存续期间夫妻一方以个人名义所负债务主张权利的，应当按夫妻共同债务处理。但夫妻一方能够证明债权人与债务人明确约定为个人债务，或者能够证明属于婚姻法第十九条第三款规定情形的除外。

2011 年《婚姻法解释（三）》

第五条　夫妻一方个人财产在婚后产生的收益，除孳息和自然增值外，应认定为夫妻共同财产。

第六条　婚前或者婚姻关系存续期间，当事人约定将一方所有的房产赠与另一方，赠与方在赠与房产变更登记之前撤销赠与，另一方请求判令继续履行的，人民法院可以按照合同法第一百八十六条的规定处理。

第七条　婚后由一方父母出资为子女购买的不动产，产权登记在出资人子女名下的，可按照婚姻法第十八条第（三）项的规定，视为只对自己子女一方的赠与，该不动产应认定为夫妻一方的个人财产。

由双方父母出资购买的不动产，产权登记在一方子女名下的，该不动产可认定为双方按照各自父母的出资份额按份共有，但当事人另有约定的除外。

第十条　夫妻一方婚前签订不动产买卖合同，以个人财产支付首付款并在银行贷款，婚后用夫妻共同财产还贷，不动产登记于首付款支付方名下的，离婚时该不动产由双方协议处理。

依前款规定不能达成协议的，人民法院可以判决该不动产归产权登记一方，尚未归还的贷款为产权登记一方的个人债务。双方婚后共同还贷支付的款项及其相对应财产增值部分，离婚时应根据婚姻法第三十九条第一款规定的原则，由产权登记一方对另一方进行补偿。

第十一条　一方未经另一方同意出售夫妻共同共有的房屋，第三人善意购买、支付合理对价并办理产权登记手续，另一方主张追回该房屋的，人民法院不予支持。

夫妻一方擅自处分共同共有的房屋造成另一方损失，离婚时另一方请求赔偿损失的，人民法院应予支持。

第十二条　婚姻关系存续期间，双方用夫妻共同财产出资购买以一方父母名义参加房改的房屋，产权登记在一方父母名下，离婚时另一方主张按照夫妻共同财产对该房屋进行分割的，人民法院不予支持。购买该房屋时的出资，可以作为债权处理。

第十六条　夫妻之间订立借款协议，以夫妻共同财产出借给一方从事个人经营活动或用于其他个人事务的，应视为双方约定处分夫妻共同财产的行为，离婚时可按照借款协议的约定处理。

示范案例一

婚前完成作品、婚后发表所得的稿酬，是否属于夫妻共同财产？

2014 年 1 月，作家顾男与周女结婚。2016 年 4 月，顾男因一篇作品在一次重大比赛中获奖而声名鹊起，他遂将以往完成的部分著作向各出版社投稿，结果均被采用，共获得稿酬 58 万元。顾男想把这笔钱全部用于再创作，周女却认为应拿出一部分用于家里的房屋装修，夫妻二人的意见不一。顾男认为这笔钱是自己用婚前完成的作品换来的，应归自己个人所有，怎么用这笔钱应自己一个人说了算，而周女却认为这笔钱是在婚后取得的，自己为顾男出书也尽了力，这笔钱应是夫妻共有财产，两人应协商决定如何使用。

请问：婚前完成作品、婚后发表所得的稿酬，是否属于夫妻共同财产？

分析意见：

夫妻共同财产，是指夫妻双方或一方在婚姻关系存续期间所得的财产，但法律另有规定或当事人另有约定的除外。我国现行《婚姻法》第十七条规定："夫妻在婚姻关系存续期间所得的下列财产，归夫妻共同所有：（一）工资、奖金；（二）生产、经营的收益；（三）知识产权的收益；（四）继承或赠与所得财产，但本法第十八条第三项规定的除外；（五）其他应当归共同所有的财产。夫妻对共同所有的财产，有平等的处理权。"该条第一款第（三）项规定即明确了知识产权的收益是夫妻共同财产。值得注意的是该条所称的"所得"，一般系指财产所有权的取得。著作权属于一种兼具人身权和财产权双重属性的知识产权。著作权人特别是作者，固然可在完成作品之时取得各项权利，如发表权、署名权、获得报酬权。但著作财产权之获得报酬权与作品发表后实际取得报酬的财产所有权不能混为一谈。著作权人完成作品的行为使其获得著作权包括获得报酬权，而此获得报酬权只是一种取得经济收益的财产期待权。在作品被发表而实际取得经济收益即报酬后，作者对该报酬取得了现实的财产所有权。因此，如果著作权人在婚前完成作品并且将其发表而获酬，则此收益应属其婚前所有的个人财产。2004 年《婚姻法解释（二）》第十二条规定："婚姻法第十七条第（三）项规定的'知识产权的收益'，是指婚姻关系存续期间，实际取得或者已经明确可以取得的财产性收益。"如果作品被完成在婚前，但其实际收益的取得是在婚后，则该收益应当被作为夫妻共同财产。

在本案中，顾某后来投稿的作品尽管都是在婚前完成的，但这些作品的发表及收益的取得却是在婚后，依上述法律规定，这 58 万元稿酬应当属于顾某与周某的夫妻共同财产。顾某与周某两人应在平等协商的基础上决定该笔钱如何使用。

示范案例二

一方婚前按揭贷款购买且婚后用个人工资还贷的婚姻住房，是否属于夫妻一方的个人财产？

2010 年 2 月，秦某（男）办理按揭贷款购买了一套住房。秦某个人偿还该住房的贷款两年半以后，于 2012 年 8 月与女友石某登记结婚。当时夫妻双方口头约定，该住房婚后由夫妻共同居住，秦某的工资收入继续偿还剩余部分贷款并于 2014 年 1 月还清，但房产证上的姓名仍是秦某的。2014 年 9 月以来，由于秦某与某女同事的关系甚密，秦某和石某夫妻两人经常为此发生争吵，导致夫妻关系恶化。2015 年 2 月，石某向法院起诉离婚，并要求分割该婚姻住房及该房在婚姻期间的增值利益。而秦某认为，该住房是他一人婚前购买的，房产证上只有他一人的姓名，且婚后秦某以自己个人的工资继续偿还剩余部分贷款，故该房应属其个人财产，该房在婚姻期间的增值利益也属其个人财产，都不应作为共同财产予以分割。

请问：本案依法应当如何处理？

分析意见：

我国 2011 年《婚姻法解释（三）》第十条明确规定"夫妻一方婚前签订不动产买卖合同，以个人财产支付首付款并在银行贷款，婚后用夫妻共同财产还贷，不动产登记于首付款支付方名下的，离婚时该不动产由双方协议处理。依前款规定不能达成协议的，人民法院可以判决该不动产归产权登记一方，尚未归还的贷款为产权登记一方的个人债务。双方婚后共同还贷支付的款项及其相对应财产增值部分，离婚时应根据婚姻法第三十九条第一款规定的原则，由产权登记一方对另一方进行补偿。"在本案中，房屋是秦某婚前以个人名义按揭贷款购买的，如双方无法达成协议，可以认定属于秦某个人所有。但是，秦某是在婚后以其工资收入继续偿还剩余部分贷款，依我国现行《婚姻法》第十七条规定：夫妻在婚姻期间所得的工资，属于夫妻共同财产。即秦某实际上是以夫妻共同财产付清的该个人购房的剩余部分贷款。所以，秦某在取得该套房屋所有权的同时，还必须将 2012 年 8 月至 2014 年 1 月间共同还贷部分款项价值的一半及其对应的增值部分价值给付于女方。

讨论案例

1. 婚前所购股票于婚姻期间出售所得收益，是否属夫妻共同财产？

2013 年 4 月，于某（男）在结婚之前用 20 万元购买了部分股票。同年 5 月，于某与吴某结婚。2014 年 1 月，于某所持股票增幅颇大，于某遂将该股票出售，连本带利共获得 50 万元并以自己的名义将其存入银行。2015 年 6 月，于某与妻子吴某因感情破裂而诉请离婚，吴某认为，于某在婚姻期间出售股票所得的 50 万元中，除去 20 万元本金外其余的 30 万元收益应为夫妻共有财产，要求将此收益平均分割，于某则坚持该 50 万元钱全部系自己个人所有的财产。

请问：该项婚前购买婚姻期间出售股票的收益是否属夫妻共有财产？为什么？

2. 夫妻一方在婚姻期间购买彩票中奖的奖金，是否为夫妻一方的个人财产？

王华（男）与丁丽（女）于 2014 年元旦结婚，感情一直不错。但是由于丁丽身体的缘故，婚后一直未能怀孕。2015 年以来夫妻感情开始恶化。2016 年春节期间的一天，王华买了一张彩票，居然中了二等奖，奖金 80 万元。王华一直将中奖之事保密。2016 年 2 月，王华与丁丽离婚。2016 年 5 月，丁丽从亲戚处得知王华离婚前中奖一事，便向法院起诉要求分割该中奖的奖金。王华认为彩票是他买的，中奖后所得的奖金应该属于其个人财产，归其所有。

请问：王华在婚姻期间购买彩票中奖的奖金是否为夫妻一方的个人财产？为什么？

3. 婚姻期间夫妻一方私自赠与他人小汽车的行为，是否有效？

在某外企工作的杨女士与某公司销售部经理陈先生经人介绍相识，经过 3 年的恋爱后，2014 年 1 月两人登记结婚，婚后两人的感情很好。2015 年春节前的一天，杨女士在家整理书房时，意外地发现了一张 15 万元的发票。该发票上面写明的付款时间是 2015 年 1 月 5 日，付款人的姓名是陈先生，而购买的产品是一辆红色的女士小汽车。杨女士看到此发票心里很奇怪，家里根本就没有买过小汽车，丈夫陈先生怎么会有这么一张发票呢？她赶忙给丈夫打电话询问，陈先生却很坦然地告诉妻子，他这是给单位买的车，自己负责办理所以签了自己的名字。杨女士听了此话，心里感到松了一口气。她也相信她的丈夫是不会背着她私下买车的。可是几天后，杨女士去银行想用家里的存款买一些理财产品，却发现她与陈先生的共同存款中少了 15 万元。这时，她联想到那张 15 万元的购车发票。难道丈夫真的在私下买了车？可是，这车即使他已经买了，也从没有见他开过车，他把这车送给谁了呢？

回家后，杨女士与陈先生一见面，就直截了当地向他提问，这张 15 万元的购车发票，到底是怎么回事？陈先生向妻子坦白了一切。原来，陈先生的确背着妻子私下买了一辆红色的女士小汽车，并把此车送给了本单位销售部的一位同事张女士。不过，陈先生一再说明，他与张女士只是工作上的好朋友。因为工作上的原因，两人经常互相帮助，在下班后两人的私交也甚密，如两人经常共进晚餐、共同去购物及外出游玩等。最近，张女士帮助陈先生处理了一桩工作中非常棘手的事情，所以陈先生送给张女士这辆小汽车，以示酬谢之意。

对于陈先生的上述说法，杨女士并不完全相信。不过，既然现在陈先生已经在某种程度上有所坦白，并表示今后一定不再与张女士继续在下班后私交过密，她想给丈夫一个改过的机会，所以就不再提出离婚。但为了追回这辆小汽车，2016 年 3 月 5 日，杨女士以丈夫陈先生和张女士为被告到法院起诉，请求法院确认陈先生擅自动用夫妻共有财产购买小汽车私下赠给张女士的行为无效，请求张女士返还该小汽车。

在法庭上，原告杨女士主张，丈夫陈先生在没有经过她同意的情况下，擅自用夫妻共同存款买小汽车而私下赠送给张女士，请求法院确认这是无效的赠与行为，并向法院出示了丈夫陈先生签名的 15 万元的购车发票及她在银行打印的当日交易单据。丈夫陈先生称，他自己确实是隐瞒着妻子杨女士，擅自用夫妻共同存款购买的小汽车，然后赠送给同事张女士，并承认自己现在已经认识到这是不对的，请求法院确认此赠与行为无效。然而，张女士却认为，陈先生当时是自愿购车送给她的，因为陈先生一直在追求她，在与她谈恋爱，她自己并不知道他是已婚人士，并且此车在购买时就已经登记在张女士的名下了，她应属于善意取得。因此，此赠与行为应当有效，所以杨女士无权请求她返还该小汽车。

法院经审理查明，丈夫陈先生未经妻子杨女士的同意，擅自动用夫妻共同存款 15 万元购买小汽车并私下赠给张女士的行为属实。张女士确实不知道陈先生是已婚人士。该小汽车已经被登记在张女士的名下，她每天上班都在使用。

请问：本案依法应当如何处理？为什么？

4. 夫妻财产约定是否直接产生物权移转的效力？

周某（男）和刘某（女）属于观念较为前卫的青年，双方在结婚之初就书面约定采用分别财产制，但周某为表达对刘某的爱意，在约定中特别指明其婚前所有的一辆价值 100 万元的高级轿车转归刘某所有，但并未办理车辆过户登记手续。后两人因感情破裂而离婚，刘某依照双方约定主张该车归其所有，周某则认为刘某根本不会开车，该车在婚后一直是自己在使用且并未办理车辆过户登记手续，故认为该车应归自己所有。经查，双方订立协议时意思表示真实一致。

请问：双方诉争的车辆应归谁所有？为什么？

5. 复员军人在部队获得的复员费、自主择业费和医疗费是否属于夫妻共有财产？

齐昊天 1999 年 12 月参军后，在部队学习车辆及枪炮修理，义务兵服役期满后，由于部队需要，直接转为士官继续服役。2004 年 1 月经人介绍，与家乡小学教师贾雪登记结婚。每年寒暑假期，贾雪都去部队团聚，夫妻感情较好，并生有一女。2010 年 1 月，齐昊天复员时，从部队获得复员费 3 万元，自主择业费、住房补贴费 6 万元，医疗费 1 万元，共计 10 万元，全部以个人名义存入银行。齐昊天到某汽车制造厂工作，当上了质量检查员，收入较高，便经常与一些同事出入酒吧、舞厅"泡小姐"。贾雪对其规劝，齐昊天反而认为贾雪干涉了他的私生活，经常对贾雪破口大骂，拳脚相向。贾雪不堪忍受，便于 2015 年 5 月向法院起诉离婚，经法院调解，双方同意离婚，并对夫妻其他共同财产、子女抚养达成了协议。唯有对齐昊天从部队带回的复员费、自主择业费和医疗费等 10 万元存款双方发生争议。齐昊天认为，这 10 万元是部队发给自己个人的费用，贾雪无权分割。贾雪则认为，这 10 万元是婚后所得财产，应当属于夫妻共有财产，自己有权分得 5 万元。

请问：法院如何处理齐昊天这 10 万元存款才合法？

6. 婚后购买的价值较大的一方专用物品，离婚时是否属于个人财产？

钟明系在某外资企业工作的白领人士，经济收入较高。2005 年年初，他与某单位职工孙青结婚。2010 年 3 月，钟明买了一辆价值 16 万元的小汽车供其上班使用。2015 年 4 月，钟明与孙青协议离婚，钟明认为该车属于自己个人专用物品，不应属于夫妻共有财产。而孙青则认为，这辆小汽车是婚后所买，并且价值巨大，应当属于夫妻共有财产。

请问：钟明婚后供个人专用的小汽车，应当属于夫妻共有财产还是个人财产？

相关裁判实例摘录①

唐某甲与李某某婚内财产分割纠纷案

唐某甲与李某某系夫妻关系，二人生育一子唐某乙。唐某甲与前妻曾生育一女唐某，离婚后由其前妻抚养。唐某甲父母均早已去世。唐某甲于 2011 年 9 月 16 日在外地出差期间突发疾病死亡，未留下遗嘱。

2010 年 10 月 2 日，唐某甲与被告李某某签订《分居协议书》，双方约定："唐某甲、李某某的感情已经破裂。为了不给儿子心灵带来伤害，我们决定分居。双方财产作如下切割：现在财富中心和慧谷根园的房子归李某某拥有。李某某可以任何方式处置这些房产，唐某甲不得阻挠和反对，并有义务协办相关事务。湖光中街和花家地的房产归唐某甲所有。唐某甲可以任何方式处置这些房产，李某某不得阻挠和反对，并有义务协办相关事务。儿子唐某乙归李某某所有。唐某甲承担监护、抚养、教育之责。李某某每月付生活费 5000 元。双方采取离异不离家的方式解决感情破裂的问题。为了更好地达到效果，双方均不得干涉对方的私生活和属于个人的事务。"2012 年 11 月 28 日，北京民生物证司法鉴定所出具司法鉴定意见书，鉴定意见为该《分居协议书》上唐某甲签名为其本人所签。

关于财富中心的房屋，2002 年 12 月 16 日，唐某甲作为买受人与北京香江兴利房地产开发有限公司签订了《商品房买卖合同》，约定：唐某甲购买北京香江兴利房地产开发有限公司开发的财富中心的房屋，总金额为 1579796 元。庭审中，原告唐某、被告唐某乙、李某某均认可截至唐某甲去世时间点，该房屋仍登记在唐某甲名下，尚欠银行贷款877125.88 元未偿还。此外，李某某与唐某甲名下还有其他房产、汽车及存款等财产。

北京市朝阳区人民法院一审认为：

原告唐某、被告唐某乙作为被继承人唐某甲的子女，被告李某某作为被继承人唐某甲的配偶，均属于第一顺序继承人，三人对于唐某甲的遗产，应予以均分。本案中，应对哪

---

① 详见《最高人民法院公报》2014 年第 12 期（总第 218 期）。

些财产属于唐某甲的遗产予以界定。关于财富中心的房屋，唐某甲与李某某虽然在《分居协议书》中约定了该房屋归李某某拥有，但直至唐某甲去世，该房屋仍登记在唐某甲名下。故该协议书并未实际履行，因此应根据物权登记主义原则，确认该房屋属于唐某甲与李某某夫妻共同财产。该房屋价值应根据评估报告确定的数额减去唐某甲去世时该房屋尚未还清的贷款数额，该数额的一半为李某某夫妻共同财产，另一半为唐某甲遗产，属于唐某甲遗产的份额应均分为三份，由李某某、唐某乙和唐某均分。考虑到唐某乙尚未成年，而唐某要求获得折价款，故法院判决该房屋归李某某所有，由李某某向唐某支付折价款并偿还该房屋剩余未还贷款。关于唐某甲名下的其他房屋、车辆及银行存款等遗产，法院按照法定继承的相关规定予以分割。

李某某不服一审判决，向北京市第三中级人民法院提起上诉。

北京市第三中级人民法院经过审理后认为本案的争议焦点在于：夫妻婚内财产分割协议对夫妻共同所有房屋的权属进行了约定的情况下，是否应以产权登记作为认定该房屋权属的唯一依据？

北京市三中院认为：我国现行《婚姻法》并未规定夫妻对其共同所有的不动产进行分割时，应当办理产权登记。但根据我国《物权法》的规定，不动产物权变动应以登记为公示要件，未经登记不能发生效力。夫妻对其共同所有的房屋进行分配，仅仅是对家庭财产的内部分配，应优先适用我国现行《婚姻法》而非《物权法》的规定。此外，婚内财产分割协议是夫妻双方协商一致的结果，在不涉及第三人利益的情况下，应当尊重夫妻的真实意思表示。因此，夫妻婚内财产分割协议对夫妻共同所有房屋的权属进行了约定的情况下，不应以产权登记作为认定该房屋权属的唯一依据。遂判决财富中心某房屋归李某某所有，并由李某某偿还剩余贷款。

三、夫妻扶养关系案例

基本理论概述

扶养的概念，有广义和狭义两种理解：广义的扶养，是指一定范围的亲属间相互在经济上供养和生活上扶助的法定权利义务。它没有身份、辈分的区别，是赡养、扶养、抚养的统称，即包括长辈亲属对晚辈亲属的扶养、晚辈亲属对长辈亲属的赡养和平辈亲属间的扶养。从国外立法来看，大多数国家采取广义说。我国《继承法》、《刑法》使用的"扶养"一词，也是采取广义的解释。

狭义的扶养，仅指平辈亲属之间相互在经济上供养和生活上扶助的法定权利义务。国外东欧一些国家的立法对"扶养"一词采取狭义说。我国《婚姻法》将夫妻间和兄弟姐妹间相互供养和扶助的法定权利义务称为扶养，即亦采取狭义说。

关于夫妻扶养义务应明确以下几点：第一，夫妻间扶养义务是婚姻的效力之一；第二，夫妻间的扶养既是义务也是权利；第三，夫妻扶养义务是法定义务而具有强制性。

主要相关法律、法规及司法解释链接

我国现行《婚姻法》

第二十条　夫妻有互相扶养的义务。

一方不履行扶养义务时，需要扶养的一方，有要求对方付给扶养费的权利。

示范案例

夫妻扶养义务应如何履行？

黄某（女）与张某（男）于 1987 年结婚且婚后育有一子。黄某与张某婚后共同购买住房两套与临街商铺一个，其中的一套住房用于家人自住，剩余的一套住房及临街商铺用于出租。黄某于 2009 年 4 月被诊断为患有"脊髓空洞症、抑郁症"，除可报销的医疗费之外，每月仍需支付较多医药费用，黄某患病一直未愈。黄某系公司职工，由于长期患病休假，月工资为 1188 元。张某下岗后常年在外务工，收入较高。黄某因常年患病，又与张某因性格不合双方时常争吵，张某曾多次起诉要求离婚，而黄某不同意，因而法院均驳回张某的离婚诉讼请求。张某遂离家租房在外生活。黄某于 2015 年 6 月起诉，请求法院判决张某履行夫妻扶养义务，同时每月应承担医疗费、生活补助费以及护理费 6000 元。而张某不同意支付黄某扶养费。

请问：本案依法应如何处理？

分析意见：

我国现行《婚姻法》第二十条第一款规定："夫妻有互相扶养的义务。"据此夫妻一方因疾病、丧失生活能力等原因而需要他方扶养的，有负担能力的夫或妻应当履行扶养义务。如有负担能力的一方无正当理由拒绝扶养他方，该条第二款明确规定"一方不履行扶养义务时，需要扶养的一方，有要求对方付给扶养费的权利"。据上述规定可见，夫妻间扶养关系成立的要件有二：其一，夫妻一方有受扶养的必要，即因年老、疾病等原因缺乏劳动能力又无生活来源，不能独自维持生活；其二，扶养义务人具有扶养能力。

在本案中，黄某常年患病，需要大笔医疗费用，而夫方张某自身经济条件较好却未在婚姻关系存续期间尽丈夫的责任，并且还多次提出离婚，在离婚不成的情况下又离家在外居住，不对生病的妻子给予生活上的照料和经济上的支持，故应对女方当事人履行扶养义务。

从最后的处理方式来看，由于黄某长年患病导致夫妻感情淡化，张某多次提出离婚未果，后夫妻双方长期分居。在婚姻关系存续期间，夫妻之间有相互扶养的义务，黄某长期患病且月工资较低，收入不能满足治疗疾病的需要，而张某未尽丈夫的职责，且外出务工收入较高，因而张某未能履行法定的夫妻扶养义务，同时根据双方所处的生活实际情况，应判决由张某承担对妻子的扶养义务，每月给付扶养费、医疗费。

讨论案例

本案应否认定夫妻一方未尽扶养义务？

姚女从小患有间歇性精神病。她的父母一直为女儿的婚姻大事着急。2014 年 5 月，于男答应娶姚女，并自愿入赘姚家，姚父、姚母对此非常高兴，很快让姚女与于男办理了结婚登记，然后两人举行了婚礼。但 2014 年 6 月的一天，姚女突然不见了，姚父、姚母四处寻找姚女的下落，于男也每天起早贪黑地出去寻找姚女，但姚女渺无音讯。由于姚女平时很少出门，姚父、姚母对女儿的失踪很是怀疑。2015 年 8 月的一天，有朋友打电话给姚母，说在精神病医院看到了姚女。姚母连忙赶去，发现正是自己日夜寻找的女儿。她问女儿是谁带她来医院的，女儿回答是于男。姚母很是生气，于 2015 年 9 月向法院提起诉讼，请求法院判决于男对姚女履行夫妻的扶养义务。而于男认为，其将姚女带去精神病医院住院治疗，目的就是为了治疗妻子姚女的疾病，以便使她及时康复。

请问：本案当事人于男是否未尽夫妻扶养义务？为什么？

相关裁判实例摘录[①]

张某某与谭某某离婚纠纷案

原、被告于 1999 年年底经人介绍相识，2000 年 7 月 27 日登记结婚，双方均系再婚，未生育子女，原告婚前育有二子二女，均已成年。2013 年 7 月 1 日被告向原审法院提出离婚，2014 年 11 月 28 日原审法院作出（2013）历民重初字第 1208 号民事判决书，判决书载明：……原审法院认为……婚后双方对于子女的态度、家庭经济等问题产生分歧，又因双方健康原因分居，进而产生矛盾，导致并不牢固的夫妻感情产生裂痕。从一审判决准予原、被告离婚到重新审理这一年多的时间，双方未能加强沟通、增进理解、相互照顾，继续保持分居状态，互不履行夫妻的、家庭的义务，致使夫妻感情进一步恶化，夫妻关系已名存实亡……原审法院对原、被告的婚姻基础、婚后感情、要求离婚的原因、夫妻关系的现状和有无和好可能等分析后，认为原、被告的夫妻感情已破裂。准予原、被告离婚。该判决作出后，原告张某某不服判决，提出上诉。2015 年 4 月 14 日济南市中级人民法院作出终审判决：驳回上诉，维持原判。

庭审中原告称其诉讼请求中的第一项是其自 2011 年 9 月摔伤后至 2015 年 7 月 9 日（起诉前）其所有的花费 305809.8 元，去掉双方的共同存款 180077 元后得出的，其余均为原告借款，借的都是家人的，没有借条。原告的第二项诉讼请求是要求被告每月支付原告 3500 元生活费，自判决生效之日起支付三年。原告称双方分居（2012 年 6 月）时共有存款 180077 元，由原告保管，其已全部花光。从原告提供的证据 6 消费明细中可以看出，原告于 2011 年 11 月购买海参花费 3000 元、12 月 17 日购买海参花费 12000 元、2012 年 1 月 16 日购买海参花费 3400 元、2013 年 2 月购买海参花费 7800 元、3 月 4 日购买神经酸（保健品）花费 15840 元、7 月 5 日购买虾青素（保健品）花费 15456 元，2010 年 3 月 14

---

① 摘自中国裁判文书网，（2016）鲁 01 民终 1117 号。

日原告给其孙子×××购买分红保险 1 份 32930 元，庭审中原告称该保险已于 2012 年退保，所退保费已用于生活。

现原告因脑卒中后遗症，右侧肢体残疾（半瘫），需人照顾，为三级伤残。被告谭某某是济南军区第三干休所的离休干部，每月工资超过万元。2013 年 7 月 24 日济南军区济南第三干休所卫生所出具的证明载明：我所离休老干部谭某某，现年 92 岁，自 2006 年 5 月查体记录右眼失明，左眼患有青光眼、白内障（2007 年 5 月视力仅为有光感）等综合疾病。被告因身患多种疾病，现为双目失明，长期卧床，生活不能自理，为一级伤残。

原审法院认为，本案系老年人再婚后离婚的扶养问题。本案争议的焦点问题是：1. 被告是否应对原告承担扶养义务？2. 被告是否应对原告承担扶助义务？下面逐一进行分析：

1. 被告是否应对原告承担扶养义务？扶养费是指夫妻关系存续期间，夫或妻一方因某种原因如患病、残疾等处于需要扶养的情况下，对方不履行扶养义务时，需要扶养的一方，有权要求对方给付扶养的费用。夫妻是共同生活的伴侣，只要夫妻关系存在，双方之间就具有扶养的义务。本案原、被告是 2013 年 7 月进行离婚诉讼，2015 年 4 月终审判决离婚。原告有权主张 2015 年 4 月离婚前的扶养费。但我国现行《婚姻法》第四十二条规定，离婚时，如一方生活困难，另一方应从其住房等个人财产中给予适当帮助。这里所说的经济帮助，是指在夫妻离婚时，一方生活有困难，经双方协议或法院判决，有条件的一方给予另一方适当的财物资助的行为。该财物的给付，不以给付方有过失为必要，而是基于公平原则承认离婚连带发生的效力，用以保护弱者配偶离婚后的生活。离婚时对生活困难一方的经济帮助是有条件的：一是被帮助的一方必须确有生活困难且自己无力解决；二是经济帮助仅限于离婚时；三是给予帮助的一方必须有负担能力；四是这种经济帮助应是适当的，指一方应从其住房等个人财产中给予对方短期的或一次性的经济帮助；配偶一方的财产，包括其法定的个人财产、约定个人财产、从共同财产中分得的财产等。本案原、被告于 2012 年 1 月分居时夫妻共同存款为 180077 元，分居后全部由原告保管，虽然原告自称其已全部自己消费，但从其消费的情况看，2011 年 11 月至 2013 年 3 月期间购买海参、保健品、保险等共消费 90426 元，虽然老年人需要补充营养，但这样的消费水平对于一个普通人来讲不能说是低消费，这样的消费水平也不能认定原告确有生活困难；且原告还有四个子女，其子女对原告均有赡养义务。另外，原告主张的 2011 年至 2015 年的消费，只提供了很少部分的消费单据，亦未提供其借款的有关证据。被告收入虽然较多，但已是 94 岁高龄，且双目失明，生活完全不能自理，需人照顾。因此，原告要求被告对其承担扶养义务，支付扶养费，理由欠当，证据不充分，原审法院不予支持。

2. 被告是否应对原告承担扶助义务？夫妻共同生活期间的相互扶养义务是基于夫妻人身关系而规定的，是无条件的，其可随着夫妻离婚的法律行为而消除。但我国现行《婚姻法》第四十四条规定，对遗弃家庭成员，受害人提出请求的，人民法院应当依法作出支付扶养费、抚养费、赡养费的判决。从原、被告提供的一、二审判决书来看，原、被告离婚的原因是双方因家务琐事及经济等问题产生矛盾，致使夫妻感情破裂而离婚，而非遗弃。因此，原告要求被告支付自判决生效之日起三年内的扶养费，理由欠当，证据不充分，原审法院不予支持。据此，依照《中华人民共和国婚姻法》第四十二条、第四十四条之规定判决：一、驳回原告张某某要求被告谭某某支付扶养费的诉讼请求；二、驳回原告张某某要求被告谭某某支付扶助费的诉讼请求。案件受理费人民币 4760 元，由原告张某某负担。

上诉人张某某不服原审判决上诉称：1. 原审法院认为被上诉人不应向上诉人支付夫妻关系存续期间的抚养费认定事实和适用法律均错误。根据我国现行《婚姻法》第二十条的规定：夫妻有互相扶养的义务。一方不履行扶养义务时，需要扶养的一方，有要求对方付给扶养费的权利。被上诉人有义务、有责任负担上诉人的抚养费，原审法院忽略夫妻关系存续期间被上诉人自己掌握的 50 多万元的夫妻共同财产的事实，系明显偏袒被上诉人一方。上诉人所购买高档补品部分由被上诉人的女儿拿走，剩余部分分摊到每月仅为 600 余元，不算高消费。至于一审法院强调上诉人还有四个子女，对上诉人均有赡养义务，系混淆了子女对父母的赡养义务和夫妻之间的扶养义务，上述两种义务是各自独立的，上诉人均有权主张。2. 上诉人在一审中主张离婚后的扶助费，而原审法院依据我国现行《婚姻法》第四十四条之规定认定被上诉人不应向上诉人支付"扶养费"系适用法律错误。我国现行《婚姻法》第四十四条适用的前提是夫妻关系存续期间，而上诉人主张的是离婚后三年内的扶助费，依据的是我国现行《婚姻法》第四十二条，夫妻关系终止后，夫妻间的扶养义务虽然终止，但夫妻一方有责任向生活困难的一方提供经济帮助，其性质是夫妻扶养义务的延伸，以保障婚姻当事人中弱者在离婚后的基本生活条件。3. 原审法院未依上诉人的申请调取被上诉人的工资收入，在程序上存在瑕疵。一审中，上诉人申请原审法院调取被上诉人的工资收入情况和军队干休所关于住房改造的内部文件，原审法院未予调取，剥夺了上诉人的诉讼权利。综上所述，原审判决认定事实不清，适用法律错误，请求法院撤销原审法院作出的（2015）历民初字第 1593 号民事判决；改判被上诉人支付上诉人扶养费 104579.7 元、扶助费 126000 元。请求法院判决本案一、二审案件受理费由被上诉人承担。

被上诉人谭某某答辩称：1. 上诉人婚后掌控了被上诉人的所有财产，扣除合理消费还应有余款 87 万元，上诉人不存在生活困难情形。按照被上诉人的工资收入及支出，上诉人手中应有余款 868112 元。这些钱已被上诉人隐藏、转移。上诉人的生活水平远高于工薪阶层，不需要经济帮助。2. 上诉人主张扶养费毫无法律依据，上诉人的上诉请求目的是为了隐藏、转移、变卖、毁损夫妻共同财产。3. 上诉状中称"2012 年 1 月 6 日离家至双方被判决离婚的 2015 年 4 月，未给上诉人一分钱的生活费用"与事实严重不符。4. 上诉人不存在摔倒致偏瘫、生活不能自理、需住院治疗、常年理疗、吃药及保姆 24 小时照顾之情形。5. 上诉人自称没有任何收入，与事实严重不符。上诉人开办济南正阳谊通科贸有限公司，担任该公司的法定代表人、执行董事、总经理。并且退休前担任村妇女主任，有退休金。同时，还一直在领取前夫的抚恤金。

二审法院经审理认定，原审法院认定的事实属实，予以确认。

二审另查明：张某某与谭某某因离婚后财产纠纷一案，济南市历下区人民法院于 2015 年 10 月 28 日作出（2015）历民初字第 1593 号民事判决书，该判决书已发生法律效力。该判决书认定双方夫妻共同财产为冰柜、电视机、空调、组合橱柜、双人床、单人床、电冰箱、热水器等财产。本院二审中，双方当事人对此均无异议，除此之外，双方无其他共同财产。

以上事实，由济南市历下区人民法院（2015）历民初字第 1593 号民事判决书及二审调查笔录在案为凭。

二审法院认为：上诉人张某某向被上诉人谭某某主张的扶养费包括两部分，即婚姻关系存续期间的扶养费和离婚后三年内的扶养费。

关于婚姻关系存续期间的扶养费问题。我国现行《婚姻法》第二十条规定，夫妻有互相扶养的义务。一方不履行扶养义务时，需要扶养的一方，有要求对方付给扶养费的权利。本案中，上诉人张某某未能证明被上诉人谭某某在婚姻关系存续期间，存在有能力而拒绝对其履行扶养义务之情形。在双方的婚姻关系存续期间，上诉人张某某因病治疗及生活所支付的费用，均应视为夫妻共同财产的支出，其主张被上诉人谭某某未履行扶养义务的证据不足，原审法院未予采信，并无不当。上诉人张某某请求被上诉人谭某某支付婚姻关系存续期间扶养费的上诉请求，理由不成立，本院不予支持。

关于离婚后的扶养费问题。我国现行《婚姻法》第四十二条规定，离婚时，如一方生活困难，另一方应从其住房等个人财产中给予适当帮助。该条法律规定强调的时间点为"离婚时"，适用的前提为"如一方生活困难"，帮助的幅度为"适当帮助"。在本案双方当事人离婚及离婚后财产纠纷之诉讼中，上诉人张某某并未对离婚时的经济帮助问题提出诉讼主张。从双方离婚后财产纠纷一案的生效判决显示，除双方分离的日常生活用品之外，被上诉人谭某某并无其他个人财产。因此，上诉人张某某向被上诉人谭某某主张离婚后三年内的高额扶养费，既无事实依据，亦无法律依据。至于上诉人张某某申请原审法院调取被上诉人谭某某的工资收入及住房问题，鉴于双方之间扶养关系因婚姻关系的解除而消灭，被上诉人谭某某在离婚后工资收入的多少，对于本案的审理结果不产生实质性影响，原审法院审理程序并无不当。

综上，上诉人张某某的上诉理由不成立，二审法院不予支持。原审法院认定事实清楚，适用法律正确，本院予以维持。依照《中华人民共和国民事诉讼法》第一百七十条第一款第（一）项之规定，判决如下：驳回上诉，维持原判。二审案件受理费 4760 元，由上诉人张某某负担。

四、生子女与生父母关系案例

基本理论概述

父母子女关系，又称亲子关系，在法律上是指父母和子女之间的权利和义务关系。父母子女是血亲关系中最近的直系血亲，为家庭法律关系的核心。

婚生子女是指由婚姻关系受胎而出生的子女。严格意义上的婚生子女应具备下列要件：第一，其父母间须有婚姻关系；第二，其为生父之妻所怀孕分娩；第三，其在父母的婚姻关系存续期间受胎或出生；第四，其为生母之夫的血缘。

婚生子女的推定是指子女系生母在婚姻关系存续期间受胎或出生，该子女被法律推定为生母与生母之夫的婚生子女。婚生子女的父亲身份既然只是一种法律上的推定，就有可能被相反的事实所推翻。在现代社会的婚姻关系中，婚外性行为在任何国家或地区都不可能因法律或道德的否定而完全杜绝。因此，受婚生子女的推定的子女有可能不是丈夫的子女。为了维护婚生父母子女关系的血缘真实性，使法律推定与事实尽可能相一致，以保护当事人的权益，让应尽义务的真正生父不致逃脱法律责任，实现法律的公正，各国家庭法在设立婚生子女的推定的同时，也允许提出对婚生子女的否认。但这种否认权须以诉讼方式行使，并经法院裁决确认之后，才能撤销婚生子女的推定，否认权人自行否认不具有法律效力。

非婚生子女，指没有婚姻关系的男女所生的子女。无婚姻关系的妇女所生的子女，已婚妇女所生但被法院判决否认婚生推定的子女，已婚妇女所生的不受婚生推定的子女，均属于非婚生子女。我国现行《婚姻法》第二十五条第一款明确规定"非婚生子女享有与婚生子女同等的权利，任何人不得加以危害和歧视。"

主要相关法律、法规及司法解释链接

我国现行《婚姻法》

第二十一条　父母对子女有抚养教育的义务；子女对父母有赡养扶助的义务。

父母不履行抚养义务时，未成年的或不能独立生活的子女，有要求父母付给抚养费的权利。

子女不履行赡养义务时，无劳动能力的或生活困难的父母，有要求子女付给赡养费的权利。

禁止溺婴、弃婴和其他残害婴儿的行为。

第二十二条　子女可以随父姓，可以随母姓。

第二十三条　父母有保护和教育未成年子女的权利和义务。在未成年子女对国家、集体或他人造成损害时，父母有承担民事责任的义务。

第二十五条　非婚生子女享有与婚生子女同等的权利，任何人不得加以危害和歧视。

不直接抚养非婚生子女的生父或生母，应当负担子女的生活费和教育费，直至子女能独立生活为止。

2001年《婚姻法解释（一）》

第二十条　婚姻法第二十一条规定的"不能独立生活的子女"，是指尚在校接受高中及其以下学历教育，或者丧失或未完全丧失劳动能力等非因主观原因而无法维持正常生活的成年子女。

第二十一条　婚姻法第二十一条所称"抚养费"，包括子女生活费、教育费、医疗费等费用。

2011年《婚姻法解释（三）》

第二条　夫妻一方向人民法院起诉请求确认亲子关系不存在，并已提供必要证据予以证明，另一方没有相反证据又拒绝做亲子鉴定的，人民法院可以推定请求确认亲子关系不存在一方的主张成立。

当事人一方起诉请求确认亲子关系，并提供必要证据予以证明，另一方没有相反证据又拒绝做亲子鉴定的，人民法院可以推定请求确认亲子关系一方的主张成立。

第三条　婚姻关系存续期间，父母双方或者一方拒不履行抚养子女义务，未成年或者不能独立生活的子女请求支付抚养费的，人民法院应予支持。

示范案例一

子女成年后，父母仍须对其尽抚养义务吗？

于建是于文祥、赵茜夫妇的独子。自小，于文祥夫妇便对于建十分宠爱，养成了其懒惰、骄纵的恶习。于建高中尚未毕业就辍学在家，一直无所事事。2015 年 4 月，于文祥多方请人帮助好不容易才给 20 岁的于建找了个仓库管理员的工作，但于建上班才两天就嫌这份工作又脏又累，第三天就表示不愿再去上班了。于文祥非常生气，狠狠责骂了于建。于建负气出走，自己租房另住，但月底又回家向父母索要 2000 元的生活费和 800 元的房租费。于文祥夫妇断然拒绝了于建的要求。于建遂于同年 5 月向法院提起诉讼，以自己没有生活来源为由要求父母于文祥、赵茜承担其抚养费用。

请问：法院应否支持于建的诉讼请求？

分析意见：

父母子女是血缘关系最近的直系血亲，相互有法定的抚养、赡养义务，是家庭关系的核心。我国现行《婚姻法》第二十一条第二款规定："父母不履行抚养义务的，未成年的或不能独立生活的子女，有要求父母付给抚养费的权利。"2001 年《婚姻法解释（一）》第二十条进一步规定："婚姻法第二十一条规定的'不能独立生活的子女'，是指尚在校接受高中及其以下学历教育，或者丧失或未完全丧失劳动能力等非因主观原因而无法维持正常生活的成年子女。"由上述规定可以看出，父母对子女的抚养义务不是无条件无期限的，一般到子女成年或具有独立生活能力时终止。

根据本案实际情况，于建已成年且并未丧失劳动能力，其没有工作及没有生活来源的现状完全是由于自己好逸恶劳、拈轻怕重的不良习惯所致，于文祥夫妇不再对其负有法定抚养义务，故人民法院不应该支持于建的诉讼请求。

示范案例二

无婚姻关系的男女所生子女，是否有权请求生父付给抚养费？

2002 年 2 月，曾男与张女结婚，次年 1 月张女生育儿子曾强。由于曾男与张女两人的性格不合，婚后夫妻感情一直不好，曾男曾提出双方协议离婚，但被张女拒绝。2005 年年初，曾男与几个朋友到广州成立了一个装修公司，曾男出任总经理。2007 年年初，曾男与黄女认识，后来他们两人公开同居生活。2009 年年初，曾男与黄女的儿子曾辉出生。2015 年 2 月，曾男返回原居住地继续经营装修公司，其就不再与黄女联系，也不支付婚外所生子曾辉的抚养费。为了实现儿子曾辉的受抚养权，黄女多次上门要求曾男给付其子曾辉抚养费。曾男称："我与黄女无婚姻关系，对其所生儿子曾辉，自己并无抚养义务。"于是，2015 年 4 月，黄女以儿子曾辉法定代理人的身份，将曾男告上法庭，请求法院确认曾辉是生父曾男的儿子，有权请求其父给付抚养费。

请问：曾辉是否有权请求其父曾男给付抚养费？为什么？

分析意见：

没有婚姻关系的男女所生子女，在我国现行《婚姻法》上被称为"非婚生子女"。我国现行《婚姻法》第二十五条第一款规定："非婚生子女享有与婚生子女同等的权利，任何人不得加以危害和歧视。"也就是说，非婚生子女与婚生子女具有平等的法律地位。尽管对于非婚生子女与婚生子女，在称谓上或者在人们的日常评价中两者有所不同，但我国现行《婚姻法》已经赋予两者完全平等的法律地位。因此，在本案中，曾辉尽管是由没有婚姻关系的黄女与曾男在同居期间所生的子女，但他仍然享有与婚生子女曾强完全相同的权利。他是曾男的亲生子女，生父曾男对其负有法定抚养义务，其有权请求生父曾男给付抚养费。

讨论案例

1. 离婚后不直接抚养子女一方，应否对子女致人损害的行为承担赔偿责任？

2015年5月，赵国平、徐小兰夫妇双方协议离婚，两人约定8岁的儿子赵小军与父亲赵国平共同生活，徐小兰每月支付抚养费600元。2016年春节，赵小军在乡下奶奶家燃放鞭炮时不慎将另一小孩吴某的眼睛炸伤。吴某的父母为儿子治疗眼伤先后花费医药费6万余元，于是要求赵国平负责赔偿此费用。赵国平由于其经营的公司在一次商业活动中被他人骗走50多万元资金，现拿不出钱来赔偿，遂与已在外地某外企工作的徐小兰商量，要求其与自己共同承担此赔偿责任。但徐小兰认为自己未与赵小军一起生活，赵国平应为自己对儿子管教不力而负责，于是拒绝了赵国平的请求。

请问：对赵小军给吴某造成的人身伤害，赵国平应否承担民事责任，为什么？徐小兰应否承担民事责任，为什么？

2. 强奸犯可以提出亲子关系确认的请求吗？

2008年9月，赵某和张某在某某市某某区民政局登记结婚，婚后二人感情甚好。2012年7月，赵某不幸于下班回家途中遭柳某尾随强奸。事后，柳某被公安机关抓获并被某某区法院判处3年有期徒刑。2013年3月，赵某在医院产下一子张某甲，《出生医学证明》登记父亲为张某。2015年11月，获得减刑提前释放的柳某认为自己系张某甲的亲生父亲，遂向法院提起诉讼，要求确认其和张某甲为父子关系，并提供《刑事判决书》等材料佐证。庭审中，柳某要求和张某甲做亲子鉴定，遭到赵某和张某的拒绝，且二人并未提出相反证据。

请问：本案依法应如何处理？

相关裁判实例摘录[①]

苟某与曹某抚养费纠纷案

苟某与丈夫曹某于1980年结婚，婚后，由于工作原因，夫妻分居两地。苟某到湛江工作，与成某是同事关系，曹某偶尔到湛江探亲。1981年9月17日，苟某于四川省阆中市生育男孩曹某某。曹某某出生后，一直在阆中市生活、读书，大学毕业后才到湛江市工

---

① 摘自中国裁判文书网，（2014）湛中法民一终字第30号。

作。2010 年 1 月，曹某某结婚时曹某听别人议论曹某某长得像成某，便心生怀疑，从而质问苟某。2010 年 12 月 23 日，苟某以其名义写下书面证明一份，写明："1980 年 8 月份以来，成某作为苟某的上司，多次借谈工作为由，对苟某进行勾引、挑逗、耍流氓，与苟某多次发生性关系，并胁迫苟某不要声张。1980 年年底至 1981 年 1 月份，苟某与成某发生关系后，苟某便怀上了成某的孩子，为了掩盖怀孕的事实，成某安排苟某写信叫曹某来探亲。1981 年 9 月，苟某生下一男孩，成某是知道的。"苟某写下上述证明后，曹某多次找成某质问，要求成某赔偿其精神损失费和抚养费，但均无果。后又经南油公安处领导的调解，双方还是没有调解结果。

2013 年 4 月 8 日，苟某向原审法院提起诉讼，请求法院判令：成某赔偿亲生子女抚养费 30 万元、教育费 15 万元和医疗费 20 万元，共计 55 万元。

另查明：2011 年 2 月 16 日，曹某向原审法院提起诉讼，原审法院以（2011）湛坡法民初字第 222 号民事裁定，驳回曹某的起诉。曹某不服该裁定，向湛江市中级人民法院提起上诉，湛江市中级人民法院以（2011）湛中法立民终字第 172 号民事裁定，驳回上诉，维持原审裁定。曹某于 2013 年 1 月 22 日申请广东科登法医物证司法鉴定所做 DNA 亲子鉴定，该所于 2013 年 1 月 28 日作出科登（2013）物鉴字第 0038 号《广东科登法医物证司法鉴定所 DNA 亲子鉴定意见书》，得出鉴定意见：依据 DNA 分析结果，不支持曹某与曹某某之间存在亲生血缘关系。在本案诉讼中，苟某又申请成某与曹某某做亲子鉴定，由于成某以有病在身为由不同意与曹某某做亲子鉴定，致不能委托鉴定。故不采纳苟某关于成某与曹某某做亲子鉴定的申请，并已在诉讼中答复苟某。

原审法院审理认为：本案属于抚养费纠纷。本案中，苟某提交的科登（2013）物鉴字第 0038 号《广东科登法医物证司法鉴定所 DNA 亲子鉴定意见书》只能证明曹某与曹某某不存在亲生血缘关系。苟某申请成某与曹某某做亲子鉴定，由于成某不同意，致不能委托鉴定，同时苟某诉请的事实理由成某也予以否认。苟某未能提供必要证据证明其与成某有婚外情的事实，故成某虽不同意与曹某某做亲子鉴定，但不能推定成某与曹某某之间存在亲子关系。依照 2011 年《婚姻法解释（三）》第三条"婚姻关系存续期间，父母双方或者一方拒不履行抚养子女义务，未成年或者不能独立生活的子女请求支付抚养费的，人民法院应予支持"的规定，苟某与曹某在婚姻关系存续期间有抚养曹某某年满十八周岁的义务，苟某请求成某给付曹某某已成年并至年满三十二周岁的抚养费，缺乏法律和事实依据。根据我国现行《民事诉讼法》第六十四条第一款"当事人对自己提出的主张，有责任提供证据"、《最高人民法院关于民事诉讼证据的若干规定》第二条"当事人对自己提出的诉讼请求所依据的事实或者反驳对方诉讼请求所依据的事实有责任提供证据加以证明。没有证据或者证据不足以证明当事人的事实主张的，由负有举证责任的当事人承担不利后果"的规定，苟某的诉讼请求证据不足，不予支持。

综上所述，依照《最高人民法院关于适用〈中华人民共和国婚姻法〉若干问题的解释（三）》第三条，《最高人民法院关于民事诉讼证据的若干规定》第二条及《中华人民共和国民事诉讼法》第六十四条第一款的规定，判决：驳回苟某的诉讼请求。一审案件受理费 100 元，由苟某负担。

苟某不服原审判决，向本院上诉称：本案中的鉴定书及曹某某的陈述可以证明成某是曹某某的父亲。成某虽不同意做亲子鉴定，但根据相关规定，法院可以推定其与曹某某具有亲子关系。请求二审法院判令：一、撤销原判；二、成某赔偿亲生子女抚养费30万元、教育费15万元和医疗费20万元，共计55万元；三、由成某负担本案诉讼费。

被上诉人成某口头答辩称：本案发生在1980年，距今已有33年之久，已过诉讼时效。苟某没有证据证明成某与曹某某具有亲子关系。请求二审法院驳回上诉，维持原判。

二审法院经审理查明：原审判决认定事实清楚，予以确认。

另查明：原审法院询问成某时，成某否认与苟某生育曹某某。原审法院询问曹某某时，曹某某称成某私下承认与曹某某具有亲子关系。

二审法院认为：本案是抚养费纠纷。根据苟某的上诉理由及成某的答辩意见，本案当事人二审争议的焦点是：成某应否支付曹某某的抚养费等费用给苟某。苟某根据曹某某与曹某不具有亲子关系的鉴定意见及曹某某称成某私下承认与曹某某具有亲子关系的陈述，上诉主张可以推定成某与曹某某的亲子关系成立，成某应支付曹某某的抚养费等费用给苟某。但苟某提交的鉴定书只能证明曹某与曹某某不存在亲生血缘关系，不能证明成某与曹某某具有亲子关系。曹某某虽称成某私下承认与曹某某具有亲子关系，但成某对此予以否认。根据2011年《婚姻法解释（三）》第二条第二款"当事人一方起诉请求确认亲子关系，并提供必要证据予以证明，另一方没有相反证据又拒绝做亲子鉴定的，人民法院可以推定请求确认亲子关系一方的主张成立"的规定，苟某起诉请求确认成某与曹某某具有亲子关系，需提供必要证据予以证明，在成某没有相反证据又拒绝做亲子鉴定的情况下，才可以推定苟某的主张成立。但在本案中，苟某提交的亲子鉴定意见及曹某某的陈述不能推定成某与曹某某存在亲子关系，故苟某要求成某支付曹某某抚养费等费用没有事实依据。原审法院驳回苟某请求成某支付曹某某抚养费等费用的主张并无不当，本院予以维持。苟某关于成某应支付曹某某抚养费等费用的上诉理由不能成立，本院不予采纳。

综上所述，原审判决认定事实清楚，适用法律正确。依照《最高人民法院关于适用〈中华人民共和国婚姻法〉若干问题的解释（三）》第二条第二款及《中华人民共和国民事诉讼法》第一百七十条第一款第（一）项、第一百七十五条之规定，判决如下：驳回上诉，维持原判。二审案件受理费100元，由苟某负担。

五、人工生育子女案例

基本理论概述

人工生育子女是指借助各类人工辅助生殖技术所生育的子女。我国于2001年2月20日发布《人类辅助生殖技术管理办法》（自2001年8月1日起施行）。该2001年《人类辅助生殖技术管理办法》第三条规定："人类辅助生殖技术的应用应当在医疗机构中进行，以医疗为目的，并符合国家计划生育政策、伦理原则和有关法律规定。禁止以任何形式买卖配子、合子、胚胎。医疗机构和医务人员不得实施任何形式的代孕技术。"此规定明确了人工生育技术的实施范围，禁止任何形式的代理母亲。夫妻双方要求实施人类辅助生殖技术，应符合国家计划生育政策、伦理原则和有关法律规定，并须签署同意书。

因我国现行《婚姻法》对于人工生殖子女的法律地位无明确的规定，法院处理时争论极大。1991 年 7 月 8 日，《最高人民法院关于夫妻离婚后人工授精所生子女的法律地位如何确定的复函》第一次指出"在夫妻关系存续期间，双方一致同意进行人工授精，所生子女应视为夫妻双方的婚生子女，父母子女间的权利义务关系适用《婚姻法》的有关规定。"

主要相关法律、法规及司法解释链接

2001 年《人类辅助生殖技术管理办法》

第十四条　实施人类辅助生殖技术应当遵循知情同意原则，并签署知情同意书。涉及伦理问题的，应当提交医学伦理委员会讨论。

卫生部 2003 年修订的《人类辅助生殖技术规范》①

二、人工授精技术规范

……

（二）管理

1. 实施授精前，不育夫妇必须签订《知情同意书》及《多胎妊娠减胎术同意书》；

2. 供精人工授精只能从持有卫生部批准证书的人类精子库获得精源；

3. 机构必须及时做好不育夫妇的病历书写并按《医疗机构病历管理规定》严格管理，对每一位受者都应进行随访；

4. 实施供精人工授精的机构，必须向人类精子库反馈妊娠、子代以及受者使用冷冻精液后是否出现性传播疾病的临床信息等情况，记录档案应永久保存；

5. 严格控制每一位供精者的冷冻精液最多只能使 5 名妇女受孕；

6. 除司法机关出具公函或相关当事人具有充分理由同意查阅外，其他任何单位和个人一律谢绝查阅供受精者双方的档案；确因工作需要及其他特殊原因非得查阅档案时，则必须经授精机构负责人批准，并隐去供受者双方的社会身份资料；

7. 人工授精必须具备完善、健全的规章制度和技术操作手册并切实付诸实施；

8. 机构必须按期对人工授精的情况进行自查，按要求向卫生行政审批部门提供必要的资料及年度报告。

……

三、实施技术人员的行为准则

（一）必须严格遵守国家人口和计划生育法律法规；

（二）必须严格遵守知情同意、知情选择的自愿原则；

（三）必须尊重患者隐私权；

（四）禁止无医学指征的性别选择；

（五）禁止实施代孕技术；

（六）禁止实施胚胎赠送；

---

① 卫生部修订人类辅助生殖技术等规范，载 http：//www.fx120.net/disease2/200902/392132.html，最后访问时间：2010 年 6 月 30 日；人类辅助生殖技术规范，载 http：//www.moh.gov.cn/open/uploadfile/2005112816435508.doc，最后访问上网时间：2010 年 6 月 30 日。

（七）禁止实施以治疗不育为目的的人卵胞浆移植及核移植技术；

（八）禁止人类与异种配子的杂交；禁止人类体内移植异种配子、合子和胚胎；禁止异种体内移植人类配子、合子和胚胎；

（九）禁止以生殖为目的对人类配子、合子和胚胎进行基因操作；

（十）禁止实施近亲间的精子和卵子结合；

（十一）在同一治疗周期中，配子和合子必须来自同一男性和同一女性；

（十二）禁止在患者不知情和不自愿的情况下，将配子、合子和胚胎转送他人或进行科学研究；

（十三）禁止给不符合国家人口和计划生育法规和条例规定的夫妇和单身妇女实施人类辅助生殖技术；

（十四）禁止开展人类嵌合体胚胎试验研究；

（十五）禁止克隆人。

示范案例

异质人工授精子女的法律地位，应当如何认定？

陈某（男）与杜某（女）均有生理疾病，婚后6年未育。经治疗后杜某恢复了生育能力，而陈某的病情一直未有好转。2012年9月，两人经协商后决定到医院进行人工授精，共同到某医院递交了人工授精申请书，其中写明"我们承认人工授精后出生的子女是我们的亲生子女。"夫妻两人在与医院办理完毕申请手续并签订《知情同意书》及《多胎妊娠减胎术同意书》后，陈某还专门给杜某写了一份接受并愿意抚养该子女的保证书。2013年10月，接受人工授精后的杜某顺利生下一子。此后，陈某因家庭经济问题而与杜某多次发生争吵，夫妻感情出现较大裂痕。2016年3月，陈某向杜某提出要求离婚，并称杜某生育的孩子与自己并无血缘关系，在离婚后自己不再继续承担该子女的抚养义务。杜某称其同意与陈某离婚，但其接受人工授精是经夫妻两人协商同意后才进行的，陈某还写有一份承认抚养该子女的保证书，因此不同意陈某不抚养子女的要求。于是，杜某向法院提起诉讼，请求与陈某离婚，并要求其承担子女的抚养费。

请问：该异质人工授精所生子女与陈某是什么关系？陈某在离婚后是否应支付该子女的抚养费？

分析意见：

人工授精是人类生殖领域的一大突破性的成果。人工授精实际应用的推广，使许多不育的夫妇实现了生育子女的美好愿望，但由此也引发了一些现实法律问题。人工授精可分为同质人工授精与异质人工授精，前者是指精源是来自丈夫；后者是指精源是来自丈夫以外的男性。在现实生活中，对于异质人工授精而出生的子女，有些丈夫往往反悔，否认该子女与其存在亲子关系。为此，最高人民法院在1991年7月8日《关于夫妻离婚后人工授精所生子女的法律地位如何确定的复函》中指出"在夫妻关系存续期间，双方一致同意进行人工授精，所生子女应视为夫妻双方的婚生子女，父母子女之间的权利义务关系适用《婚姻法》的有关规定。"我国2001年《人类辅助生殖技术管理办法》第十四条规定："实施人类辅助生殖技术应当遵循知情同意原则，并签署知情同意书。涉及伦理问题的，应当提交医学伦理委员会讨论。"我国卫生部 2003 年修订的《人类辅助生殖技术规范》也规定，实施授精前，不育夫妇必须签订《知情同意书》及《多胎妊娠减胎术同意书》。禁止给不符合国家人口和计划生育法规和条例规定的夫妇和单身妇女实施人类辅助生殖技术。

从上述法规及司法解释可见，只有符合我国现行《人口与计划生育法》及相关条例规定的不育夫妇才具有接受人工授精的主体资格。并且，夫妻双方共同签订《知情同意书》及《多胎妊娠减胎术同意书》是实施人工授精的法定要件。即目前我国只允许符合法定条件的不育夫妻在双方书面同意的前提下实施人工授精。夫妻双方共同签订《知情同意书》是认定人工生育子女与该夫妻存在亲子关系的法定证据。在我国，经夫妻双方协商同意并共同签订《知情同意书》等法定文件而实施的人工授精所生子女，包括同质人工授精和异质人工授精所生子女，均被视为夫妻双方的婚生子女，其父母子女间的权利义务关系适用我国现行《婚姻法》有关父母子女间权利义务的规定。

从本案情况看，杜某接受人工授精是与陈某协商并取得其同意的，这从夫妻两人向医院提交的申请书和《知情同意书》等文件的双方签名中可以被证明，并且陈某还向杜某提交了一份专门的抚养子女的亲笔保证书。因此，陈某与杜某所生子女之间应适用我国现行《婚姻法》对父母子女关系的规定，该子女应视为夫妻双方的婚生子女，陈某应依法履行对该子女的抚养义务。即使陈某与杜某离婚后，陈某作为该子女父亲的身份不会改变，其应依法支付该子女的抚养费。

讨论案例

1. 误用他人精液施行人工授精，该子女的法律地位如何认定？

某医院的产科医生在手术过程中，误把他人精液当做谢某的丈夫吴某提供的精液而为谢某施行了人工授精手术。谢某生下一名男婴，吴某及其家人甚是欢喜。但事后发现孩子的体貌特征均与吴某有很大差异，遂生疑心，夫妻关系因此恶化。后吴某向法院诉请离婚，并声称虽自己与妻子双方签订《知情同意书》及《多胎妊娠减胎术同意书》后实施的人工授精，但因医院的医疗事故，致使谢某所生男孩非自己亲生，因此其离婚后不承担子女的抚养费。法院在征得夫妻双方的同意后，经 DNA 鉴定证明该男孩确与吴某无血缘关系。

请问：误用他人精液施行人工授精，该子女的法律地位如何？离婚后，吴某应否支付该子女的抚养费？

2. 夫妻协议同意丈夫与他人同居，以便代为生子的行为是否合法？

孟某（男）和谢某（女）于 2010 年结婚，两人婚后感情很好，但一直没有生育子女。夫妻两人去医院检查后，医生确定系谢某患有不孕症。谢某的不孕症经多方求医治疗后仍无好转。2015 年 5 月，谢某远房的表妹张某到谢某处玩，谢某把自己的苦恼告诉张某并央求张某帮忙，代自己为孟某生一个孩子。孟某、张某起初都不肯答应，后谢某以死相逼，孟某、张某和谢某才共同订立了一份协议，约定由张某替孟某生育一个子女并付给其报酬 8 万元。张某遂在孟家住下并与孟某同居生活。一个月后，谢某因不能忍受丈夫与他人同居生活而表示反悔，并要赶走张某。张某认为，自己之所以这样做完全是为了谢某，现在谢某的做法太无理，于是坚持不走。

请问：夫妇协议同意丈夫与张某同居，以便代为生子的行为是否合法？本案依法应如何处理？

相关裁判实例摘录①

郭某与刘某抚养费纠纷案

郭某与刘某于 2006 年年底经人介绍认识，双方协商用人工授精方式由郭某为刘某生孩子，该事实双方无争议。另查明，沧州市运河人民法院于 2011 年 10 月 8 日作出（2011）运刑初字第 137 号刑事判决书，认定郭某犯有诈骗罪，判处有期徒刑一年七个月，并处罚金 5 万元，已执行完毕。在该案侦查中，郭某供述："她在 2007 年年底至 2008 年年初认识了刘某，刘某想让她代孕生孩子，并找了个妇科大夫将刘某的精子注入其体内，为了骗刘某钱，她并没有怀孕，但骗刘某说怀孕了，刘某相信了，就给她在荷花池附近租了间平房，后来又给她在二百间租了一处楼房让其居住。期间每个月刘某都把 1000 元生活费送到她住的地方。"刘某陈述："他在 2007 年 1 月份左右，在中介机构想找人代孕，中介联系了柴建阁（即郭某），柴建阁同意通过人工授精给其代孕生孩子，他每月给柴建阁 1000 元生活费，并给柴建阁租了房子。到了 2008 年 1 月份左右，柴建阁给他打电话说生了一对双胞胎，之后，他给柴建阁打电话要孩子，但柴建阁不给，并说根本没孩子。在这期间他给了柴建阁共 21900 元钱，包括 12000 元生活费、房租 1900 元及柴建阁向他索要的其他名目的费用 8000 元。刘某称他没有见到过孩子，不能确认孩子是否存在，如存在，同意做亲子鉴定并承担鉴定费用"。

另外，原审认定事实的证据还包括：2008 年 2 月 17 日柴建阁（郭某）写给刘某赔偿条一张，内容为："本人怀孕是假，双胞胎更不存在，只为骗取每月生活费，现愿赔偿刘某 5 万元整"；2008 年 7 月 23 日柴建阁认可的刘某为她所花费用明细一张。

原审法院认为，本案系追索抚养费案件。本案郭某以代生孩子为由进行诈骗行为，在其刑事案件中自述"本人怀孕是假，双胞胎更不存在"，最终被人民法院定罪判刑。在本案诉讼过程中，郭某拒绝提供"孩子"的线索，拒不提供"孩子"与郭某及刘某关系的相关证据，拒绝将"孩子"带至法院予以证实，拒不缴纳鉴定费用并进行司法鉴定。根据 2011 年《婚姻法解释（三）》第二条、《最高人民法院关于民事诉讼证据的若干规定》第二条的规定，郭某起诉刘某支付与刘某具有亲子关系的两个"孩子"的抚养费，没有提供相应证据予以证实，也拒绝通过司法鉴定手段确定亲子关系，应该承担举证不能的责任，根据《最高人民法院关于民事诉讼证据的若干规定》第八条第一款的规定"诉讼过程中，一方当事人对另一方当事人陈述的案件事实明确表示承认的，另一方当事人无需举证。但涉及身份关系的案件除外"，排除了身份关系的自认效力。本案涉及郭某、刘某与"孩子"之间的身份关系，郭某所提证据明显不足，刘某对于孩子的亲子关系的自认也不符合法律的规定，因此，对于郭某的主张不予支持。依照《中华人民共和国民事诉讼法》第六十四条、《最高人民法院关于民事诉讼证据的若干规定》第二条、第八条、《最高人民法院关于适用〈中华人民共和国婚姻法〉若干问题的解释（三）》第二条之规定，判决：驳回郭某的诉讼请求。诉讼费 300 元，由郭某承担。

---

① 摘自中国裁判文书网，（2013）沧民终字第 261 号。

　　郭某上诉称：上诉人经人介绍认识了被上诉人刘某，并且于2008年2月7日生育一对双胞胎，因被上诉人对上诉人有欺骗行为，故而上诉人拒绝由被上诉人抚养孩子。原审中，上诉人陈述了相关事实并出示了有关证据，而原审法院故意偏袒被上诉人，仅以上诉人没有缴纳亲子鉴定费为由，驳回上诉人的诉讼请求，违背了客观事实，违背了法律规定，请求二审法院依法支持上诉人的诉讼请求。

　　被上诉人刘某答辩认可原审法院认定的事实和判决的结果。

　　经审理查明，二审庭审中，上诉人郭某提交了在一审庭审后判决宣告前的两份由刘某签字的"协议书"。其中，2012年9月26日协议内容为：郭某把孩子带来，取血样后交由刘某带走（做亲子鉴定），郭某放弃孩子的抚养权，刘某支付以前孩子抚养费35000元；鉴定费暂定为3000元，如孩子不能（带来）交接，郭某自愿赔付刘某双倍鉴定费，如因刘某不配合做亲子鉴定，鉴定费用为郭某所有，不再退还刘某，（鉴定费）3000元暂由曹金祥（原审代理人）保存。2012年10月16日协议书内容为：由郭某将双胞胎男孩带来交由刘某抚养，刘某原意支付35000元的费用，刘某不再做亲子鉴定，对孩子没有异议，见证人付树栋签名。刘某质证认可协议是其所写（指签名），但称协议没有履行，原因是根本没有见到孩子。

　　其他查明事实与一审法院认定事实一致。

　　二审法院认为，上诉人郭某在二审诉讼中提交两份由刘某签名的"协议书"，欲证明刘某认可其主张，但是，其未提交确实有效的证据证明两个孩子确实存在并带给刘某，也没有证据证明按照"协议"内容双方曾组织进行亲子鉴定和刘某拒绝进行亲子鉴定。

　　另外，本案系追索抚养费纠纷，但是暗含确认亲子关系的内容，依照2011年《婚姻法解释（三）》第二条第二款的规定，主张确认亲子关系的一方应当提供必要证据予以证明，本案中，郭某主张确认亲子关系，但却拒不提供相应必要的证据，包括孩子确实存在的证据等，在刘某自始不拒绝做亲子鉴定的情形下，负有举证责任的郭某拒不缴纳鉴定费进行亲子鉴定，人民法院当然不能推定确认亲子关系的存在，进而，也无法支持郭某所谓追索抚养费的主张。

　　再者，本案的基本事实是郭某借代孕之名而行诈骗之实，已经由运河区人民法院（2011）运刑初字第137号刑事判决书所认定，上诉人郭某没有证据证明该生效判决结果错误。

　　综上，上诉人郭某的上诉理由缺乏理据，二审法院无法支持；原审判决认定事实清楚，适用法律正确，判决结果公平，应予以维持。依照《中华人民共和国民事诉讼法》第一百七十条第一款第（一）项的规定，判决如下：驳回上诉，维持原判。二审诉讼费300元，由上诉人郭某负担。

六、继子女与继父母关系案例

基本理论概述

　　继子女，通常指配偶一方对他方与前配偶所生的子女，称为继子女。所谓继父母，指子女对母亲或父亲的后婚配偶，称继父或继母。继父母和继子女关系，是由于生父母一方死亡或父母离婚后，生父母一方带子女再婚，该子女与后婚配偶之间而形成的继亲关系。

我国婚姻法以继父母子女间是否形成扶养关系为依据，将继父母子女关系分为两种类型：一种是受继父母抚养教育的继子女，与继父母之间的关系是法律拟制直系血亲关系。另一种是未受继父母抚养教育的继子女，与继父母的关系是直系姻亲关系。

与继父母已形成扶养关系的继子女不同于养子女，该继子女与其生父母间的权利义务关系，并不因这种扶养关系的形成而终止。也就是说，该继子女既与其生父母继续保持父母子女间的权利义务关系，同时又与继父母形成父母子女间的权利义务关系。我国《执行继承法意见》第二十一条规定："继子女继承了继父母遗产的，不影响其继承生父母的遗产。继父母继承了继子女遗产的，不影响其继承生子女的遗产。"其依据即在于此。

主要相关法律、法规及司法解释链接

我国现行《婚姻法》

第二十七条　继父母与继子女间，不得虐待或歧视。

继父或继母和受其抚养教育的继子女间的权利和义务，适用本法对父母子女关系的有关规定。

示范案例

生母与继父离婚，已形成抚养关系的继父母子女关系是否自然解除？

2010年，唐纯（6岁）的生父因病去世。2012年8月，唐纯的生母何凤英与赵文显结婚，赵文显表示，他愿意与何凤英一起抚养唐纯。婚后，夫妻双方因性格不合造成夫妻感情破裂。2015年4月，何凤英向法院诉请离婚，并要求赵文显每月支付唐纯抚养费700元。赵文显则认为唐纯不是自己亲生，离婚后没有再抚养唐纯的义务。

请问：如果法院判决准予离婚，赵文显是否需要支付已形成抚养关系的继子唐纯的抚养费？

分析意见：

我国现行《婚姻法》第二十七条第二款规定：继父或继母和受其抚养教育的继子女间的权利和义务，适用本法对父母子女关系的有关规定。据此，以继父母子女间是否形成抚养关系为依据，将继父母子女关系分为受继父母抚养教育的继父母子女和未受继父母抚养教育的继父母子女两大类，前者属于法律拟制的直系血亲关系，后者则属于直系姻亲关系。所谓"受继父母抚养教育"，一般是指继父或继母在经济上负担继子女全部或部分抚养费用，或生活上实际照料、教育继子女。而抚养教育关系一旦形成以后能否被解除，我国现行《婚姻法》无明文规定。1993年《子女抚养意见》第十三条规定："生父与继母或生母与继父离婚时，对曾受其抚养教育的继子女，继父或继母不同意继续抚养的，仍应由生父母抚养。"据此，受继父母抚养教育的继子女，在生父母与继父母离婚时，如果继子女未成年并由生父母一方带走抚养的，该继父或继母与继子女已形成的权利义务关系随之终止；如果继父母愿意抚养，生父母同意的，则该继父母子女间已形成的抚养关系继续

存在。

就本案而言，唐纯因受赵文显的抚养、照料而与之形成有抚养关系的继父母与继子女关系，此即法律拟制的直系血亲关系，有抚养关系的继父母与继子女关系。现何凤英与赵文显离婚，唐纯尚未成年，加上赵文显不愿意继续抚养，故如法院判决准予离婚，则继子唐纯与继父赵文显间已形成的拟制血亲关系就此终止，赵文显无继续支付唐纯抚养费的义务。

讨论案例

1. 被继父母抚养成年的继子女，能否自行解除与继父母的关系？

郭淳 8 岁时父母离婚，郭淳跟父亲一起生活，后来，郭淳的父亲与刘敏再婚。刘敏在生活中对郭淳尽心照顾并为其支付了部分生活费和教育费。2015 年 7 月，22 岁的郭淳大学毕业后进入了一家公司工作。其父在同年 10 月因病去世。郭淳找到继母刘敏，告诉她从此与她断绝一切关系，自己要搬到生母处去居住并照顾其生活。刘敏认为：自己在经济上和精力上都为郭淳付出了许多，现在郭淳翻脸不认人太绝情。于是刘敏提出，郭淳须将她多年付出的抚养费用全部还清，才能与他断绝继母子关系。

请问：郭淳与刘敏之间的继母子关系能否因郭淳单方主张而解除？刘敏的要求是否合法？

2. 在什么条件下，继父母可与继子女形成拟制血亲关系？

肖平 4 岁时父母离异，肖平跟着父亲一起生活。肖平 5 岁时，父亲肖某与熊某（女）结婚。熊某很喜欢小孩，对肖平疼爱有加，肖某因为工作忙，就将肖平放心地交给熊某抚养。肖平与熊某也很亲近。肖平 10 岁时，其父肖某因病去世。肖平与继母熊某继续共同生活，熊某因担心影响肖平的身心健康成长也未再婚。肖某去世后第三年，肖平的生母提出要求自己抚养肖平，但肖平本人表示其不愿意与自己的生母一起生活。

请问：肖平与继母熊某是否形成拟制血亲关系？肖平在生父去世后是否可以继续与熊某共同生活下去？

相关裁判实例摘录①

申某某与刘某某离婚纠纷案

申某某、刘某某于 2012 年 11 月 28 日结婚，婚后感情一般，均系再婚，无共同子女，婚后刘某某带有一女申某（2003 年 2 月 28 日出生），孩子原名张某某，于 2014 年 11 月 6 日由张某某更名为申某。婚后双方在共同生活中，因性格不合、家庭琐事发生争吵，现已分开居住，夫妻感情已破裂，申某某起诉要求离婚，刘某某对此表示同意。申某某婚前个人财产有：小轿车一辆。庭审中刘某某称，孩子虽不是申某某、刘某某的共同子女，但经申某某同意后已随申某某姓，因此申某某应支付女儿申某抚养费、生活费 5 万元及支付女儿精神补偿费 5 万元。申某某儿子结婚时花了五六十万元，还有给申某某儿子及其父母装修房屋也花了钱，这部分花费中有一部分是申某某、刘某某的共同财产，因此申某某应支

---

① 摘自中国裁判文书网，（2016）晋 03 民终 147 号。

付刘某某分割款共计 15 万元，但未提供相应的证据。对此申某某则称，孩子虽跟申某某姓，但并不是申某某、刘某某的共同子女，其不应当支付抚养费及精神补偿费。给其儿子买房、装修、给父母装修、还有儿子结婚花的钱都是申某某婚前攒的钱，与刘某某没有关系，也没有用刘某某的钱，婚后挣的钱都用于生活花销了，除了 2015 年 7 月、9 月、10月、11 月因没有开工资没给刘某某生活费，每月都给刘某某生活费 700~1000 元。婚后双方无共同财产，无共同存款，无共同债权，无共同债务，申某某不同意给刘某某 15 万元。

原审法院认为，申某某、刘某某婚后因脾气性格不合、家庭琐事经常发生争吵，并已分开居住，夫妻感情已破裂。现申某某提出离婚，刘某某表示同意，故予以准许。刘某某所生女儿申某虽在婚后随申某某姓申，但并非申某某、刘某某的共同子女，因此刘某某要求申某某支付其女儿申某的抚养费、生活费 5 万元及支付其女儿精神补偿费 5 万元的诉讼请求，不符合法律规定，不予支持。申某某的婚前个人财产归申某某所有。刘某某要求申某某支付夫妻共同财产分割款共计 15 万元，但未提供相应的证据予以证明，故不予支持。依据《中华人民共和国婚姻法》第十八条第（一）项、第三十二条第二款之规定，判决如下：一、准予申某某与刘某某离婚。二、刘某某的女儿申某由刘某某自行抚养。三、申某某的婚前个人财产小轿车一辆归申某某所有。案件受理费 300 元，由申某某负担。

一审判决送达后，刘某某不服，向二审法院提起上诉，请求撤销原判，依法改判支付抚养费、精神补偿费 10 万元，分割共同财产。上诉理由：上诉人的女儿已随被上诉人姓申，改姓时已放弃生父抚养权，现离婚被上诉人应支付抚养费，因离婚给孩子带来的精神损害，应支付精神损害抚慰金。婚后被上诉人给儿子买房子，装修了两套房，其收入二三十万元，应分割给上诉人 15 万元。

申某某答辩称，继父母子女在婚姻关系存续期间有抚养义务，离婚后就没有了，不同意支付抚养费、精神损害抚慰金。没有共同财产不存在分割问题。

二审法院对一审查明的事实予以确认。

二审法院认为，根据 1993 年《子女抚养意见》第十三条的规定："生父与继母或生母与继父离婚时，对曾受其抚养教育的继子女，继父或继母不同意继续抚养的，仍应由生父母抚养。"本案中，被上诉人与申某的继父与继女关系随上诉人与被上诉人离婚而解除，申某应由上诉人抚养，上诉人要求被上诉人支付抚养费的上诉请求缺乏法律依据，二审法院不予支持。上诉人虽主张精神损害抚慰金但未提供证据证明，故该项上诉请求二审法院不予支持。关于被上诉人婚姻存续期间的收入作为共同财产分割问题，被上诉人陈述婚姻存续期间的收入及以前的存款在给儿子结婚买房、装修房时已花费，还欠有外债，上诉人认可买房、装修的花费，且未提供证据证明现仍有共同财产 30 万元，故上诉人要求分割共同财产的上诉请求，二审法院不予支持。综上，原判认定事实清楚，适用法律正确，应予维持。依照《中华人民共和国民事诉讼法》第一百七十条第一款第（一）项的规定，判决如下：驳回上诉，维持原判。二审案件受理费 300 元，由刘某某负担。

七、养子女与养父母关系案例

基本理论概述

收养，是指通过法律拟制的方法而在本无父母子女关系的人之间创设该关系的法律行为。收养具有以下法律特征：第一，从性质上看，收养属于确立身份关系的民事法律行为；第二，从程序上看，收养属于要式法律行为；第三，从后果上看，收养产生法律拟制血亲关系；第四，从主体上看，收养关系的当事人必须为法律所特定。

我国现行《收养法》第四条规定"不满十四周岁的未成年人可以被收养"，该条款明确了收养未成年人是我国收养法确立的主要对象。同时，根据我国现行《收养法》第七条第一款以及第十四条的规定，在收养三代以内旁系血亲子女和收养继子女的特殊情况下也允许收养成年人。

根据我国现行《收养法》的规定，收养关系的效力主要包括拟制效力和解消效力两个方面。拟制效力表现有三：其一，收养人与被收养人之间产生法律拟制的父母子女关系；其二，被收养人与收养人的近亲属间产生拟制血亲关系；其三，被收养人的后代与收养人及其近亲属间产生拟制血亲关系。解消效力则表现为，收养关系一经成立，在被收养人与收养人及其近亲属产生拟制血亲关系的同时，被收养人与其生父母及其近亲属间的权利义务同时消除。

收养关系可以通过协议和诉讼的方式解除，需注意的是，收养关系解除之日起，未成年养子女与生父母及其他近亲属间的权利义务关系自行恢复，而成年养子女与生父母及其他近亲属间的权利义务关系是否恢复，可以协商确定。

主要相关法律、法规及司法解释链接

我国现行《婚姻法》

第二十六条　国家保护合法的收养关系。养父母和养子女间的权利和义务，适用本法对父母子女关系的有关规定。

养子女和生父母间的权利和义务，因收养关系的成立而消除。

我国现行《收养法》

第四条　下列不满十四周岁的未成年人可以被收养：

（一）丧失父母的孤儿；

（二）查找不到生父母的弃婴和儿童；

（三）生父母有特殊困难无力抚养的子女。

第六条　收养人应当同时具备下列条件：

（一）无子女；

（二）有抚养教育被收养人的能力；

（三）未患有在医学上认为不应当收养子女的疾病；

（四）年满三十周岁。

第九条　无配偶的男性收养女性的，收养人与被收养人的年龄应当相差四十周岁以上。

第十五条　收养应当向县级以上人民政府民政部门登记。收养关系自登记之日起成立。

收养查找不到生父母的弃婴和儿童的，办理登记的民政部门应当在登记前予以公告。

收养关系当事人愿意订立收养协议的，可以订立收养协议。

收养关系当事人各方或者一方要求办理收养公证的，应当办理收养公证。

第二十三条　自收养关系成立之日起，养父母与养子女间的权利义务关系，适用法律关于父母子女关系的规定；养子女与养父母的近亲属间的权利义务关系，适用法律关于子女与父母的近亲属关系的规定。

养子女与生父母及其他近亲属间的权利义务关系，因收养关系的成立而消除。

示范案例

收养应符合什么条件？

吴某（男）因为妻子对婚姻不忠实而离婚，这使他对婚姻失去了信心，他决定终身不再结婚。一日，吴某看到街上一个乞讨的小女孩，顿生怜悯之心，便把小女孩带回家。街坊邻居都认为吴某可以收养这个小女孩，反正小女孩也没有家。吴某觉得这个主意不错，至少小女孩长大了也可以相互照应。于是吴某带着小女孩去民政部门申请办理收养登记。

请问：吴某收养这个小女孩必须符合什么法定条件和履行何种法定程序？

分析意见：

收养是指通过法律拟制的方法而在本无父母子女关系的人之间创设该关系的法律行为。收养的条件可分为实质要件和形式要件，关于收养的实质要件，根据我国现行《收养法》第四条、第六条、第九条的规定，收养人应当具备的一般条件有四：第一，无子女；第二，有抚养教育被收养人的能力；第三，未患有在医学上认为不应当收养子女的疾病；第四，年满三十周岁。如果无配偶的男性收养女性的，收养人与被收养人的年龄应当相差四十周岁以上。被收养人应当具备的条件如下，被收养人须为未满十四周岁，且具有下列情形之一的未成年人：第一，丧失父母的孤儿；第二，查找不到生父母的弃婴和儿童；第三，生父母有特殊困难无力抚养的子女。关于收养的形式要件，我国现行《收养法》第十五条规定：收养应当向县级以上人民政府民政部门登记。收养关系自登记之日起成立。收养查找不到生父母的弃婴和儿童的，办理登记的民政部门应当在登记前予以公告。收养关系当事人愿意订立收养协议的，可以订立收养协议。收养关系当事人各方或者一方要求办理收养公证的，应当办理收养公证。因此，如果吴某与将被收养小女孩双方都满足上述条件，并依法办理公告和收养登记手续后，其收养关系就合法成立。

讨论案例

1. 被收养人能否继承生父母的遗产？

刘明、常英夫妇因生活困难而于 2013 年 6 月将 4 岁的儿子刘涛送给邻居蒋华、董芳夫妇收养并办理了收养登记手续。2015 年 2 月，刘明购买的一张福利彩票中了特等奖，刘明、常英夫妇见生活上从此不用发愁便找到蒋华夫妇要求解除收养关系。而蒋华夫妇自收养刘涛后，对其照顾得无微不至，与刘涛已培养了深厚的感情，于是拒绝了刘明夫妇的多次要求。刘明夫妇见短期内不能要回儿子便计划用中奖的钱外出旅游后，再来解决这一问题。不料，两人旅游途中因交通事故而死亡，且经查实两人除刘涛这一亲生子女外，再无其他法定继承人，面对刘明夫妇余下的 435 万元巨款，蒋华夫妇想以刘涛法定代理人的身份替刘涛主张继承其生父母的遗产并代为管理。

请问：蒋华夫妇的主张能否得到法律支持？为什么？

2. 在被收养人成年之前，收养人可否单方提出解除收养关系？

2013 年年初，俞娜的丈夫因意外事故而丧生，自己又被查出得了白血病需住院治疗，加上所在单位效益不好，感到实在无力抚养自己 6 岁的女儿何小霞。于是经人介绍与一对因丧失生育能力而希望收养子女的孟杰、张晓夫妇订立了收养协议。办理收养登记手续后，何小霞由孟杰夫妇抚养。由于俞、孟两家相距不远，俞娜经常去看望小霞，孟杰夫妇一直欢迎，甚至允许俞娜偶尔将小霞带回家住一两天。2015 年 3 月以来，俞娜随着病情的好转，身体也逐渐恢复健康。她转到了一家效益不错的单位工作，生活条件有了很大改善。此时，孟杰夫妇却在较远的地方另置了房屋居住。俞娜认为，孟杰夫妇是有意隔断自己与女儿的联系，经常上门与孟杰夫妇争吵，还在何小霞面前说了孟杰夫妇很多坏话，使小霞不听从养父母的教育，严重地影响了孟杰夫妇与何小霞的关系。孟杰夫妇见俞娜生活状况有了改变，便要求解除收养。俞娜认为自己尚需进一步治病加上工作较忙，暂时不愿直接抚养何小霞，故予以拒绝。孟杰夫妇认为，现在的局面完全是俞娜造成的，于是起诉到法院请求判决解除收养，并要求俞娜支付何小霞被收养期间的生活费、学费等各项费用共计 5 万元。

请问：孟杰夫妇的请求是否有法律依据？本案应如何处理？

相关裁判实例摘录①

马某甲、郭某与马某乙解除收养关系纠纷案

上诉人马某甲、郭某因与被上诉人马某乙解除收养关系纠纷一案，不服山西省汾阳市人民法院（2013）汾民初字第 536 号民事判决，向本院提起上诉。本院受理后依法组成合议庭，对本案进行了公开开庭审理。上诉人马某甲到庭参加诉讼，上诉人郭某因病未出庭参加诉讼，其未申请延期开庭也未提供相关医疗部门的诊断建议，被上诉人马某乙经本院传票传唤未到庭参加诉讼，本院依法缺席审理了本案，本案现已审理终结。

原审查明，1966 年 6 月 16 日，原告马某甲、郭某夫妇从汾阳市某镇某村程某礼家抱养了一个男婴，取名马某乙，即本案被告。当时双方未订立书面的收养协议，但为答谢，两位原告送给程某礼家 100 斤粮食。经两位原告同意，被告长大后也去看过亲生父母，并与他们保持联系。被告马某乙成家后两位原告分给被告自建砖窑两间半，还将承包地分给

---

① 摘自中国裁判文书网，（2014）吕民一终字第 85 号。

被告 9 亩。后双方因琐事产生矛盾，之后被告对两位原告不闻不问，即使是被告儿子结婚也未告知两位原告。2013 年两位原告的生活已难以自理，通过汾阳市三泉镇某村委调解，原告马某甲与被告马某乙于 2013 年 5 月 29 日达成一份赡养协议，协议确定被告马某乙与马某文（两位原告次子）为两位原告租一合适住处，租赁费用由兄弟二人共同承担；从 2013 年 1 月 1 日起被告每年给付两位原告赡养费 2500 元，每年六月底付一半，年底全部付清；两位原告发生大病所产生费用由被告马某乙与马某文兄弟二人共同承担。协议达成后被告在 6 月底前未向两位原告支付赡养费，等到 7 月原告马某甲也没等到被告马某乙的赡养费，于是请村干部马某祯帮忙向被告了解情况。马某祯找过被告后向原告马某甲称被告说没钱。由此两位原告提起民事诉讼，形成本案纠纷。原审庭审调解时被告多次请求两位原告到其家居住，管吃管住每个月再给些零花钱，但遭到两位原告拒绝。

原审认为，两位原告与被告马某乙间存在事实收养关系，原、被告间所产生的矛盾是由两位原告两个儿媳间的一次打架引起的，此前两位原告与被告间的父子、母子关系较为和睦，两位原告对被告已尽到了作为父母亲的义务；被告作为两位原告养子，与两位原告亲生子女一样享有作为儿女的权利，也应尽到与亲生子女一样的义务。原、被告间的赡养协议对两位原告两个儿子的赡养义务作了相同的规定，体现了养子女与亲生子女在赡养义务上的公平。被告应当履行该协议。被告要求两位原告同其一起吃住不符合两位原告的主观愿望，在被告与两位原告其他子女处理好关系前，被告的这一要求毫无疑问是不现实的。被告不履行上述赡养协议已严重侵害两位原告合法权益，对被告此行为给予训诫，被告应予改正。原、被告之间的关系虽因两个妯娌不睦而逐渐变淡，但尚未恶化到不能共同生活的程度，故两位原告要求解除收养关系的诉讼请求不予支持。此案经原审主持调解无效，故依照《中华人民共和国收养法》第二十七条的规定，判决：维持原告马某甲、郭某与被告马某乙的收养关系。案件受理费 80 元，由两位原告承担。

上诉人马某甲、郭某不服上述判决，向本院提起上诉，诉请：撤销山西省汾阳市人民法院（2013）汾民初字第 536 号民事判决，改判支持上诉人原审全部诉讼请求。事实与理由：1. 两位上诉人与被上诉人关系疏离恶劣，收养关系应予解除；2. 两位上诉人曾在被上诉人成家后，赠与其两间半砖窑和 9 亩承包地，现收养关系已无法维持，赡养更是无从谈起，被上诉人应返还两位上诉人。3. 被上诉人应补偿两位上诉人抚养抚育其成长产生的费用 15 万元。综上，请求二审支持上诉人的原审诉讼请求。

被上诉人马某乙未到庭，也未答辩。

二审查明的事实同一审无异，本院予以确认。

本院认为，两位上诉人马某甲、郭某与被上诉人马某乙之间存在事实收养关系，两位上诉人对被上诉人已尽到了作为养父母的义务，被上诉人作为两位上诉人的养子，也应尽到对两位上诉人的赡养义务，考虑到两位上诉人已年老体衰，若将两位上诉人与被上诉人的收养关系解除，势必会影响到两位上诉人今后的生活。同时，两位上诉人在被上诉人出生 37 天时即将被上诉人收养，在长达四十余年的共同生活过程中，已建立了深厚的感情，在这基础上，通过村委会协调，被上诉人与两位上诉人于 2013 年 5 月 29 日达成了赡养协议，该协议约定了被上诉人作为两位上诉人的养子应尽到的赡养义务，被上诉人应当依约履行该协议，尽自己作为养子且系长子的赡养义务；关于两位上诉人赠与被上诉人的两间半砖窑与 9 亩承包地是否应当由被上诉人返还的问题，当初将两间半砖窑与 9 亩承包土地赠与被上诉人为两位上诉人当时的真实意思表示，且在赠与后所有权与使用权已转移给被上诉人，故两位上诉人诉请返还赠与被上诉人的两间半砖窑与9亩承包地的上诉请求不符合我国《合同法》第一百八十六条第一款以及第一百九十二条第二款的规定，该诉请于法无据，不予支持；关于两位上诉人诉请被上诉人补偿其抚养抚育费15万元的请求是否予以支持的问题，因两位上诉人所提该诉请，并未提供相关依据和计算标准，故该诉请亦于法无据，依法不予支持。综上，上诉人马某甲、郭某的上诉理由不能成立，其上诉请求依法不予以支持，但诉前上诉人马某甲与被上诉人马某乙达成的赡养协议合法有效，被上诉人应当依约适当履行。原审查明认定的事实清楚，但适用我国现行《收养法》第二十七条有误，该法条规定了解除收养的情形，与本案实际判决结论并不符，原判决结论为维持收养关系，应适用我国现行《收养法》第二十三条的规定为妥。综上，上诉人的上诉理由不能成立，其上诉请求依法不予支持，原审查明认定的事实清楚，但适用法律有误，应予纠正，依照《中华人民共和国收养法》第二十三条，《中华人民共和国民事诉讼法》第一百七十四条、第一百四十四条、第一百七十条第一款第（二）项之规定，判决如下：

一、维持山西省汾阳市人民法院（2013）汾民初字第536号民事判决；

二、判令由马某乙每年支付两位上诉人马某甲、郭某扶养费人民币2500元，从2013年1月1日起支付，付款方式为每年6月底前给付一半，剩余款项每年年底12月31日前付清。

三、驳回两位上诉人马某甲、郭某的其他上诉请求。

如未按判决指定的期间履行给付金钱义务，依据《中华人民共和国民事诉讼法》第二百五十三条之规定，加倍支付迟延履行期间的债务利息。

一审案件受理费80元，二审案件受理费80元，合计160元，由被上诉人马某乙负担。

八、其他近亲属关系案例

基本理论概述

我国的其他近亲属关系主要包括祖孙关系和兄弟姐妹关系。祖孙关系包括祖父母与孙子女间权利义务关系和外祖父母与外孙子女间权利义务关系。根据我国现行《婚姻法》第二十八条的规定，祖父母、外祖父母与孙子女、外孙子女在法定条件下互有权利义务，双方一般是指具有自然血亲的祖孙关系，隔代收养的养祖孙关系适用养父母与养子女的权利义务规定。

兄弟姐妹属旁系血亲，无论从血缘远近还是感情亲疏方面来说，它是所有旁系血亲中最为亲密的一种。一般而言，根据我国现行《婚姻法》关于父母子女关系的相关规定，兄弟姐妹均应由其父母一并抚养，但如因故导致父母无力承担抚养义务之时，兄弟姐妹间基于彼此的亲密关系及法律的规定会在一定条件下产生扶养义务。根据我国现行《婚姻法》第二十九条的规定，在法定条件下，兄弟姐妹之间有扶养的义务。根据我国《继承法》第十条的规定，这里的"兄弟姐妹"，包括同父同母的兄弟姐妹、同父异母的兄弟姐妹、同母异父的兄弟姐妹、养兄弟姐妹以及有扶养关系的继兄弟姐妹。值得注意的是，所谓"有扶养关系的继兄弟姐妹"是指在继兄弟姐妹之间因发生事实上扶养关系而形成的一种拟制血亲关系。

主要相关法律、法规及司法解释链接

我国现行《婚姻法》

第二十八条 有负担能力的祖父母、外祖父母，对于父母已经死亡或父母无力抚养的未成年的孙子女、外孙子女，有抚养的义务。有负担能力的孙子女、外孙子女，对于子女已经死亡或子女无力赡养的祖父母、外祖父母，有赡养的义务。

第二十九条 有负担能力的兄、姐，对于父母已经死亡或父母无力抚养的未成年的弟、妹，有扶养的义务。由兄、姐扶养长大的有负担能力的弟、妹，对于缺乏劳动能力又缺乏生活来源的兄、姐，有扶养的义务。

示范案例一

祖父母在何种条件下对孙子女有抚养义务？

王利是王红军的孙女。王利的父亲王明和母亲童倩结婚后一直忙于做生意，很少去看望父亲王红军，王红军也与儿子一家人的感情很淡薄。2016年2月的一天，由于电线老化引起火灾，把王明和童倩辛辛苦苦挣的一切都化为乌有。王明为了保护女儿王利被大火严重烧伤，送医院医治无效逝世。童倩也在这次大火中被烧伤致残丧失生活自理能力。由于5岁的王利无人照料，王利所在居委会干部多次联系要求王红军抚养其孙女王利，但是王红军一直表示拒绝。

请问：祖父王红军对孙女王利有无抚养义务？为什么？

分析意见：

祖孙关系是一种隔代亲属关系，随着现代社会家庭结构的变化，以夫妻关系和父母子女关系为中心的核心家庭已成为现代社会家庭模式的主流。一般情况下，孙子女的抚养教育等义务均由其父母直接承担，但在一定条件下，祖父母、外祖父母对孙子女、外孙子女依法必须承担抚养义务。我国现行《婚姻法》第二十八条规定："有负担能力的祖父母、外祖父母，对于父母已经死亡或父母无力抚养的未成年的孙子女、外孙子女，有抚养的义务。"也就是说，其一，祖父母、外祖父母有负担能力；其二，孙子女、外孙子女的父母已经死亡或父母确实无抚养能力；其三，孙子女、外孙子女尚未成年，这是祖辈对孙辈承担抚养义务的三个法定条件。

从本案实际情况看，5岁的王利系父母无力抚养且尚需抚养的未成年人，而作为其祖父的王红军本身具有负担能力，双方完全符合我国现行《婚姻法》第二十八条规定的祖辈对孙辈承担抚养义务的条件，故祖父王红军应依法承担对未成年的孙女王利的抚养义务。

示范案例二

祖父母是否有权分得孙子女的死亡赔偿金？

王军与李菊原系夫妻，1988年6月育一子王宇。1990年8月王军与李菊自愿离婚，王宇随王军生活。1991年1月王军与黄霞公开举行婚礼后就以夫妻名义共同生活（没有办理结婚登记），并生育一子王翔。王军与李菊离婚后，王宇即一直与爷爷王魁、奶奶孙英共同生活直至成年。王宇与王魁、孙英共同生活期间王军仅支付王宇少部分生活、教育费用，大部分费用由王魁、孙英以王魁的退休工资等支付。2010年8月21日15时25分，王宇遭遇车祸死亡。王宇的父亲王军、生母李菊、继母黄霞通过诉讼获得赔偿款共计40万余元。后孙英以自己是王宇的实际抚养人为由，要求分配王军、黄霞已获得的部分赔偿款，王军以将来孙英尚需自己赡养为由予以拒绝。

分析意见：

关于本案中孙英是否有权要求分配其孙子王宇的死亡赔偿金，在实践中存在两种意见。第一种意见认为，死亡赔偿金一般参照遗产进行分配，孙英系王宇的第二顺位继承人，在第一顺位继承人存在的情况下，其无权要求分得王宇的死亡赔偿金。第二种意见认为，虽然孙英并非第一顺位继承人，但其与王宇共同生活时间较长，在共同生活期间履行了大部分的抚养和监护职责，故其有权分得王宇死亡赔偿金的适当份额。

我们的分析意见及理由如下：

首先，该死亡赔偿金属于对死者人身损害侵权之债的给付标的，其应当按照遗产进行分配。2003年《审理人身损害赔偿案件的解释》从我国《民法通则》保护公民合法权益的立法目的出发，参照《国家赔偿法》的规定，对死亡赔偿金进行司法调整。调整的基本内容是：死亡赔偿金的内容是对收入损失的赔偿，其性质是财产损失赔偿，而不是精神损害赔偿。对于死亡赔偿金的分配，在我国的实践中，目前一般是按照我国《继承法》第十条规定的法定继承顺序，即配偶、父母和子女作为第一顺序继承人共同分配。如没有第一顺序继承人的，则由第二顺序继承人分配。同一顺序的法定继承人中，死亡赔偿金原则上按照继承人与被继承人共同生活的紧密程度决定分割的份额。但是，我国《继承法》第十四条规定："对继承人以外的对被继承人扶养较多的人，可以分给他们适当的遗产。"我国《执行继承法意见》第二十八条规定，因被代位人丧失继承权的孙子女，如属于"受被继承人扶养的人或对被继承人扶养较多的人"，可以酌情分给他们适当的遗产。根据此立法精神，由于本案孙英因与王宇共同生活时间较长，在共同生活期间履行了大部分的抚养和监护职责，其有权请求酌情分配其孙子王宇的死亡赔偿金。

对受害人尽到较多抚养义务的近亲属适当分得死亡赔偿金，体现了民法的公平原则。抚养、教育子女本是父母应尽的义务，但在我国，尤其在农村，由于种种原因有相当一部分老人实际承担着抚养、照顾孙子女的重担。如果父母平时对子女关心甚少，不履行父母应尽的义务，子女死亡时却获得了巨额赔偿，而对孙子女的成长真正付出多年心血和财力的实际抚养人却因不是第一顺序的法定继承人而得不到适当的补偿，明显有失公平。故根据我国《继承法》第十四条及前述司法解释规定的精神，对死者尽到较多抚养或赡养义务的近亲属即使不是第一顺序的应召法定继承人，亦应有权请求分得死亡赔偿金的适当份额。本案中王军以孙英尚需自己赡养为由拒绝付款显然不能成立，因赡养是其对父母应尽的法律义务，与本案系两个不同的法律关系，不应将两者混为一谈。

其次，对受害人尽到较多抚养义务的近亲属适当分得死亡赔偿金，顺应人性的朴素情感。死亡赔偿金是对受害人近亲属遭受的间接损害而赔偿的费用，而因受害人的死亡对与其长期共同生活的近亲属造成的损害是显而易见的。在我国，老人对与其共同生活的孙子女往往会投入大量的财力和精力，而且建立了极其深厚的感情，其感情付出往往比之父母更甚。孙子女的死亡将对抚养其长大的祖父母造成巨大打击是不争的事实。虽然在我国现行法律规定中，死亡赔偿金与精神损害赔偿金并无包含关系，死亡赔偿金仅仅被界定为一种财产性损害赔偿，但相对于我国目前法院所支持的精神损害赔偿金数额而言，相对较高的死亡赔偿金数额不但在经济上对被害人近亲属是一种补偿，实际上该笔款项对被害者近亲属心理具有一定的抚慰作用。在此情况下，如果对孙子女尽了较多抚养义务的祖父母无权对孙子女的死亡赔偿金提出任何主张，则有悖于人之常情。

最后，根据2003年《审理人身损害赔偿案件的解释》的规定，因受害人死亡有权要求赔偿义务人赔偿财产损失和精神损害的赔偿权利人为受害人的近亲属。我国《民法通则》中对近亲属的界定为包括配偶、父母、子女、兄弟姐妹、祖父母、外祖父母、孙子女、外孙子女。由此可见，我国现行法律及司法解释仅规定享有损害赔偿请求权的是受害人的近亲属，并未对近亲属的权利顺序作出明确的规定。在现行法律法规规定的近亲属范围内，对受害人尽到较多抚养或赡养义务，与受害人生前共同生活具有高度紧密性的第一顺位继承人之外的近亲属，分得适当的份额，与我国目前法律、法规对死亡赔偿金的赔偿规定并不相悖。

当然，我国素有扶老携幼的传统。在现实生活中，父母辅助子女抚养孙辈子女的情况非常普遍。但我们认为，辅助行为与承担主要的抚养、教育义务具有较大区别，应区分对待。如孙子女主要还是随子女共同生活，由子女主要照料其生活、学习，祖父母仅是对其子女进行适当协助，则仍然应当按照我国《继承法》规定的顺位分配死亡赔偿金。在处理具体案件时，法官应当根据与受害人共同生活的第一顺位继承人之外的其他近亲属与受害人共同生活的紧密程度、时间长短、经济和精力的付出情况，酌情确定其是否有权主张分得适当的份额以及应当分得的具体比例。

讨论案例

1. 继祖孙间有无法定抚养义务？

贺奇与前妻离婚时所生的女儿贺晓（6岁）被判归贺奇直接抚养。贺奇与张敏再婚后，感情很好，张敏对贺晓也视如己出，悉心照料其生活。2013年3月，贺奇与张敏因单位效益不好双双下岗后，贺奇在某厂打工，因操作机器方法不当而受重伤，经救治后一直在家养病，家庭生活十分窘迫。2015年9月，贺晓因上高中又需要交一大笔学费，贺奇便与妻子商量找张敏的父亲张立在经济上适当资助。张立是一家私人公司的老板，因反对张敏与贺奇的婚姻已多年不与张敏一家来往。

请问：本案中继祖父张立有无抚养继孙女贺晓的法定义务？

2. 哥哥对已经成年的弟弟有无法定扶养义务？

吴刚、吴江、吴建三兄弟的父母早亡，哥哥吴刚很早就进入工厂工作，靠自己的工资照顾弟弟们的生活并供他们上学读书。吴建在三兄弟中最小，因为长期受哥哥照顾而十分懒散，学习成绩也差，初中毕业就不愿继续读书而一直闲散在家。吴江在哥哥吴刚的扶养下，大学毕业后进入政府机关工作。吴刚靠自学拿到大专文凭在单位当上了干部。吴建的哥哥们在事业上都有发展，他却不思进取。他年满二十岁了还不愿参加工作，整日无所事事，缺钱花就找哥哥们要，由其两个哥哥共同扶养。吴刚、吴江起初还满足吴建的要求，但后来见吴建多次经人介绍工作都不愿参加，加上吴刚、吴江两人都要准备结婚的费用，便拒绝给付吴建扶养费，让其申请最低生活保障费维持生活。吴建认为自己父母早亡，按"长兄当父"的传统观念，应由两个哥哥共同扶养没有经济收入的弟弟。于是，2015 年 6 月，他起诉到人民法院，请求两个哥哥吴刚和吴江给付其扶养费。

请问：吴建的要求是否合法？为什么？

相关裁判实例摘录[①]

王某洞与被申请人王某芹、王某芳、王某城、王某声扶养纠纷案

再审申请人王某洞因与被申请人王某芹、王某芳、王某城、王某声扶养纠纷一案，不服北京市第二中级人民法院（2014）二中民终字第 09132 号民事判决，向本院申请再审。本院依法组成合议庭对本案进行了审查，现已审查终结。

王某洞申请再审称：本案的关键点案由是侵权责任纠纷，一审法院为了掩盖过去的错判，把案由要原告改成扶养关系，原告是重级精神残疾，无自主能力，需 24 小时照顾，根本就不会有任何过错，应受到国家的保护和社会的关怀。今天的遭遇是 100% 被侵权，原告的诉文是 100% 的侵权诉文，此事原告再三和一审、二审法官申明是侵权纠纷，过去原告就居住权问题起诉到法院，一审法院的法官作出了错误的判决。综上，再审申请人依据民事诉讼法的相关规定申请再审。

本院认为：本案系扶养纠纷。王涵作为王某洞的儿子及王某洞的监护人对王某洞负赡养、扶养、看管、照顾义务。王某城等人作为王某洞的兄弟姐妹，对王某洞没有法定赡养扶助义务。现王某洞起诉要求王某芹、王某芳、王某城、王某声赔偿其从 2008 年 10 月起入住养老院的费用及为其提供一套房屋居住的诉讼请求，缺乏法律依据。王某洞的再审理由不能成立。

综上，王某洞的再审申请不符合《中华人民共和国民事诉讼法》第二百条规定的情形。依照《中华人民共和国民事诉讼法》第二百零四条第一款之规定，裁定如下：

驳回王某洞的再审申请。

---

① 摘自中国裁判文书网，（2015）高民申字第 586 号。

第五单元
离婚制度案例

一、离婚法定条件案例

基本理论概述

离婚是夫妻生存期间解除婚姻关系的法律行为。从办理离婚的法定程序划分，可以分为登记离婚和诉讼离婚。我国现行《婚姻法》和 2003 年《婚姻登记条例》对离婚的法定条件作出了规定。

登记离婚的条件：（1）双方当事人需有合法的夫妻身份；（2）双方均具有完全民事行为能力；（3）双方须有离婚的合意；（4）双方须对离婚后子女的抚养及财产问题作出适当处理。

诉讼离婚的条件：（1）离婚当事人必须有婚姻关系；（2）或为夫妻一方要求的离婚或夫妻双方同意离婚但对子女抚养、财产分割达不成协议；（3）向有管辖权的人民法院提出。

根据我国现行《婚姻法》第三十二条的规定，夫妻感情确已破裂是我国判决准予离婚的法律原则。

主要相关法律、法规及司法解释链接

我国现行《婚姻法》

第三十一条 男女双方自愿离婚的，准予离婚。双方必须到婚姻登记机关申请离婚。婚姻登记机关查明双方确实是自愿并对子女和财产问题已有适当处理时，发给离婚证。

第三十二条 男女一方要求离婚的，可由有关部门进行调解或直接向人民法院提出离婚诉讼。

人民法院审理离婚案件，应当进行调解；如感情确已破裂，调解无效，应准予离婚。

有下列情形之一，调解无效的，应准予离婚：

（一）重婚或有配偶者与他人同居的；

（二）实施家庭暴力或虐待、遗弃家庭成员的；

（三）有赌博、吸毒等恶习屡教不改的；

（四）因感情不和分居满二年的；

（五）其他导致夫妻感情破裂的情形。

一方被宣告失踪，另一方提出离婚诉讼的，应准予离婚。

第三十三条　现役军人的配偶要求离婚，须得军人同意，但军人一方有重大过错的除外。

第三十四条　女方在怀孕期间、分娩后一年内或中止妊娠后六个月内，男方不得提出离婚。女方提出离婚的，或人民法院认为确有必要受理男方离婚请求的，不在此限。

2011 年《婚姻法解释（三）》

第八条　无民事行为能力人的配偶有虐待、遗弃等严重损害无民事行为能力一方的人身权利或者财产权益行为，其他有监护资格的人可以依照特别程序要求变更监护关系；变更后的监护人代理无民事行为能力一方提起离婚诉讼的，人民法院应予受理。

示范案例一

过错方要求离婚，法院应否准许？

王某（男）与张某（女）于 1992 年自由恋爱结婚，婚后一度感情较好，但一直未生育子女。王某系某单位干部，在 20 世纪 80 年代末辞职经商，收入较高。张某因单位效益不好而下岗后，在家从事家务。从 2008 年年初以来，王某与年轻貌美的秘书夏某勾搭成奸，经常发生不正当的两性关系。王某经常借口工作忙不回家，但并未引起张某的怀疑。一日，张某在街上偶遇丈夫王某与夏某亲密之状，才明白事出有因。张某自觉与王某感情尚好，认为王某可能是一时糊涂，故未曾声张。岂知夏某不愿甘作情人，怂恿王某离婚。由于张某坚决不同意离婚，王某就搬出家门，与夏某公开同居，也不给张某生活费，并于 2014 年 2 月向人民法院提出离婚诉讼。

王某诉称：他与张某虽系自由恋爱结婚，有一定的感情基础，但是在婚后，张某不思进取，在家经常打麻将，所有生活上开销全是他一人所挣，也不听从他的劝告，思想上、生活上与他的兴趣爱好差距日渐增大，双方的感情已经破裂，无法共同生活，请求与张某离婚。张某辩称：她与王某系自由恋爱结婚，婚前有感情基础。主要是由于夏某出现后，王某喜新厌旧，变了心，希望法律能惩罚王某"包二奶"的行为，并且表示不同意离婚。

在审理中，法官依据我国现行《婚姻法》第四十六条的规定，询问张某，如果王某坚决离婚，是否要求他给付离婚损害赔偿费以及夫妻共同财产如何处理。张某表示，自己坚决不同意离婚，不要什么赔偿费，也不存在分割夫妻共同财产的问题，只是请求法院惩罚王某的"包二奶"行为并要求王某每月按期给付自己生活费 3000 元。

法院经审理查明，王某属于有配偶者与夏某公开同居，其"包二奶"的行为属实。现有的夫妻共同财产包括房屋、存款、资金等总价值 52 万元，王某现每月收入 8000 元。法院经审理后认为，由于王某与夏某婚外同居导致夫妻感情确已破裂，经调解和好无效，且夫妻二人确无和好的可能，遂判决准予离婚，并判决夫妻共同财产的一半属于张某。

王、张两人均对一审判决不服，提出上诉。王某认为：家庭现有财产是自己一个人挣来的，张某无权分割。因此，请求二审法院撤销一审有关财产分割的判决，维持离婚判决。张某则认为：王某道德败坏，他"包二奶"还要求离婚，一审法院判决离婚属于是非不分，支持歪风邪气，要求撤销一审离婚判决。并表示，如果二审法院维持一审的离婚判决，那么应当照顾无过错方多分财产，即应分给自己现有财产的三分之二，并赔偿自己精神损失费 3 万元。此外，她离婚后无生活来源，王某应一次性付给其生活费 5 万元。经二审调解无效。遂判决维持一审判决，驳回张某的上诉请求。

　　请问：法院的判决是否合法？为什么？

　　分析意见：

　　本案是一个因过错方"包二奶"并要求离婚的案件，涉及准予离婚或不准予离婚的标准、夫妻共同财产分割、离婚损害赔偿和离婚后的生活帮助四个方面的法律问题。

　　第一，法院判决离婚是有法律依据的。我国现行《婚姻法》第三十二条规定人民法院审理离婚案件，经调解无效，应判决准予离婚的法定情形是："（一）重婚或有配偶者与他人同居的；（二）实施家庭暴力或虐待、遗弃家庭成员的；（三）有赌博、吸毒等恶习屡教不改的；（四）因感情不和分居满二年的；（五）其他导致夫妻感情破裂的情形。"这五种法定情形是我国现行《婚姻法》新增加的内容。如果当事人的情况符合上述情形之一，由无过错方提出离婚且经调解无效的，准予离婚自有法律依据，但是，如果离婚诉讼由过错方提出，无过错方不同意离婚，又调解无效的，怎么办？对此有不同看法。一种观点认为，为了惩罚过错方，可不支持其提出的离婚诉讼请求而判决不准离婚。另一种观点认为，婚姻自由包括结婚自由和离婚自由，不能因为当事人有过错就剥夺其离婚自由，法院判决准予离婚的标准是"感情是否确已破裂"，而不应考虑当事人一方是否有过错。不论是过错方还是无过错方提出的离婚诉讼，只要符合该条规定的法定情形，即说明双方已经达到感情破裂的程度，经调解无效的，一般应准予离婚。同时，因一方有法定过错情形导致离婚的，离婚时无过错方可根据我国现行《婚姻法》第四十六条的规定，请求有过错一方给予损害赔偿。2001 年《婚姻法解释（一）》第二十二条规定："人民法院审理离婚案件，符合第三十二条第三款规定'应准予离婚'情形的，不应当因当事人有过错而判决不准离婚。"这说明，凡是符合我国现行《婚姻法》第三十二条规定的五种法定情形之一的，无论是过错方，还是无过错方起诉要求离婚的，经法院调解无效，夫妻感情确已破裂的，就应当判决准予离婚。总之，本案中王某虽然有"包二奶"的过错行为，但其要求离婚，符合判决准予离婚的法定情形，故一审法院判决准予离婚是合法的。由于张某不同意离婚，在一审期间她未提出损害赔偿请求，因此，一审法院未判决有过错方王某给付无过错的张某损害赔偿金，这也是符合法律规定的。

　　第二，法院判决张某分得夫妻共同财产的一半，由于未照顾无过错方适当多分财产，这是不合法的。我国现行《婚姻法》第十七条规定，夫妻在婚姻关系存续期间所得财产，归夫妻共同所有。夫妻对共同财产有平等的处理权。这表明，只要夫妻在婚姻关系存续期间，无论是夫妻双方所得的财产，还是夫妻一方所得的财产，除双方另有约定的外，均属于夫妻共同财产。离婚时，对共同财产夫妻双方有平等分割的权利。本案中，争议财产虽是王某婚后个人所得，但依法属于夫妻共同财产。同时，1993 年《财产分割意见》规定了夫妻共同财产分割的"照顾无过错方"原则。本案的被告张某是无过错方，她因不同意离婚，故没有提出离婚损害赔偿的要求。而法院既然判决准予离婚，就应当适用"照顾无过错方"的原则，照顾张某适当多分共同财产。然而，一审法院在判决分割共同财产时，却没有照顾张某适当多分，而是判决张某分得夫妻共同财产的一半，这是不符合该司法解释精神的。至于张某要求分得夫妻共同财产的 2/3，对此要求法院是否应予以支持？由于本案夫妻共同财产的总额为 52 万元，其数额较大而不宜按 2/3 照顾张某适当多分。法院可根据双方的具体情况，酌情照顾张某适当多分。

第三，一审法院没有判决王某承担损害赔偿费是有法律根据的，但二审法院未履行告知义务是不符合司法解释规定的。根据我国现行《婚姻法》第四十六条的规定，离婚当事人因法定过错引起离婚的，无论是过错方提出离婚，还是无过错方提出离婚，无过错方均有权请求过错方承担损害赔偿责任。我国现行《婚姻法》第四十六条规定："有下列情形之一，导致离婚的，无过错方有权请求损害赔偿：（一）重婚的；（二）有配偶者与他人同居的；（三）实施家庭暴力的；（四）虐待、遗弃家庭成员的。"凡具有这四种法定过错行为之一而引起离婚的，无过错有权依法请求过错方给予损害赔偿。关于离婚损害赔偿请求权的行使，2001年《婚姻法解释（一）》第三十条作了明确规定："人民法院受理离婚案件时，应当将婚姻法第四十六条等规定中当事人的有关权利义务，书面告知当事人。在适用婚姻法第四十六条时，应当区分以下不同情况：（一）凡符合婚姻法第四十六条规定的无过错方作为原告基于该条向人民法院提起损害赔偿请求的，必须在离婚诉讼的同时提出。（二）符合婚姻法第四十六条规定无过错方作为被告的离婚诉讼案件，如果被告不同意离婚也不基于该条规定提起损害赔偿请求的，可以在离婚后1年内就此单独提起诉讼。（三）无过错方作为被告的离婚诉讼案件，一审时被告未基于婚姻法第四十六条规定提出损害赔偿请求，二审期间提出的，人民法院应当进行调解，调解不成的，告知当事人在离婚后1年内另行起诉。"本案中的王某有与夏某公开同居的行为，并其提出要求离婚，根据前述我国现行《婚姻法》第四十六条的规定，妻子张某有权要求丈夫王某给付损害赔偿费。但在一审中，法院征求张某的意见时，因其不愿离婚，就未提出损害赔偿的请求。一审法院判决离婚后，在二审中张某提出了损害赔偿的请求，但经法院调解未达成协议，因此，根据上述司法解释，二审法院对张某要求王某给付3万元的精神损害赔偿金的请求予以驳回，维持原判。张某如果要坚持提出这一诉讼请求，可在离婚后一年内提出，过期不提出时，则被视为放弃这一权利。因此，二审法院未判决给付离婚损害赔偿费是有法律根据的。然而，二审法院对被告在二审期间提出的损害赔偿请求调解不成时，却未告知当事人在离婚后一年内可就此另行起诉，这是不符合该司法解释规定的。

第四，张某要求王某一次性给付生活帮助费不具备法律规定的条件。我国现行《婚姻法》第四十二条规定："离婚时，如一方生活困难，另一方应从其住房等个人财产中给予适当帮助。具体办法由双方协议；协议不成时，由人民法院判决。"2001年《婚姻法解释（一）》第二十七条第一款规定："婚姻法第四十二条所称'一方生活困难'，是指依靠个人财产和离婚时分得的财产无法维持当地基本生活水平。"张某虽无工作，亦无个人财产，无收入来源，但是离婚时依法院判决分得了夫妻共同财产52万元中的一半，不仅能维持基本生活，还可利用这笔财产再就业，获得收入。因此，法院认为张某不具备法定获得离婚生活帮助费的条件，故判决驳回其该项请求。

示范案例二

婚后长期互不理睬的"冷战"，是否是确认夫妻感情破裂的依据？

侯涛（男）与张君（女）经自由恋爱，于2005年12月结婚，婚后双方由于性格差异，常因为家庭琐事吵架后互不理睬。从2008年4月开始，双方一直处于互不理睬的

"冷战"状态。期间双方多次口头提出协议离婚，但因种种原因而无法达成一致意见。2015 年 5 月，侯涛向法院起诉请求离婚，诉称双方感情已破裂，无法挽回，请求法院依法判决准予离婚，并对婚后财产予以分割。

请问：婚后长期互不理睬的"冷战"能否作为法院认定夫妻感情破裂的依据？

分析意见：

夫妻是共同生活的伴侣，夫妻之间需要精神的支持和满足，需要感情的碰撞和信任，需要语言的沟通和思想的交流，需要互相扶持和互相理解，需要相互迁就和包融。若夫妻双方缺乏日常生活中最基本的语言沟通，互相猜忌对方，不能相互理解和信任。那么，双方继续生活下去，对彼此无疑都是一种精神上的严重折磨和伤害。在现实生活中，有些夫妻长期的互不理睬，实施所谓的"冷战"，致使夫妻在双方发生矛盾、冲突和隔阂后，不能采取积极主动的态度，以平和的方式，主动找对方相互沟通、交流思想感情。甚至在出现矛盾后，夫妻一方常用"离婚"二字来威胁对方，以致夫妻双方感情越来越脆弱，最终导致夫妻感情破裂。

本案中原告与被告双方虽然结婚时间较长，具有一定的感情基础，但双方由于性格方面的较大差异，以致婚后常因家庭琐事生气吵架，双方发生冲突后，又不注重夫妻间感情的沟通与培养，婚后不久便一直处于一种"冷战"状态，谁也不理谁，各自生活，形同陌路，缺乏夫妻生活中最起码的交流和信任。对此类型的夫妻关系，若继续下去，对原、被告双方来说都是一种隐形的精神折磨，法官如调解和好无效，应视为夫妻感情确已破裂，依法准予离婚。

讨论案例

1. 妻子与他人通奸所生子女未满一岁，丈夫可否请求离婚？

张立与李梅二人于 2012 年 9 月登记结婚。2014 年 10 月，李梅在参加大学同学聚会时遇到初恋时的男友刘庆，喝醉酒后两人发生了性关系。2015 年 8 月，李梅生下一个男孩。2016 年 5 月，孩子因病需要输血，通过检验血型，张立发现，孩子不是自己和李梅所生。

张立对此气愤不已。他以妻子与他人通奸并生育子女而导致夫妻感情破裂为由，向人民法院提起诉讼，坚决要求离婚。但李梅认为，我国现行《婚姻法》规定女方在分娩后一年内，男方不得提出离婚，遂要求法院驳回张立的离婚请求。

请问：法院依法应否受理张立的离婚诉讼？为什么？

2. 现役军人与"第三者"同居，法院可否判决离婚？

王成系现役军人，2010 年年初与某高校教师刘莉结婚。婚后，王成借口工作原因，平时很少回家，每次回家还总是与刘莉因琐事争执。2015 年 1 月一次偶然的机会，刘莉发现王成手机中存有与另外一个女人的合影。追问之下，王成承认：这个女子是他的老乡，他们一直相好，并在外租房同居一年多了。王成表示，与该女子来往是自己精神苦闷时犯下的错误，自己保证今后不再与其来往，希望能得到原谅。刘莉对双方聚少离多的日子本就不如意，现在王成在感情上也背叛了自己，于是坚决要求离婚，但王成坚决不同意离婚。刘莉便起诉到人民法院，请求判决离婚。

请问：法院能否判决准予离婚？为什么？

3. 他人代办的离婚登记，是否具有法律效力？

李玲莉与齐伟系大学同学，毕业后都分配在同一城市工作，情投意合的两人很快登记结婚。不久，李玲莉被公派出国工作。由于她年轻、漂亮，又有学识，且工作顺心、收入颇丰，就想终生留在国外，李玲莉遂发来电子邮件与齐伟商量双方协议离婚。而齐伟在国内事业也干得不错，于是回复电子邮件同意离婚。但李玲莉由于在国外工作近期无法回国，便发来电子邮件叫其妹李玲英代其与齐伟共同去婚姻登记机关办理了离婚手续。离婚后两个月，李玲莉在国外因车祸身亡。在办理后事中，齐伟得知李玲莉有百万元财产，便以离婚登记是李玲莉的妹妹李玲英代替其办理的为由，向婚姻登记机关请求撤销离婚登记手续，以便使自己有权获得对李玲莉遗产的继承权。

请问：李玲英代其姐姐与齐伟办理的离婚登记，是否具有法律效力？

相关裁判实例摘录①

黄某花与杨某鸿离婚纠纷案

黄某花、杨某鸿原系师生关系。2001 年 8 月黄某花考取大学，在大学学习期间，杨某鸿在经济上常给予黄某花帮助。2004 年 12 月 2 日双方登记结婚，2005 年春节举行婚礼。2005 年 6 月 3 日黄某花生育男孩杨某某。黄某花在产褥期，双方因家庭琐事发生争吵，争吵中由于黄某花用语不慎，导致杨某鸿怀疑男孩杨某某不是自己亲生。2010 年 7 月 27 日，杨某鸿做了亲子鉴定，鉴定报告检验结果：杨某鸿与杨某某系亲生父子关系。2013 年 1 月，黄某花与杨某鸿分居生活，杨某某与黄某花共同生活。2013 年 1 月 11 日，黄某花以夫妻感情破裂为由提出离婚诉讼，要求法院判决准许离婚，在诉讼过程中，杨某鸿再次申请做亲子鉴定，鉴定结论是杨某某与杨某鸿系血缘上的父子关系。经审理，法院于 2013 年 4 月 15 日作出判决，驳回黄某花的离婚诉讼请求。之后，黄某花一直与杨某某在外租房居住。2014 年 2 月 10 日黄某花再次以夫妻感情破裂为由提出离婚诉讼，要求法院判决准许离婚。

一审法院认为，黄某花与杨某鸿从师生关系发展到恋爱关系，恋爱时间较长，有一定的婚姻基础，婚后几年夫妻感情比较好。但是，孩子出生后，由于双方在子女问题和经济开支上不能相互沟通、相互理解，导致相互猜疑，互不信任，并为此经常发生争吵，夫妻感情产生裂痕。由于杨某鸿对黄某花的极度不信任，第一次进行亲子鉴定，对夫妻感情的彻底破裂起到了助推的作用，导致黄某花第一次向法院提出离婚诉讼，在诉讼过程中，杨某鸿再次申请进行亲子鉴定，使濒临破裂的家庭雪上加霜，法院作出了第一次判决，驳回了黄某花的离婚诉讼请求后，双方又一直分居至今。因此，应当认定黄某花、杨某鸿夫妻感情已经彻底破裂，黄某花坚决要求离婚，应准予离婚。

二审法院认为，黄某花与杨某鸿自由恋爱后结婚，有一定的婚姻基础。但是，结婚共同生活后，缺乏进一步的沟通和交流，生活习惯不同，双方为家庭琐事经常发生争吵，特别是生育小孩杨某某之后，由于杨某鸿疑心较重，对黄某花极不信任，怀疑杨某某不是其子，与黄某花的关系不断恶化，并发展到对孩子进行亲子鉴定。杨某鸿的行为导致夫妻关

---

① 摘自中国裁判文书网，（2014）黔东民终字第 365 号。

系不断紧张，黄某花两次提出离婚诉讼，在诉讼过程中，再次提出亲子鉴定，致使法院调解和好的基础完全丧失，夫妻感情已经完全破裂。我国现行《婚姻法》第三十二条规定，"男女一方要求离婚的，可由有关部门进行调解或直接向人民法院提出离婚诉讼。人民法院审理离婚案件，应当进行调解；如感情确已破裂，调解无效，应准予离婚。有下列情形之一，调解无效的，应准予离婚：（一）重婚或有配偶与他人同居的；（二）实施家庭暴力或虐待、遗弃家庭成员的；（三）有赌博、吸毒等恶习屡教不改的；（四）因感情不和分居满二年的；（五）其他导致夫妻感情破裂的情形。"根据上述第（五）项的规定，应当判决黄某花与杨某鸿离婚。一审法院认定黄某花、杨某鸿夫妻感情已经完全破裂，判决准予离婚是正确的，应当维持原判。

二、离婚财产分割案例

基本理论概述

离婚财产分割即夫妻共同财产的分割，是指离婚时依法将夫妻共同财产划分为各自的个人财产。

我国现行《婚姻法》第十七条到第十九条明确了夫妻共同财产是在夫妻关系存续期间取得的财产，以列举和概括的方式规定了夫妻共同财产的范围。该法第三十九条规定了夫妻共同财产的分割方法有协议分割和判决分割。离婚时，双方对共同财产分割有约定的，依约定。无约定的，夫妻共同财产一般应当均等分割，必要时亦可不均等，有争议的，人民法院应依法判决。

离婚时分割财产，首先要分清哪些属于夫妻共同财产，哪些属于夫妻个人财产，然后依据法律的规定进行分割，在此期间，有的夫妻一方为达到多占财产的目的，有可能把本应属于夫妻共同财产的采用隐藏、转移、变卖、毁损等手段，以逃避分割。

如在离婚期间另一方发现对方有隐瞒共同财产的，可要求对该财产进行分割，但有时由于种种原因，夫妻另一方也许在离婚后才会发现一方有隐瞒共同财产的行为，此时，夫妻另一方依据我国现行《婚姻法》的有关规定，可向法院提起诉讼，请求法院再次分割被隐瞒的财产。当然，提起再次分割财产时应遵守有关诉讼时效的规定，即为当事人发现该隐瞒的财产次日起两年内。而且，一方隐藏夫妻共同财产的，另一方提起诉讼请求再次分割该财产的，法院可依法对隐瞒夫妻共同财产的一方判决少分或不分。

主要相关法律、法规及司法解释链接

我国现行《婚姻法》

第三十九条　离婚时，夫妻的共同财产由双方协议处理；协议不成时，由人民法院根据财产的具体情况，照顾子女和女方权益的原则判决。

夫或妻在家庭土地承包经营中享有的权益等，应当依法予以保护。

第四十条　夫妻书面约定婚姻关系存续期间所得的财产归各自所有，一方因抚育子女、照料老人、协助另一方工作等付出较多义务的，离婚时有权向另一方请求补偿，另一方应当予以补偿。

第四十二条　离婚时，如一方生活困难，另一方应从其住房等个人财产中给予适当帮助。具体办法由双方协议；协议不成时，由人民法院判决。

第四十七条　离婚时，一方隐藏、转移、变卖、毁损夫妻共同财产，或伪造债务企图侵占另一方财产的，分割夫妻共同财产时，对隐藏、转移、变卖、毁损夫妻共同财产或伪造债务的一方，可以少分或不分。离婚后，另一方发现有上述行为的，可以向人民法院提起诉讼，请求再次分割夫妻共同财产。

人民法院对前款规定的妨害民事诉讼的行为，依照民事诉讼法的规定予以制裁。

2001 年《婚姻法解释（一）》

第三十一条　当事人依据婚姻法第四十七条的规定向人民法院提起诉讼，请求再次分割夫妻共同财产的诉讼时效为两年，从当事人发现之次日起计算。

2004 年《婚姻法解释（二）》

第十四条　人民法院审理离婚案件，涉及分割发放到军人名下的复员费、自主择业费等一次性费用的，以夫妻婚姻关系存续年限乘以年平均值，所得数额为夫妻共同财产。

前款所称年平均值，是指将发放到军人名下的上述费用总额按具体年限均分得出的数额。其具体年限为人均寿命七十岁与军人入伍时实际年龄的差额。

第十五条　夫妻双方分割共同财产中的股票、债券、投资基金份额等有价证券以及未上市股份有限公司股份时，协商不成或者按市价分配有困难的，人民法院可以根据数量按比例分配。

第十六条　人民法院审理离婚案件，涉及分割夫妻共同财产中以一方名义在有限责任公司的出资额，另一方不是该公司股东的，按以下情形分别处理：

（一）夫妻双方协商一致将出资额部分或者全部转让给该股东的配偶，过半数股东同意、其他股东明确表示放弃优先购买权的，该股东的配偶可以成为该公司股东；

（二）夫妻双方就出资额转让份额和转让价格等事项协商一致后，过半数股东不同意转让，但愿意以同等价格购买该出资额的，人民法院可以对转让出资所得财产进行分割。过半数股东不同意转让，也不愿意以同等价格购买该出资额的，视为其同意转让，该股东的配偶可以成为该公司股东。

用于证明前款规定的过半数股东同意的证据，可以是股东会决议，也可以是当事人通过其他合法途径取得的股东的书面声明材料。

第十七条　人民法院审理离婚案件，涉及分割夫妻共同财产中以一方名义在合伙企业中的出资，另一方不是该企业合伙人的，当夫妻双方协商一致，将其合伙企业中的财产份额全部或者部分转让给对方时，按以下情形分别处理：

（一）其他合伙人一致同意的，该配偶依法取得合伙人地位；

（二）其他合伙人不同意转让，在同等条件下行使优先受让权的，可以对转让所得的财产进行分割；

（三）其他合伙人不同意转让，也不行使优先受让权，但同意该合伙人退伙或者退还部分财产份额的，可以对退还的财产进行分割；

（四）其他合伙人既不同意转让，也不行使优先受让权，又不同意该合伙人退伙或者退还部分财产份额的，视为全体合伙人同意转让，该配偶依法取得合伙人地位。

第十八条 夫妻以一方名义投资设立独资企业的，人民法院分割夫妻在该独资企业中的共同财产时，应当按照以下情形分别处理：

（一）一方主张经营该企业的，对企业资产进行评估后，由取得企业一方给予另一方相应的补偿；

（二）双方均主张经营该企业的，在双方竞价基础上，由取得企业的一方给予另一方相应的补偿；

（三）双方均不愿意经营该企业的，按照《中华人民共和国个人独资企业法》等有关规定办理。

第十九条 由一方婚前承租、婚后用共同财产购买的房屋，房屋权属证书登记在一方名下的，应当认定为夫妻共同财产。

示范案例一

婚后指定的赠与以及一方获得的奖牌、奖章和分红型保险金，离婚时是否可按夫妻共同财产分割？

陈月明系省级运动员，曾参加全国游泳比赛并获得多枚金牌，与某外企白领张玉莲相恋，2006年结为伉俪。婚后，两人虽忙于事业，但夫妻感情亦甚笃。2013年由于张玉莲在工作中表现出色，晋升为业务部门经理，工作更加繁忙，而陈月明退役后当了游泳教练，也少有空闲，但夫妻双方仍恩爱有加，日子过得很是甜美。但是，陈月明的父母因抱孙心切，对儿媳一直不愿生育略有微词，并多次在陈月明面前提起。陈月明想到结婚已7年，双方都有了稳定的工作，且都30多岁了，也应该要一个孩子了，便向张玉莲提出此事。张玉莲眼看实在无法违背公婆、丈夫的心意，就答应生一个孩子，可过了一年也没怀孕。陈月明在无意中发现张玉莲竟在偷服避孕药，顿时感到受了欺骗，便勃然大怒，质问张玉莲为何欺骗他？张玉莲坦诚相告，若现在生小孩，自己这些年在公司的辛苦奋斗所获得的地位将付诸东流，自己不愿成为一个只在家带孩子的家庭主妇。夫妻两人为此反目，产生矛盾，2015年4月陈月明向法院起诉，要求离婚。经法院调解，双方对离婚均无异议，但在财产分割上存在分歧。

法院经审理查明：两人共有存款25万元，婚后购置了一套140平方米的商品房；陈月明结婚时父母指明赠与给他的一套100平方米的住房；陈月明共获金牌2枚，银牌1枚，奖金4万元；张玉莲购买的分红型保险4万元。两人对25万元存款及140平方米的住房均分无异议，但陈月明认为自己所得的奖牌与奖金属于个人性质的财产，父母赠与的房产也应属于自己，张玉莲所买的保险应由夫妻平分。张玉莲则主张，陈月明的奖牌及奖金都属于夫妻结婚后所得，陈月明父母所赠房产也是婚后所赠，应由双方平分，而自己购买的保险具有人身保险性质，应当属于自己个人所有。

法院审理后认为：两人共有存款25万元，及140平方米的住房为夫妻共有财产，双方均无异议；而陈月明父母赠与的100平方米的住房虽是婚后所赠，但证据表明，该住房属于指定赠与其儿子陈月明，应属陈月明的个人财产；陈月明所获奖牌是一种荣誉象征，具有特定的人身性，应为陈月明个人所有；奖金4万元按夫妻共同财产予以分割；张玉莲购买的分红型保险 4 万元是属夫妻关系存续期间夫妻共同收入的一部分，双方无书面约定，属于夫妻共同所有的财产。

请问：法院的判决是否正确，为什么？

分析意见：

我国现行《婚姻法》对夫妻共同财产的认定，哪些财产应该属于双方共同所有，哪些财产应属于一方所有都有明确的规定。我国现行《婚姻法》第十七条规定："夫妻在婚姻关系存续期间所得的下列财产，归夫妻共同所有：（一）工资、奖金；（二）生产、经营的收益；（三）知识产权的收益；（四）继承或赠与所得的财产，但本法第十八条第三项规定的除外；（五）其他应当归共同所有的财产。"第十八条规定："有下列情形之一的，为夫妻一方的财产：（一）一方的婚前财产；（二）一方因身体受到伤害获得的医疗费、残疾人生活补助费等费用；（三）遗嘱或赠与合同中确定只归夫或妻一方的财产；（四）一方专用的生活用品；（五）其他应当归一方的财产。"这是认定夫妻共同财产与夫妻个人财产范围的法定标准。

在离婚案件中，正确认定夫妻共同财产的范围及分割是一个重要问题。我国现行《婚姻法》第十九条第一款规定："夫妻可以约定婚姻关系存续期间所得的财产以及婚前财产归各自所有、共同所有或部分各自所有、部分共同所有。约定应当采用书面形式。没有约定或约定不明确的，适用本法第十七条、第十八条的规定。"这说明，对夫妻财产范围的认定，应当按照"有约定从约定，无约定按法定"的原则进行划分。本案中，双方当事人对财产并无约定，所以应该按法律的规定来划分。两人共有的存款 25 万元及 140 平方米住房系婚后的夫妻共同财产。离婚时，存款 25 万元应由夫妻双方平分；住房可归一方所有和居住，并按其价值的一半给予另一方补偿。

对于在夫妻关系存续期间一方无偿获得的赠与财产，我国现行《婚姻法》第十八条第（三）项明确规定，对指定赠与给夫妻一方的财产，属于夫妻一方的个人财产。本案中陈月明的父母指定该 100 平方米住房赠与陈月明，应属于陈月明的个人财产，张玉莲无权分割。

陈月明所获奖牌是运动员的一种荣誉象征，具有特定的人身属性，只能属于权利人本人，因此陈月明所获得的奖牌应归他个人所有。陈月明所获的奖金 4 万元，则属于夫妻共同财产。因为奖金属于财产权利，依我国现行《婚姻法》规定在婚姻关系存续期间一方所获的工资、奖金都属于夫妻共同财产，故应由双方平分。

张玉莲所购买的分红型保险具有投资经营和人身保险的双重属性，虽具有一定的人身属性，但是张玉莲购买保险是双方在婚姻关系存续期间用共同财产投保的，应属于共同财产，其所交的保费和分红所得收益应当对半分割，可以由保单持有人张玉莲拿出所交保险费和分红收益价值一半的金钱补偿给陈月明。

示范案例二

离婚后能否要求分割一方隐瞒的夫妻共同财产？

李全与张珍系某村村民，李全高中毕业后未能考上大学，于 2008 年通过别人介绍与本村村民张珍结婚，婚后感情尚好，生有一子。后来，李全随其他村民外出打工，由于他聪明好学，人又机灵，不久就当上了小包工头。随着资金、经验的积累，李全的建筑队也越干越有名气，他不仅在村里建了一幢楼房，而且在县城买了一套房。李全有钱后觉得家里的妻子土气，对张珍逐渐看不顺眼，于是长期住在城里不再回家。2013年10月李全向张珍提出离婚。张珍也觉得李全长年不回家，婚姻关系已名存实亡，经双方协议，村里那一幢楼房及家具归张珍所有，儿子由李全抚养，张珍不承担抚养费。家里现有存款10万元，分给张珍5万元，双方办理了离婚登记手续。2016年5月，张珍发现李全在离婚时隐瞒了在县城购置的一套高档商品房及豪华家具等用品，价值约100万元，她不知自己是否有权请求分割这部分财产，于是向律师咨询。

请问：张珍有权请求分割被李全隐瞒的这部分财产吗？

分析意见：

根据我国现行《婚姻法》的规定，夫妻在婚姻关系存续期间所得的夫妻共同财产，离婚时应该由夫妻双方协议分割或法院判决分割。夫妻对于共同财产享有平等的权利，如没有特殊情况，在分割财产时应当平均分配，不因双方的收入不同而有所差别。在离婚时，对于共同财产的处理，双方都应如实相告，不得隐瞒、转移、损毁，否则构成对另一方财产权的侵犯。有的当事人为了在离婚时多分得财产，试图通过隐瞒共同财产达到这一不法目的。特别是在家庭财产收入由一方主要获得的情况下，一方隐匿财产，而另一方通常不易发现，这会对离婚另一方的权益造成较大的损害。为了更好地保护离婚双方当事人的权益，我国现行《婚姻法》第四十七条明确规定："离婚时，一方隐藏、转移、变卖、毁损夫妻共同财产，或伪造债务企图侵占另一方财产的，分割夫妻共同财产时，对隐藏、转移、变卖、毁损夫妻共同财产或伪造债务的一方，可以少分或不分。离婚后，另一方发现有上述行为的，可以向人民法院提起诉讼，请求再次分割夫妻共同财产。人民法院对前款规定的妨害民事诉讼的行为，依照民事诉讼法的规定予以制裁。"

根据上述规定，离婚时夫妻一方隐藏、转移、变卖、毁损夫妻共同财产的行为是违法行为，它侵害了夫妻另一方当事人的合法权益，法院可判决该方承担少分或不分财产的后果，如果离婚后才发现此情形的，也作相同处理。本案中，李全在协议离婚时隐瞒了夫妻共同财产，张珍在离婚两年多后才发现，其有权向法院提起诉讼，请求分割被隐瞒的共同财产。同时，还应当判令李全对该项被隐瞒的财产少分或不分。此外，2001年《婚姻法解释（一）》第三十一条规定："当事人依据婚姻法第四十七条的规定向人民法院提起诉讼，请求再次分割夫妻共同财产的诉讼时效为两年，从当事人发现之次日起计算。"这是为了促使权利人积极及时行使自己的权利，以保护当事人的合法权益，维护社会秩序的稳定。超出规定期限的，当事人再向人民法院请求要求保护其权利的，人民法院依法不予保护。因为法律不保护"躺在权利上的睡眠者"。如果当事人自愿履行的，法院不予干预。对于自愿履行完毕的，不得反悔，不得以已过诉讼时效为由要求返回。在本案中，张珍是在离婚两年多后才知道李全隐瞒共同财产的，从她发现之日起两年内提起诉讼，人民法院应当依法予以受理和处理。

讨论案例

1. 妻子婚外怀孕导致离婚，丈夫可否索赔？

陈民与王芹2009年经人介绍结婚，2010年春节后陈民外出经商。王芹在2014年10

月的一次朋友聚会后，与某朋友发生了两性关系。2015 年春节，陈民回家时，发现妻子已怀孕，认为妻子对自己不忠实，趁自己外出经商之机，与他人同居并造成怀孕，遂向人民法院提起离婚诉讼，并要求王芹支付损害赔偿费 7 万元。

人民法院在审理过程中查明：

其一，王芹的怀孕时间确实是 2014 年 10 月的一次朋友聚餐后，与某朋友发生婚外两性关系所致，并非与他人同居，但该行为是导致离婚的主要原因；

其二，陈民没有提供证明其在外经商期间王芹在家与他人同居的证据。

请问：法院依法应当如何处理本案？

2. 离婚时配偶一方非企业合伙人，能否分得合伙财产而成为合伙人？

蒋林与谭怡经自由恋爱，于 2001 年春节期间结婚。蒋林聪明能干，在 2006 年借了 3 万元和三位合伙人看准市场，搞了个小型零件加工厂，没几年就把外债还清，还买了房、车，物质生活富裕了，蒋林还想着自己再开一个公司，加大投入。谭怡却觉得风险太大，不同意，两人产生分歧，再加上蒋林每天都在新开的公司加班加点，谭怡独守空房，颇多抱怨。2015 年 1 月，夫妻两人协议离婚，蒋林把合伙的小型零件加工厂的财产份额全部转让给了谭怡，但其他三位合伙人不同意转让，于是谭怡起诉到人民法院。

请问：法院应当如何处理？

3. 婚后未获经济收益的作品，离婚时能否按夫妻共同财产分割？

林聪系一位作家，他的作品曾获得过大奖，2012 年与一名公司职员吴彤结婚。吴彤性格活泼，喜爱交友，而林聪除爱外出旅游外，平常喜欢在家看书、上网、写作。吴彤经常抱怨林聪不陪其一起游玩，而林聪也对吴彤经常不回家而颇有意见。后因吴彤有婚外情，被林聪发现，林聪不能忍受而提出离婚。两人在财产分割中意见不一，因林聪交给出版社的一部长篇小说还未出版，家中还有一部快完成的长篇小说，吴彤认为这两本书都是在婚姻关系存续期间完成的，应该按共同财产平分，而林聪认为这是他个人完成的作品，应该全部属于个人财产。

请问：本案当事人争议的两部未获经济收益的小说能否按夫妻共同财产分割？

4. 婚后所得未指明的赠与财产，离婚时可否按共同财产分割？

张振杉与刘小菊系某镇村民，1999 年年初经人介绍相识，同年底登记结婚。因张振杉是独子，结婚登记后张振杉父母筹钱为儿子修了新房四间，刘小菊的父母也为他们添置了电视机、缝纫机等，夫妻俩的日子过得红红火火，并于次年生有一女。但自 2011 年张振杉外出打工以后，刘小菊对公婆经常无端责骂，虽经张振彬劝解，她仍不悔改，搞得全家不宁。2015 年 8 月 15 日，张振杉忍无可忍，提出与刘小菊离婚，刘小菊也不甘示弱，同意离婚，但在财产分割上达不成协议，于是起诉到人民法院，请求法院处理。张振杉称：家有存款 5 万元大部分是我打工所挣，家中房屋由我父母出钱所修，除这两种财产外，其他财产平均分配我无意见。刘小菊称：我与张振杉结婚多年，我在家做饭带孩子，没有功劳有苦劳，家中房屋及存款应该平分，我的嫁妆电视机及缝纫机等应该是我个人财产，不能平分。

请问：婚后所得未指明的赠与财产，离婚时可否按共同财产分割？

5. 前夫私藏 65 万元，离婚 3 年后前妻起诉要求分割，法院是否支持？

2011 年 6 月，苏女士的丈夫提起离婚诉讼，后法院判决准予离婚。2014 年 5 月，苏女士意外获悉，在与丈夫王某离婚前一年，王某出资 30 万元与别人合作办公司，并拥有公司 60% 的股份。苏女士通过调查得知，公司经营状况良好，到两人离婚前，王某拥有公司股份的价值已达 65 万元。于是，苏女士认为这 65 万元是夫妻共同财产，自己应分得一半。但王某表示，所经营的公司是由朋友出钱的，自己没有实际投资。

法院经审理后查明，在苏女士与王某离婚前，王某经营的公司处在赢利中，王某本人拥有公司 60% 的股份，在离婚时该股份市场价值为 65 万元。而王某在夫妻离婚时却未告知苏女士。

请问：对此离婚时隐匿的财产，法院依法应当如何处理？

相关裁判实例摘录[①]

郭某与张某离婚纠纷案

郭某与张某经人介绍于 2009 年 5 月 9 日登记结婚，同年 8 月 13 日举行结婚仪式，未生育子女。双方婚后夫妻感情一般，因家务琐事等问题经常发生矛盾，至今未能化解，致使双方的夫妻关系严重失和，自 2013 年 5 月中旬起，双方分居生活至今。现双方的夫妻感情确已破裂，夫妻关系无法再继续维持。2009 年 6 月 14 日，双方共同出资 139800 余元，以张某的名义购买上海大众速腾牌小轿车一辆（车牌号：京 NGY713），现由张某使用；婚后郭某所在的部队分配给郭某仅享有使用权楼房一套，位于北京市某某区某某镇某某路 58 号院 35 号楼 1 单元 102 室（系二居室，建筑面积约 48 平方米左右），取得该套楼房后，双方共同投资 3 万元左右，对该套楼房进行了装修；2013 年 1 月 3 日，双方为购买楼房，郭某的父亲郭某富给郭某出资购房首付款 195000 余元，张某的母亲张某玲给张某出资购房首付款 46 万元，郭某与张某共同出资购房首付款约 10 万元，同时，共同向银行贷款 74 万元，以张某的名义购买楼房一套，位于北京市某某区某某镇某某南里 13 号楼 6 层 6 单元 602 室（系二居室，建筑面积 98.81 平方米），购买楼房时，双方向中介公司支付中介服务费 31245.5 元、购房契税 22425 元。2013 年 1 月 17 日，郭某向张某出具草拟的"协议书"一份，该协议书载明："我郭某，本人在自愿的基础上签写以下协议：我与张某 2009 年结为夫妻，2013 年 1 月份购买下一套房产，某某南里 13 号楼 6 单元 602 室。如果我们离婚，我自愿放弃一切房产和财物，所有都给张某。因为这些全都是张某妈妈给的。特此证明。"该"协议书"落款处，双方分别签署了自己的名字。双方买房后，自 2013 年 4 月 22 日起至同年 5 月 22 日，共同偿还了购房贷款本金 1953.66 元、利息 5546.34 元，截止到 2013 年 5 月 22 日止，双方尚欠银行购房贷款本金 738046.34 元。自 2013 年 6 月起至今，该套楼房的贷款本息一直由张某的父母偿还。现张某系无业，无经济收入，其日常生活靠其父母接济维持。

原告郭某称对上述财产要求归其所有，尚欠的楼房购房贷款和张某父母出资的购房首付款由其偿还，其可以付给张某相应的财产折价款；其放弃现有的家具、家用电器，可以归张某所有。

一审法院认为：郭某与张某婚后并未建立起真挚的夫妻感情，现双方自愿离婚，法院

---

①　摘自中国裁判文书网，（2015）二中民终字第 02257 号。

应予准许。在其财产分割问题上，北京市某某区某某镇某某路 58 号院 35 号楼 1 单元 102 室楼房，其财产所有人系郭某所在的部队，本案不作处理，双方当事人如主张权利，应当另行解决；北京市某某区某某镇某某南里 13 号楼 6 层 6 单元 602 室楼房，系双方婚后，由各方父母和双方分别出资购房首付款，同时双方共同向银行贷款，以张某的名义购买的房产，该套楼房应属郭某、张某夫妻共同财产。购房时，各方父母对各自子女的出资额，应视为对自己子女的个人赠与。关于该套楼房的归属及分割问题，应本着合理调整、等价分割、照顾女方的原则判定。现张某系无业居民，无经济收入，应视为生活困难一方，且双方发生矛盾后，张某的父母一直在为其偿还购房贷款，故该套楼房以归张某所有为宜，张某应当给付郭某相应的房产折价款，并履行偿还购房贷款义务。在给付房产折价款数额问题上，应根据楼房的现行市场价格和各方的出资比例进行核算，经核算，郭某的父亲出资额约占总购房首付款的 26%，张某的母亲出资额约占总购房首付款的 61%，郭某与张某共同出资额约占总购房首付款的 13%。

关于郭某向张某出具草拟的"协议书"效力问题，根据 2011 年《婚姻法解释（三）》第十四条的规定，当事人达成的以登记离婚或者到人民法院协议离婚为条件的财产分割协议，如果双方协议离婚未成，一方在离婚诉讼中反悔的，人民法院应当认定该财产分割协议没有生效，并根据实际情况依法对夫妻共同财产进行分割。郭某向张某出具草拟的"协议书"，其中的内容，与实际情况存有一定的差异，且郭某对"协议书"内容提出异议，表示草拟"协议书"时，是出于缓和夫妻矛盾所为，并不是自己的真实意思表示，故郭某向张某出具草拟的"协议书"不具有法律约束力，法院不予采信。据此，原审法院于 2014 年 12 月判决：一、准予郭某与张某离婚；二、共同财产：位于北京市某某区某某镇某某南里 13 号楼 6 层 6 单元 602 室楼房一套和该套楼房当中的家具、家用电器及日常生活用品归张某所有；该套楼房尚欠的购房贷款及利息由张某偿还；张某给付郭某该套楼房折价款人民币 379260 元（于判决生效后三十日内履行）；三、双方为装修北京市某某区某某镇某某路 58 号院 35 号楼 1 单元 102 室楼房投资的部分财产和该套楼房当中的家具、家用电器及日常生活用品归郭某所有（于判决生效后十日内履行）；四、上海大众速腾牌小轿车一辆归张某所有（于判决生效后十日内履行）；五、郭某与张某个人自用的衣物，现有的归各自所有（于判决生效后十日内履行）；六、驳回郭某的其他诉讼请求。如果张某未按判决指定的期间履行金钱给付义务，应当依照《中华人民共和国民事诉讼法》第二百五十三条之规定，加倍支付迟延履行期间的债务利息。

判决后，张某不服原判，上诉至二审法院称：原判对于郭某向张某出具的"协议书"（以下简称诉争协议书）效力未予认定不当，且北京市某某区某某镇某某南里 13 号楼 6 层 6 单元 602 室楼房（以下简称诉争房屋）的首付款主要为张某父母所出，原判未充分考虑这一因素，判决结果显失公正。据此要求二审法院依法改判。郭某同意原判，并答辩称：诉争协议书是无效的，且原判已经将双方婚姻关系存续期间购买的车辆判归张某单独所有，充分保护了女方的权益，不同意张某的上诉请求。

二审法院经审理查明的事实与原审法院无异。

上述事实，有双方当事人的陈述笔录、结婚证、部队证明、北京市存量房屋买卖合同、购房发票、购房契税单据、购房贷款担保合同、居间服务合同、房产证、银行汇款对账单、贷款还款明细单、银行汇款转款交易信息、机动车行驶证、北京东华天业房地产评估有限公司房产评估报告书、评估发票、双方当事人草拟的"协议书"等在案佐证。

二审法院认为：本案的争议焦点是原判对于张某与郭某之间夫妻共同财产的分割是否适当。关于诉争协议书的效力问题，从该协议书的内容看，张某与郭某系在假设双方离婚的前提下对相关财产分配进行的约定，且诉争协议书中关于相关财产的来源情况亦与客观事实不符。当事人达成的以登记离婚或者到人民法院协议离婚为条件的财产分割协议，如果双方协议离婚未成，一方在离婚诉讼中反悔的，人民法院应当认定该财产分割协议没有生效，并根据实际情况依法对夫妻共同财产进行分割。据此，在张某与郭某协议离婚未成的情况下，张某要求依据诉争协议书的内容分割相关财产，缺乏法律依据，二审法院不予支持。此外，在分割诉争房屋时，原判综合考虑诉争房屋的使用现状、现行市场价格及各方的出资比例，认定由张某享有诉争房屋的所有权，并由张某给付郭某相应数额的折价款，并无不当；再考虑到张某与郭某婚姻关系存续期间购买的车辆亦判归张某单独所有的因素，可以认定原判在分割夫妻共同财产时已经较为充分地保护了女方权益。综上，原判并无不当，应予维持。依照《中华人民共和国民事诉讼法》第一百七十条第一款第（一）项之规定，判决如下：

驳回上诉，维持原判。

三、离婚债务清偿案例

基本理论概述

离婚时的夫妻债务，首先从性质上应当分为两种：一是夫妻共同债务，是指夫妻一方或者双方在婚姻关系存续期间，为维持家庭共同生活所负的债务；二是夫妻一方的个人债务，是指夫妻一方婚前债务或者婚后以个人名义所负的与夫妻共同生活无关的债务。离婚时对于夫妻共同债务，如夫妻双方无特别约定的，双方应当共同承担清偿责任，并且承担连带清偿责任。而离婚时对于夫妻一方的个人债务，应当由其个人财产承担清偿责任。

关于夫妻共同债务的认定规则，根据现行《婚姻法》及相关司法解释的规定，我国夫妻共同债务的认定规则如下：

第一，夫妻双方之合意规则。根据现行《婚姻法》第十九条的规定精神，夫妻可以对婚姻关系存续期间所得的财产的归属以及债务清偿责任进行约定，并且约定对双方具有约束力。因此，如果夫妻对婚姻关系存续期间夫妻一方以个人名义所负债务约定为共同债务的，该约定对夫妻双方具有约束力。

第二，共同生活之目的规则。根据现行《婚姻法》第四十一条和1993年《财产分割意见》第十七条、第十八条的规定精神，夫妻一方以个人名义所负债务，凡确实用于家庭共同生活的，无论是否属于在婚姻关系存续期间的欠债，均应当被认定为夫妻共同债务。

第三，家事代理权之规则。根据2001年《婚姻法解释（一）》第十七条的规定，夫或妻因日常生活需要而处理夫妻共同财产的，任何一方均有权决定。因此，凡在婚姻期间为维持日常家庭共同生活需要，夫妻一方以个人名义所负的债务，应当被认定为夫妻共同债务。

第四，婚姻期间欠债之时间规则。根据2004年《婚姻法解释（二）》第二十四条的规定，债权人就婚姻关系存续期间夫妻一方以个人名义所负债务（除赌债或从事违法犯罪行为等所欠债务外）主张权利的，应当按夫妻共同债务处理。但如果夫妻一方能够证明该债务确为欠债人的个人债务，未欠债的夫妻一方就可以对抗债权人的请求。属于个人债务的情形主要有两种，一种是债权人与债务人明确约定该项债务属于个人债务的；另一种是属于我国现行《婚姻法》第十九条第三款规定的情况，"夫妻对婚姻关系存续期间所得的财产约定归各自所有的，夫或妻一方对外所负的债务，第三人知道该约定的，以夫或妻一方所有的财产清偿。"

关于夫妻共同债务的举证责任，在不涉及他人的离婚案件中，由以个人名义举债的配偶一方负责举证证明所借债务用于夫妻共同生活，如证据不足，则其配偶一方不承担偿还责任。在债权人以夫妻一方为被告起诉的债务纠纷中，对于涉案债务是否属于夫妻共同债务，应当按照 2004 年《婚姻法解释（二）》第二十四条规定认定。如果举债人的配偶举证证明所借债务并非用于夫妻共同生活，则其不承担偿还责任。[①]

夫或妻一方在对外就共同债务承担连带清偿责任后，有权基于登记离婚的协议或者人民法院生效的裁判文书向原配偶追偿。

主要相关法律、法规及司法解释链接

我国现行《婚姻法》

第十九条　夫妻可以约定婚姻关系存续期间所得的财产以及婚前财产归各自所有、共同所有或部分各自所有、部分共同所有。约定应当采用书面形式。没有约定或约定不明确的，适用本法第十七条、第十八条的规定。

夫妻对婚姻关系存续期间所得的财产以及婚前财产的约定，对双方具有约束力。

夫妻对婚姻关系存续期间所得的财产约定归各自所有的，夫或妻一方对外所负的债务，第三人知道该约定的，以夫或妻一方所有的财产清偿。

第四十一条　离婚时，原为夫妻共同生活所负的债务，应当共同偿还。共同财产不足清偿的，或财产归各自所有的，由双方协议清偿；协议不成时，由人民法院判决。

1993 年《财产分割意见》

17. 夫妻为共同生活或为履行抚养、赡养义务等所负债务，应认定为夫妻共同债务，离婚时应当以夫妻共同财产清偿。

下列债务不能认定为夫妻共同债务，应由一方以个人财产清偿：

（1）夫妻双方约定由个人负担的债务，但以逃避债务为目的的除外。

（2）一方未经对方同意，擅自资助与其没有抚养义务的亲朋所负的债务。

（3）一方未经对方同意，独自筹资从事经营活动，其收入确未用于共同生活所负的债务。

（4）其他应由个人承担的债务。

18. 婚前一方借款购置的房屋等财物已转化为夫妻共同财产的，为购置财物借款所负

---

① 参见最高人民法院民一庭《关于婚姻关系存续期间夫妻一方以个人名义所负债务性质如何认定的答复》（2014 年 7 月 12 日，最高人民法院民事审判第一庭）。

债务，视为夫妻共同债务。

2001 年《婚姻法解释（一）》

第十七条　婚姻法第十七条关于"夫妻对夫妻共同所有的财产，有平等的处理权"的规定，应当理解为：

（一）夫或妻在处理夫妻共同财产上的权利是平等的。因日常生活需要而处理夫妻共同财产的，任何一方均有权决定。

（二）夫或妻非因日常生活需要对夫妻共同财产做重要处理决定，夫妻双方应当平等协商，取得一致意见。他人有理由相信其为夫妻双方共同意思表示的，另一方不得以不同意或不知道为由对抗善意第三人。

第十八条　婚姻法第十九条所称"第三人知道该约定的"，夫妻一方对此负有举证责任。

2004 年《婚姻法解释（二）》

第二十三条　债权人就一方婚前所负个人债务向债务人的配偶主张权利的，人民法院不予支持。但债权人能够证明所负债务用于婚后家庭共同生活的除外。

第二十四条　债权人就婚姻关系存续期间夫妻一方以个人名义所负债务主张权利的，应当按夫妻共同债务处理。但夫妻一方能够证明债权人与债务人明确约定为个人债务，或者能够证明属于婚姻法第十九条第三款规定情形的除外。

第二十五条　当事人的离婚协议或者人民法院的判决书、裁定书、调解书已经对夫妻财产分割问题作出处理的，债权人仍有权就夫妻共同债务向男女双方主张权利。

一方就共同债务承担连带清偿责任后，基于离婚协议或者人民法院的法律文书向另一方主张追偿的，人民法院应当支持。

第二十六条　夫或妻一方死亡的，生存一方应当对婚姻关系存续期间的共同债务承担连带清偿责任。

示范案例

婚姻关系存续期间，因偿还高利贷而借款，
属于夫妻共同债务还是夫妻个人债务？

2012 年 5 月 17 日田某向王某借款 10 万元，并出具借条一张。马某（女）与田某于 2010 年 2 月 1 日结婚，于 2015 年 6 月 7 日离婚。田某于 2015 年 7 月 16 日因长期欠债无力偿还、不堪重负自杀身亡，其留下遗书中承认因偿还个人所欠高利贷向王某借款的事实。2012 年 11 月 12 日，王某诉至法院，要求马某偿还借款 10 万元。

法院在审理中形成两种观点：

观点一，该笔借款为夫妻共同债务，马某应该予以偿还。其理由：1. 借款有凭据，系双方真实意思的表示；2. 借款发生在被告马某的婚姻关系存续期间；3. 被告未能举证证明该所欠高利贷债务属于田某的个人债务，亦不能举证证明夫妻双方有婚姻期间所得的财产归各自所有的约定，并为王某知晓，故应当按夫妻共同债务处理。

观点二，该笔借款为田某个人债务，应驳回对马某的诉讼请求。其理由：1. 田某自杀时所留遗书被王某、马某均作为己方证据向法院提供，虽然，各方用遗书所证明的目的

不同，但双方对遗书的真实性均不持有异议；2. 遗书的内容不仅能够反映田某向王某借款的事实，而且还能反映出该借款已被田某用于偿还个人资助其妹购买结婚用房所借的高利贷，而非用于家庭生活。

请问：该笔借款到底是夫妻共同债务还是个人债务？

分析意见：

夫妻共同债务的认定事关当事人合法权益的保护，一直是民事审判工作中的难点。

由于法律规定的滞后及不周延，2004 年《婚姻法解释（二）》第二十四条基于对交易效率的促进及对债权人利益的保护的本意，在某些情况下适用被异化为现实中对无辜配偶方法律上的保护不力。目前，对于夫妻一方以个人名义在婚姻期间所欠的债务，有些法官按照 2004 年《婚姻法解释（二）》的规定，适用"婚姻期间欠债之时间规则"而推定其为夫妻共同债务，以保护债权人的利益；另外有些法官则依据我国现行《婚姻法》第四十一条和 2001 年《婚姻法解释（一）》第十七条的规定，适用"共同生活之目的规则"和"家事代理权之规则"，对于夫妻一方在婚姻期间所欠超出日常家事代理范围的大额债务，其不能证明被用于家庭共同生活的，则认定为个人债务，以保护无辜的夫妻另一方的财产权益。因此，在我国现行夫妻债务认定规则的规定被修改完善之前，法官在审判实践中，对于夫妻一方以个人名义在婚姻期间所欠的债务的性质之认定，应当在查明案件全部事实的基础上，区别不同的情况，适用相应的认定规则和分配举证责任，予以妥善处理，以期公平地保护相关当事人的财产权益。

本案中，结合全案的事实及证据，可以证明债务人一方的举债是为了偿还个人资助其妹购买结婚用房所借高利贷的欠款，而非用于家庭共同生活，并且债务人的配偶并无举债的合意及因借款而受益，法院应当适用"共同生活之目的规则"，由于该笔借款并非用于家庭共同生活，依法认定其属于举债一方的个人债务，以保护无辜的债务人配偶的财产权益，这才符合法律公平正义的要求。

讨论案例

1. 一方因赌博所欠债务，是否属于夫妻共同债务？

林小军与蒋曼于 2014 年结婚，婚后生有一子，活泼可爱。不久，林小军一反常态，经常和朋友喝酒、打麻将。原来，林小军婚前就爱喝酒打麻将，交了几个女朋友都因此而告吹。林小军与蒋曼认识后，为了怕重蹈覆辙，极力忍耐，结婚生子之后，林小军感觉不用再害怕了，又故态复萌，经常在外不回家。蒋曼这才知道林小军以前的表现都是装出来的，但顾及年幼的孩子，仍多次规劝林小军回头，但林小军已听不进去，有时输了钱还对蒋曼拳脚相向。蒋曼感觉林小军再也不可能变好了，失去了信心，便提出与林小军离婚。林小军表示，离婚可以，孩子你一个人抚养，现在我已欠了很多外债，必须由双方共同归还才同意离婚。并拿出借条，一张为 1 万元，借的是林小军大哥的钱，另一张为 2 万元，借的是林小军姐姐的钱。蒋曼认为这是林小军私人借的钱，且是因赌博所欠债务，不应该由自己承担。于是蒋曼起诉到法院，请求法院依法认定以上债务的性质。

请问：上述借款属于夫妻共同债务吗？为什么？

2. 离婚时一方放弃分割共同财产以规避偿还债务，其效力如何？

刘杰是一私营企业主，经营一木材加工厂，2014 年春节以后，工厂经营出现困难，刘杰四处借款也未能起死回生。眼看工厂一天天亏损，面临关门的危机，债主成天上门讨债，刘杰觉得已回天无力，便和妻子商议，双方达成协议办理离婚登记，并把房屋及所有值钱的财产分给妻子，以免今后妻子和儿子生活困难。离婚后，债主们上门讨债，刘杰说与妻子已离婚，现在本人已无任何财产，无法还钱。于是债权人向法院提出诉讼，请法院判决刘杰与其妻子的离婚协议无效，夫妻的共同财产应用于还债。

请问：刘杰为规避清偿债务的登记离婚协议是否有效，此债务清偿责任应由谁承担？

3. 配偶不知情时对外负债是否属于夫妻共同债务？

2014年12月6日，王强与刘丽办理登记离婚。2014年11月14日，王强为与朋友合伙办公司而向朋友张华借款90万元并出具借条。2015年年底张华以民间借贷纠纷为由向法院提起诉讼，要求王强与刘丽共同承担该笔债务。对此，刘丽辩称：王强与其感情不好，早就处于分居状态，该笔借款自己不知情，且没有用于夫妻共同生活。对于刘丽的说法，王强也予以认可。

法院经审理后查明，王强与刘丽早在2013年年初即处于分居状态，借条上也只有王强一个人的签名。

请问：对于本案所涉债务应否认定为夫妻共同债务，为什么？

相关裁判实例摘录①

王某某与吕某某、刘某某债权确认纠纷案

再审申请人王某某因与被申请人吕某某、刘某某债权确认纠纷一案，不服江苏省某某市中级人民法院（2013）常民终字第217号民事判决，向本院申请再审。本院于2014年3月31日作出（2014）苏审二民申字第0013号民事裁定，提审本案。提审后，本院依法组成合议庭，于2014年9月15日公开开庭进行了审理。再审申请人王某某及其委托代理人张某华，被申请人吕某某及其委托代理人刘某、万某某，到庭参加诉讼。被申请人刘某某经本院公告传唤，无正当理由未到庭参加诉讼。本案现已审理终结。

2012年5月29日，吕某某向江苏省某某市人民法院起诉称，其与刘某某于2005年3月7日登记结婚，婚后刘某某不常回家，后由于双方发生矛盾，分居两年后，于2011年8月离婚。因双方均系再婚，其与刘某某在婚前对婚姻关系存续期间所得财产约定归各自所有，债权债务由各自享有和负担，王某某知晓该约定。（2011）某民初字第973号民事判决确定的100万元债务系刘某某与王某某从事合伙经营产生，吕某某对此并不知情。该合伙经营发生在吕某某与刘某某结婚之前，债务也属刘某某婚前个人债务。即使是婚后债务，也产生在吕某某与刘某某分居期间，且该债务未用于吕某某与刘某某的夫妻共同生活，应不属于吕某某与刘某某的夫妻共同债务。（2011）某民初字第973号案件中，王某某未将吕某某列为被告，刘某某本人也明确表示该债务由其自己偿还，在申请执行期间王某某与刘某某还就借款归还达成和解协议，证明该笔借款与吕某某无关，王某某也同意不要求吕某某承担还款责任。综上，根据我国现行《婚姻法》第十九条第三款、2004年《婚姻法解释（二）》第二十四条的规定，请求确认吕某某对（2011）某民初字第973号

---

① 摘自江苏省高级人民法院民事判决书，（2014）苏民再提字第0057号。

民事判决确定的债务不承担偿还责任。

王某某辩称，涉案债务产生于吕某某与刘某某婚姻关系存续期间，应当由吕某某与刘某某共同承担偿还责任。王某某对吕某某主张的婚前约定并不知晓，即使该约定存在，也不能免除吕某某的偿还责任。

刘某某辩称，吕某某所诉是事实。王某某、刘某某原与案外人合伙经营油轮。2005年3月1日，王某某与刘某某另行签订合伙协议，约定王某某出资60万元，刘某某出资120万元，王某某分得固定利润。刘某某经营该油轮为王某某任主任的油库从事油品运输，王某某作为内部人员接收油品。对于刘某某与王某某合伙经营油品运输业务，外人均不知晓。双方后续签订多份合同均对王某某应得的利润进行了约定。王某某实际未参加合伙经营，其行为应认定为借贷行为。2011年3月1日，双方核算，2005年3月1日起到2011年2月28日期间刘某某没有按期分配的利润加11万元利息，合计为100万元，刘某某遂出具100万元借条。对该债务，（2011）某民初字第973号民事判决已经确认该债务由刘某某偿还，王某某起诉时也确定债务人为刘某某一人。

江苏省某某市人民法院一审查明：吕某某与刘某某于2005年3月7日登记结婚，2011年8月29日离婚。

2005年3月1日，王某某、刘某某与南京某某洋运输有限公司签订一份关于筹资共同建造船舶合伙经营的协议。该协议约定，三方共同出资经营船队。

2006年3月1日、2009年3月1日、2010年3月1日刘某某（甲方）与王某某（乙方）就建某1号轮队签订了《资产股份权属、资产运营、利益分配合同》。双方约定了利益分配。

2011年3月1日，对王某某的累积净收益，刘某某向王某某出具借条一张，内容为："今借到王某某人民币壹佰万元正，利息按1%月息，有纠纷某某法院解决。刘某某2011.3.1"。

2011年8月22日，王某某诉至江苏省某某市人民法院，要求刘某某归还借款100万元及利息8万元。该院经审理作出（2011）某民初字第973号民事判决书，判决：刘某某于判决生效后十日内归还王某某借款100万元并承担8万元利息，共计108万元。该判决已经发生法律效力。

江苏省某某市人民法院一审认为，刘某某欠王某某借款100万元，系在刘某某与吕某某婚姻关系存续期间，吕某某提出该债务并非发生在吕某某与刘某某婚姻关系存续期间，但未提供相应的证据，故吕某某的意见法院不予采纳。按照法律规定，债权人与债务人明确约定为个人债务，或者夫妻对婚姻关系存续期间所得财产约定各自所有的，夫或妻一方对外所负的债务，第三人知道该约定的，以夫或妻一方所有财产清偿。现吕某某提供的证据尚不足以证明王某某与刘某某之间的债权债务属于上述情形。按照相关规定，债权人就婚姻关系存续期间夫妻一方以个人名义所负债务主张权利的，应当按夫妻共同债务处理，故对吕某某的诉请，法院不予支持。刘某某与吕某某协议离婚时，双方对财产、债务的约定对刘某某与吕某某具有约束力，但不得对抗第三人。综上，依照《中华人民共和国婚姻法》第十九条第三款、《最高人民法院关于适用〈中华人民共和国婚姻法〉若干问题的解释（二）》第二十四条及相关民事法律之规定，该院作出（2012）某民初字第1444号民事判决：驳回吕某某的诉讼请求。案件受理费80元，由吕某某负担。

宣判后，吕某某不服，向江苏省某某市中级人民法院上诉称，刘某某与吕某某属再婚家庭，双方婚前即约定双方债权债务各自承担。刘某某与王某某合伙经营在吕某某与刘某某结婚之前就已经开始，所形成的债务与吕某某并无关联，也未用于刘某某与吕某某的夫妻共同生活，吕某某不应承担偿还责任。

王某某辩称，一审判决认定事实清楚，适用法律正确，请求维持原判。

刘某某经二审法院公告传唤未到庭参加诉讼。

二审中，吕某某与王某某确认，涉案债务并非是王某某向刘某某出借之借款，而是系王某某与刘某某双方在合伙经营期间，由刘某某承包双方合伙的油轮所欠付王某某的承包金。

江苏省某某市中级人民法院二审另查明：（2011）某民初字第973号民事判决生效后，王某某向江苏省某某市人民法院申请执行，并申请追加吕某某为被执行人。该院以（2012）某执字第1号民事裁定书追加吕某某为被执行人。吕某某不服该裁定，向该院提起执行异议，该院作出（2012）某执异字第2号民事裁定，驳回吕某某异议请求。吕某某不服该裁定，向江苏省某某市人民法院提起本案诉讼。

江苏省某某市中级人民法院二审认为，涉案债务虽然发生于吕某某与刘某某婚姻关系存续期间，但是该债务属于王某某与刘某某合伙经营结算后，刘某某应支付给王某某的合伙经营承包金。故刘某某所举之债并非用于与吕某某家庭共同生活，王某某亦明知涉案之债并非用于家庭生产经营或共同生活。故一审法院将该债务按夫妻共同债务处理与客观事实不符，本案所涉之债系刘某某个人债务，吕某某对此无须承担连带清偿责任。依据《中华人民共和国民事诉讼法》第一百七十条第二款之规定，判决：一、撤销江苏省某某市人民法院（2012）某民初字第1444号民事判决。二、吕某某对江苏省某某市人民法院（2011）某民初字第973号民事判决不承担连带清偿责任。一审案件受理费80元，由王某某负担；二审案件受理费80元，公告费600元，合计680元，由王某某负担。

王某某不服，向本院申请再审。

王某某申请再审称：1. 刘某某与吕某某婚后未约定经济独立，刘某某的很多收入均用于其与吕某某的夫妻共同生活。2. 我国现行《婚姻法》规定夫妻共同债务的理由在于婚姻关系不仅是共同生活，更是责任结合。债务虽是合伙经营产生，但刘某某从事该合伙经营的收益已经用于其与吕某某的夫妻共同生活，因此吕某某对该债务不承担连带责任与常理不符。3. 没有证据证明王某某明知该债务并非用于刘某某与吕某某的夫妻共同生活。4. 刘某某与吕某某于2009年12月15日将该油轮向银行抵押贷款，可以证明吕某某直接参与了经营活动，也不存在经济独立的约定。综上，请求对本案再审。

吕某某在再审中答辩称，二审判决认定事实清楚，适用法律正确，应当予以维持。1. 王某某应对该笔债务的真实性承担举证责任，包括借款交付的事实、王某某交付出资款的事实、形成合伙债务的具体账目。而（2011）某民初字第973号民事判决书认定该笔债务系借款，本案二审判决又认定为合伙期间形成的债务，对该名为合伙实为借贷的债务，应认定为无效。2. 即使刘某某与王某某的合伙关系真实，刘某某也是在婚前与王某某形成合伙关系，以婚前个人财产从事合伙经营，由此形成的债务不属于夫妻共同债务。3. 吕某某并未参与该油轮的经营，对银行抵押贷款一事也毫不知情。抵押合同上未有吕某某本人签名，身份证也是作废的旧证件。4. 吕某某与刘某某约定实行分别财产制，婚后也是分开生活，吕某某有固定收入来源，无须刘某某提供经济帮助，王某某均明知，对此有证人证言予以证实。王某某应举证证明该债务确实用于吕某某与刘某某的夫妻共同生活或共同经营，否则吕某某不应对该笔债务承担连带偿还责任。吕某某与刘某某离婚并非是为了逃避债务，而是刘某某与他人关系暧昧。综上，请求维持二审判决。

本院再审查明的事实与一审法院查明的事实相同。

本院再审另查明：1. 2005 年 3 月 1 日，王某某、刘某某与案外人南京某某洋运输有限公司法定代表人郑某某共同签订《关于筹资共同建造船舶合伙经营的协议》，约定三方共同投资建造某某洋 8 号船队，各方出资三分之一，利润均分。协议并对船舶管理、费用支出等事项作了约定。王某某于当日向南京某某洋运输有限公司支付 60 万元投资款。同日，刘某某与王某某又签订《合资资产股份权属、资产运营和利益分配合同》（以下简称 2005.3.1 合同），约定王某某将某某洋 8 号轮队的 60 万元投资款转至刘某某名下，刘某某将某某洋 1 号轮队的 60 万元投资款转给王某某。刘某某全额承包经营某某洋 1 号轮队，全年向王某某支付净收益共计 24 万元。轮队其余利润及盈亏归刘某某所有。2006 年 1 月 1 日，刘某某、王某某签订《合资资产股份权属、资产运营和利益分配合同》（以下简称 2006.1.1 合同），约定经营期限为 2006 年 1 月至 2009 年 2 月底，其余内容与 2005.3.1 合同主要内容相同。当日，刘某某出具收到王某某投资建某 1 号油轮 60 万元投资款的收条。某某洋 1 号轮队即为建某 1 号油轮。2009 年 3 月 1 日，刘某某与王某某签订《建某油拖 1 号轮队合资资产股份权属、资产运营和利益分配合同（续签一）》，除经营期限约定为 2009 年 3 月 1 日至 2010 年 2 月底、刘某某向王某某支付净收益 15 万元以外，其余内容与上述两份合同一致。2010 年 3 月 1 日及 2011 年 3 月 1 日，双方又签订内容基本一致的合同，其中 2010 年 3 月 1 日的合同中约定期限为 2010 年 3 月 1 日至 2011 年 2 月底，并将刘某某支付王某某的净收益改为 11 万元。2011 年 3 月 1 日的合同中经营期限为 2011 年 3 月 1 日至 2011 年 9 月 30 日计 7 个月，将刘某某支付王某某的净收益改为 6.4 万元，并分两期付款，第一次于 2011 年 6 月底前付 50%，合同到期前付清余款。

2006 年 5 月 19 日至 2007 年 8 月 15 日，王某某收取刘某某支付的净收益共计 33 万元。

2010 年 3 月 1 日，双方对刘某某拖欠的净收益进行核对，刘某某共计欠付 76 万元，加双方商定的利息 4 万元，合计欠付 80 万元。2011 年 3 月 1 日，双方确认刘某某欠付 2010 年 3 月 1 日至 2011 年 2 月 28 日净收益 11 万元，另加双方商定的利息 9 万元，共计 100 万元。刘某某于当日出具涉案 100 万元借条。

2. 2006 年 6 月 15 日，吕某某与刘某某签订《约定》，明确坐落于江苏省某城市某某新村三区四幢 101 室房屋为吕某某于婚前取得，为吕某某所有。2006 年 6 月 17 日及 2008 年 11 月 30 日，刘某某向吕某某分别出具两张 10 万元的借条，载明所借款项为吕某某婚前财产。2008 年 11 月 30 日，刘某某与吕某某签订《婚后协议（补充）》，约定家庭日常开支仍由双方各自承担一半，个人开支个人负责，双方婚前财产及婚后收入归各自所有，婚后债务各自承担，各自抚养自己的父母及小孩。2011 年 8 月 29 日，吕某某与刘某某签订离婚协议，约定夫妻关系存续期间各自所欠债务（借条上签名是谁的，债务就是谁的），由各自负责偿还。

3. 再审过程中王某某主张因刘某某与吕某某共同将涉案油轮向银行抵押贷款，故存在吕某某直接参与合伙经营的事实，所提供的证据为该贷款合同中所附的刘某某与吕某某的结婚证以及吕某某的身份证复印件，该书证为江苏省某某市人民法院在执行（2011）某民初字第973号案件过程中前往建某县农村信用合作联社下辖单位某庄信用社调取，其中结婚证持证人为刘某某。

本案再审期间，吕某某向本院提交了《某城市一小教育集团某某某校区2005-2006学年度各班任课情况》，用以证明从2005年开始吕某某都在正常承担上课任务，不可能与刘某某一起从事油轮的经营。王某某质证认为吕某某正常上课的事实并不能排除其与刘某某一起从事经营的事实。

本案再审争议焦点为：吕某某是否应对2011年3月1日刘某某向王某某出具的100万元借条对应的债务承担清偿责任。

一、关于涉案债务的真实性问题

吕某某主张，该笔债务不具有真实性。1. 王某某提供的与刘某某签订的合同中对王某某系现金出资还是转股表述相互矛盾，该合伙关系不具有真实性，由此双方因合伙收益的分配形成的债务也不具有真实性。2. 从合同内容看，王某某不承担经营风险，只享受利润分配，根据《最高人民法院关于审理联营合同纠纷案件若干问题的解答》第四条规定，本案系名为合伙实为借贷的法律关系，双方合伙关系应认定为无效，由此产生的债务也不具有法律效力。

本院认为，本案中王某某的入股股金收条、刘某某与王某某关于每年合伙收益分配的合同及刘某某亲笔签名的结欠收益清单均足以证明王某某存在出资并与刘某某从事合伙经营的事实，已经生效的（2011）某民初字第973号王某某诉刘某某民间借贷纠纷案的民事判决也已经确认该笔债务的数额和效力。吕某某的该项主张不能成立。

二、关于涉案债务是否属于刘某某与吕某某的夫妻共同债务问题

本院认为，夫妻共同债务，是指夫妻一方或者双方在婚姻关系存续期间，为维持家庭共同生活所负的债务。夫妻一方的个人债务，则是指夫妻一方婚前债务或者婚后以个人名义所负的与夫妻共同生活无关的债务。可见，是否为夫妻共同债务，应当以该债务是否用于夫妻共同生活作为本质的判断标准。具体何为"用于夫妻共同生活"，2004年《婚姻法解释（二）》第二十四条进一步明确，债权人就婚姻关系存续期间夫妻一方以个人名义所负债务主张权利的，应当按夫妻共同债务处理。但夫妻一方能够证明债权人与债务人明确约定为个人债务，或者能够证明夫妻双方实行分别财产制且债权人明知的除外。

本案中，王某某提出刘某某与吕某某共同向银行办理油轮抵押贷款，故存在吕某某参与共同经营的事实，该共同经营行为所形成的债务应为夫妻共同债务。吕某某则抗辩其未参与合伙经营，对贷款一事并不知情，对此，本院认为，王某某提供的证据为贷款合同所附的结婚证及吕某某的身份证复印件，而结婚证载明的持证人为刘某某，王某某未能进一步举证证明吕某某具有共同将该油轮向银行抵押贷款的意思表示，仅凭该贷款合同附有吕某某的身份证复印件并不足以证明吕某某存在与刘某某共同经营的事实。

尽管涉案债务不属于吕某某和刘某某共同从事油轮运输经营所产生的债务，而是刘某某一方对外从事合伙经营所负债务，但本院认为，由于该债务是在刘某某在婚后几年内与王某某合伙经营中累积形成，且刘某某出具借条时间亦在其与吕某某的婚姻关系存续期间，故该债务仍应推定属于夫妻共同债务。吕某某主张涉案债务为刘某某个人债务不能成

立。具体理由如下：

1. 吕某某以本案符合 2004 年《婚姻法解释（二）》第二十四条规定的实行分别财产制且债权人王某某明知为由主张该债务应为刘某某个人债务。对此，吕某某提供了证人证言、社区等单位的书面证明、其与刘某某实行分别财产制的书面约定、刘某某向吕某某借款的借条、离婚协议书等证据，但这些证据尚不能充分证明其主张，理由是：（1）证人证言均系间接证据，且证人与吕某某系多年好友，证明力较低，不能单独作为定案依据。（2）社区等单位的书面证明只提及吕某某与刘某某实行约定财产制，但并不足以证明债权人王某某对该约定亦属明知，且无人出庭，证明力亦存在瑕疵。（3）关于房产的《约定》和借条等书证均载明，房产及出借款项是吕某某的婚前财产，该组证据只是对吕某某个人婚前财产的约定，尚无法直接证明双方婚后即实行分别财产制。（4）《婚后协议》系在刘某某与吕某某婚后三年形成，吕某某未能证明其与刘某某在结婚之初即约定实行分别财产制，且并无证据证明王某某对此明知。（5）离婚协议书中对于夫妻债务如何承担的约定是在本案债务形成之后，只能在吕某某与刘某某之间发生约束力，不能对抗债权人王某某。

综上，吕某某未提供充分证据证明其与刘某某实行分别财产制且债权人王某某明知，其以此为由主张涉案债务不是夫妻共同债务依据不足。

2. 吕某某在本案中还主张涉案债务不符合"用于夫妻共同生活"这一夫妻共同债务的本质特征，理由有二：一是该债务不是对外借贷所产生，而是结欠的承包金，该债务未实际用于其与刘某某的夫妻共同生活；二是其与刘某某实行分别财产制，即使合伙行为产生收益，其也未享受到该收益，因此合伙所产生的债务也与其无关。本院认为，该两项理由均不能成立：

首先，涉案债务虽为欠付的合伙收益，但该债务是因婚姻关系存续期间刘某某一方对外经营所产生，其归属应与合伙收益相结合进行判断。由于我国实行婚后所得共同制，在该制度下，除非法律有特别规定或夫妻有特别约定，否则夫妻婚后所得即推定属于夫妻共同共有。与此相对应，我国现行《婚姻法》第十七条规定，婚姻关系存续期间，生产、经营的收益归夫妻共同共有。2004 年《婚姻法解释（二）》第二十三条亦规定，夫妻一方以个人财产投资取得的收益属于夫妻共同所有的财产。因此，刘某某虽在婚前几天以个人财产与王某某合伙，但根据上述规定，因该合伙经营产生的收益属于其与吕某某的夫妻共同财产，则与该收益相对应的消极财产即债务也应属于夫妻共同债务。

其次，吕某某未能证明与刘某某在整个婚姻关系存续期间均实行分别财产制；即使能够证明，该事实也只能对抗婚姻关系内部的配偶一方，而不能对抗婚姻关系外部的债权人。就债权人王某某而言，并无证据证明其明知刘某某与吕某某实行分别财产制。根据保护交易安全的基本原则，债权人在与债务人没有特别约定的情况下，有权基于婚姻法关于夫妻财产制的一般规定作出商业判断和商业选择，也有权要求债务人以其依法享有的全部财产作为清偿债务的一般担保。由于我国的法定夫妻财产制是婚后所得共同制，因此，王某某有理由相信刘某某因合伙所获得的收益用于夫妻共同生活，成为夫妻共同财产的组成部分；同样其也有理由认为刘某某的合伙债务属于夫妻共同债务，应由夫妻共同清偿。

综上，涉案债务系产生于刘某某与吕某某婚姻关系存续期间，吕某某未能证明其与刘某某实行分别财产制且债权人王某某明知，亦未能证明该债务未用于其与刘某某的夫妻共同生活，本案债务应认定属于吕某某与刘某某的夫妻共同债务。

三、关于吕某某承担涉案夫妻共同债务的财产范围

如上所述，涉案债务被认定为夫妻共同债务的原因并不是吕某某实际参与了合伙经营活动，也不是吕某某与刘某某之间就涉案债务存在举债合意，而是基于我国婚后所得共同制的法律规定。吕某某与刘某某对婚后一方取得的财产存在共同所有的关系，成为夫妻共同生活的一部分，则与该财产相对应的债务也属于夫妻共同债务。正因为此，对该债务承担偿还责任时，吕某某的责任财产范围也应与该财产制相对应，即与夫妻共同生活无关的财产应排除在外。根据我国现行《婚姻法》第十七条及第十八条之规定，夫妻在婚姻关系存续期间所得的生产、经营的收益等财产属于夫妻共同所有，一方婚前财产等属于夫妻一方的财产。本案中，吕某某婚前个人财产及其与刘某某离婚后取得的财产属于吕某某的个人财产，与夫妻共同生活并无关联，因此，吕某某偿还涉案夫妻共同债务仅应以其与刘某某的共同财产为限，其个人财产不应作为偿还涉案夫妻共同债务的责任财产。而刘某某作为借款人，其举债的行为表明其有将个人全部财产作为责任财产的意思表示，包括夫妻共同财产中其享有的部分，故刘某某仍应以个人全部财产及夫妻共同财产中其享有的部分对涉案债务承担清偿责任。

综上，刘某某于 2011 年 3 月 1 日向王某某出具 100 万元借条及相应的利息，属于吕某某与刘某某的夫妻共同债务。但在责任财产范围上，刘某某应以其全部财产对该债务承担清偿责任；吕某某则仅需以其与刘某某在婚姻关系存续期间取得的夫妻共同财产为限，对该债务承担清偿责任。依照《中华人民共和国婚姻法》第十七条、第十八条，《最高人民法院关于适用〈中华人民共和国婚姻法〉若干问题的解释（二）》第十一条、第二十四条，《中华人民共和国民事诉讼法》第一百四十四条、第一百七十条第一款第（二）项、第一百七十四条、第二百零七条之规定，经本院审判委员会研究决定，判决如下：

一、撤销江苏省某某市中级人民法院（2013）某民终字第 217 号民事判决和江苏省某某市人民法院（2012）某民初字第 1444 号民事判决；

二、吕某某以其与刘某某的夫妻共同财产为限对（2011）某民初字第 973 号民事判决确定的债务承担清偿责任；

三、驳回吕某某的其他诉讼请求。

一审案件受理费 80 元，由王某某负担；二审案件受理费 80 元，公告费 600 元，合计 680 元，由王某某负担；再审案件公告费 580 元，由王某某负担。

本判决为终审判决。

四、离婚后子女抚养案例

基本理论概述

离婚后，父母对于子女仍有抚养和教育的权利和义务。父母与子女间的关系，不因父母离婚而消除。离婚后，子女无论由父或母直接抚养，仍是父母双方的子女。离婚后，哺乳期内的子女，以随哺乳的母亲抚养为原则。哺乳期后的子女，如双方因抚养问题发生争

执不能达成协议时，由人民法院根据"有利于子女健康成长"的原则和双方的具体情况判决。十周岁以上子女一般应当考虑该子女的意见。

不直接抚养子女的父或母，有探望子女的权利，另一方有协助的义务。行使探望权利的方式、时间由当事人协议；协议不成时，由人民法院判决。父或母探望子女，不利于子女身心健康的，由人民法院依法中止探望的权利；中止的事由消失后，应当恢复探望的权利。

主要相关法律、法规及司法解释链接

我国现行《婚姻法》

第二十一条　父母对子女有抚养教育的义务；子女对父母有赡养扶助的义务。

父母不履行抚养义务时，未成年的或不能独立生活的子女，有要求父母付给抚养费的权利。

子女不履行赡养义务时，无劳动能力的或生活困难的父母，有要求子女付给赡养费的权利。

禁止溺婴、弃婴和其他残害婴儿的行为。

第三十六条　父母与子女间的关系，不因父母离婚而消除。离婚后，子女无论由父或母直接抚养，仍是父母双方的子女。

离婚后，父母对于子女仍有抚养和教育的权利和义务。

离婚后，哺乳期内的子女，以随哺乳的母亲抚养为原则。哺乳期后的子女，如双方因抚养问题发生争执不能达成协议时，由人民法院根据子女的权益和双方的具体情况判决。

第三十七条　离婚后，一方抚养的子女，另一方应负担必要的生活费和教育费的一部或全部，负担费用的多少和期限的长短，由双方协议；协议不成时，由人民法院判决。

关于子女生活费和教育费的协议或判决，不妨碍子女在必要时向父母任何一方提出超过协议或判决原定数额的合理要求。

第三十八条　离婚后，不直接抚养子女的父或母，有探望子女的权利，另一方有协助的义务。

行使探望权利的方式、时间由当事人协议；协议不成时，由人民法院判决。

父或母探望子女，不利于子女身心健康的，由人民法院依法中止探望的权利；中止的事由消失后，应当恢复探望的权利。

2001 年《婚姻法解释（一）》

第二十条　婚姻法第二十一条规定的"不能独立生活的子女"，是指尚在校接受高中及其以下学历教育，或者丧失或未完全丧失劳动能力等非因主观原因而无法维持正常生活的成年子女。

第二十一条　婚姻法第二十一条所称"抚养费"，包括子女生活费、教育费、医疗费等费用。

第二十六条　未成年子女、直接抚养子女的父或母及其他对未成年子女负担抚养、教育义务的法定监护人，有权向人民法院提出中止探望权的请求。

第三十二条　婚姻法第四十八条关于对拒不执行有关探望子女等判决和裁定的，由人民法院依法强制执行的规定，是指对拒不履行协助另一方行使探望权的有关个人和单位采取拘留、罚款等强制措施，不能对子女的人身、探望行为进行强制执行。

示范案例一

未成年子女接受高等教育，父母有无负担教育费的义务？

谭家庆与王玉芳系某厂职工，1997 年双方经人介绍相识相恋，一年后结婚，生有一子谭强，双方皆视为掌上明珠。自 2005 年以来，工厂的效益开始滑坡，到 2009 年时已处于半停产状态，夫妻双双下岗，只好在外打零工，维持基本生活。经济的压力使得原本和睦友爱的家庭逐渐失去了笑声，双方经常为经济发生争吵，以致大打出手，严重伤害了夫妻间的感情。同时，谭家庆还经常酗酒。他喝醉酒回家就打人，有时连儿子也不放过。夫妻俩最后已到了无法共处的地步，双方遂于 2014 年 1 月协议离婚。但在由谁抚养儿子谭强一事上存在分歧，双方都希望儿子与自己生活，于是由谭家庆向法院起诉请求离婚，并要求与儿子共同生活。法院在征求谭强的意见后，判决双方离婚，谭强由王玉芳抚养，谭家庆每月负担 250 元抚养费。一年后 17 岁的谭强考入一所重点大学，每年需要 6000 多元学费及数千元的生活费，王玉芳下岗后一直在外打工，每月只能挣 800 元，她实在拿不出钱来供儿子上学，要求谭家庆每年给付 3000 元教育费供儿子上学。可谭家庆表示：我每个月都按法院判决给了 250 元的抚养费，已尽了抚养义务，何况我收入不高，还要准备再婚，因此不愿再负担谭强的教育费。王玉芳便以儿子谭强的名义及法定代理人的身份向法院起诉，要求判决谭家庆增加对儿子的教育费。

请问：未成年子女接受高等教育，父母有无负担教育费的义务？

分析意见：

在离婚时，离婚后子女由何方父母直接抚养，以及抚养费如何负担，这是在司法实践中经常遇到的难题。应该如何保护离婚后未成年子女的利益，这是一个当前不容忽视的重要问题。

我国现行《婚姻法》第三十六条第一款规定："父母与子女间的关系，不因父母离婚而消除。离婚后，子女无论由父或母直接抚养，仍是父母双方的子女。"父母子女之间的血缘关系不因父母离婚而消除，父母双方都有义务抚养子女。离婚后，父母抚养子女的方式有所改变，一般为由离婚前父母共同抚养变更为离婚后由一方直接抚养，而另一方支付全部或部分抚养费。对抚养费的负担数额，我国现行《婚姻法》第三十七条第一款规定："离婚后，一方抚养子女的，另一方应负担必要的生活费和教育费的一部或全部，负担费用的多少和期限的长短，由双方协议；协议不成时，由人民法院判决。"2001 年《婚姻法解释（一）》第二十一条明确规定："婚姻法第二十一条所称'抚养费'包括子女生活费、教育费、医疗费等费用。"

对抚养费的数额，可根据子女的实际需要，父母的负担能力和当地实际生活水平来确定。根据 1993 年《子女抚养意见》第七条规定："子女抚育费的数额……有固定收入的，抚育费一般可按其月总收入的百分之二十至百分之三十的比例给付。负担两个以上子女抚育费的，比例可适当提高，但一般不得超过月总收入的百分之五十。无固定收入的，抚育费的数额可依据当年总收入或同行业平均收入，参照上述比例确定。有特殊情况的，可适当提高或降低上述比例。"

对抚养费的给付期限，我国现行《婚姻法》第二十一条规定："父母对子女有抚养教育的义务……未成年的或不能独立生活的子女，有要求父母付给抚养费的权利……"2001 年《婚姻法解释（一）》第二十条规定："婚姻法第二十一条规定的'不能独立生活的子女'，是指尚在校接受高中及其以下学历教育，或者丧失或未完全丧失劳动能力等非因主观原因而无法维持正常生活的成年子女。"

对抚养费给付方式，1993 年《子女抚养意见》第八条规定："抚育费应定期给付，有条件的可一次性给付。"第九条规定："对一方无经济收入或者下落不明的，可用其财物折抵子女抚育费。"从上述规定可看出，抚育费一般采用定期支付方式，抚育费的给付方式一般应在调解书或判决书中写明，既可是现金，也可是实物。凡父母有固定收入的，一般按月或定期给付；在农村可以按季度或年度给付；给付方是外国人，港、澳、台居民，华侨的，或长期在国外工作、生活的，可采用一次性给付，对于没有经济收入的一方和下落不明的一方可用其个人财产和离婚时应分得的共同财产折抵抚养费。

子女抚养费数额经协议或判决确定后，因情势变化，可能会出现抚养费数额不足，或父母支付能力不足的情况，因此可以请求对抚养费进行变更。我国现行《婚姻法》第三十七条第二款规定："关于子女生活费和教育费的协议或判决，不妨碍子女在必要时向父母任何一方提出超过协议或判决原定数额的合理要求。"1993 年《子女抚养意见》第十八条规定："子女要求增加抚育费有下列情形之一，父或母有给付能力的，应予支持。（1）原定抚育费数额不足以维持当地实际生活水平的；（2）因子女患病、上学，实际需要已超过原定数额的；（3）有其他正当理由应当增加的。"同时，若给付义务方经济情况等发生变化，无力履行原定抚养费数额的，可通过协议或判决，减少或免除抚养费。例如，抚养子女一方再婚，继父或继母愿意承担继子女的抚育费的一部或全部，另一方的给付抚育费义务可酌情减免；又如，有给付义务一方长期患病，丧失劳动能力，或被判刑监禁，无力给付的，抚养费义务人可以请求适当减少或者终止给付。

在本案当中，谭强就读大学虽不属于高中及其以下学历教育，但谭强属于未成年人，其父谭家庆在谭强成年之前有义务支付谭强的生活费、教育费。另外，谭家庆虽然工资不高，但让其每年支付 3000 元学费其有能力承受。在谭强满 18 岁以后，谭家庆虽无法律上的义务继续抚养该子女，但如其自愿抚养的，法律不予干预。因此，法院应依法判决谭家庆在谭强未成年前每年支付 3000 元的教育费。

示范案例二

探望权受到侵害，可否请求精神损害赔偿？

李英俊（男）和程敏（女）于 2014 年 1 月协议离婚，双方所生的儿子李杰随程敏生活。双方在离婚时约定，李英俊享有探望权，每月探望小孩不少于两次。离婚后，由于李英俊事前不与程敏联系，自行决定时间前往探望孩子，给程敏和孩子的生活带来了不便。因此，后来李英俊探望小孩多次遭拒。于是李英俊于 2016 年 2 月向法院起诉。其称，双方离婚后，程敏阻挠其行使探望权，现要求将探视的时间定为每月三次，每次一天，并要求被告赔偿精神损失费 1 万元。

请问：本案依法应如何处理？

分析意见：

本案是一起涉及探望权纠纷的案件，主要涉及以下几个方面的问题。

第一，当事人就探望权问题单独提起诉讼，人民法院是否应该受理？我国现行《婚姻法》第三十八条第一款规定："离婚后，不直接抚养子女的父或母，有探望子女的权利，另一方有协助的义务"。由此明确了夫妻离婚后对子女的探望权制度。所谓探望权，是指夫妻离婚后，不直接抚养子女的父或母有探望子女的权利。直接抚养子女的一方有义务协助非直接抚养一方行使探望的权利。探望权可以保证夫妻离婚后非直接抚养子女的一方能够定期与子女相聚，有利于弥合家庭解体给父母子女之间造成的感情伤害，有利于未成年子女的健康成长。探望权是基于父母子女关系所享有的身份权利，是一种实体权利，父或母有权单独行使。因此，对于当事人就探望权问题提出的独立诉讼，法院应当受理。但必须明确的是，探望权主体不能任意扩大，有人认为，应当允许祖父母、外祖父母探望自己的孙子女、外孙子女，并认为这符合传统习俗，符合有些抚养关系的实际。这种主张虽有一定的道理，但此说目前在我国并无法律依据。目前，我国现行《婚姻法》规定的有权提起探望权诉讼的主体，只能是不直接抚养子女的父或母。

第二，探望权的行使及其限制。探望权不仅可以满足父或母对子女的关心、抚养和教育的情感需要，保持与子女的来往，及时、充分地了解子女的生活、学习情况，更好地对子女进行教育，而且可以增加子女与非直接抚养的父母一方的沟通和交流，减轻子女的家庭破碎感，有利于子女的健康成长。如何平衡父母探望的权利和促进子女身心健康的发展，是确立探望权制度的关键。行使探望权，涉及直接抚养一方和子女的利益，因此有必要确定探望的时间、方式。本案中原告与被告双方正是在探望子女的时间、方式上产生了分歧，导致了矛盾的产生。我国现行《婚姻法》明确规定："行使探望权利的方式、时间由当事人协议；协议不成时，由人民法院判决。"可见，在确定探望的时间和方式问题上，我国现行《婚姻法》规定了父母协议和法院判决两种方式，并且确定了协议优先原则。在实际生活中，由于父母往往是因为感情破裂而解除婚姻关系的，双方协商时可能会过多考虑自己的利益，故意提出不合理的时间、方式，致使协议难以达成。因此，如探望权人向法院提起诉讼，要求法院依法确定探望的时间和方式时，法院应受理其请求，依法作出判决。

一般来说，探望子女有两种方式：一是看望性探望。这种方式时间短，方式灵活，但是不利于探望人和子女的深入交流；二是逗留性探望。这种方式时间较长，可在双方约定或法院判定的时间内，由探望人领走并按时送回子女，有利于探望人和子女的深入了解和交流。本案当事人的请求正是采取后一种方式。此外，探望权的行使也有一定的限制。我国现行《婚姻法》第三十八条第三款规定："父或母探望子女，不利于子女身心健康的，由人民法院依法中止探望的权利，中止的事由消失后，应当恢复探望的权利。"即不利于子女身心健康，这是申请中止探望权的法定理由。离婚后，不直接抚养子女的父或母一方行使探望权，有时可能危害子女的身心健康。例如，有的父母一方有吸毒、赌博等恶习或对子女有家庭暴力行为；有的父母一方在精神健康方面存在疾病，探望子女会给孩子带来身心危害；有的父母一方有劫持、胁迫孩子的可能，甚至有教唆、引诱未成年子女实施违法或犯罪行为的可能。凡出现上述情形之一的，由直接抚养子女的父或母提出探望权申请并举证，经人民法院查证属实后可依法作出判决，中止不直接抚养子女的父或母一方对探望权的行使。

第三，探望权受到侵害，可否适用精神损害赔偿？探望权是不直接抚养子女的父母一方的人身权利，如果直接抚养子女的一方人为地故意设置障碍，使探望权人见不到子女，遭受精神痛苦，探望权人可以请求精神损害赔偿。判令精神损害赔偿既可以补偿探望权人不能行使探望权所受到的伤害，也可约束直接抚养人履行法定的协助义务。本案中，原告提出被告方阻碍其探望子女，使其精神受到了损害，要求被告赔偿其精神损失。但这是由于原告本身对探望权行使不适当所致，其不符合 2001 年《确定民事侵权精神损害赔偿责任的解释》规定的条件。因此，人民法院应依法驳回原告该项诉讼请求。

讨论案例

1. 爷爷奶奶对孙子有无探望权？

梁革与李红于 2005 年 5 月 1 日结婚，在第二年生育一子取名梁小东。后因感情不和，梁革与李红于 2013 年 3 月 5 日离婚，梁小东由母亲李红抚养，梁革每月支付 600 元抚养费。梁小东的爷爷奶奶常到李红处看望孙子。2015 年 4 月李红再婚组建了新的家庭，她认为梁小东的爷爷奶奶经常来探望孙子，可能影响其新的家庭关系。她就对梁小东的爷爷奶奶提出，以后如果他们没有事先预约获得她的允许，不能擅自前来探望。但梁小东的爷爷奶奶认为，自己就这一个孙子，去看望他合情合理，因此不予理睬，仍经常带着买的食物来探望梁小东。李红对此不能忍受，遂于 2015 年 5 月向区法院起诉，要求中止梁小东爷爷奶奶的探望行为。

请问：本案法院应当如何处理？

2. 被判刑入狱服刑期间还可以行使探望权吗？

在某监狱服刑的赵某在犯罪被判刑入狱前就已经与其妻子朱某协议离婚，并约定他们 7 岁的女儿小华随朱某生活，赵某每周探望一次。当时双方均能较好地按协议约定来履行，并且赵某与其女儿小华的感情也非常融洽。后来赵某犯罪被判刑入狱，他多次请求朱某带小华来看他，均没有得到朱某的支持。赵某只得通过监狱向当地人民法院起诉，要求朱某承担违约责任，并赔偿精神损失 3000 元。朱某以赵某被判刑入狱，行使探望权不利于女儿的身心健康为由反驳。

请问：赵某被判刑入狱服刑期间，可以行使探望权吗？

3. 拒不履行离婚时确定的子女抚养费，另一方可否申请法院强制执行？

李玉与其夫何兵因家庭琐事发生争执，导致夫妻感情破裂。李玉遂起诉至法院，要求与何兵离婚。在法院审理此离婚诉讼案中，何兵同意离婚，但双方均要求直接抚养 8 岁的儿子。经调解无效，法院依法判决离婚，两人的儿子由何兵直接抚养，李玉每月支付抚养费 600 元。判决生效后，李玉却拒绝将儿子交给何兵直接抚养。

请问：何兵可以向法院申请强制执行吗？

4. 做了绝育手术，能否优先获得直接抚养子女的权利？

王兰（女）和刘鹏（男）于 2008 年 5 月经朋友介绍认识，双方第一次见面就互有好感，于是继续交往，经过两个月的接触，二人便同居在一起。同居期间，王兰稍有不满意，便耍脾气，甚至深夜离家出走。但刘鹏认为两人感情尚可，婚后应该会有所改变，

2009 年 8 月双方共同到婚姻登记机关领取了结婚证。婚后,王兰懒惰的性格就逐渐显现,不会煮饭,也不想学习厨艺,经常以快餐或速食面充当主餐,也极少打扫家庭卫生。尤其是王兰只有初中文化,与大学毕业的刘鹏缺乏共同语言,夫妻感情日渐淡漠。2010 年 8 月,夫妻两人的儿子刘强出生后,刘鹏的父母从乡下来到刘鹏家中,帮助养育小孩。在此期间由于刘鹏父母的乡下亲戚来访较多,王兰对此颇为不满。她认为理想中的家庭生活应该是一家三口,不能有其他人的干扰。于是,她多次提出要求刘鹏的父母搬出去居住,为此便借故经常吵骂刘鹏的父母。刘鹏的父母不堪忍受,于 2012 年 8 月搬出另行租房居住。刘鹏对此非常生气,遂带着儿子去与父母共同居住。王兰则单独一个人留在家中居住。此情况一直延续至 2014 年 9 月,夫妻分居已经两年多了,王兰却不来主动向刘鹏及刘鹏的父母承认自己的错误,刘鹏见和好无望,便以夫妻感情破裂为由,于 2014 年 9 月 5 日向人民法院起诉请求离婚,要求儿子归自己直接抚养,并说明其父母愿意并有能力帮助他继续照料刘强。

而王兰却在答辩状中称,自己与刘鹏夫妻感情尚可,只是因为刘鹏的父母来到家中才导致夫妻关系不和,因此不同意与刘鹏离婚,并且提出要求领回儿子刘强由自己直接抚养,因为自己已经做了绝育手术今后不能再生育,故应当照顾母方的合理要求。

请问:本案依法应当如何处理?

5. 有识别能力的子女是否有权中止其母的探望权?

刘松与高小兰因感情不和,2012 年 9 月双方达成协议办理了登记离婚,9 岁的女儿刘丽归刘松直接抚养,高小兰每月支付 400 元抚养费。后来,因探望女儿的问题,双方多次发生纠纷。2015 年 1 月,高小兰向法院提起探望权诉讼,要求每周六、周日接女儿刘丽回家,法院作出判决,同意高小兰每周六接女儿回她家相聚,周日下午六点送回。三个月后,女儿刘丽一再表示拒绝其母的探望,并向法院提出中止其母探望权的申请。其父刘松作为法定代理人认为,在高小兰探望女儿期间,多次将女儿带入舞厅等不宜未成年人出入的场所,影响女儿的身心健康及其学习、生活。高小兰认为探望女儿是自己的权利,他人无权阻止。

请问:法院可否做出中止高小兰的探望权的裁决?为什么?

相关裁判实例摘录①

朱某甲与殷某甲变更抚养关系纠纷案

1999 年,朱某甲与殷某甲经人介绍相识后同居,同居生活期间,殷某甲于 2001 年 6 月 22 日生一女殷某昕(曾用名朱某星)。2004 年 12 月 4 日生一子殷某航(曾用名朱某大、朱某波)。2004 年夏,朱某甲因车祸致精神障碍。2005 年 2 月,殷某甲父母将非婚生子殷某航、非婚生女殷某昕送到朱某甲家,朱某甲不要,并殴打殷某甲的父亲。后朱某甲与殷某甲分居约九年时间,殷某昕、殷某航一直由殷某甲抚养,殷某甲的父母帮助照顾。殷某昕、殷某航现就读于距离外祖父家约 1 里远的堆沟港镇中心小学。2011 年春天,朱某甲因颅脑外伤继发精神障碍在灌南县二院精神科住院治疗 6 个月,恢复正常后再次复发。2012 年农历 3 月

---

① 摘自中国裁判文书网,(2013)苏民申字第 617 号。

8 日，朱某甲再次在灌南县精神病院住院治疗，每月花费 5000 元。2012 年 5 月 4 日，朱某甲向江苏省灌南县人民法院起诉，请求判令非婚生子女殷雨昕、殷雨航由其抚养。该案经审理，一、二审均判决驳回朱某甲的诉讼请求。朱某甲不服，向法院申请再审。朱某甲申请再审称：一、朱某甲的身体已经康复，有打工挣钱、抚养孩子的能力和条件。二、殷某甲与曾某军已生育一男孩，曾某军与前妻所生的女孩也由其抚养，殷某甲没有抚养四个子女的经济条件，曾某军全家也不愿意抚养殷某昕、殷某航，为此常起口角。三、殷某甲多年来把孩子放在其父亲家生活，自己在外打麻将，未尽母亲之责。殷某甲的父亲已有一孙，殷某昕、殷某航是他们的出气筒，身心受到伤害，归朱某甲抚养有利于其成长。四、殷某甲的父亲一、二审均未出庭。综上所述，一、二审法院认定事实错误，判决结果错误。请求再审撤销一、二审判决，改判殷某昕、殷某航归朱某甲抚养，殷某甲、殷某乙共同承担本案的全部诉讼费。

再审法院审理认为：朱某甲诉请变更抚养关系，但其自身因颅脑遭受外伤而继发精神障碍，至今尚在治疗之中，尚需他人监督、保护。朱某甲的父亲在 2012 年 5 月 4 日的一审庭审中也明确陈述"（朱某甲）没有行为能力"、"我是他的法定代理人"、"我知道我家儿子是攻击性的精神病"。因此，朱某甲自身并没有抚养能力。我国《民法通则》第十六条第一款规定，未成年人的父母是未成年人的监护人。若父母中一方没有监护能力，则应由另一方承担监护责任。在本案中，在朱某甲没有行为能力、没有监护能力的情况下，自应由殷某昕、殷某航的母亲殷某甲监护。而且，朱某甲也陈述，自 2004 年 12 月 29 日以来，殷某昕、殷某航一直随殷某甲生活。灌南县堆沟港镇某某村村委会出具的证明，可以证实殷某甲的生活条件在该村属中上等水平，具有抚养能力；灌南县某某港镇中心小学出具的证明，则可以证实殷某昕、殷某航的学习和成长情况均较良好（经查一审庭审笔录，该两份证明并非没有质证，朱某甲虽认为系伪证，但没有提供证据证实）。一审法院也征求了年满十周岁的殷某昕的意见，其明确表示愿意和妈妈生活，不愿和爸爸、爷爷生活。因此，朱某甲不具备抚养孩子的条件，殷某甲具备抚养能力并一直抚养孩子，孩子也愿意随其母亲继续生活，抚养关系不宜变更。一、二审法院着眼于未成年人的健康成长，判决驳回朱某甲的诉讼请求，并无不当。

五、离婚经济帮助、经济补偿及损害赔偿案例

基本理论概述

离婚时，一方如果生活困难可以请求另一方给予适当的经济帮助。另一方有负担能力的，应该从其住房等个人财产中给予适当的帮助。具体办法由双方进行协商，协商不成的，由人民法院判决。

夫妻双方如果书面约定婚后所得的财产归各自所有和支配。在婚姻关系存续期间，一方因抚养子女、照料老人、协助另一方工作等尽了较多义务，在离婚时，享有请求另一方给予经济补偿的权利。经济补偿的数额、给付方式应当由双方协商，协商不成的由人民法院判决确定。人民法院根据一方付出义务及对家庭贡献的大小，对方获得经济利益以及另

一方负担能力等情况综合确定。

　　夫妻关系存续期间一方因重婚，有配偶者与他人同居，实施家庭暴力或者虐待、遗弃家庭成员的行为导致离婚的，无过错一方有权在离婚时要求有过错一方承担损害赔偿责任。损害赔偿的范围包括物质损害赔偿和精神损害赔偿。赔偿的数额人民法院可以根据侵权人的过错程度、伤害手段、场合、行为方式、造成的后果以及侵权人的负担能力等因素综合确定。

主要相关法律、法规及司法解释链接

我国现行《婚姻法》

　　第四十条　夫妻书面约定婚姻关系存续期间所得的财产归各自所有，一方因抚育子女、照料老人、协助另一方工作等付出较多义务的，离婚时有权向另一方请求补偿，另一方应当予以补偿。

　　第四十二条　离婚时，如一方生活困难，另一方应从其住房等个人财产中给予适当帮助。具体办法由双方协议；协议不成时，由人民法院判决。

　　第四十六条　有下列情形之一，导致离婚的，无过错方有权请求损害赔偿：

　　（一）重婚的；

　　（二）有配偶者与他人同居的；

　　（三）实施家庭暴力的；

　　（四）虐待、遗弃家庭成员的。

2001 年《婚姻法解释（一）》

　　第二条　婚姻法第三条、第三十二条、第四十六条规定的"有配偶者与他人同居"的情形，是指有配偶者与婚外异性，不以夫妻名义，持续、稳定地共同居住。

　　第二十七条　婚姻法第四十二条所称"一方生活困难"，是指依靠个人财产和离婚时分得的财产无法维持当地基本生活水平。

　　一方离婚后没有住处的，属于生活困难。

　　离婚时，一方以个人财产中的住房对生活困难者进行帮助的形式，可以是房屋的居住权或者房屋的所有权。

　　第二十八条　婚姻法第四十六条规定的"损害赔偿"，包括物质损害赔偿和精神损害赔偿。涉及精神损害赔偿的，适用最高人民法院《关于确定民事侵权精神损害赔偿责任若干问题的解释》的有关规定。

　　第二十九条　承担婚姻法第四十六条规定的损害赔偿责任的主体，为离婚诉讼当事人中无过错方的配偶。

　　人民法院判决不准离婚的案件，对于当事人基于婚姻法第四十六条提出的损害赔偿请求，不予支持。

　　在婚姻关系存续期间，当事人不起诉离婚而单独依据该条规定提起损害赔偿请求的，人民法院不予受理。

　　第三十条　人民法院受理离婚案件时，应当将婚姻法第四十六条等规定中当事人的有关权利义务，书面告知当事人。在适用婚姻法第四十六条时，应当区分以下不同情况：

（一）符合婚姻法第四十六条规定的无过错方作为原告基于该条规定向人民法院提起损害赔偿请求的，必须在离婚诉讼的同时提出。

（二）符合婚姻法第四十六条规定的无过错方作为被告的离婚诉讼案件，如果被告不同意离婚也不基于该条规定提起损害赔偿请求的，可以在离婚后一年内就此单独提起诉讼。

（三）无过错方作为被告的离婚诉讼案件，一审时被告未基于婚姻法第四十六条规定提出损害赔偿请求，二审期间提出的，人民法院应当进行调解，调解不成的，告知当事人在离婚后一年内另行起诉。

2004 年《婚姻法解释（二）》

第二十七条　当事人在婚姻登记机关办理离婚登记手续后，以婚姻法第四十六条规定为由向人民法院提出损害赔偿请求的，人民法院应当受理。但当事人在协议离婚时已经明确表示放弃该项请求，或者在办理离婚登记手续一年后提出的，不予支持。

2011 年《婚姻法解释（三）》

第十七条　夫妻双方均有婚姻法第四十六条规定的过错情形，一方或者双方向对方提出离婚损害赔偿请求的，人民法院不予支持。

示范案例一

离婚时，无过错方可否要求精神损害赔偿？

原告隋华与被告刘阳 2007 年经人介绍相识，并于 2009 年 8 月办理了结婚登记。婚后原告与被告感情较好，于 2011 年 7 月生一男孩取名刘永。2010 年年初，刘阳的养父刘春为刘阳购置了一辆桑塔纳轿车供刘阳经营出租车业务。刘阳在开出租车期间认识一李姓女子并与之在外同居。为此，隋华曾于 2012 年 1 月写了一份诉状起诉离婚，后由于刘阳的苦苦哀求而撤诉。2015 年 5 月，刘阳又与一张姓女子认识，并将其带到家中公然同居。隋华无法忍受，遂于同年 6 月向法院起诉，请求与被告离婚，并要求被告付给原告生活补助金、精神损害赔偿金各 1 万元。刘阳也同意离婚。

经查明，刘阳现经营出租车业务，月收入 8000 元，隋华无职业，双方也无房屋、存款等财产可供分割。

请问：本案依法应如何处理？

分析意见：

本案中，原告与被告虽为自由恋爱结婚，婚后夫妻感情较好，但因被告与婚外异性同居，现原告要求离婚，被告同意与原告离婚。故法院对原告离婚的请求应予以支持。此外，本案还涉及离婚损害赔偿和离婚时的经济帮助问题。

离婚损害赔偿是指，在婚姻关系存续期间，夫妻一方有法定过错行为导致离婚的，无过错方有权要求过错方以个人财产给予经济赔偿的法律制度。其构成要件应包括以下三个方面：其一，一方须有法定的过错，即指我国现行《婚姻法》第四十六条规定的四项法定情形，包括：重婚的；有配偶者与他人同居的；实施家庭暴力的；虐待、遗弃家庭成员的。其二，对方须无过错。其三，一方的法定过错行为导致了夫妻感情破裂而离婚的，而给无过错方造成了物质上和精神上的损害后果。2001 年《婚姻法解释（一）》第二十八条规定：

"婚姻法第四十六条规定的'损害赔偿',包括物质损害赔偿和精神损害赔偿……"

在本案中,被告刘阳在开出租车期间认识李姓女子,两人经常同居,后认识张姓女子,发展到带回刘阳家中同居,这属于我国现行《婚姻法》第四十六条规定的有配偶者与他人同居的情形。根据 2001 年《确定民事侵权精神损害赔偿责任的解释》的精神,结合当地的实际社会发展水平和过错方的过错程度,可确定由被告赔偿原告一定的离婚损害赔偿费。这样既可填补损害并抚慰受害人隋华,也可在一定程度上制裁过错方,使案件处理达到法律效果和社会效果的有机统一。

离婚经济帮助请求权,是指离婚时独立生活有困难的一方,有权要求对方给予一定经济帮助费的权利。我国现行《婚姻法》第四十二条规定:"离婚时,如一方生活困难,另一方应从其住房等个人财产中给予适当帮助,具体办法由双方协议;协议不成时,由人民法院判决。"我国离婚经济帮助请求权的适用条件有三:其一,须在离婚时一方生活有困难。2001 年《婚姻法解释(一)》第二十七条第一、二款规定:"婚姻法第二十四条所称'一方生活困难',是指依靠个人财产和离婚时分得的财产无法维持当地基本生活水平。一方离婚后没有住处的,属于生活困难。"其二,须义务方有负担能力;其三,须在离婚时行使请求权。

在本案中,离婚时原告无工作,且夫妻无共同财产可供分割,亦无其他经济来源,应属于离婚时一方生活有困难,而被告月收入 8000 元有负担能力,且原告在离婚时已行使请求权,符合请求离婚经济帮助的法定条件,法院应予以支持。

示范案例二

自动辞职在家从事家务的夫妻一方,
离婚时能否要求夫妻另一方给予经济补偿?

钟某与陈某于 2007 年相恋,于 2008 年 1 月 8 日登记结婚。婚后夫妻与男方的父母共同生活,并育有一子。为了照顾老人和儿子,陈某自动辞去了公司文员的工作。2013 年 9 月份因双方发生争吵,陈某留下结婚戒指后到外地打工,并与钟某一直处于分居状态。钟某四处寻找陈某未果,于 2015 年 5 月向人民法院提起离婚诉讼。在诉讼中陈某同意离婚,同时陈某要求钟某给予经济补偿费 2 万元。但钟某认为陈某是自动辞职在家从事家务的,她能够继续工作而不去工作,不应当予以经济补偿。经法院审理查明,钟某与陈某在结婚前书面约定婚后所得的财产归各自所有,男方负担生活费用,钟某在修理厂工作月工资为5000 元并有存款 10 万元。

请问,本案依法应该如何处理?

分析意见:

本案中,原告与被告为自由恋爱结婚,从恋爱到结婚经过了半年的时间,婚姻基础较好。但是双方不珍惜彼此感情,又因家庭琐事争吵,造成夫妻矛盾恶化,互不履行夫妻义务,无法继续共同生活,应该认定夫妻感情破裂,被告也同意与原告离婚。故法院对原告离婚的请求应予以支持。此外,本案还涉及离婚时的经济补偿问题。

离婚经济补偿权是指约定婚后实行分别财产制的夫妻,在婚姻关系存续期间一方对家庭或者对方尽了较多的义务,在离婚时,享有请求对方给予经济补偿的权利。我国现行

《婚姻法》第四十条规定："夫妻书面约定婚姻关系存续期间所得的财产归各自所有，一方因抚育子女、照料老人、协助另一方工作等付出较多义务的，离婚时有权向另一方请求补偿，另一方应当予以补偿。"

在本案中，陈某与钟某在婚前书面约定婚姻存续期间所得的财产归各自所有，并且陈某在婚后尽管她能够继续工作，但为了照顾男方的父母以及抚养儿子而自动辞去工作，她因抚育子女、照料老人已经付出了较多的义务，在离婚诉讼中请求实现其经济补偿权，法院依法应当予以支持。对于被告陈某所提出的补偿2万元数额的请求，综合原告钟某月工资5000元并有存款10万元具有负担能力以及陈某在婚后为了照顾老人和小孩辞去工作对家庭作出贡献的情况，法院应该予以支持。

讨论案例

1. 登记离婚后能否向法院提出损害赔偿请求？

陈红与赵雷在相恋两年后于2004年登记结婚，婚后育有一子一女。但因家庭内部发生矛盾，夫妻双方经常争吵导致夫妻关系严重破裂，期间赵雷经常对陈红实施家庭暴力。陈红不堪忍受赵雷的暴力行为向赵雷提出离婚，双方于2011年5月登记离婚。陈红在2012年10月依据《婚姻法》第四十六条的规定向人民法院提出损害赔偿的请求。

请问：法院应该如何处理？

2. 一方离婚后无住房能否请求另一方给予经济帮助？

原告姚某与被告刘某于2002年经人介绍相识，并于2003年登记结婚。原、被告均为二婚，并无生育子女。后因家庭琐事而发生矛盾，原、被告双方于2011年3月开始分居。2015年5月，原告姚某向人民法院提起离婚诉讼，被告刘某亦同意离婚，但是被告刘某要求原告姚某对其经济帮助5万元。经法院查明被告刘某在离婚时并无可居住的房屋，亦无工作；原告姚某并无过多存款，靠打零工每月收入约2000元左右，家中有母亲需要抚养。

请问：被告刘某能否获得5万元的经济帮助费？

3. 夫妻双方均有法定过错能否请求离婚损害赔偿？

孙某与马某于1998年经人介绍认识，并于2000年登记结婚。婚后育有一子一女。2007年，孙某在广东出差时认识已婚的刘某，二人迅速热恋、同居。2009年马某在得知孙某与刘某同居的情况下，为了报复孙某，与同事杨某保持不正当的性关系，并于2010年同居。孙某与马某的夫妻感情早已破裂，2013年马某向人民法院提起离婚诉讼，并要求孙某支付损害赔偿2万元。

请问：法院应该如何处理？

4. 夫妻一方出轨，另一方能否要求精神损害赔偿？

刘某与陈某于大学期间相恋，二人毕业后即登记结婚。婚后夫妻关系良好，并育有一女。但在2007年，刘某外出经商认识李某。二人于2009年开始同居，在2012年李某怀孕，李某便找到陈某将事实告诉陈某并要求陈某与刘某离婚。陈某在得知刘某出轨的事情后，精神大受打击，茶饭不思，夜不能寐，身体健康每况愈下，她不得不辞去工作在家里治疗休养。2013年陈某向法院起诉要求离婚，并要求刘某承担精神损害赔偿责任。

请问：法院应该如何处理？

相关裁判实例摘录①

朱甲与朱乙离婚纠纷案

朱甲与朱乙于 2010 年 11 月登记结婚，于 2012 年 2 月 6 日生育一子取名朱丁。婚后在处理夫妻关系上发生矛盾。夫妻双方于 2012 年 2 月开始分居，朱丁一直随朱甲共同生活。朱甲分别于 2013 年 3 月、2013 年 12 月两次起诉要求与朱乙离婚，上海市宝山区人民法院均判决不予准许。2013 年 12 月 26 日，朱乙至上海市精神卫生中心治疗，于 2014 年 1 月 9 日初诊为精神分裂症。2015 年 4 月朱甲再次向上海市宝山区人民法院起诉。

原告朱甲诉称，原、被告于 2010 年 11 月登记结婚，于 2012 年 2 月 6 日生育一子取名朱丁。2012 年 2 月 15 日，被告搬离双方住处回被告父母家居住，双方自此分居至今。朱丁则随原告共同生活至今，被告未支付任何抚养费。因双方感情破裂，原告曾于 2013 年 3 月、2013 年 12 月两次起诉要求与被告离婚，法院均判决不予准许。鉴于夫妻感情破裂，没有和好的可能，故起诉要求与被告离婚；婚生子朱丁随原告共同生活，抚养费由原告自行承担。

被告朱乙辩称，被告因产后抑郁引发精神分裂，于 2014 年 1 月确诊为精神分裂症，被告尚在治疗中，不宜离婚。双方虽于 2012 年 2 月中旬开始分居，但不是因为感情破裂，而是由原告强行将被告送回被告父母家。综上，不同意离婚。如果法院判决双方离婚，鉴于被告需要治疗且无工作及收入，同意婚生子朱丁随原告共同生活，抚养费由原告自行承担。

审理中，离婚关于房屋，双方均表示自己名下无房屋。关于金银首饰及旗袍，被告表示，被告个人所有的 50 分铂金钻戒一枚、旗袍 2 套在原告处，要求原告返还。原告则表示上述财产不在原告处。关于工作情况，原告表示，其月收入为 2700 元至 2900 元，被告婚后至今无工作。被告表示，被告无工作及收入，原告的收入情况不清楚。被告表示，其自 2012 年 2 月至 2015 年 2 月为治疗疾病支出医疗费 11000 元，要求由原告承担。原告表示，愿意承担上述医疗费。被告还表示，因无收入来源，要求原告按照每月 1500 元的标准支付自 2012 年 3 月分居开始至判决生效之日止的扶养费。原告则表示，被告于 2014 年 1 月才确诊为精神分裂症，确诊之前不需要支付扶养费；只同意支付分居开始至判决生效之日止的扶养费 1 万元。关于离婚经济帮助，原告表示，原告月收入只有 2000 多元，个人名下也无房屋，考虑到本案实际情况，最多支付被告经济帮助 10 万元。被告表示，如果法院判决离婚，要求原告支付经济帮助 25 万元（含上述被告主张的医疗费及扶养费）。

法院审理认为，人民法院审理离婚案件，应当进行调解；如感情确已破裂，调解无效的，应准予离婚。本案中，原告曾两次起诉要求与被告离婚，双方于 2012 年 2 月分居至今，可以认定原、被告双方感情确已破裂。综上，原告要求与被告离婚的诉讼请求，符合法律规定，本院予以准许。原告要求婚生子朱丁随原告共同生活，抚养费由原告自行承担，被告予以认可。考虑到被告无工作等实际情况，本院对此予以确认。关于被告主张的

---

① 摘自中国裁判文书网，（2015）宝民一（民）初字第 748 号。

金银首饰及旗袍，鉴于双方当事人对该部分财产是否存在、目前下落各执一词，故本案暂不作处理。原告同意支付被告为治疗疾病支出的医疗费 11000 元，法院对此予以确认。关于被告主张的抚养费及离婚经济帮助，考虑到被告无工作需要扶养及治疗疾病的现实情况，以及离婚后被告生活的实际困难，法院酌情确定原告支付被告婚姻存续期间的扶养费及离婚后经济帮助共计 15 万元，离婚后被告的居住问题自行解决。

第六单元
继承制度案例

一、继承权与遗产案例

基本理论概述

继承权是指继承人依法或依遗嘱取得被继承人遗产的权利。继承权的实现以被继承人死亡或宣告死亡时开始。继承权具有以下法律特征：1. 继承权是一种财产权；2. 继承权属于绝对权而具有排他性；3. 继承权的权利主体只能是与被继承人有一定亲属关系的自然人；4. 继承权的客体只能是遗产；5. 继承权的实现以特定的法律事实出现为前提。

所谓继承权主体，也就是享有继承权、能行使继承权的当事人。根据我国《继承法》的相关规定，我国有以下两类：1. 法定继承人；2. 遗嘱继承人。

主要相关法律、法规及司法解释链接

我国《继承法》

第五条　继承开始后，按照法定继承办理；有遗嘱的，按照遗嘱继承或者遗赠办理；有遗赠扶养协议的，按照协议办理。

第七条　继承人有下列行为之一的，丧失继承权：

（一）故意杀害被继承人的；

（二）为争夺遗产而杀害其他继承人的；

（三）遗弃被继承人的，或者虐待被继承人情节严重的；

（四）伪造、篡改或者销毁遗嘱，情节严重的。

第二十八条　遗产分割时，应当保留胎儿的继承份额。胎儿出生时是死体的，保留的份额按照法定继承办理。

我国《执行继承法意见》

9. 在遗产继承中，继承人之间因是否丧失继承权发生纠纷，诉讼到人民法院的，由人民法院根据继承法第七条的规定，判决确认其是否丧失继承权。

10. 继承人虐待被继承人情节是否严重，可以从实施虐待行为的时间、手段、后果和社会影响等方面认定。

虐待被继承人情节严重的，不论是否追究刑事责任，均可确认其丧失继承权。

11. 继承人故意杀害被继承人的，不论是既遂还是未遂，均应确认其丧失继承权。

12. 继承人有继承法第七条第（一）项或第（二）项所列之行为，而被继承人以遗嘱将遗产指定由该继承人继承的，可确认遗嘱无效，并按继承法第七条的规定处理。

13. 继承人虐待被继承人情节严重的，或者遗弃被继承人的，如以后确有悔改表现，而且被虐待人、被遗弃人生前又表示宽恕，可不确认其丧失继承权。

14. 继承人伪造、篡改或者销毁遗嘱，侵害了缺乏劳动能力又无生活来源的继承人的利益，并造成其生活困难的，应认定其行为情节严重。

1984 年《执行民事政策法律的意见》

29. 收养人收养他人为孙子女，确已形成养祖父母与养孙子女关系的，应予承认。解决收养纠纷或有关权益纠纷时，可依照婚姻法关于养父母与养子女的有关规定，合情合理地处理。

示范案例一

继承法律关系的发生及继承开始的时间，从何时起算？

刘男与关女于 1986 年登记结婚，婚后生有一女刘雨。两人努力工作，生活勤俭，共同建起了 4 间房屋，并拥有 3 万元存款。2005 年 1 月，关女不幸因车祸去世，保险公司理赔 2 万元，被指定的保险金受益人为刘男。2006 年 1 月，刘雨与孙男结婚，她考虑到父亲刘男身体不好，婚后仍与其共同生活。2007 年 5 月，刘雨生下女儿孙亭亭，一家人相处和睦，刘男还时常向邻居称赞女婿孙男十分孝顺。2015 年 1 月 3 日，刘男亲笔立下遗嘱：本人死亡后，在本人的个人存款中赠与女婿孙男和外孙女孙亭亭各 1 万元。

2015 年 2 月 2 日，刘男携外孙女孙亭亭外出，中途不幸翻车，两人当场死亡。刘男在老家的弟弟刘建和妹妹刘艳闻讯赶来帮忙料理丧事，处理善后事宜。大家清理遗物时发现，刘男遗有存款 5 万元（即 3 万元积蓄和 2 万元保险赔偿金）。

请问：本案发生了哪些继承法律关系？它们各自从何时开始起算？

分析意见：

我国《继承法》第二条规定："继承从被继承人死亡时开始。"即确定继承开始的时间，应以被继承人死亡的时间为准。我国《执行继承法意见》第一条规定："继承从被继承人生理死亡或被宣告死亡时开始。失踪人被宣告死亡的，以法院判决中确定的失踪人的死亡日期，为继承开始的时间。"同时，该意见第二条还规定："相互有继承关系的几个人在同一事件中死亡，如不能确定死亡先后时间的，推定没有继承人的人先死亡。死亡人各自都有继承人的，如几个死亡人辈分不同，推定长辈先死亡；几个死亡人辈分相同，推定同时死亡，彼此不发生继承，由他们各自的继承人分别继承。"

在本案中，发生的继承法律关系包括：

第一，2005 年 1 月，关女去世后发生的法定继承法律关系。关女和刘男在婚姻关系存续期间共同建造了 4 间房屋，并拥有 3 万元存款，这属于夫妻共有财产，应依法分割为刘男 2 间，关女 2 间，存款各为 1.5 万元。由于关女去世前未立遗嘱，因此，在关女死亡后其遗产（房屋和存款）应由其夫刘男和女儿刘雨依法共同继承。

第二，2015 年 2 月 2 日，刘男死亡后发生的法定继承法律关系和遗赠法律关系。刘男和外孙女孙亭亭遇车祸身亡，因不能确定两人死亡时间的先后，故依我国司法解释推定长辈刘男先于其外孙女孙亭亭死亡。刘男留下的遗产，除依 2015 年 1 月 3 日刘男亲笔所立遗嘱遗赠给女婿孙男和外孙女孙亭亭的部分外（其遗赠标的为刘男的个人存款共计 2 万元），其余的遗产依法应由其法定继承人女儿刘雨继承。

第三，2015 年 2 月 2 日，孙亭亭死亡后发生的法定继承法律关系。孙亭亭的遗产即外公刘男遗赠给她的 1 万元存款，应由其法定继承人即她的父母刘雨、孙男共同继承。

示范案例二

异质人工授精所生子女，有无继承权？

2006 年 3 月 3 日，李梅与郭小顺登记结婚。2006 年 8 月 27 日，郭小顺以结婚时收到亲友的礼金及婚后的存款购买了位于某区某街 21 号 602 室建筑面积 45 平方米的房屋。

李梅、郭小顺由于婚后多年不育，2013 年 11 月 30 日夫妻双方共同到某医院生殖遗传中心申请进行人工授精。在实施人工授精前，依据 2001 年《人类辅助生殖技术管理办法》的规定，夫妻两人签订了《知情同意书》及《多胎妊娠减胎术同意书》。通过人工授精后，李梅已经怀孕。然而，不幸的是，在该人工授精的子女出生之前，2014 年 4 月 4 日郭小顺因心脏病突发住院抢救。同年 5 月 20 日，郭小顺在医院立下遗嘱，主要内容为：" （1）通过人工授精（不是本人精子）生育的孩子我坚决不要；（2）2006 年我购买的一套房子，坐落在某区某街 21 号 602 室，赠与我的父母郭士君和童秀英，别人不得有异议。"同年 5 月 23 日，郭小顺病故。郭小顺去世后，李梅不顾郭小顺的父母郭士君和童秀英的反对继续妊娠，于 2014 年 8 月 22 日顺利生产一子，取名郭重阳。

请问：本案异质人工授精所生子女郭重阳，有无继承郭小顺遗产的权利？

分析意见：

这是一起异质人工授精所生子女被父亲否认子女身份引发的财产继承纠纷，涉及的问题主要包括：

第一，人工授精成功后，夫妻一方是否有权单方终止妊娠？郭小顺在去世前留下遗嘱表示坚决不要此人工授精的孩子。在丈夫郭小顺去世后，妻子李梅是否有权决定继续妊娠而生育人工授精的孩子？

我们在讨论郭重阳有没有继承权之前，首先应明确人工授精成功后，夫妻一方是否有权单方终止妊娠？由于法律对此问题尚无规定，如果一方要求终止妊娠而另一方不同意时，该子女的法律地位应当如何确定？这是审判实践中的新问题。结合本案情况，在法律无规定的情况下，可按照李梅和郭小顺夫妻双方在医院签订的《人工授精申请书》和《知情同意书》的意思表示处理。由于决定实施人工授精是夫妻双方经过慎重考虑后的一致意见，该申请书和《知情同意书》应视为夫妻双方的真实意思表示。郭小顺在去世前单方变更意思表示而决定不要该孩子，此并未征得李梅的同意。丈夫郭小顺的单方行为不能对抗夫妻双方的合意。因为，要解除双方合意的行为必须经过双方的协商一致。因此，郭小顺去世后，李梅有权自主决定是否终止妊娠。

第二，无血缘关系的异质人工授精子女在法律上有无继承权？在本案中，郭小顺在遗嘱中单方否认妻子李梅通过人工授精所怀孕的孩子与自己的亲子关系，在法律上是无效的。因为经夫妻双方一致同意，以他人精子使妻子受孕怀胎所生的子女，尽管与丈夫在血缘上没有联系，但依法律规定应推定为双方的婚生子女。1991 年《最高人民法院关于夫妻离婚后人工授精所生子女的法律地位如何确定的复函》中明确规定："夫妻关系存续期间，双方一致同意人工授精的，所生子女应为夫妻双方的婚生子女，父母子女之间的权利义务适用婚姻法的有关规定。"郭小顺生前与妻子李梅一起签订的《人工授精申请书》和《知情同意书》，都表明了郭小顺当时是同意人工授精的，而其在去世前的遗嘱中单方表示不要孩子的决定，这不符合该司法解释精神，在法律上不具有效力。李梅所生的儿子郭重阳在法律上享有婚生子女的地位，应当被视为郭小顺与李梅夫妻双方的婚生子女，所以他是郭小顺的法定继承人之一。

第三，郭小顺的遗嘱处分，是否完全合法有效？根据我国《继承法》第十六条的规定，"公民可以依照本法规定立遗嘱处分个人财产，并可以指定遗嘱执行人。公民可以立遗嘱将个人财产指定由法定继承人的一人或数人继承。公民可以立遗嘱将个人财产赠给国家、集体或者法定继承人以外的人。"这表明我国实行"遗嘱继承优先于法定继承"的原则。如果被继承人生前留有遗嘱，首先应当按遗嘱处理遗产。这就意味着，虽然郭重阳与其母亲、爷爷、奶奶同为郭小顺的第一顺序法定继承人，但是如果郭小顺在遗嘱中明确将房屋指定只由他的父母继承，这将导致同一顺序的其他法定继承人都无权参加继承。那么，郭小顺的遗嘱是否完全有效呢？在本案中，郭小顺的遗嘱在主体、形式、意思表示上均符合法律规定，但该遗嘱的内容有部分不合法。首先，郭小顺以遗嘱处分的标的房屋，由于是在婚后以夫妻共同财产（婚礼时收到的礼金和婚后的存款）购买取得的，它属于夫妻共同财产。所以，郭小顺遗嘱处分的房屋属于妻子李梅的份额部分是无效的。也就是说，郭小顺只能处分自己的份额即该房屋产权的二分之一。其次，根据我国《继承法》第二十八条规定，处理遗产应当保留胎儿的继承份额。郭重阳在郭小顺去世时为尚未出生的胎儿，其出生时为活体。因此，在属于郭小顺的遗产份额中，依法应首先为郭小顺留下其遗产份额，余下的部分才能按其遗嘱的内容进行分配。

示范案例三

抚恤金是否属于死者的遗产？

王某系丧偶妇女李某的独生女，是某工厂工人，2008 年她与同厂工人路某结婚。婚后未生育子女。李某依靠女儿王某给付的赡养费维持生活，别无经济来源。2016 年年初，王某在上班途中因交通事故死亡，除其他赔偿金外，有关单位按规定发给其近亲属一笔供养亲属抚恤金。王某的丈夫路某、婆母与王某之母李某三人为这笔抚恤金发生争执。

路某认为抚恤金属于其妻子的遗产，根据我国现行《婚姻法》第二十四条"夫妻有相互继承遗产的权利。父母和子女有相互继承遗产的权利"的规定，应由他和岳母共同继承。王某的婆母认为，抚恤金是发给亲属的，所以王某的丈夫、母亲和婆母每人各有一份。而李某则认为，这笔抚恤金是发给其女儿所供养的直系亲属的，只能由她一人所得。为此，李某诉请人民法院依法裁决。

请问：抚恤金是否属于死者的遗产？

分析意见：

遗产和抚恤金是两个不同的概念，不能混为一谈。我国《继承法》第三条规定："遗产是公民死亡时遗留的个人合法财产……"即遗产作为继承权的客体，是指被继承人死亡时遗留的个人合法财产，包括可以继承的财产权利。遗产具有以下特征：

第一，遗产具有特定的时间性和财产性。公民死亡这一法律事实的出现，是公民生前个人财产转化为遗产的法定时间界限。在死者遗留的物或权利中，凡具有财产性的物或权利都可以作为遗产。

第二，遗产具有专属性和合法性。死者遗留的财产和财产权利中，凡属其个人所有的部分，包括死者单独所有或在共有财产中死者享有的份额都属于遗产；同时，死者遗留的财产中，除具有人身专属性以外凡属于法律允许为公民个人所有且系合法取得的财产，都可以作为遗产。

第三，遗产具有限定性。公民死亡时遗留的个人合法所有财产和财产权利，凡属于法律允许转给他人所有的都可以作为遗产。

根据我国《继承法》第三条、第四条规定："遗产是公民死亡时遗留的个人合法财产，包括：（一）公民的收入；（二）公民的房屋、储蓄和生活用品；（三）公民的林木、牲畜和家禽；（四）公民的文物、图书资料；（五）法律允许公民所有的生产资料；（六）公民的著作权、专利权中的财产权利；（七）公民的其他合法财产。""个人承包应得的个人收益，依照本法规定继承。个人承包，依照法律允许由继承人继续承包的，按照承包合同办理。"我国《执行继承法意见》第三条、第四条规定："公民可继承的其他合法财产包括有价证券和履行标的为财物的债权等。""承包人死亡时尚未取得承包收益的，可把死者生前对承包所投入的资金和所付出的劳动及其增值和孳息，由发包单位或者接续承包合同的人合理折价、补偿，其价额作为遗产。"

我国1994年《劳动法》第七十三条第二款规定："劳动者死亡后，其遗属依法享受遗属津贴。"我国2011年1月1日起施行的《工伤保险条例》第三十九条规定："职工因工死亡，其近亲属按照下列规定从工伤保险基金领取丧葬补助金、供养亲属抚恤金和一次性工亡补助金：（一）丧葬补助金为6个月的统筹地区上年度职工月平均工资；（二）供养亲属抚恤金按照职工本人工资的一定比例发给由因工死亡职工生前提供主要生活来源、无劳动能力的亲属。标准为：配偶每月40%，其他亲属每人每月30%，孤寡老人或者孤儿每人每月在上述标准的基础上增加10%。核定的各供养亲属的抚恤金之和不应高于因工死亡职工生前的工资。供养亲属的具体范围由国务院社会保险行政部门规定。"在我国，抚恤金是发给自然死亡或因工死亡的工人、职员生前所供养的亲属，其目的是避免因工人或职员死亡而造成受其扶养者的生活困难。因此，本案的抚恤金不能作为遗产，而应归属于死者的配偶及死者的母亲李某共同享有。

示范案例四

法律上有"不孝子女不得继承其父母遗产"的规定吗？

吴某是一位75岁的丧妻老人，只有一个独生儿子。吴某和儿子住在一起，但其儿子对吴某不孝顺，不但生活上不尽照料、扶养父亲的义务，而且经常辱骂吴某，父子关系很不好。吴某想与其子脱离父子关系，不想让其子继承他的遗产。

请问：吴某能否剥夺其儿子的继承权？

分析意见：

本案涉及剥夺继承权的法定条件问题。诚然，我们知道父母子女之间的自然血亲关系是不能通过法律程序人为解除的。但法律规定的父母子女之间的权利义务关系包括财产继承关系，在符合法定情形下，则是可以依法予以变更或解除。我国《继承法》第七条规定，继承人有下列行为之一的，丧失继承权。这些行为是：

第一，故意杀害被继承人的。构成故意杀害被继承人的行为，必须具备两个要件：（1）主观上具有杀害被继承人的故意，而不论基于什么动机。（2）客观上实施了非法剥夺被继承人生命的行为，不论其手段是作为或不作为，也不论其结果是既遂或未遂。我国《执行继承法意见》第十一条明确规定："继承人故意杀害被继承人的，不论既遂还是未遂，均应确认其丧失继承权。"

第二，为争夺遗产而杀害其他继承人的。构成为争夺遗产而杀害其他继承人的行为，必须具备两个要件：（1）主观上具有杀害其他继承人的故意，且具有争夺遗产的动机。（2）客观上实施了非法剥夺其他继承人生命的行为，也不论其结果是既遂或未遂。

第三，遗弃被继承人的，或者虐待被继承人情节严重的。遗弃被继承人，是指依法负有法定义务且具有扶养能力的继承人，对没有独立生活能力的被继承人，故意不履行扶养义务的行为。虐待被继承人，是指继承人对被继承人进行精神上或肉体上的摧残折磨。根据我国《执行继承法意见》第十条、第十三条的规定，虐待被继承人情节严重的，才丧失继承权。虐待被继承人情节是否严重，可以从实施虐待行为的时间长短、手段恶劣程度、后果是否严重、社会影响的大小等方面认定。遗弃被继承人情节严重的，不论是否被追究刑事责任，均可确认其丧失继承权。但是，继承人虐待被继承人情节严重的，或遗弃被继承人的，如以后确有悔改表现，而且被虐待人、被遗弃人生前又表示宽恕的，可不确认其丧失继承权。

第四，伪造、篡改或者销毁遗嘱，情节严重的。伪造遗嘱，是指继承人为了夺取或独占遗产而以被继承人的名义制造假遗嘱的行为。篡改遗嘱，是指被继承人生前立有遗嘱，但继承人认为遗嘱对自己不利，为夺取或独占遗产而改变遗嘱内容的行为。销毁遗嘱，是指被继承人生前立有遗嘱，继承人为了争夺或独占遗产而将该遗嘱破坏、毁灭的行为。我国《执行继承法意见》第十四条规定："继承人伪造、篡改或者销毁遗嘱，侵害了缺乏劳动能力又无生活来源的继承人的权益，并造成其生活困难的，应认定其行为情节严重。"

必须说明，关于继承权丧失的程序，依我国《继承法》第七条的规定，继承人有丧失继承权的法定事由之一的，当然丧失继承权，无须经诉讼程序宣告。如果当事人对是否丧失继承权有争议的，可以诉请人民法院依法确认。

据此，吴某的儿子如果有上述法定的继承权丧失的行为之一，依法应当丧失继承权，不得继承其父的遗产。但是，如其以后确有悔改表现，而且被继承人生前又表示宽恕的，其可以不丧失继承权。或者，如果吴某的儿子的行为尚未达到上述丧失继承权的法定的条件，而吴某又不想让其继承遗产的，其可以依法立遗嘱处分遗产。我国《继承法》第十六条规定："公民可以依照本法规定立遗嘱处分个人财产……公民可以立遗嘱将个人财产赠给国家、集体或者法定继承人以外的人。"即公民可以通过立遗嘱，指定其遗产由法定继承人以外的其他人继承，或者赠给国家和集体组织。在立遗嘱的诸多方式中，依我国《继承法》第二十条第三款的规定："自书、代书、录音、口头遗嘱，不得撤销、变更公证遗嘱。"即公证遗嘱的法律效力最高。被继承人如果想采用公证遗嘱的方式，可以到当地公证机关去办理。

示范案例五

父母健在时，儿子可以要求继承并分割父母的财产吗？

王某有两个哥哥均已成家并分家另过，只有他与父母一起生活。最近，王某的两个哥哥突然提出要继承并分割父母的财产。其理由是：如果现在不进行继承并分割，将来父母的财产就会都留给小儿子王某，所以现在必须先继承并分割父母的财产。对此，王某的父母都不同意。

请问：在父母健在时，儿子可以要求继承并分割父母的财产吗？

分析意见：

财产继承是被继承人死亡后遗产所有权转移的方式。它是在被继承人死亡后由其继承人依法或依遗嘱无偿取得被继承人的遗产，即财产继承的结果是继承人无偿取得遗产的所有权。

财产继承不等同于分家析产。两者的主要区别：一是发生的原因不同，前者是基于被继承人的死亡而发生；后者是基于家庭共有财产人的请求而发生。二是财产关系的性质不同，前者是被继承人的遗产通过继承转移给继承人所有；后者是家庭共有财产通过析产变为家庭成员个人分别所有的财产。三是财产的范围不同，遗产仅限于被继承人死亡遗留的个人合法财产，应从夫妻共有财产和家庭共有财产中把被继承人享有的份额分离出来，先析产后继承；而分家析产的范围仅限于家庭共有财产。

在本案中，王某的两个哥哥提出在父母健在时继承并分割父母的财产。如果是分家析产，必须是针对家庭共有财产而言，也就是说，只能针对王某的两个哥哥与其父母共同的劳动收入或共同购置的生活资料及其他共同财产，按照各自收入的情况或出资的情况分割出自己相应的财产份额，但如果父母健在而要求继承并分割父母的财产，这是没有法律依据的。因为根据我国《继承法》第二条规定，继承自被继承人死亡时开始。现在本案的被继承人健在，继承尚未开始，其继承人的继承权还不能行使。因此，王某的两位哥哥提出的要求是没有法律依据的。王某的父母完全有权直接支配自己的财产，拒绝他们的要求。

示范案例六

尚未给付的离婚经济帮助费，是否属于遗产？

赵明早年丧父，由母亲王英一人把他抚养成人。2007年2月赵明参加工作后，时年44岁的王英经人介绍与52岁的退休教师张风相识，不久两人登记结婚。婚后，双方因性格不合，经常为家庭生活琐事发生矛盾，王英也因此常常独自生闷气。自2007年3月以来，她有时感到胸部疼痛。2014年1月，王英经医院检查诊断为：乳腺癌（初期）。2014年4月，王英与张风再次发生口角后，她便离家回到其长子赵明家生活。张风经多次电话联系，王英均表示不愿意回张风处共同生活。2015年5月，张风诉至法院，请求与王英离婚。法院经审理查明，王英与张风虽然结婚时间长达八年，但因性格不合，导致夫妻感情破裂，经调解和好无效，判决准予离婚。同时，法院考虑到王英在婚姻期间患有严重疾病乳腺癌尚需治疗，判决张风于判决生效后 30 日内一次性给付王英经济帮助费 1 万元。判决生效后，在履行期限内张风尚未给付该经济帮助费，王英因病情恶化抢救无效而死亡。现该判决确定的履行期限已经届满，王英之子赵明向法院申请强制执行。

请问：在履行期内，尚未给付的经济帮助费是否属于遗产，赵明是否有权申请强制执行？

分析意见：

本案离婚经济帮助费请求权人之子赵明是否有权申请强制执行，应考虑以下几方面的问题。

一、遗产的范围

遗产的概念，有广义与狭义之分。广义的遗产，既包括被继承人的财产权利（积极财产），又包括被继承人的财产义务（消极财产）。狭义的遗产，仅仅指被继承人的财产权利（积极财产）。根据我国《继承法》的规定可以看出，我国采取的是狭义的遗产概念。所谓遗产，是指被继承人死亡时遗留的、依法能够被转移给他人的个人合法财产。

考察遗产的范围，可以从遗产的时间特定性、财产性、专属性、限定性四个特征着手。

所谓时间特定性，是指遗产是被继承人死亡时所遗留。被继承人死亡这一法律事实，是区分被继承人的个人所有财产与遗产的法律上的时间界限。被继承人生前个人所有财产，不一定就是遗产。因为，被继承人生存时随时可以对其个人所有财产进行使用、收益或进行其他处分，已经被处分的财产就不能作为其遗产。只有当被继承人死亡的法律事实出现时，他所遗留的个人财产才能转化为遗产。

所谓财产性，是指遗产仅指被继承人遗留的财产权利和财产义务，而被继承人生前所享有的人身权利以及基于人身关系而产生的义务，不能作为遗产。

所谓专属性，是指遗产必须是属于被继承人个人所有的财产。因此，那些虽然由被继承人生前占有但并无所有权的财产，不能作为被继承人的遗产。

所谓限定性，是指遗产只能限于依《继承法》规定能够移转给他人的一定财产，而不是被继承人的全部财产。

关于遗产的范围，我国《继承法》第三条采用概括性和列举性相结合的方式明确规定："遗产是公民死亡时遗留的个人合法财产，包括：（一）公民的收入；（二）公民的房屋、储蓄和生活用品；（三）公民的林木、牲畜和家禽；（四）公民的文物、图书资料；（五）法律允许公民所有的生产资料；（六）公民的著作权、专利权中的财产权利；（七）公民的其他合法财产。"关于第（七）项的"其他合法财产"，我国《执行继承法意见》第三条将其界定为：公民可继承的其他合法财产包括有价证券和履行标的为财物的债权等。

二、离婚经济帮助

第一，离婚经济帮助的性质。我国现行《婚姻法》第四十二条规定："离婚时，如一方生活困难，另一方应从其住房等个人财产中给予适当帮助。具体办法由双方协议；协议不成时，由人民法院判决。"离婚经济帮助的性质与婚姻期间夫妻的扶养义务不同。夫妻扶养的义务是基于夫妻人身关系而产生的，其因婚姻关系的终止而终止。而离婚经济帮助则是夫妻扶养义务的延伸，其目的是为了解决离婚时一方的生活困难。

第二，离婚经济帮助的适用条件。一是离婚时一方生活确有困难，"生活确有困难"的情形包括：一方有年老多病、丧失劳动能力、无生活来源等情况；二是提供经济帮助的一方有负担能力；三是生活困难方已经在离婚时提出该请求。

第三，离婚经济帮助的请求权人。由于离婚经济帮助的对象具有特定性，即被帮助的一方必须是离婚时生活上确有困难的一方夫或妻。其目的是为了帮助该方当事人解决离婚后一定时间内的生活困难。因此，享有经济帮助请求权的只能是受帮助者本人，他人无权主张该项权利。如果受帮助一方另行结婚或经济收入足以维持生活时，帮助一方即可停止给付。如果受帮助一方死亡，则无被帮助的对象，即申请执行的权利主体不存在，给予帮助一方有权停止支付。另外，由于离婚经济帮助费的给付具有特定的时间条件，当离婚经济帮助费尚未到给付时间时，该财产不属于受帮助一方的财产，故经济帮助请求权又不等同于一般的债权。当受帮助一方死亡时，该离婚经济帮助请求权即消灭，而不能将该请求权作为遗产继承。而一般的债权，当债权人死亡时，其继承人有权代替债权人主张权利。

综上所述，本案王英在履行期间未届满，尚未收到 1 万元离婚经济帮助费之前死亡，因被帮助的对象已不存在，尚未给付的经济帮助费不属于王英的遗产，因此，王英之子赵明无权申请法院强制执行。

讨论案例

1. 这些保险金应否被用于清偿死者的损害赔偿债务？

2015 年 6 月 26 日，个体运输司机孙文依合同运送货主张新及他的货物（锡锭），不幸在铁路道口处与火车相撞，致汽车损毁，孙文、张新当场死亡。经现场勘查，事故责任应由孙文承担。孙文生前向保险公司投保了车身险（保险金额 3 万元，保险金的受益人为孙文）和人身意外伤害险（保险金额 2 万元，保险金的受益人指定为其母郭香荣）。孙文死后，张新之妻要求郭香荣将全部保险金用于承担赔偿责任。郭香荣认为，保险金应全部归自己所有，不能用于承担赔偿责任。

请问：这些保险金应否被用于清偿死者的损害赔偿债务？

2. 在上诉期内离婚当事人一方死亡，另一方是否有权继承其遗产？

王某与丈夫林某因夫妻感情破裂，起诉到法院离婚。法院经调解和好无效，2016 年 2 月 3 日依法判决两人离婚，并就财产分割作出判决，林某分得价值 5 万元的财产。一审判决后的第 5 天林某外出办事不幸因车祸当场死亡。林某死亡后，林某唯一的亲人——其弟弟认为王某已经与林某离婚，不再享有夫妻继承权，因此，林某在离婚时分得的财产应由他一人继承，而王某不同意，认为该遗产应由她一人继承，双方争执不下。

请问：究竟谁有权继承上诉期内离婚当事人林某的遗产？

3. 丧偶妇女再婚后是否丧失对前夫的遗产继承权？

某村农民小芳的丈夫大强早年父母双亡。2010 年 5 月，大强不幸病故，遗留了其婚前建造的两间瓦房，小芳带着两个女儿继续居住在丈夫遗留的两间瓦房里共同生活，最大的女儿才 7 岁。2015 年 5 月，小芳经人介绍与一个 40 多岁的单身汉登记结婚，婚后两人继续居住在前夫大强遗留的两间瓦房内，共同抚养两个女儿。2015 年 6 月，小芳前夫的兄弟提出要收回这两间房屋，限期让他们全家搬走，理由是因为小芳丧偶后已经再婚。

请问：丧偶妇女小芳再婚后是否丧失对前夫的遗产继承权？

4. 剩余善款是否属于受捐者的遗产？

黄某、顾某系夫妻，其子黄昊系某小学的学生。2011 年 10 月，黄昊被确诊为"小儿急性淋巴细胞白血病"，因换骨髓至少需 20 万元。2012 年 1 月，该小学在省报上以全校少先队员名义发出题为《为了挽救一棵生命的幼苗》的倡议，呼吁社会各界为黄昊治病捐款。经新闻媒体报导及社会各界的安排、策划，至 2012 年 4 月共募捐人民币 241783.65 元。在黄昊治病的过程中，黄某夫妻凭票到该小学支取并使用捐款。2013 年 8 月 18 日黄昊病故。同年 8 月 28 日，黄某夫妻到该小学支取了 2012 年 4 月至 2013 年 8 月期间用于黄昊治病及丧葬的所有费用，并注明"结清所有账目"，合计支用捐助款人民币 171049.71 元，结余 70733.94 元。2013 年 11 月，黄某夫妻诉至法院，要求该小学返还剩余善款，后于 2014 年 1 月撤回起诉。2014 年 5 月 9 日，黄某夫妻再次诉至法院，要求该小学返还捐赠余款人民币 70733.94 元。

请问：社会各界捐给黄昊的善款余额，是否属于受捐者的遗产？

5. 遗嘱人生存期间，继承人能否按遗嘱内容分割遗产？

胡某（男）有两个儿子、一个女儿。2012 年 6 月，胡某的老伴去世。2013 年 2 月胡某患病住院。胡某为避免自己死后儿女们为争自己留下的存款而伤感情，便立下书面遗嘱，两个儿子和一个女儿各执一份。2015 年 4 月，胡某出院后便住在大儿子家中。胡某的二儿子怕父亲的存款会被哥哥慢慢花掉，便提出先分割这笔钱。胡某不同意，认为自己还没死，现在不能分这笔存款。为此，胡某的二儿子和女儿跑到哥哥家吵闹，提出要按照胡某亲笔所立的遗嘱分其父的存款。

请问：父亲还没有去世，其存款能作为遗产按遗嘱内容分割吗？

6. 具有人身专属性的财产能否继承？

被告谢细秀于 1992 年 1 月（时年 10 岁）被其姑父康保发、姑母谢月秀收养。2005 年 2 月，被告成婚后仍与养父母共同生活。2012 年 2 月，因被告之子不愿随养外祖父姓康，康保发夫妇提出与被告解除收养关系，被告同意并与之签订了解除收养关系的协议，约定由被告按年度支付康保发夫妇生活费每年 1 万元，共计支付 10 年。不久，康保发夫妇将康保发的侄子即原告康佑明过继为子，但未办理收养登记手续。康保发夫妇于 2014 年 2 月、2015 年 2 月先后去世。被告应付康保发夫妇的生活费实际只付了 3 万元，尚有 7 万元未付。为此，原告康佑明起诉至法院，请求确认其对被告谢细秀尚未支付给其过继父母的生活费 7 万元享有继承权，要求被告予以给付。

请问：法院是否应支持原告的诉讼请求？

相关裁判实例摘录[①]

李某某与姜某甲、姜某乙、姜某丙继承纠纷案

被继承人吴某某于 2014 年 8 月 24 日因病死亡。吴某某生前与原告李某某系夫妻关系，双方于 1965 年 8 月结婚。被告姜某甲、姜某乙均系原告李某某之女，被告姜某丙之

---

① 摘自中国裁判文书网，（2014）万法民初字第 10060 号。

父姜某丁系原告李某某之子，被告姜某丙系姜某丁之女。姜某丁已于 1998 年 8 月死亡。吴某某系被告姜某甲、姜某乙以及姜某丁的继父，吴某某没有其他子女。

原告李某某诉称，被继承人死亡时留下遗产为：重庆市某某区一套房屋的产权，现金及其他遗产共计约 8 万元。被继承人死亡后，遗产由被告姜某丙占有。现请求：1. 判决原告分得被继承人吴某某遗产总价值的二分之一（包括重庆市某某区房屋产权，价值约 10 万元，银行存款现金约 8 万元，总价约 18 万元）。2. 判决被继承人吴某某遗产的二分之一中的四分之一归原告继承所有。

被告姜某甲辩称，对于原告主张的事实、理由和诉讼请求无异议。被继承人死亡后，姜某甲、姜某乙各拿了 5000 元，姜某甲的女婿拿了 7000 元，一共 17000 元交给被告姜某丙用于处理丧葬事宜，要求在本案中一并调整。被继承人吴某某生前有自己的工资、医保，被告姜某丙都是用被继承人吴某某的工资去支付的医疗费。吴某某死亡后被取走的工资要求被告姜某丙退回来作为遗产进行分割。被告姜某乙辩称，与姜某甲的答辩意见一致。

被告姜某丙辩称，被继承人吴某某多年来及生病后一直是姜某丙和姜某丙的母亲张某某在照顾，姜某丙和张某某尽了主要的扶养义务，张某某作为丧偶儿媳对公公吴某某多年来尽了主要赡养义务，应当作为第一顺序继承人享有遗产的继承权。本案争议的房产原始来源是 1952 年土改时吴某某分得的房产，该房产不是夫妻共同财产，属于吴某某的个人财产。吴某某生前姜某丙为其支付医疗费 6334.99 元，吴某某死亡后姜某丙支付丧葬费 19673 元，共计 26007.99 元，要求在本案中一并调整。

法院经审理认为，吴某某位于某某区建筑面积为 46.43 平方米的一套房屋因原、被告在本案诉讼中对其价值和归属已达成一致意见，故该房屋由被告姜某丙取得所有权，分别补偿原告李某某、被告姜某甲、被告姜某乙各 37500 元。

吴某某死亡后的丧葬费 2000 元不能作为遗产进行分割，本案中不予调整。一次性抚恤金 35306.7 元是向死者近亲属发放的费用，含有物质和精神抚慰性质，发放对象主要是死者的近亲属，因被告姜某丙认可另外支取了 2715.9 元，表示愿意将此笔款纳入抚恤金进行分割，故现有抚恤金 35306.7 元，由原告李某某、被告姜某甲、姜某乙各自分得 9505.66 元，被告姜某丙分得 6789.74 元。

吴某某在中国农业银行遗留存款余额 22720.82 元，在中国银行遗留存款余额 45124.39 元，两笔存款属于夫妻共同财产，在中国农业银行的存款由原告李某某分得 14200.52 元，由其余三名被告各自分得 2840.10 元。在中国银行遗留存款余额 45124.39 元，由原告李某某分得 28202.75 元，由其余三名被告各自分得 5640.55 元。吴某某死亡后，在中国农业银行账户上被取走的存款，因无法查清实际取款人，故不能作为遗产在本案中调整，在中国银行账户上被取走的存款，因不是继承人取走，本案中无法调整，原告可以另案起诉主张。

被告姜某甲、姜某乙提出要求在本案中调整支付的丧葬费 17000 元；被告姜某丙提出要求在本案中调整已支付的吴某某生前的医疗费和丧葬费 26007.99 元，因本案系遗产继承纠纷，三被告已支付的丧葬费用和医疗费并不是被继承人的债务，本案中不予调整。被告姜某丙提出其母亲张某某作为丧偶儿媳对公公吴某某多年来尽了主要赡养义务，应当作为第一顺序继承人享有遗产的继承权，因被告姜某丙出示的证据不足以证实张某某对被继承人吴某某尽了主要赡养义务的事实，故对其请求本院不予支持。

二、法定继承案例

基本理论概述

　　法定继承又称为无遗嘱继承，是相对于遗嘱继承而言的。法定继承是指在被继承人未立有合法有效遗嘱的情况下，由法律直接规定继承人的范围、继承顺序、遗产分配的原则的一种继承形式。即法定继承是遗嘱继承以外的依照法律的直接规定将遗产转移给继承人的一种遗产继承方式。

　　在法定继承中，继承人的范围、继承的顺序、继承人应继承的遗产份额以及遗产的分配原则，都是由法律直接规定的。我国法定继承人的第一顺序：配偶、子女、父母。第二顺序：兄弟姐妹、祖父母、外祖父母。在没有第一顺序继承人继承或第一顺序继承人放弃继承权的，才由第二顺序继承人继承。因而法定继承并不直接体现被继承人的意志，仅是法律依推定的被继承人的意思将其遗产由其近亲属继承。

主要相关法律、法规链接

我国《继承法》

第十条　遗产按照下列顺序继承：

第一顺序：配偶、子女、父母。

第二顺序：兄弟姐妹、祖父母、外祖父母。

继承开始后，由第一顺序继承人继承，第二顺序继承人不继承。没有第一顺序继承人继承的，由第二顺序继承人继承。

　　……

第十一条　被继承人的子女先于被继承人死亡的，由被继承人的子女的晚辈直系血亲代位继承。代位继承人一般只能继承他的父亲或者母亲有权继承的遗产份额。

第十二条　丧偶儿媳对公、婆，丧偶女婿对岳父、岳母，尽了主要赡养义务的，作为第一顺序继承人。

第十三条　同一顺序继承人继承遗产的份额，一般应当均等。

对生活有特殊困难的缺乏劳动能力的继承人，分配遗产时，应当予以照顾。

对被继承人尽了主要扶养义务或者与被继承人共同生活的继承人，分配遗产时，可以多分。

有扶养能力和有扶养条件的继承人，不尽扶养义务的，分配遗产时，应当不分或者少分。

继承人协商同意的，也可以不均等。

第十四条　对继承人以外的依靠被继承人扶养的缺乏劳动能力又没有生活来源的人，或者继承人以外的对被继承人扶养较多的人，可以分给他们适当的遗产。

示范案例一

本案哪些人属于法定继承人？

1988 年 8 月，孙某与前妻许某离婚，两人所生儿子孙辉随母亲许某共同生活。1993 年 10 月，孙某与丧偶妇女沈某举行了结婚仪式后以夫妻名义同居生活，但未理办结婚登记。此后，孙某一直抚养沈某与其前夫所生的两个未成年子女黄燕、黄峰。孙某的父亲孙明靠退休金单独生活。2005 年 3 月，孙某为自己投保了人身意外伤害险，保险金额为 20 万元，该保单中指定非身故保险金的受益人为孙某本人。2015 年 2 月 14 日，孙某因车祸致重伤，经医治一个月后终因伤势过重而死亡。孙某在受重伤医治期间，获得人身意外伤害保险金 20 万元。孙某去世后，该保险金被用于清偿孙某生前医药费 5 万元后，剩余 15 万元。保管人孙明将该款分作五等份，沈某、黄燕、黄峰已领取。孙辉认为分给他的份额少而拒绝领款，遂向人民法院提起诉讼。原告孙辉诉称，我和爷爷孙明才是死者孙某的合法继承人，请求法院判决由我们两人平均分割 15 万元的遗产。

被告沈某、黄燕、黄峰辩称，1993 年 10 月与孙某共同生活，沈某与孙某已形成了事实婚姻，黄燕、黄峰与孙某已形成有抚养关系的继父母子女关系，我们三人应当对该 15 万元的遗产有 3/5 的继承权。

法院经审理认为：被继承人孙某与被告沈某在 1993 年 10 月，未经登记结婚即同居生活，仅按农村习俗举行了结婚仪式，未履行结婚登记的行为是违法的。根据 2001 年《婚姻法解释（一）》第五条、第六条的相关规定，应认定在 1994 年《婚姻登记管理条例》公布实施之日前，被告沈某与被继承人孙某未办结婚登记手续即以夫妻名义同居生活已经形成事实婚姻。当时孙某与两个未成年继子女黄燕、黄峰共同生活，且与沈某共同抚养他们，已经形成有抚养关系的继父母子女关系。据此，本案的原告与被告沈某、黄燕、黄峰以及孙某的父亲孙明五人均属于第一顺序法定继承人。根据"人身意外伤害保险合同"的规定，已经指定受益人的，人身意外伤害保险金归该受益人，所以 20 万元保险金应当归孙某个人所有。孙某去世后，在清偿 5 万元医药费债务后，剩余的 15 万元属于其遗产。故法院判决，对于被继承人孙某的 15 万元遗产，沈某、孙明、孙辉及黄峰、黄燕 5 位继承人均享有继承权，各继承遗产的五分之一。原告孙辉的请求缺乏事实和法律根据，法院不予支持。

请问：法院的判决是否合法？

分析意见：

本案的争议焦点是法定继承人范围的确定。具体地说，沈某、黄燕、黄峰三人是否享有法定继承权？

第一，沈某能否以配偶身份作为法定继承人？根据我国《继承法》的规定，法定继承是指按照法律直接规定的继承人的范围、继承顺序、遗产分配原则等进行财产继承的一种继承方式。我国《继承法》第十条规定的法定继承顺序为：第一顺序是配偶、子女、父母；第二顺序是兄弟姐妹、祖父母、外祖父母。如果能确定沈某与被继承人孙某之间的婚姻关系受法律保护，那么沈某就享有配偶继承权。事实婚姻是相对于法律婚姻而言的，其概念有广义和狭义之分。广义的事实婚姻，是指男女双方未办理结婚登记，便以夫妻名义同居生活，群众也认为是夫妻关系的两性结合。狭义的事实婚姻，是指 1994 年《婚姻登记管理条例》施行前，没有配偶的男女双方符合结婚条件未办理结婚登记，便以夫妻名义同居生活，群众也认为是夫妻的两性结合。目前，我国采取狭义的事实婚姻概念。我国法律承认的事实婚姻具有以下四个特征：第一，欠缺结婚法定形式要件，即当事人双方未办理结婚登记手续。第二，男女双方均无配偶，即当事人双方均处于未婚、丧偶或离婚状态。第三，具有公开性，即当事人双方以夫妻名义公开共同生活，被群众公认为是夫妻关系。第四，符合法定条件，即符合法定的结婚条件和时间条件。从法院查明的事实来看，沈某与孙某是在 1993 年 10 月开始以夫妻名义同居生活，并按农村习俗举办了结婚仪式，他们同居时双方均符合结婚的法定条件，只是未办理结婚登记，欠缺结婚的法定形式要件。对此，根据 2001 年《婚姻法解释（一）》第五条、第六条规定："未按婚姻法第八条规定办理结婚登记而以夫妻名义共同生活的男女，起诉到人民法院要求离婚的，应当区别对待：（一）1994 年 2 月 1 日民政部《婚姻登记管理条例》公布实施以前，男女双方已经符合结婚实质要件的，按事实婚姻处理……""未按婚姻法第八条规定办理结婚登记而以夫妻名义共同生活的男女，一方死亡，另一方以配偶身份主张享有继承权的，按照本解释第五条的原则处理。"沈某和孙某同居时，符合事实婚姻的法定构成要件，其已经形成事实婚姻关系，该事实婚姻关系应比照合法婚姻关系处理。因此，沈某可以被继承人孙某的配偶身份，作为第一顺序法定继承人，享有对被继承人孙某遗产的法定继承权。

第二，黄燕、黄峰两人对继父孙某有无继承权？黄燕、黄峰姐弟两人系沈某与前夫所生子女。1993 年 10 月，沈某和孙某开始同居时，未成年的黄燕、黄峰姐弟两人即与其母和继父孙某一起共同生活。因受孙某的抚养和教育，孙某与他们已形成有抚养教育关系的继父与继子女关系。我国现行《婚姻法》第二十七条第二款规定："继父或继母和受其抚养教育的继子女间的权利和义务，适用本法对父母子女关系的有关规定。"黄燕和黄峰姐弟两人是被继承人孙某形成抚养教育关系的继子女，应为第一顺序法定继承人，享有法定继承权。

综上所述，法院判决被继承人孙某的 15 万元遗产由其生存配偶沈某、父亲孙明、亲生子孙辉及有抚养关系的继子女黄峰、黄燕 5 人共同继承，这是合法的。

示范案例二

郑萍、陈杰的遗产应由谁继承？

原告王卫红、郑立忠与被告陈军、陈英、陈玉、陈忠继承纠纷一案，向某区人民法院提起诉讼。

原告王卫红、郑立忠诉称，女儿郑萍 2005 年经朋友介绍与被告之弟陈杰相识，不久相爱，感情很好。从 2006 年 1 月起，郑萍与陈杰同居生活。在同居期间，郑萍、陈杰两人共同经营小百货店，先后用共同收入购置了彩电、冰箱、录音机、录像机、洗衣机等价值 10 万元的日常生活用品。2015 年 4 月 11 日，郑萍、陈杰两人不幸在家被害死亡，请求法院判令原告依法继承女儿郑萍的遗产。

被告陈军、陈英、陈玉、陈忠辩称，原告之女与其弟陈杰生前未进行结婚登记，不是合法的夫妻关系，其同居关系不受到法律保护。现郑萍、陈杰两人不幸被害死亡，所遗财产是陈杰的个人财产，不属夫妻共同财产。陈杰的遗产原告无权继承。

某区人民法院经公开审理查明：原告王卫红、郑立忠系郑萍的父母。被告陈军、陈英、陈玉、陈忠系陈杰的兄姐。从 2006 年 1 月起，郑萍、陈杰即以夫妻名义公开同居生活，共同经营小百货店，先后用共同收入购置家庭生活用品，小百货店有流动资金 4 万元。上述事实，有证人证言、陈杰生前信件等证据证明。2015 年 4 月 11 日夜，郑萍、陈杰在家中被害死亡。郑萍、陈杰死亡后，家里的彩电 2 台，冰箱、洗衣机、收录机、电视投影机、电风扇各 1 台、金项链 1 条及家具和其他生活日用品等价值 10 万元。以上遗产，经公安局核查后，由被告保管。

还查明，2006 年 1 月郑萍与陈杰同居生活时已年满 21 周岁，无配偶。陈杰与郑萍同居生活时已年满 23 周岁，无配偶。郑萍与陈杰共同生活期间，未生育子女。陈杰的父亲、母亲于 2004 年春节在一次车祸中同时去世。

又查明，据公安机关对郑萍、陈杰被杀害时间出具的法医鉴定结论证实，陈杰先于郑萍 20 分钟左右死亡。还查明，郑萍、陈杰被害后，原告和被告共同出资并主持了丧事，被告人送的花圈上称被害人郑萍为 "弟媳"。陈杰生前借被告人陈玉人民币 1000 元未还。

请问：郑萍、陈杰的遗产应由谁继承？法院依法应当如何处理该案？

分析意见：

本案首先需要依法认定郑萍、陈杰之间为事实婚姻关系或同居关系。

依照 2001 年《婚姻法解释（一）》第五条规定："未按婚姻法第八条规定办理结婚登记而以夫妻名义共同生活的男女，起诉到人民法院要求离婚的，应当区别对待：（一）1994 年 2 月 1 日民政部《婚姻登记管理条例》公布实施以前，男女双方已经符合结婚实质要件的，按事实婚姻处理。（二）1994 年 2 月 1 日民政部《婚姻登记管理条例》公布实施以后，男女双方符合结婚实质要件的，人民法院应当告知其在案件受理前补办结婚登记；未补办结婚登记的，按解除同居关系处理。"另外，1989 年《审理以夫妻名义同居生活案件的意见》第十条规定，"同居生活期间双方共同所得的收入和购置的财产，按一般共有财产处理"。

根据上述规定，在本案中，郑萍、陈杰生前从 2006 年 1 月起未办理结婚登记就以夫妻名义同居生活，虽然同居时双方均符合结婚的实质要件，但不符合事实婚姻的法定时间要件，因此属于同居关系。同居期间双方共同所得及购置的财产为一般共同财产。也就是说，郑萍、陈杰同居期间双方共同购置的财产应当双方平分。平分后的财产，属于各自的遗产。我国《继承法》第二条规定："继承从被继承人死亡时开始。"第十条第二款规定："继承开始后，由第一顺序继承人继承，第二顺序继承人不继承。没有第一顺序继承人继承的，由第二顺序继承人继承。"第三十三条规定："继承遗产应当清偿被继承人依法应当缴纳的税款和债务，缴纳税款和清偿债务以他的遗产实际价值为限……"虽然陈杰死亡在郑萍之前约 20 分钟，但因陈杰与郑萍仅为同居关系，互无配偶继承权。陈杰死亡后，因其没有第一顺序法定继承人，故其遗产应由第二顺序法定继承人兄姐陈军、陈英、陈玉、陈忠 4 人共同继承。郑萍死亡后，其遗产应由第一顺序法定继承人父母王卫红、郑立忠共同继承。陈杰所遗债务，应由继承陈杰遗产的 4 名继承人用遗产负责清偿。

据此，法院依法应判决如下：

一、郑萍的遗产由原告王卫红、郑立忠继承。

二、陈杰的遗产由被告陈军、陈英、陈玉、陈忠 4 人共同继承。

三、陈杰欠陈玉的债务 1000 元，由被告陈军、陈英、陈玉、陈忠 4 人用陈杰的遗产负责清偿。

示范案例三

张芳的继承人到底是谁？

张芳与李强结婚后，生有两子李甲和李乙。后来李强因病去世，张芳一人含辛茹苦把两个儿子李甲、李乙抚养成年。2008 年元旦，李甲与王丽结婚，婚后生有双胞胎李国民和李国庆。2010 年春节，李乙与林倪结婚，后来生子李国荣。李甲、李乙婚后均与母亲张芳分开另过。此时，张芳身体尚健康，个人生活寂寞，故收养一子共同生活。因养子天赐才满 8 岁，与张芳以母子相称年龄相差过大，遂称天赐为其养孙子。2011 年 4 月，李甲因车祸身亡。由于遭遇老年丧子之痛，张芳的身体状况每况愈下，需要人照顾，于是王丽主动前往张芳家与之共同生活，精心照顾婆婆的饮食起居、请医服药。2016 年 1 月 3 日，张芳因心脏病突发而死亡。在整理其遗物时发现留有 3 万元存折一张。

请问：本案中有哪些人有权继承张芳的遗产？

分析意见：

第一，天赐有权以养子女的身份继承张芳的遗产。依据我国现行《婚姻法》第二十六条的规定，养父母子女的权利义务，适用本法对父母子女关系的有关规定。

在收养关系中，有一种"隔代收养"的养祖孙关系。这是指收养人为本人直接收养孙子女，其收养的成立完全符合法定的实质要件和形式要件，仅由于收养人与被收养人之间年龄相差悬殊或辈分不同，故相互不以养父母子女相称，而以养祖孙相称。我国最高人民法院 1984 年《执行民事政策法律若干问题的意见》第二十九条规定："收养人收养他人为孙子女，确已形成养祖父母与养孙子女关系的，应予承认。解决收养纠纷或有关权益纠纷时，可依照婚姻法关于养父母与养子女的有关规定，合情合理地处理。"即视这种养祖孙关系具有与养父母子女关系相同的权利义务。我国《执行继承法意见》第二十二条规定："收养他人为养孙子女，视为养父母与养子女的关系的，可互为第一顺序继承人。"故本案中，天赐可以作为张芳的第一顺序继承人参加遗产继承。

第二，李国民、李国庆享有代位继承权。代位继承是指被继承人的子女先于被继承人死亡的，由被继承人子女的晚辈直系血亲代位继承的制度。我国《继承法》第十一条规定："被继承人的子女先于被继承人死亡的，由被继承人的子女的晚辈直系血亲代位继承。代位继承人一般只能继承他的父亲或母亲有权继承的遗产份额。"由此可见，代位继承必须具备以下条件：一是代位继承发生的原因，是在法定继承时被继承人的子女先于被继承人死亡；二是代位继承人只能是被继承人的晚辈直系血亲；三是代位继承人只能是被代位继承人的晚辈直系血亲；四是被代位继承人必须具有继承权。在本案中，李甲先于其母张芳死亡，且李甲未丧失对母亲的继承权；代位继承人李国民、李国庆为被代位继承人李甲的儿子和被继承人张芳的孙子，属于他们的晚辈直系血亲。因此，李甲的继承份额可由其子李国民、李国庆共同代位继承。也就是说，李国民、李国庆可以作为第一顺序法定继承人李甲的代位继承人，共同继承其父应继承的遗产份额。

第三，王丽有权继承张芳的遗产。儿媳与公婆、女婿与岳父母属于姻亲关系，他们之间本无法律上的权利义务。因此，在一般情况下，不论其是否丧偶对公婆或岳父母均无继承权。但在现实生活中，有些儿媳或女婿在丧偶以后仍然继续对公婆或岳父母尽主要赡养义务。对此，我国《继承法》第十二条规定，"丧偶儿媳对公、婆，丧偶女婿对岳父、岳母，尽了主要赡养义务的，作为第一顺序继承人。"认定"尽了主要赡养义务"一般可以从以下两方面综合考虑：一是在物质上尽了主要供养义务；二是尽供养义务具有长期性和经常性。此外，我国《执行继承法意见》第二十九条规定："丧偶儿媳对公婆，丧偶女婿对岳父、岳母，无论其是否再婚，依继承法第十二条规定作为第一顺序继承人时，不影响其子女代位继承。"在本案中，王丽在丈夫去世后，仍对婆婆尽了主要赡养义务，且具有长期性（已达五年以上），因此她可作为法定的第一顺序继承人参加继承。

第四，李乙有权继承张芳的遗产。因为李乙是张芳的儿子，属于第一顺序法定继承人，其依法有权继承母亲张芳的遗产。至于李乙之妻林倪和其子李国荣，因前者不是尽了主要赡养义务的丧偶儿媳，后者不属被继承人的子女先于被继承人死亡的代位继承人，均不符合继承张芳遗产的法定条件，故无权继承张芳的遗产。

示范案例四

生存配偶能否优先继承遗产中的婚姻住房？

1995 年春，某村姑娘王女与张男结婚后生有一儿一女。2015 年夏，王女因病去世。张男认为，生存配偶应当优先继承遗产中的婚姻住房，待今后自己去世之后，再由子女继承其父母的遗产。但张男的子女却认为，他俩应当与父亲同时继承母亲的全部遗产。

请问：哪一种意见正确？

分析意见：

本案涉及法定继承人的顺序问题。法定继承人的顺序，是指法律规定的各法定继承人继承遗产的先后次序。继承开始后并非所有的法定继承人都同时参加继承，而是根据法律规定的先后顺序，依次参加继承。继承顺序在前的法定继承人，有优先参加遗产继承的权利。继承顺序在后的法定继承人，只有在无前一顺序或前一顺序继承人全部丧失继承权或全部放弃继承权的情况下，才能参加继承。

我国《继承法》第十条第一款规定："遗产按照下列顺序继承：第一顺序：配偶、子女、父母。第二顺序：兄弟姐妹、祖父母、外祖父母。"此继承顺序的确定依据，是根据继承人同被继承人的婚姻关系、血缘关系的远近以及彼此在经济上、生活上相互依赖的程度。在继承开始后，只有在第一顺序继承人和第二顺序继承人之间才有继承顺序先后之分。但是，不能在同一顺序的继承人中又分出先后继承顺序。否则，就违背了法律的规定。即同一顺序的继承人在继承遗产时，享有同等的继承权，应当同时开始参加继承。必须指出，这样做并不会使生存配偶的合法权益受到损害，因为我国的法定夫妻财产制是夫妻婚后所得共同制。就本案而言，作为死者的配偶张男，他除了依法可以得到夫妻共有财产的一半以外，还可以与子女一起共同继承死者的遗产。由于在家庭关系中，配偶、子女、父母的关系最为密切，他们在法律上都有相互扶养的义务，且都是第一顺序扶养义务人，故我国《继承法》规定，配偶、子女、父母为同一顺序法定继承人。也就是说，张男主张死者的遗产应首先由生存配偶继承的说法是没有法律依据的。本案第一顺序法定继承人生存配偶张男与两个子女应依法同时参加继承死者的遗产。但是，我国《继承法》对于生存配偶的遗产先取权没有规定，此立法漏洞不利于保障生存配偶维持其婚姻期间的生活水平。而对此问题，国外一些国家的立法有规定，如《德国民法典》第一百九十三条规定生存配偶对特定遗产有先取权。而法国对生存配偶则设有遗产用益权制度，以保障生存配偶对婚姻住房的居住权和对家庭日常生活用品的使用权。① 因此，我国《继承法》还有待修改和完善。

示范案例五

为胎儿保留的遗产是否应当重新分配？

丧偶妇女李某之子张某，直到三十岁才结婚。婚后不久，张某因意外事故死亡，此时儿媳杜某已有身孕。在分割张某的遗产时，杜某提出要为尚未出世的胎儿留出一定的遗产份额，李某对此表示赞同。杜某在为胎儿争取留下一份遗产后，却又私下悄悄地做了人工流产，将胎儿打掉，以便再婚。李某对此非常气愤。她提出要求重新分割为胎儿保留的遗产。杜某则拒不同意重新分割这部分遗产。

请问：为胎儿保留的这份遗产是否应当重新分配？

分析意见：

本案属于为保留胎儿的继承份额如何处理的问题。我国《继承法》第二十八条规定："遗产分割时，应当保留胎儿的继承份额。胎儿出生时是死体的，保留的份额按照法定继承办理。"按此规定，分割遗产时，如果被继承人的妻子怀有身孕，就应当为胎儿保留继承份额，但这并不等于说胎儿具有继承的权利能力和行为能力。因为胎儿尚未出生，不属于自然人，不能成为民事主体。法律之所以规定为胎儿保留继承份额，目的在于保护胎儿出生后的财产权益。

关于为胎儿保留的继承份额的最终处理，一般分三种情况：一是胎儿出生后存活的，已保留的继承份额归其本人所有；二是如果胎儿出生时是活体后又死亡的，为胎儿保留的继承份额应由胎儿的法定继承人继承；三是如果胎儿在脱离母体时即已处于死亡状态的，原为胎儿保留的继承份额应当按照法定继承办理，即应当由被继承人的继承人再行分割。

本案属于上述第三种情况，即这个胎儿因被人工流产而未能成活，没有取得继承权主体资格，不能继承为其所保留的遗产份额。这样，为胎儿保留的继承份额就应由原被继承人的法定继承人来继承。也就是说，杜某无权单独继承该份遗产。该遗产应当由杜某和李某再行分割继承。

示范案例六

转继承遗产纠纷如何处理？

被继承人王甲生前系某大学教授，曾写过多部专著，其中有两本书在他去世前已交付

---

① 参见陈苇、杜江涌："我国法定继承制度的立法构想"，载《现代法学》2002 年第 3 期，第 100 页。

给出版社，签订了出版合同，但还未被出版及支付稿酬。2013 年 12 月他去世后，其子王男和女儿王女对现有遗产进行了分割。2016 年 2 月王男因病去世，留下妻子刘某和两个儿女王丙、王丁。此后，2016 年 10 月，王甲的遗著被公开出版，出版社寄来了稿费 6 万元。王女收到稿费后全部归为己有。对此王男之妻刘某及其两个儿女王丙、王丁有异议。他们主张，他们三人应当一起与王女共同继承，四个共同继承人应按人头平分遗产，但又不知法律是否允许。于是来到某律师事务所咨询。

　　请问：如果你是一位律师，你依法应该如何解答？

　　分析意见：

　　这是一起转继承案件。所谓转继承，是指继承人在被继承人死亡之后，遗产分割前死亡，其应继承的份额由他的继承人继承。我国《执行继承法意见》第五十二条规定："继承开始后，继承人没有表示放弃继承，并于遗产分割前死亡的，其继承遗产的权利转移给他的合法继承人。"转继承是原继承人继承遗产权利的转移，所以它又被称为再继承或第二次继承。必须注意，转继承不同于代位继承，两者主要有如下区别：

　　第一，两者发生的根据不同。代位继承的发生是基于继承人先于被继承人死亡的事实；转继承的发生是基于继承人后于被继承人死亡且未表示放弃继承权的事实。

　　第二，两者死亡的继承人范围不同。代位继承死亡的继承人，仅限于被继承人的晚辈直系血亲；转继承死亡的继承人，包括被继承人的晚辈直系血亲和被继承人的配偶、父母等继承人。

　　第三，两者继承遗产的权利主体不同。代位继承人只限于被代位人的晚辈直系亲属；转继承中继承遗产的权利主体即转继承人，包括原继承人的晚辈直系亲属和原继承人的配偶、父母等继承人。

　　第四，两者适用的范围不同。代位继承只适用于法定继承；转继承不仅适用于法定继承，还适用于遗嘱继承。

　　在本案中，首先，王女认为应由她一人继承全部稿费是没有法律根据的，6 万元稿费应当由王甲的子女即王男和王女共同继承，由于此稿费收到时，王男已去世，其应继承的份额为其遗产。此稿费虽然是在王男去世后才收到的其父王甲的遗产，但实际上王男是后于其父王甲死亡的。由于继承自被继承人死亡时开始，故在王甲死亡之前，王男与王女就已实际继承了其父王甲的全部遗产所有权，其中的稿费，只因尚未实际取得故未能分割而已。在王男死后，他应得而实际尚未取得的遗产中的稿费，应当作为他的遗产，依法转归他的法定继承人其妻子刘某和儿女共同继承，即为转继承。因此，王女认为应由她一人继承全部稿费是没有法律根据的。其次，王男之妻主张由其和子女三人一块与王女共同继承，四人按人头平分王甲的遗产，这也是不符合法律规定的。因为，王男之妻刘某作为儿媳不属于王甲的法定继承人，且由于王男后于被继承人死亡，故王男之子女王丙、王丁不能发生代位继承，所以王男之妻主张由其和子女三人一块与王女共同继承王甲的遗产，这也是不符合法律规定的。最后，关于遗产稿费的分割方法，应当先由同一顺序法定继承人王男与王女共同继承后原则上平均分割，然后王男继承的稿费份额再由其法定继承人妻子刘某及两个儿女王丙、王丁共同继承后分割。综上，王甲的遗产稿费 6 万元，在各继承人生活上没有特殊困难的情况下，原则上应当依法作如下分配：即首先由其子王男和女儿王女共同继承各 3 万元。然后，再把王男的继承份额 3 万元，实行转继承，由其妻刘某及其两个儿女王丙、王丁三人平分各 1 万元。

示范案例七

养子女对生父母扶养较多的，是否有权酌情分得生父母的遗产？

张群出生于 1974 年 2 月，由于家里子女多，父母无力抚养，便将他送与他人收养。张群与养父母关系一直很好，由于离生父母家很近，张群与生父母一直有来往。张群大学毕业参加工作后经济收入较高，不仅赡养其养父母，也赡养其生父母，而且他对生父母所尽的赡养义务比其他亲兄弟姐妹还多。2015 年 5 月，他的生父母在去县城的途中遭遇车祸死亡，在料理完丧事后，张群提出生父母的遗产也应酌情分给他一份。但其他兄弟姐妹以张群已被别人收养而与生父母已无亲属关系为由，不同意将生父母的遗产酌情分给张群。

请问：张群能否酌情分得生父母的遗产？

分析意见：

本案涉及养子女能否请求酌情分得生父母的遗产问题。我国现行《婚姻法》第二十六条第二款规定："养子女和生父母间的权利和义务，因收养关系的成立而消除。"我国现行《收养法》第二十三条第二款规定："养子女与生父母及其他近亲属间的权利义务关系，因收养关系的成立而消除。"故收养关系成立后，养子女在享有对养父母的遗产继承权的同时，对其生父母及其他近亲属的遗产继承权随之消灭。故本案当事人张群被他人收养后，自收养关系成立之日起，他与生父母及亲兄弟姐妹之间在法律上的权利义务关系就已经消除。他与他们之间虽仍有血缘关系，但没有抚养、赡养及继承等法定权利义务关系。故张群在成年后对生父母的扶养，已不属于法定的子女对父母应尽的赡养义务。依我国现行《收养法》和我国《继承法》的规定，被他人收养的子女不是生父母的法定继承人，所以张群不能以法定继承人的身份继承生父母的遗产。但我国《继承法》第十四条规定："……继承人以外的对被继承人扶养较多的人，可以分给他们适当的遗产。"我国《执行继承法意见》第十九条规定："被收养人对养父母尽了赡养义务，同时又对生父母扶养较多的，除可依继承法第十条的规定继承养父母的遗产外，还可依继承法第十四条的规定分得生父母的适当的遗产。"该意见第三十二条规定，"依继承法第十四条规定可以分给适当遗产的人，在其依法取得被继承人遗产的权利受到侵犯时，本人有权以独立的诉讼主体的资格向人民法院提起诉讼"。

因此，尽管张群不是其生父母的法定继承人，但是由于他对生父母尽了较多的扶养义务，依法可以请求酌情分得适当的遗产。如果他的亲兄弟姐妹拒不分给他适当的遗产，他依法可以向法院提起诉讼，请求酌情分得生父母适当的遗产。

讨论案例

1. 继女和养子是否属于法定继承人？

2011 年 6 月，张升与王丽登记结婚。王丽系再婚，结婚时带来一个 10 岁的女儿与张升共同生活。2012 年 2 月，张升夫妇又收养一子，但未在民政部门进行收养登记。2014 年 9 月，张升病故。2015 年 5 月，张升生前名下的房产经拍卖还债后，尚余有 10 万余元。王丽认为张升的继女和养子也应继承张升的遗产，但张升之父则表示反对，遂诉至法院。

请问：该养子和继女是否属于张升的法定继承人？

2. 继孙有无继承继祖父遗产的权利？

吕广早年丧妻没有生育子女，收养一子取名吕兵。2003 年，吕兵与王英结婚后与吕广分家另过，王英带来与前夫所生之子 5 岁的王强三人共同生活。2012 年 2 月，吕兵因病去世。2015 年 1 月吕广因食物中毒去世。王强要求代位继父吕兵继承继祖父吕广的遗产。吕广的胞弟吕丁也提出要继承其兄吕广的遗产，理由是王强是吕广的养子吕兵之继子即吕广的继孙子，没有继承权。自己是吕广的同胞亲兄弟，应是吕广遗产的唯一继承人。为此，两人发生争执，吕丁去某律师事务所咨询。

请问：律师依法该如何解答此问题？

3. 继子女能否既继承生父的遗产，又继承继父的遗产？

林某的生父早年去世，母亲于 2000 年改嫁，林某当时 14 岁，姐姐已婚，林某仍与姐姐住在生父的房子里，生活费由继父和母亲供给。林某 16 岁到继父家生活，后来又回到原籍继承了生父的房屋，但在经济上仍与继父来往。继父建房时林某姐弟俩出资，继父、母亲的生活均由他们照料。继父临终时把房产证给林某并嘱咐其理后事。2015 年 10 月继父去世后，继父从未尽过义务的儿子周某要求继承全部房屋，其理由是：林某已继承了生父的遗产，不能再继承继父的遗产。林某则认为自己有权继承继父的遗产，于是起诉到法院。

请问：本案依法应如何处理？

4. 邻居对死者生前尽了主要扶养义务，是否有权请求酌情分得遗产？

某镇居民柳荫系无儿无女的丧偶老年妇女，也无兄弟姐妹等其他近亲属，靠自己做小生意维持生活。2010 年 8 月，柳荫突患脑出血，半身不遂，生活不能自理。邻居张玲平时与柳荫往来密切，经常互相帮助。柳荫患病后，张玲早、中、晚前去照料，请医拿药、端茶送水、煮饭洗衣等尽心服侍。2015 年 2 月老人去世后，留有两间房屋和一些日用家具等遗产。柳荫在农村的表哥柳青前来主张继承。居委会认为柳荫的遗产应分给张玲一部分。但柳青认为，自己才是柳荫的继承人，应该继承全部遗产。而张玲与柳荫仅为邻居关系，无权继承任何遗产。

请问：邻居张玲对无亲属关系的老人柳荫尽了主要扶养义务，可否请求酌情分得遗产？

相关裁判实例摘录①

武某与杨某甲、杨某乙继承纠纷案

2015 年 5 月 24 日，杨某在上班时间因工死亡，张家口兴鑫土石方工程有限公司赔偿了丧葬费、供养亲属抚恤金、一次性工亡补助金共计 124 万元。杨某因父母已经去世，没有成家，没有第一顺序继承人。此款由二被告杨某的爷爷杨某甲、姐姐杨某乙全部分得，每人领取 62 万元。2015 年 7 月 10 日，杨某花以"和杨某共同生活了近四年的时间，尽

---

① 摘自中国裁判文书网，（2015）赤民初字第 636 号。

了应尽的义务，属于杨某生前唯一的供养人"为由诉至本院（已另案处理给付 10 万元）。2015 年 7 月 13 日，原告杨某的外祖父武某诉至本院，请求法院依法判决原告继承杨某工亡赔偿款 40 万元。

经查明，杨某名下的财产（五间正房、五间南房、轿车一辆、三轮车一辆）价值 10 万元。另查明，杨某死亡后，被告杨某甲负责办理了丧葬事宜，花去丧葬费 3.6 万元，在处理工伤赔偿事宜期间，被告杨某乙支付了律师费及其他费用 33918 元。被告杨某乙领取了 62 万元赔偿款后，给付了原告武某 5 万元，且原告表示不再和杨某乙要钱了。杨某乙称另外还外债 23 万元。

法院经审理认为，原告和二被告属于同一顺序继承人，对被继承人杨某的遗产即房屋、车辆依法享有平等的继承权，但遗产继承和分割杨某死亡后的工亡赔偿金、被扶养人生活费、丧葬费属于两个不同之诉，所以关于遗产继承纠纷可另案诉讼。杨某发生工亡后，公司赔偿的工亡赔偿金、被扶养人生活费、丧葬费不属于遗产，原告、二被告及另案的杨某花均有权主张分割。根据各当事人与杨某的不同关系，124 万元赔偿款另案酌定给付杨某花 10 万元后剩余 114 万元，扣除被告杨某甲实际支付的丧葬费 3.6 万元，被告杨某乙实际支付的律师费 2.9 万元及处理工伤赔偿事宜的费用 4918 元，剩余 1070082 元，原告和二被告均分，各得款 356694 元，二被告每人给付原告 178347 元。原告收到被告杨某乙给付的 5 万元时，和杨某乙达成协议，表示不再和杨某乙要钱了，是对自己权利的处分，所以再要求被告杨某乙给付赔偿款的主张，本院不予支持。杨某乙称另外还外债 23 万元，对其这一辩解，本院不予采信和支持。

三、遗嘱继承、遗赠和遗赠扶养协议案例

基本理论概述

遗嘱继承，又称"指定继承"，指按照立遗嘱人生前所留下的符合法律规定的合法遗嘱的内容要求，将遗产的全部或部分指定由法定继承人中的一人或数人继承。

遗赠是指被继承人通过遗嘱的方式，将其遗产的一部分或全部赠与法定继承人以外的个人或者社会组织。遗赠是单方的、无偿的法律行为，只需遗赠人一方作出意思表示即可成立，并不需要征得受赠人的同意。但遗赠不同于生前赠与，必须在形式上和内容上具备设立遗嘱的法定要件方为有效。

遗赠扶养协议是遗赠人和扶养人之间关于扶养人承担遗赠人的生养死葬的义务，遗赠人的财产在其死后转归扶养人所有的协议。遗赠扶养协议是一种平等、有偿和互为权利义务关系的民事法律关系。

主要相关法律、法规链接

我国《继承法》

第五条　继承开始后，按照法定继承办理；有遗嘱的，按照遗嘱继承或者遗赠办理；

有遗赠扶养协议的，按照协议办理。

第十六条　公民可以依照本法规定立遗嘱处分个人财产，并可以指定遗嘱执行人。

公民可以立遗嘱将个人财产指定由法定继承人的一人或者数人继承。

公民可以立遗嘱将个人财产赠给国家、集体或者法定继承人以外的人。

第十七条　公证遗嘱由遗嘱人经公证机关办理。

自书遗嘱由遗嘱人亲笔书写，签名，注明年、月、日。

代书遗嘱应当有两个以上见证人在场见证，由其中一人代书，注明年、月、日，并由代书人、其他见证人和遗嘱人签名。

以录音形式立的遗嘱，应当有两个以上见证人在场见证。

遗嘱人在危急情况下，可以立口头遗嘱。口头遗嘱应当有两个以上见证人在场见证。危急情况解除后，遗嘱人能够用书面或者录音形式立遗嘱的，所立的口头遗嘱无效。

第十八条　下列人员不能作为遗嘱见证人：

（一）无行为能力人、限制行为能力人；

（二）继承人、受遗赠人；

（三）与继承人、受遗赠人有利害关系的人。

第十九条　遗嘱应当对缺乏劳动能力又没有生活来源的继承人保留必要的遗产份额。

第二十条　遗嘱人可以撤销、变更自己所立的遗嘱。

立有数份遗嘱，内容相抵触的，以最后的遗嘱为准。

自书、代书、录音、口头遗嘱，不得撤销、变更公证遗嘱。

第二十一条　遗嘱继承或者遗赠附有义务的，继承人或者受遗赠人应当履行义务。没有正当理由不履行义务的，经有关单位或者个人请求，人民法院可以取消他接受遗产的权利。

第二十二条　无行为能力人或者限制行为能力人所立的遗嘱无效。

遗嘱必须表示遗嘱人的真实意思，受胁迫、欺骗所立的遗嘱无效。

伪造的遗嘱无效。

遗嘱被篡改的，篡改的内容无效。

示范案例一

这起遗产继承纠纷应如何处理？

索某是某大学教授，早年丧妻，有一子一女，均已结婚，并都与索某住在一起。但儿子、儿媳总吵着要分家另过，索某无奈，只好给了儿子 5 万元安家费，让他们分家另过。此后，索某生活一直由女儿照顾。在女儿、女婿出国进修期间，索某心脏病突然发作住院，但其儿子、儿媳却装作不知道，全由邻居肖某一家照顾。索某在病危期间，请来了两名医生作证，亲笔立下遗嘱：自己死亡后，将其 22 万元存款，赠给学校作奖学金 15 万元，赠给邻居肖某 2 万元，留给女儿 5 万元，取消了儿子的继承份额，并委托学校代为执行。索某去世后，学校按其遗嘱处理遗产时，索某的儿子却坚决表示反对，说他是法定继承人，遗产应由他和妹妹平分，而不能分给学校和肖某，遂向人民法院提起诉讼。

请问：这起遗产继承纠纷应如何处理？

分析意见：

被继承人去世后，其遗产继承分为法定继承与遗嘱继承两种方式。所谓法定继承，是指在无遗嘱或遗嘱无效的情况下，直接依据法律规定的继承人范围、继承顺序及遗产分配原则转移遗产所有权的一种继承方式。所谓遗嘱继承，就是被继承人生前按照法律规定的方式立下遗嘱，在其死后将遗产转归遗嘱指定的继承人所有的一种继承方式。遗嘱继承与法定继承主要有以下区别：

第一，两者产生的法律事实不同。法定继承的产生是基于被继承人死亡这一法律事实的出现；遗嘱继承的产生必须有两个法律事实同时存在，一是被继承人死亡，一是被继承人立有合法有效的遗嘱。

第二，两者遗产转移的根据不同。法定继承遗产转移的根据是法律的直接规定；遗嘱继承遗产转移的根据是遗嘱人的指定。

第三，两者的效力不同。依据我国《继承法》第五条规定，继承开始后，按照法定继承办理；但是被继承人生前立有合法遗嘱的，则按遗嘱继承或者遗赠办理。

本案就属于后一种情况。索某的儿子和女儿都属于其法定继承人，如果索某没立遗嘱，按法律规定应由其女儿和儿子继承并分割遗产。但由于索某按照法律规定的方式设立了有效的遗嘱，故必须按遗嘱来处理其遗产，即15万元遗赠给学校作奖学金；2万元遗赠给肖某；5万元留给遗嘱指定的继承人女儿；索某的儿子没有继承份额。索某儿子起诉的要求无法律依据，应依法驳回其诉讼请求。

示范案例二

将遗产指定赠与"第三者"，该遗嘱的效力如何？

现年60岁的蒋某芳与四川省某某市某某区某厂职工黄某彬于1963年5月经恋爱登记结婚。夫妻两人收养一子黄某（现年31岁，已成家另过）。1990年7月，蒋某芳因继承父母遗产取得原某某市市中区顺城街67号房屋所有权。1995年，因城市建设，该房屋被拆迁，由拆迁单位将位于某某市某某区新马路6-2-8-2号的77.2平方米的住房一套作为还建房安置给了蒋某芳。1994年，黄某彬与比他小22岁的女人张某英相识并于第二年同居。蒋某芳发现后，劝告无效。1996年起，黄某彬与张某英在外租房公然以"夫妻"名义同居生活。2000年9月，黄某彬与蒋某芳共同将蒋某芳继承所得位于某某市某某区新马路6-2-8-2号的房产，以8万元的价格出售给陈某。2001年春节期间，黄某彬、蒋某芳夫妇将售房款中的3万元赠与其养子黄某在外购买商品房。此后，黄某彬因肝癌晚期住院治疗。黄某彬于2001年4月18日立下书面遗嘱，将其所得住房补贴金、公积金、抚恤金和出卖某某市某某区新马路6-2-8-2号住房所获价款的一半4万元及自己所用的手机一部，将近总额6万元的财产赠送给"朋友"张某英，骨灰盒由张某英负责安葬。4月20日，某某市某某区公证处对该遗嘱出具了公证书。4月22日，黄某彬因病去世。在黄某彬的遗体火化前，张某英当着原配蒋某芳的面公开宣布了黄某彬留下的遗嘱。由于蒋某芳不按照该遗嘱执行，张某英以蒋某芳为被告诉讼到某某市某某区人民法院，请求法院判令蒋某芳按照该遗嘱执行。

某某市某某区人民法院经审理认为，遗赠人黄某彬曾立下书面遗嘱，将其财产赠与原告张某英，并经某某市某某区公证处公证，该遗嘱形式上是遗赠人黄某彬的真实意思表示，但在实质赠与财产的内容上存在以下违法之处：1. 抚恤金不是个人财产，它是按照国家有关规定，死者单位对死者直系亲属的抚慰金，不属遗赠财产的范围；2. 遗赠人黄某彬的住房补助金、公积金是黄某彬与蒋某芳夫妻关系存续期间所得，应为夫妻共同财产，遗嘱人生前只能按照法律规定的方式处分其个人财产。遗嘱人黄某彬在立遗嘱时未经共有人蒋某芳同意，单独对夫妻共同财产进行处理，其无权处分部分应属无效；3. 位于某某市某某区新马路6-2-8-2号住房一套，应为夫妻共同财产。蒋某芳将该房以8万元的价格卖给陈某，该8万元售房款中还应扣除房屋交易时蒋某芳承担的税费，实际售房款不足8万元。此外，在2001年春节期间，黄某彬、蒋某芳夫妇将售房款中的3万元赠与其养子黄某在外购买商品房。某某市某某区公证处在未查明事实的情况下，便对其遗嘱进行了公证显属不当，违背了《四川省公证条例》第二十二条"公证机构对不真实、不合法的行为、事实和文书，应作出拒绝公证的决定"的规定。

我国《民法通则》第七条明确规定，民事行为不得违反公共秩序和社会公德，违反者其行为无效。本案中黄某彬与被告蒋某芳系结婚多年的夫妻，应相互扶助、互相忠实、互相尊重。但在本案中，黄某彬从1996年认识原告张某英后，长期与她公开同居。而有配偶的人与婚外异性同居，是我国现行《婚姻法》禁止的违法行为。遗赠人黄某彬基于与原告张某英的非法同居关系而立下遗嘱，将其遗产和属于被告所有的财产赠与原告张某英，是一种违反公共秩序、社会公德和违反法律的行为。从另一个角度讲，本案被告蒋某芳在遗赠人黄某彬患肝癌晚期住院直至去世期间，一直对其护理照顾，履行了夫妻扶助的义务，遗赠人黄某彬却无视法律规定，违反社会公德，将财产遗赠给与其非法同居的原告张某英，实际上损害了被告蒋某芳依法享有的合法的财产继承权，违反了公序良俗，破坏了社会风气。原告张某英明知黄某彬有配偶而与其长期同居生活，其行为是被法律禁止的，是社会公德和伦理道德所不允许的，侵犯了蒋某芳的合法权益，于法于理不符，因此不予支持。遗赠人黄某彬的遗赠行为违反了法律的原则和精神，损害了社会公德，破坏了社会公共秩序，应属无效行为，据此，该法院依照我国《民法通则》第七条的规定，驳回原告张某英的诉讼请求。

一审宣判后，原告张某英于2001年11月向四川省某某市中级人民法院提起上诉。

二审法院在查明本案的事实后，以与一审法院同样的理由，作出维持原判的终审判决。

请问：将遗产指定赠与"第三者"，该遗嘱的效力如何？法院的判决是否有法律依据？

分析意见：

本案属于遗赠纠纷。遗赠指公民以遗嘱的方式将个人所有财产的一部分或全部赠给国家、集体或法定继承人以外的其他人。遗赠行为成立的前提是遗嘱，而遗嘱是立遗嘱人生前在法律允许的范围内，按照法律的方式处分自己个人所有的财产。本案法官的判决理由为：本案中遗赠人黄某彬立遗嘱时虽具完全民事行为能力，遗嘱也系其真实意思表示，但该遗嘱的内容却违反了法律和社会公德。其主要理由如下：

第一，遗赠人黄某彬对售房款的处理违背客观事实，有部分为无权处分。因为，某某市某某区新马路6-2-8-2号的住房为夫妻共同财产，并且该房已经以8万元的价格出售，该 8 万元售房款除缴纳了有关税费外，黄某彬与蒋某芳还共同将该售房款中的 3 万元赠与其子黄某，实际上已经没有 8 万元。对此黄某彬生前是明知的。然而，遗赠人黄某彬在立遗嘱时，仍以不存在的 8 万元的一半进行遗赠，显然其处分标的为部分夫妻共同财产，这是不合法的，违背了客观事实。

第二，有配偶者黄某彬将财产遗赠给与其非法同居的张某英，实质上剥夺了其妻蒋某芳的合法财产继承权，有悖社会公德。因此，遗赠人黄某彬所立书面遗嘱，因其内容和目的违反法律和社会公德，应属无效遗嘱，其遗赠行为无效。

第三，对不符合法定条件的遗嘱，应当拒绝公证。凡遗嘱内容不合法的公证书，依法不能产生法律效力。公证机关作为行使国家证明权的机关，应当按照法定程序对所要证明的法律行为、文书和事实的真实性、合法性进行认真审查。① 遗嘱行为属民事法律行为，因此遗嘱行为公证的条件必须与我国《民法通则》里规定的民事法律行为成立的要件相符合。2000 年《遗嘱公证细则》第十七条规定，对不符合规定条件的，应当拒绝公证。因此，遗赠人黄某彬所订立的将其死后遗产赠与上诉人张某英的遗嘱虽然经过公证机关办理了公证手续，但因该遗赠行为本身违反了法律，损害了社会公德，应属无效民事行为。某某市某某区公证处所作出的公证书依法不能产生法律效力，法院不予采信。

第四，在审理民事案件中适用各种法律、法规和规章时，应结合适用我国《民法通则》相关规定。在本案涉及的法律、法规中，我国《继承法》、现行《婚姻法》为一般法律；《公证暂行条例》系国务院制定，为行政法规；《四川省公证条例》系四川省人大常委会制定，为地方性法规；《公证程序规则》、《遗嘱公证细则》为部门规章；我国《民法通则》是民事基本法律。在我国，现行《立法法》第八十八条明确规定，法律的效力高于行政法规、地方性法规、规章。我国《民法通则》的效力等级在法律体系中仅次于我国现行《宪法》，故在审理民事案件中适用各种法律、法规和规章时，应结合适用我国《民法通则》相关规定。遗赠行为作为民事法律行为的一种，除应当符合我国《继承法》的规定外，还必须符合我国《民法通则》对民事法律行为的一般规定。我国《民法通则》第七条明确规定"民事活动应当尊重社会公德，不得损害社会公共利益……"作为现代民法的一项基本原则，"公序良俗"原则充分体现了国家、民族、社会的基本利益要求，反映了当代社会中居于统治地位的一般道德标准，是社会道德规范的法律化。"公序良俗"原则所包括的"社会公德"或"社会公共利益"，又可称作"公共秩序"和"善良风俗"，并非一切违反伦理道德的行为都是违反社会公德或社会公共利益的行为。但违反已从道德要求上升为具体法律禁止性规定所体现的，维持现行社会秩序所必需的社会基本道德观念的行为，则属于违反社会公德或社会公共利益的行为，应属无效民事行为。

本案中，有配偶者黄某彬无视夫妻感情和婚姻道德规范，与张某英长期非法同居，其行为既违背了我国现行社会道德标准，又违反了我国现行《婚姻法》第三条"禁止有配偶者与他人同居"的规定。黄某彬基于其与张某英的非法同居关系而订立遗嘱，以不合法形式剥夺了被上诉人蒋某芳的合法财产继承权。因此，遗赠人黄某彬的遗赠行为，违反了公序良俗，应属无效民事行为，从行为开始就没有法律效力。故法院判决，违反公序良

---

① 主编注：我国现行《公证法》第二条规定："公证是公证机构根据自然人、法人或者其他组织的申请，依照法定程序对民事法律行为、有法律意义的事实和文书的真实性、合法性予以证明的活动。"

俗的遗嘱自始无效，驳回原告的诉讼请求。

示范案例三

付某的遗产应如何继承？

付某死后遗留 4 万元存款和家用电器等日常生活用品。付某有 2 个儿子和 2 个女儿，2 个儿子和大女儿都已经参加工作并独立生活，只有小女儿还在大学读书。在料理完父亲的丧事后，付某的 2 个儿子和大女儿协商四个兄弟姐妹平均分割父亲的遗产，但付某的小女儿对此表示不同意。她提出父亲生前曾给她留有一份书面遗嘱，并经过公证机关公证，指定由她一个人继承遗产中的存款 4 万元。其哥、姐认为其父亲有偏心，所立遗嘱不公平，应当依法定继承，由同一顺序继承人的四个兄弟姐妹平均分割父亲的遗产。

请问：继承开始后，付某的遗产应首先按遗嘱继承还是法定继承办理？

分析意见：

本案涉及遗嘱继承与法定继承何者具有优先适用效力的问题。我国《继承法》第五条规定："继承开始后，按照法定继承办理；有遗嘱的，按照遗嘱继承或者遗赠办理；有遗赠扶养协议的，按照协议办理。"据此规定，在我国，遗赠扶养协议的效力优先于遗嘱和法定继承。继承开始后，如果有遗赠扶养协议的，应首先按遗赠扶养协议执行。如果无遗赠扶养协议但有遗嘱的，应先按遗嘱执行遗嘱继承和遗赠，即遗嘱继承和遗赠优先于法定继承。这反映了对遗嘱人处分自己死后财产意愿的充分尊重。我国《继承法》第十九条还规定，遗嘱应当对缺乏劳动能力又没有生活来源的继承人保留必要的遗产份额。

在本案中，付某生前自愿立下经过公证机关公证的遗嘱，把自己的 4 万元存款留给没有生活来源的小女儿，且此遗嘱处分并没有取消其他缺乏劳动能力又没有生活来源继承人必要的遗产份额，故这是一份合法有效的遗嘱，依法应当首先按照该遗嘱继承，即付某遗产中 4 万元存款由其小女儿继承。对于其余未依遗嘱处分的财产，包括付某遗留的家用电器等日常生活用品，由 2 个儿子和 2 个女儿平等继承。也就是说，付某的小女儿按照遗嘱继承 4 万元遗产后，仍然有权依法定继承取得其他遗产。

示范案例四

死者生前立有多份遗嘱，应以哪一份为准？

江慧的父亲早亡，母亲名下有一套房产、还有 10 万元的存款。早在 10 年前，江慧的母亲亲笔立有一份遗嘱，指定所有的财产由江慧兄妹三人平分。5 年前，由于江慧的二弟媳与其母亲关系不好，母亲又亲笔立下一份遗嘱，取消了二弟的继承权，并将该份遗嘱作了公证。2015 年 10 月，江慧的母亲因病住院。在母亲病重住院的日子里，二弟与弟媳也在床前床后日夜伺候，母亲有感于二弟、二弟媳的变化，在临终前，当着全家人及两位医生的面说："恢复二弟的继承权，还是按第一份遗嘱分我的财产。"

请问：依法应按哪一份遗嘱继承江慧母亲留下的遗产？

分析意见：

本案涉及遗嘱的撤销、变更问题。我国《继承法》第二十条第一款规定："遗嘱人可以撤销、变更自己所立的遗嘱。"遗嘱的变更，是指遗嘱人依法改变原立遗嘱的部分内容。遗嘱的撤销，是指遗嘱人取消原先所立遗嘱的全部内容。遗嘱是遗嘱人生前依法根据自己的意志处分个人财产，并于其死亡时生效的单方民事法律行为。在遗嘱人生存期间，他既可以根据自己的真实意思设立遗嘱，也可以根据情况变化对其原立遗嘱的内容予以变更或撤销，以确保遗嘱反映遗嘱人的真实意思表示。因此，与遗嘱的订立一样，遗嘱的变更和撤销只能在遗嘱人生前由遗嘱人本人亲自进行，不得由他人代理。

遗嘱的变更和撤销方式有两种：

第一，明示方式。即遗嘱人公开为意思表示，明确表示对原立遗嘱进行修改或撤销。遗嘱人以明示方式变更或撤销原遗嘱时，必须根据遗嘱的法定形式的要求作成，否则将不发生变更或撤销遗嘱的效力。我国《继承法》第二十条第三款规定："自书、代书、录音、口头遗嘱，不得撤销、变更公证遗嘱。"即撤销或变更公证遗嘱，仍须由遗嘱人经公证机关办理，方为有效。

第二，推定方式。即根据遗嘱人的行为或内容相抵触的前后数份遗嘱，法律上推定遗嘱人变更或撤销原遗嘱。如遗嘱人生前的行为与意思表示相反，而使遗嘱处分的财产在继承开始前灭失、部分灭失或所有权转移、部分转移的，遗嘱视为被撤销或部分被撤销。

我国《执行继承法意见》第四十二条规定："遗嘱人以不同形式立有数份内容相抵触的遗嘱，其中有公证遗嘱的，以最后所立公证遗嘱为准；没有公证遗嘱，以最后所立的遗嘱为准。"也就是说，对数份内容相抵触的遗嘱进行推定的原则有两个：一是公证遗嘱优先于一般形式遗嘱原则；二是后遗嘱优先于前遗嘱原则。

在本案中，江慧的母亲生前共立有三份遗嘱：10年前的自书遗嘱、5年前的公证遗嘱、临死前的口头遗嘱。虽然她在临终前重新对她的遗产进行了处分，且是其真实的意思表示，但依照上述法律和司法解释的规定，由于第二份遗嘱是经过公证的遗嘱，临死前的口头遗嘱不能撤销第二份经过公证的遗嘱，所以江慧母亲的遗产应依据该公证遗嘱进行继承。

示范案例五

继承人不履行被继承人遗嘱指定的义务怎么处理？

2015年春，何某的父亲因病去世。何父生前有一位至交好友，其曾在一次意外事故中救过何父的生命，如今这位好友年老体弱又是孤身一人，无人照料，何父在去世前立下了一份遗嘱，指定由儿子何某额外多继承3万元的遗产，以便帮助和照顾何父的这位好友。但是，何某在照料了这位老人几个月后，嫌弃老人体弱多病，照料起来太麻烦，便不再履行遗嘱指定的帮助和照顾义务了。

请问：继承人不履行被继承人遗嘱指定的义务怎么处理？

分析意见：

本案涉及附义务的遗嘱之履行问题。附义务的遗嘱，又称遗托，是指遗嘱人在遗嘱中向遗嘱继承人或受遗赠人附加提出接受遗产必须履行某项义务的要求或指定遗产的具体用途。遗托是一种附加的义务，承担遗托义务是有条件的，是以接受遗产为前提的，并且对于附加的财产义务仅限于在取得的遗产实际价值范围内履行。我国《继承法》第二十一条规定："遗嘱继承或者遗赠附有义务的，继承人或者受遗赠人应当履行义务。没有正当理由不履行义务的，经有关单位或者个人请求，人民法院可以取消他接受遗产的权利。"同时，我国《执行继承法意见》第四十三条明确指出："附义务的遗嘱继承或遗赠，如义务能够履行，而继承人、受遗赠人无正当理由不履行，经受益人或其他继承人请求，人民法院可以取消他接受附义务那部分遗产的权利，由提出请求的继承人或受益人负责按遗嘱人的意愿履行义务，接受遗产。"

依照以上法律规定，何某应当履行遗嘱指定的义务，尽心尽力地帮助和照顾他父亲生前的好友。在何某不履行照顾孤寡老人的义务情况下，经受益人或者其他继承人请求，人民法院可以取消他继承附义务的遗产的权利。如果其他继承人愿意履行遗嘱指定的义务，则可以接受这部分遗产。

示范案例六

过期表示接受遗赠，是否具有法律效力？

范宁的舅父李豪是个画家，离婚后与儿子李兵一起生活。范宁 10 岁时离开父母到省城舅父家寄宿上学，并向舅父学画画。2009 年范宁考上某美术学院，其毕业后留校任教。2015 年 6 月 10 日李豪外出写生，因车祸负重伤。同月 12 日，李兵与范宁赶到，由在场一名医生、两名护士作证，李豪留下口头遗嘱：自己死亡后，将本人多年珍藏的 10 幅名画赠给范宁。李豪于同日晚上 23 点死亡。但当时范宁只是痛哭而未作是否接受的意思表示。2016 年 1 月，范宁想起舅父留下的口头遗嘱，遂向李兵索要 10 幅名画。李兵不给。范宁于是起诉到人民法院。

请问：范宁有权依舅父留下的口头遗嘱向李兵索要舅父遗赠的 10 幅名画吗？

分析意见：

本案涉及遗赠的接受方式和法定期限问题。遗赠，是指公民以无偿的方式将个人财产的一部或全部赠给国家、集体或法定继承人以外的人，并于遗赠人死后发生法律效力的单方民事法律行为。在遗赠关系中，立遗嘱人称为遗赠人，接受遗赠财产的人称为受遗赠人或遗赠受领人。遗赠具有以下法律特征：第一，遗赠是遗赠人亲自进行的单方、无偿并于其死后生效的要式法律行为；第二，受遗赠人只能是国家、集体或法定继承人以外的人；第三，受遗赠权一般由本人行使；第四，遗赠人行使遗赠权不得违背法律规定。

我国《继承法》第二十五条第二款规定："受遗赠人应当在知道受遗赠后两个月内，作出接受或者放弃受遗赠的表示。到期没有表示的，视为放弃受遗赠。"该法第二十七条第一款还规定：遗嘱继承人放弃继承或受遗赠人放弃受遗赠的，遗产中的有关部分按照法定继承办理。如果受遗赠人先于遗赠人死亡，则遗赠不生效。受遗赠人的法定继承人无权主张代替受遗赠人接受遗赠。如果受遗赠人表示放弃遗赠权，则该项财产由遗赠人的继承人继承。但继承开始后，受遗赠人表示接受遗赠，并于遗产分割前死亡的，其接受遗赠的权利转移给他的继承人。

在本案中，李兵是李豪的法定继承人，范宁是受遗赠人。范宁在李豪于 2015 年 6 月

12 日留下遗嘱时，就已知道舅父赠给自己 10 幅名画，但李豪于当日晚上死亡后范宁没有作出意思表示是否接受遗赠。在以后的 2 个月内，范宁也未表示是否接受遗赠。范宁直到 2016 年 1 月才向李兵索要舅父赠给他的 10 幅名画，由于已超过法定的 2 个月内的意思表示期限，依法应视为范宁放弃受遗赠。受遗赠人放弃受遗赠的，应按法定继承办理。因此，人民法院应依法确认范宁无权依遗嘱向李兵索要其舅父遗赠的 10 幅名画。

示范案例七

此遗赠扶养协议的效力如何？

张某中年丧妻，无子女。2010 年 1 月，张某与村民委员会订立协议，由村民委员会负担张某的生养死葬，而张某则在死后，将自己的住房五间和一幅宋朝名画交与村委会。

李某和张某是有多年交情的老朋友，为了表达友情，2014 年 6 月，张某亲笔立下遗嘱，表示要将自己所有的一幅宋朝名画赠与李某。

2016 年 1 月，张某去世。李某拿着张某的遗嘱请求交付该名画，但被村委会拒绝。

请问：李某有权取得该名画的所有权吗？

分析意见：

本案涉及遗赠扶养协议与遗嘱的适用效力先后问题。所谓遗赠扶养协议，是遗赠人与扶养人之间订立的关于扶养人承担遗赠人生养死葬的义务，遗赠人死后其遗产归扶养人所有的协议。我国《继承法》第三十一条规定："公民可以与扶养人签订遗赠扶养协议。按照协议，扶养人承担该公民生养死葬的义务，享有受遗赠的权利。公民可以与集体所有制组织签订遗赠扶养协议。按照协议，集体所有制组织承担该公民生养死葬的义务，享有受遗赠的权利。"可见，我国遗赠扶养协议有两种形式：一种是公民与公民签订的遗赠扶养协议；另一种是公民与集体所有制组织签订的遗赠扶养协议。遗赠扶养协议是一种民事法律行为，具有以下法律特征：第一，遗赠人只能是自然人，而扶养人既可以是自然人（必须是法定继承人以外的人），也可以是集体经济组织，并且必须具有扶养能力和扶养条件；第二，遗赠扶养协议是双务、有偿的法律行为；第三，遗赠扶养协议应当以书面形式订立，才便于明确双方当事人的权利义务；第四，协议在遗赠人生前签订，并自签订之日起发生法律效力，即扶养人须自协议订立后就开始履行对遗赠人生养死葬的扶养义务，但扶养人取得遗赠人遗产的权利，则须在遗赠人死后才能实现。

遗赠扶养协议体现了遗赠人和扶养人的共同意志，且为有偿的双务协议依法具有最优先适用的效力。我国《继承法》第五条规定："继承开始后，按照法定继承办理；有遗嘱的，按照遗嘱继承或者遗赠办理；有遗赠扶养协议的，按照协议办理。"而且，我国《执行继承法意见》第五条规定："被继承人生前与他人订有遗赠扶养协议，同时又立有遗嘱的，继承开始后，如果遗赠扶养协议与遗嘱没有抵触，遗产分别按协议和遗嘱处理；如果有抵触，按协议处理，与协议抵触的遗嘱全部或部分无效。"

本案中，村委会并无违约行为，张某无权单方变更遗赠扶养协议，其所立遗嘱无效。所以，李某无权取得该名画的所有权。

讨论案例

1. 此口头遗嘱是否具有法律效力？

杜某夫妻结婚多年未生育，遂收养了一儿一女。2004年养子、养女先后参加了工作。2006年养子结了婚。2013年春杜妻病逝后，杜某感到自己也将不久于人世，于是自书遗嘱，指定全部财产平均分成两份，由养子、养女分别继承。立遗嘱前，养子还寄赠养费给杜某，并常去看他。立遗嘱后，养子便不再给杜某寄赠养费了，杜某对此十分不满。2015年年初，杜某病危住院，养女日夜照顾，养子却从未到医院看望。杜某病情日益加重，于是在有一位医生和一位护士在场的情况下，杜某口头立下遗嘱，声称其全部遗产由养女继承。杜某死后，他的养子不承认此口头遗嘱的效力，主张按照2013年春杜某的自书遗嘱继承遗产。

请问：杜某的口头遗嘱效力如何？

2. 律师代书的遗嘱效力如何？

茅家姐弟的母亲陈老太早年丧偶，共生育子女3人。自2013年4月起，陈老太因患偏执性精神病在精神病院住院治疗。2014年10月25日，院方同意陈老太出院，并出具证明确认"患者目前病情已稳定，情绪方面表现已稳定，猜疑消失，无胡言乱语情况，意识清楚，接触交谈均合作，思维内容连贯，主题突出，神智尚正常，本次住院疗效好。"

2014年11月12日，A市某律师事务所两名律师应陈老太的要求代书遗嘱一份，指定将陈老太名下市中心延安中路某号3楼南间、后间、走道间和阳台房屋产权归儿子阿伟继承。在律师代书此遗嘱时，还有陈老太单位两名职工在场作见证。该遗嘱被书写完成后，遗嘱人、代书人、见证人分别签名，并注明年、月、日。事后，不到半年陈老太再次精神病发作，又住进精神病医院治疗，2015年3月陈老太在医院去世。

2015年7月，远在美国的茅女士向A市法院起诉，要求继承母亲死后遗留下的房产。她认为该房屋未曾作分割析产，而弟弟阿伟提供的遗嘱是母亲在已患精神病时所立，这时母亲属无民事行为能力人，该遗嘱应属无效遗嘱。因双方无法自行达成一致意见，只得诉至法院请求判决。而陈老太另外一位儿子，则明确表示放弃对涉案房产的继承。

对于该起诉，弟弟阿伟辩称，被继承人母亲生前立有遗嘱，将该房屋留给自己继承，在出院时相关医院出具了证明，证明母亲有意识能力，故其具有订立遗嘱能力，涉案房屋应按照遗嘱继承。

请问：该份代书遗嘱的效力如何？

3. 此遗赠是否具有法律效力？

何女之父何某与董某是十几年的同事和挚友。二人都酷爱集邮，并有30多年的集邮史。2014年12月何某患重病，借董某和单位的几位同事去医院看望他的机会，何某提出立遗嘱，于是他本人口述另一人代书，在场的其他两位同事做见证人，立下了一份遗嘱，将自己积攒多年的邮票全部赠送给挚友董某。2015年4月，何某去世，在分割遗产时，董某请求按遗嘱接受老友的邮票。而何女提出，董某不是父亲的法定继承人，无权继承父亲的遗产。董某遂向人民法院起诉。

请问：本案依法应如何处理？

4. 公证遗嘱与自书遗嘱是否都具有法律效力？

周大成系河南省某村农民，婚后生有两个儿子周江和周海，家有房屋3间，老伴早亡。1999年和2003年，周江、周海相继结婚。此后，周江在家务农。周海在村小学任教，经济收入稳定。2010年1月，周大成考虑到这一情况，亲笔立下遗嘱："我死后，房屋3间归周江继承。"并持该遗嘱到公证处办理了公证。此后，周江进城开办了贸易公司，生意越做越红火，收入颇丰，相比之下，仍当小学教师的周海显得寒酸多了。根据变化了的这一情况，2012年1月，周大成又亲笔写下另一份遗嘱："我死后，房屋3间归周海继承。"然后，他将此遗嘱交给了周海。2015年1月，周大成去世，周江、周海因房产继承发生了争执，二人各持一份遗嘱。周江说，我这份遗嘱是公证遗嘱，应当有效；周海说，我这份遗嘱是最后遗嘱，应当有效。双方各有各的理由，争执不下。

请问：遗产房屋3间依法应按公证遗嘱继承还是自书遗嘱继承？

5. 父母与他人订立的遗赠扶养协议是否有效？

赵保瑞有两个儿子，赵刚与赵强。2013年3月1日，赵保瑞与两个儿子书面约定，赵保瑞住大儿子赵刚家中，由赵刚承担赵保瑞的生养死葬义务，赵保瑞则在自己死亡后将遗产都赠与赵刚，赵强自愿放弃继承父亲的遗产。但不久，赵保瑞和大儿子赵刚发生矛盾，老人一气之下便搬回自己的家中。2013年9月1日，赵保瑞又与同村村民王一明签订了遗赠扶养协议，约定由王一明承担赵保瑞的生养死葬义务，赵保瑞则在自己死亡后将遗产都赠与王一明。王一明按照协议一直扶养、照顾赵保瑞，直到2016年2月赵保瑞死亡。赵保瑞死亡后，他的两个儿子赵刚与赵强认为，赵保瑞与同村村民王一明签订遗赠扶养协议，未征得两个儿子赵刚与赵强的同意，且扶养时间只有两年半，因此是无效的。其父亲的遗产应由赵刚与赵强继承，他俩表示愿意补偿王一明给付的扶养费和劳务费，但王一明不同意。于是赵刚与赵强向人民法院提出诉讼，要求继承父亲的遗产。

请问：本案依法应如何处理？

6. 订立遗赠扶养协议后，被扶养人所欠债务由谁清偿？

唐某与丈夫双方均已年满35岁，尚未生育子女，便收养了同村孤儿肖某为养子。肖某长大结婚后，便与养父母分家另过。2013年1月，唐某因脑血栓后遗症半身不遂。两年后，其夫病故，唐某由其弟唐祖根及养子肖某共同照顾生活。由于唐某久病不愈，肖某深感不耐烦，遂于2015年10月与同村朱某协商签订一份"遗赠扶养协议"，协议约定由朱某扶养唐某，唐死后肖某自愿放弃继承权，唐某的遗产全部归朱某所有。协议签订后，肖某即将养母唐某送到朱某家。虽朱某经济并不十分宽裕，但他悉心照顾唐某。2015年年底，唐某生病，朱某无钱送其就医。肖某虽知道此事，却毫不理会。唐某只得向邻居借款5000元钱看病。2016年5月，唐某病故，遗有房屋5间及价值3000元的农具。肖某再次书面表示放弃继承权，但唐祖根与朱某却因遗产继承产生了争执。二人诉至法院，唐某的邻居也加入进来，主张其5000元的债权。

请问：本案依法应如何处理？

相关裁判实例摘录①

马某戊、马某己与马某丙遗赠纠纷案

马某伦与张某是夫妻关系，婚后生育儿子马某丁。马某丁与温某娥为夫妻关系，婚后生育儿子马某戊、马某己。马某丁于 2002 年 1 月 16 日去世，马某伦于 2011 年 12 月 9 日去世，张某于 2012 年 4 月 19 日去世。2007 年 11 月 20 日，张某到广州市某某区公证处立下公证遗嘱一份，内容如下："我（张某）与马某伦是夫妻，广州市某某区某某村经济合作社的股权（股东编号：1287 号）是我的个人财产，现因我年老，故立下遗嘱，于我去世后，将上述股权指定由马某丙（女，一九七七年六月三十日出生，马某丙认为其自出生后第六天便由马某伦和张某进行抚养，系马某伦和张某的养女，双方具有事实上的收养关系）继承。本遗嘱是公证员根据我的意愿写成，经我确认无误后，由我在上面盖章。本遗嘱一式二份，我手执一份，某某区公证处存一份。"现马某戊、马某己以上述公证遗嘱无效为由，向原审法院提起民事诉讼。

另查明，根据张某生前所在的经济合作社 2006 年 12 月 20 日作出的《广州市某某区某某村经济合作社股份组织章程》第十二条的规定，股权可以继承和赠与，股权的继承及赠与按照以下办法处理：1. 股权的继承或赠与要根据被继承人订立的有效的遗赠扶养协议、遗赠、遗嘱继承或法定继承的规定进行。2. 股权赠与时，受赠人（包括遗赠人）必须是直系亲属或本村户籍的村民，赠与人必须向股份组织董事会提出书面申请（包括事由、受赠人或赠与的股权），申请经股东董事会核准并办理赠与手续后方可生效。并且赠与人和受赠人必须与董事会签订补充协议，以确保赠与人今后生活有来源，防止出现新的五保户。

原审法院认为：一、因马某丙提供的证据并不足以证实其与马某伦、张某夫妻存在收养关系，且马某丙并非张某的法定继承人，故张某立下遗嘱将上述股权指定由马某丙承受，该行为属于我国《继承法》规定的遗赠行为。有关该遗赠行为的效力，应当根据我国《继承法》和《广州市某某区某某村经济合作社股份组织章程》进行认定。根据《广州市某某区某某村经济合作社股份组织章程》第十二条的规定，涉诉股权可以继承。同时，根据该条文的编排，该章程是对遗赠与赠与作出了明确区分并分别作出规定，其中该条第一款规定的是包括遗赠在内的股权继承，第二款是有关股权赠与的规定。因遗赠与赠与为两个不同法律关系，故本案应适用该条第一款确定遗赠的法律效力。根据《广州市某某区某某村经济合作社股份组织章程》第十二条第一款的规定，该条款并未对受遗赠人的身份和条件等作出限制。马某戊、马某己认为该公证遗嘱违反了第十二条第二款的规定，因该条第二款是对股权赠与的规定，并不适用于股权的继承，故对马某戊、马某己主张该公证遗嘱无效的事由，本院不予采纳。综上，因该公证遗嘱主体适格，是遗嘱人真实意思表示，其内容未违反法律、行政法规强制性规定，且张某立下该遗嘱处分其股权的行为，并未违反《广州市某某区某某村经济合作社股份组织章程》禁止性规定，故对马某戊、马某己的诉讼请求，原审法院予以驳回。

---

① 摘自中国裁判文书网，(2012) 穗中法民一终字第 4598 号。

二审法院认为：本案中，张某立遗嘱时具备完全行为能力，所立遗嘱是其真实意思表示，内容未违反法律或社会公共利益，并没有上述无效之情形，且经过了公证，故本院对其效力予以确认。马某戊、马某己上诉称张某立遗嘱时意识不清且遗嘱公证程序存在违法，但对此未能提供充分证据予以证实，二审法院对其主张不予采信。至于马某戊、马某己认为根据《广州市某某区某某村经济合作社股份组织章程》第十二条第二款之规定，马某丙无权承受股权的主张，该章程属某某区某某村制定的内部规定，是否适用该章程并不影响该公证遗嘱的效力，故马某戊、马某己上诉请求张某与马某丙之间的股权遗赠行为无效缺乏事实和法律依据，本院不予支持。综上所述，原审法院认定事实清楚，适用法律正确，二审法院予以维持。

四、遗产处理案例

基本理论概述

遗产的处理主要包括析产处理（即将共有财产中属于被继承人个人的财产份额分割出来）、遗产分割处理、被继承人生前债务的处理以及无人继承又无人受遗赠遗产的处理。

主要相关法律、法规链接

我国《继承法》

第二十三条　继承开始后，知道被继承人死亡的继承人应当及时通知其他继承人和遗嘱执行人。继承人中无人知道被继承人死亡或者知道被继承人死亡而不能通知的，由被继承人生前所在单位或者住所地的居民委员会、村民委员会负责通知。

第二十四条　存有遗产的人，应当妥善保管遗产，任何人不得侵吞或者争抢。

第二十五条　继承开始后，继承人放弃继承的，应当在遗产处理前，作出放弃继承的表示。没有表示的，视为接受继承。

受遗赠人应当在知道受遗赠后两个月内，作出接受或者放弃受遗赠的表示。到期没有表示的，视为放弃受遗赠。

第二十八条　遗产分割时，应当保留胎儿的继承份额。胎儿出生时是死体的，保留的份额按照法定继承办理。

第二十九条　遗产分割应当有利于生产和生活需要，不损害遗产的效用。

不宜分割的遗产，可以采取折价、适当补偿或者共有等方法处理。

第三十二条　无人继承又无人受遗赠的遗产，归国家所有；死者生前是集体所有制组织成员的，归所在集体所有制组织所有。

第三十三条　继承遗产应当清偿被继承人依法应当缴纳的税款和债务，缴纳税款和清偿债务以他的遗产实际价值为限。超过遗产实际价值部分，继承人自愿偿还的不在此限。

继承人放弃继承的，对被继承人依法应当缴纳的税款和债务可以不负偿还责任。

第三十四条　执行遗赠不得妨碍清偿遗赠人依法应当缴纳的税款和债务。

示范案例一

共同继承人之间对遗产负有担保责任吗？

甲、乙两人是兄弟，其母亲早年去世，父亲丁某将两个儿子抚养长大。大儿子甲在外地工作，小儿子乙和父亲生活在一起。2010 年 3 月 7 日，丁某病故后留下的遗产包括：价值 13 万元的房屋 1 间、丁某对某公司享有的债权 12 万元以及价值 1.3 万元的家具和日用品，其生前没有立遗嘱。丁某死亡后，乙立即电报通知哥哥甲回来办理丧事。但甲由于工作上的原因一时离不开身，便电汇 1000 元钱给乙，并打电话委托乙全权代表自己办理父亲的丧事。乙将父亲的丧事办理完毕后，便将其父的房屋登记过户到自己名下，并将其父的存款取出改存为自己的名字，还将其余的遗产全部据为己有。2014 年 2 月 8 日，甲回家探亲时才知道乙擅自处理了父亲的遗产。他不同意乙独占父亲的全部遗产，要求与乙共同继承父亲的遗产。但乙解释说，本人给父亲治病和办理丧事已经花了 3 万元。由于哥哥甲在父亲去世后，并未表示愿意继承父亲的遗产，故自己认为甲已经放弃继承。现在甲提出要求继承，乙愿意将父亲对某公司享有的债权 12 万元分给甲继承。但在甲行使债权时，发现债务人已破产，无力清偿该债务。于是，甲向乙提出要求重新分割父亲的遗产，却被乙拒绝。2015 年 3 月 4 日，甲遂以乙侵犯其继承权为由，向人民法院提起诉讼。

请问：甲能否要求重新分割父亲丁某的遗产？

分析意见：

本案主要涉及放弃继承权、行使继承权的诉讼时效以及共同继承人的担保责任三个问题。

第一，甲没有放弃继承权，其行使权利也没有超过诉讼时效。我国《继承法》第二十五条规定："继承开始后，继承人放弃继承的，应当在遗产处理前，作出放弃继承的意思表示。没有表示的，视为接受继承。"第八条规定："继承权纠纷提起诉讼的期限为二年，自继承人知道或应当知道其权利被侵犯之日起计算。但是，自继承开始之日起超过二十年的，不得再提起诉讼。"在本案中，2010 年 3 月 7 日丁某病故时，甲即被通知其已得知父亲去世之事。在继承开始后，甲并没有向乙作出放弃继承的意思表示，依法应视为其接受继承，而不是放弃继承。但直至 2014 年 2 月 8 日甲回家探亲时，他才知其父遗产已经被乙独占，他的继承权已经被侵害的事实。故该继承纠纷的诉讼期间应从 2014 年 2 月 8 日起算。所以，甲既没有放弃继承，其提起保护继承权的诉讼也没有超过诉讼时效。

第二，共同继承人对分割的遗产应当承担担保责任。虽然，我国《继承法》对遗产分割后各共同继承人之间对遗产的担保责任未予规定，但现实生活中，往往出现遗产分割后，某继承人分得的遗产有瑕疵，或被追夺，或债权不能被偿付等情况。我国《物权法》第一百条第二款规定："共有人分割所得的不动产或者动产有瑕疵的，其他共有人应当分担损失。"为维护各个共同继承人应得的利益，基于民法的公平原则，各共同继承人相互之间对分得的遗产应承担担保责任。分担损失，即在遗产分割后，如果出现继承人分得的遗产有瑕疵，或被追夺，或债权不能被偿付等情况时，其他共同继承人负有按其请求重新分割遗产，或分担损失，即按各自应继份的比例分别对该继承人予以补偿的义务。

具体而言，担保责任有如下几种：（1）对遗产瑕疵的担保责任。这是指遗产分割后，各共同继承人对其他继承人因分得的遗产有瑕疵，在一定条件下负有担保的责任。承担此责任必须具备的条件：一是遗产的瑕疵必须是在遗产分割前就已经存在；二是遗产的瑕疵必须是非因分得该物或权利的继承人本人的过失而产生；三是遗产的瑕疵必须是分得该遗产的继承人在遗产分割时不知其存在；四是各共同继承人之间对遗产瑕疵的担保责任，未经被继承人用遗嘱予以免除，也未被各共同继承人以契约加以限制；（2）对遗产被追夺的担保责任。这是指遗产分割后，各共同继承人对其他继承人所得的遗产，承担遗产被追夺的担保责任；（3）对债权的担保责任。各共同继承人对其他继承人分得的债权应负的担保责任。主要有以下两种情形：一是对未附停止条件而已届清偿期或不定期的债权，各共同继承人就遗产分割时债务人的支付能力，承担担保责任；二是对附有停止条件或尚未到期的债权，各共同继承人对分得此种债权的继承人，仅就条件成就时或清偿期到来时债务人的支付能力承担担保责任。

据此，在本案中，甲行使债权时，发现债务人已经破产而无力清偿债务，他有权要求乙重新分割遗产。

示范案例二

继承人自愿放弃继承后能否翻悔？

某村村民陈某的丈夫因病早逝，留下年幼的儿女罗江平与罗江英，陈某起早贪黑地在地里辛勤劳动，好不容易才把两个子女抚养成人。2001 年罗江平被招工到外地参加工作，并与同厂工人王女结婚，生一子罗强。罗江英因家中贫穷，2013 年年初已满 28 岁才与同村青年张男结婚，婚后仍然与母亲陈某共同生活。2014 年 1 月，罗江英生一女儿取名张燕。2014 年 2 月，张男不幸而因车祸身亡。罗江英一人既抚养年幼的女儿，又赡养老母亲，毫无怨言。2015 年 9 月，陈某因病住院。因家中无钱给母亲治病，罗江英给某报编辑部写了一封求助信。该报编辑部很同情罗江英的遭遇，加上编者按之后免费刊登了此信。于是不少好心人纷纷捐款，作为陈某的医药费。2016 年 6 月陈某去世，罗江英电报通知哥哥罗江平回来料理母亲的丧事。但罗江平因工作离不开身，便寄了 2000 元钱给罗江英作为料理丧事费用，并打电话托村长转告罗江英，他自愿放弃对母亲遗产的继承权。丧事毕，罗江英清理母亲的遗产，发现陈某的医药费捐款之剩余额合计 4 万余元。她便用此款开了一个小百货店，以维持自己和女儿的生活。

2016 年 10 月，罗江平出差顺便回老家，得知妹妹一人继承了母亲的遗产 4 万余元。罗江平认为，自己本以为母亲没有什么值钱的遗产，所以放弃继承权。现在他才知道母亲遗留有 4 万余元钱，自己应该分一份。于是，他向罗江英提出要求重新分割母亲留下的遗产 4 万余元钱及利息。罗江英认为，在母亲去世后，哥哥罗江平已经打电话托村长转告其自愿放弃对母亲遗产的继承权，现在不能够翻悔。故她不同意罗江平的要求。罗江平遂向人民法院起诉，对其放弃继承表示翻悔，请求确认其对母亲的遗产享有继承权。

请问：继承人自愿放弃继承后能否翻悔？

分析意见：

我国《继承法》第二十五条第一款规定："继承开始后，继承人放弃继承的，应当在遗产处理前，作出放弃继承的表示……"我国《执行继承法意见》第四十七条规定："继承人放弃继承权应当以书面形式向其他继承人表示。用口头方式表示放弃继承，本人承认，或有其他充分证据证明的，也应当认定其有效。"该意见第五十条、第五十一条规定："遗产处理前或在诉讼进行中，继承人对放弃继承翻悔的，由人民法院根据其提出的具体理由，决定是否承认。遗产处理后，继承人对放弃继承翻悔的，不予承认。""放弃继承的效力，追溯到继承开始的时间。"

从本案的情况看，在母亲去世后，罗江平已经打电话托村长转告罗江英，他自愿放弃对母亲遗产的继承权。他用口头方式表示放弃继承，有接电话的村长证明属实。即使罗江平放弃继承的原因是以为母亲没有什么值钱的遗产，但这也不影响其放弃继承的效力。因此，人民法院应当依法认定其放弃继承有效。其放弃继承的效力，追溯到继承开始的时间。故他无权分割母亲留下的遗产4万余元钱及利息。在遗产处理后，继承人罗江平对其放弃继承表示翻悔的请求，人民法院依法应不予支持。

示范案例三

遗产已经分割完毕，债务应如何清偿？

林向国与罗美丽于1998年结婚，2年后离婚，两人没有生育子女。2002年，林向国与吴培芝再婚，次年生育一女林亚楠。2015年8月，林向国因病去世。死前他立下遗嘱：将自己遗产中的2万元留给前妻罗美丽；2万元留给林亚楠；对其余的财产则没有作出处理。林向国死亡时的夫妻共同财产包括：价值10万元的旧房屋、存款6万元，其他财物折合人民币4万元。此外还有个人债务8万元。罗美丽知道林向国的遗赠后，明确表示愿意接受遗赠。吴培芝首先依遗嘱交付了遗赠的财产后，才将剩余的遗产与林亚楠分割继承。当林向国的债权人前来要求清偿死者的债务时，吴培芝认为，罗美丽不是死者的继承人而取得了遗产，死者的债务应由罗美丽负责清偿。

请问：遗产已经分割完毕，被继承人的债务应如何清偿？

分析意见：

本案主要涉及遗赠与法定继承以及遗产分割后被继承人的债务之清偿方法的问题。

第一，应当依法确定遗产的范围。我国《继承法》第三条规定："遗产是公民死亡时遗留的个人合法财产……"遗产的范围只限于被继承人生前个人所有的财产。我国《继承法》第二十六条规定："夫妻在婚姻关系存续期间所得的共同所有的财产，除有约定的以外，如果分割遗产，应当先将共同所有的财产的一半分出为配偶所有，其余的为被继承人的遗产。"据此，林向国的遗产包括：存款3万元；房屋折价5万元；其他财物折价2万元，总价值10万元。

第二，遗赠先于法定继承。根据我国《继承法》第十六条规定，公民可以依法立遗嘱处分个人财产，可以立遗嘱将个人财产指定由法定继承人的一人或数人继承，也可以立遗嘱将个人财产赠给国家、集体或法定继承人以外的人。依该法第二十五条规定，受遗赠人应当在知道受遗赠后两个月内，作出接受或者放弃受遗赠的表示。到期没有表示的，视为放弃受遗赠。并且，该法第五条规定："继承开始后，按照法定继承办理；有遗嘱的，按照遗嘱继承或者遗赠办理；有遗赠扶养协议的，按照协议办理。"据此，罗美丽和林亚楠可各自先取得遗赠的财产2万元。遗嘱处分剩余的遗产应当按照法定继承办理。林向国的遗产总额中减去 4 万元遗赠财产后，剩余的价值 6 万元的遗产应当按照法定继承办理，即由其第一顺序法定继承人妻子吴培芝与女儿林亚楠共同继承。

第三，继承遗产应当首先在遗产实际价值范围内清偿遗产债务。我国《继承法》虽未对遗产债务的清偿方式作出明文规定，但是，根据最高人民法院的有关司法解释，应当首先清偿遗产债务。但是，尚不能排除遗产已经被分割完毕，其后又出现遗产债务的清偿问题。究其原因，可能由以下原因引起：（1）被继承人的债权人不知被继承人已经死亡；（2）共同继承人不知被继承人还有债权人；（3）分割遗产时，遗产债务还未达到清偿期限；（4）遗产为不宜长期保留的财物；（5）共同继承人蓄意将遗产分割完毕，损害遗产债权人的利益。在遗产分割后，如果既有法定继承又有遗嘱继承和遗赠的，应当依法定顺序清偿遗产债务。根据我国《执行继承法意见》第六十二条的规定，遗产已被分割而未清偿债务时，如果有法定继承又有遗嘱继承和遗赠的，应当按以下顺序清偿遗产债务：

其一，由法定继承人在所得遗产的实际价值范围内，首先负责清偿被继承人的债务。其理由是，法定继承与遗嘱继承虽然都是继承法所规定的继承方式，但是，遗嘱继承的效力优先于法定继承，因为遗嘱继承是最体现被继承人意愿的一种继承方式。先让法定继承人用所得的遗产清偿债务，从这种意义上讲，就是尊重了被继承人的意愿。

其二，法定继承人用所得的遗产不足清偿时，剩余的债务由遗嘱继承人和受遗赠人按比例用所得的遗产偿还。这里所称的按比例偿还债务，是指遗嘱继承人和受遗赠人各自按照取得遗产份额的比例分摊被继承人的尚未清偿的债务。但是，遗嘱继承人和受遗赠人清偿债务以所得遗产的实际价值为限，超过遗产的实际价值的部分，可以不负清偿责任。

其三，如果没有法定继承人，仅有遗嘱继承人和受遗赠人取得遗产的，应由遗嘱继承人和受遗赠人按比例用所得遗产偿还。但是，如果被继承人在遗嘱中指定由遗嘱继承人或受遗赠人清偿其所负的债务的除外。

据此，林向国所欠的个人债务 8 万元，应首先由吴培芝和林亚楠用法定继承所得的 6 万元遗产偿还，然后对不足清偿的 2 万元债务，分别由林亚楠和罗美丽用遗赠所得财产各自偿还 1 万元。

示范案例四

被继承人死亡后，其债权人应向谁请求清偿债务？

某厂男工秦某有一儿一女秦明和秦玉。秦明系残疾人，虽已成年，但仍然靠父亲养活。秦玉结婚后，与父亲分家另过。外孙女张红品学兼优，秦某对她十分喜爱。2014 年 1 月，秦某立下遗嘱：本人死后，交工厂的住房保证金 4 万元中，赠与外孙女张红 1 万元作学费。2015 年 1 月，秦某向宋某借款 5 万元钱给秦明治病，立有借据。在借款期限即将届满时，秦某因心脏病突发而死亡。同时，在杜某诉秦某的名誉侵权案中，法院判决秦某向杜某赔礼道歉，秦某尚未履行该判决。秦玉因系下岗工人，家里经济困难，遂向邻居借款 1 万元钱料理了父亲的丧事。然后，她清理其父遗产，除一些日常生活用品外，在工厂还有住房保证金 4 万元未领取。秦玉考虑到哥哥秦明系残疾人，书面表示自己愿意放弃继承。宋某向秦明和秦玉提出要求还债，秦明认为，自己系残疾人，父亲留下的住房保证金除去丧葬费 1 万元外，其余的 3 万元属于遗产，应留给他作为生活费，不同意拿来清偿父亲的债务。秦玉认为，她为料理父亲的丧事已经向邻居借款 1 万元钱，这应从父亲留下的 4 万元遗产中扣除，并从中扣除赠与张红的 1 万元学费。她实在无力清偿父亲的债务。杜某则要求秦明和秦玉代其父履行赔礼道歉的判决。

请问：本案应如何处理？

分析意见：

本案主要涉及四个问题：一是哪些属于被继承人债务的范围？二是被继承人债务如何清偿？三是无劳动能力又没有生活来源的继承人的利益如何保护？四是执行遗赠与清偿死者债务的关系如何？

如何确定被继承人债务的范围？被继承人的债务，是指依合同约定或法律规定应由被继承人个人承担的财产义务。对于被继承人的债务，应由其遗产履行清偿责任。如果被继承人死亡，其遗留下的个人债务，就成为继承法律关系客体的组成部分，由继承被继承人遗产的继承人承担清偿责任。但是，并非被继承人遗留的任何债务都可以成为继承法律关系的客体。只有被继承人死亡时遗留的具有财产性质的个人债务，才能成为继承法律关系客体的组成部分。然而，被继承人死亡时遗留的某些具有人身性质的个人债务，如委托合同中受托人的义务等，则只能由被继承人本人履行，当债务人（被继承人）死亡后，合同关系自行终止，债务人的债务归于消灭。又如，因侵权行为所生之债中，债务人负有的赔礼道歉、恢复名誉、消除影响等非财产责任，也具有人身性质，只能由债务人本人履行，如其尚未履行便死亡的，这些义务也随之消灭。此外，确定被继承人的债务，应把被继承人生前所欠的个人债务与因殡葬被继承人所负的债务相区别。在我国，殡葬被继承人是继承应尽的义务，由此所负的债务，应由继承人用其个人财产清偿，不能作为被继承人的债务用遗产清偿。

清偿被继承人债务应遵循哪些原则？依我国《继承法》规定，清偿被继承人债务应遵循以下原则：

1. 继承人清偿被继承人债务，以接受继承为前提条件。我国《继承法》第三十三条规定："继承遗产应当清偿被继承人依法应当缴纳的税款和债务……继承人放弃继承的，对被继承人依法应当缴纳的税款和债务可以不负偿还责任。"

2. 清偿被继承人债务，以遗产的实际价值为限。我国《继承法》第三十三条第一款规定，"继承遗产应当清偿被继承人依法应当缴纳的税款和债务，缴纳税款和债务以他的遗产实际价值为限。超过遗产实际价值部分，继承人自愿偿还的不在此限"。

3. 清偿被继承人债务，应为缺乏劳动能力又无生活来源的继承人保留适当的遗产。我国《执行继承法意见》第六十一条规定："继承人中有缺乏劳动能力又没有生活来源的人，即使遗产不足清偿债务，也应为其保留适当遗产，然后再按继承法第三十三条和民事诉讼法第一百八十条的规定清偿债务。"

4. 清偿被继承人债务，优先于执行遗赠。我国《继承法》第三十四条规定："执行遗赠不得妨碍清偿遗赠人依法应当缴纳的税款和债务。"

依据上述规定分析本案，首先，应确定秦某的借款属于被继承人债务的范围。赔礼道歉虽属于被继承人的债务，但其具有人身属性，不能由他人代为履行，因该民事责任人秦某已经死亡，则不再履行。殡葬被继承人所负的债务 1 万元应属于继承人秦玉的债务，不能从遗产中清偿。其次，清偿秦某的债务，应以其遗产的实际价值为限。也就是说，宋某的债权应向接受遗产的继承人秦明主张，而不能向放弃继承遗产的秦玉主张。秦某的债务只能从秦某的遗产中偿还。如果秦某的遗产不足清偿其债务，其他人在法律上没有代为清偿的义务。再次，即使遗产不足清偿被继承人债务，也应为缺乏劳动能力又无生活来源的继承人秦明保留适当的遗产。最后，清偿被继承人的债务后有剩余的遗产，才能执行遗赠。本案中的遗产只有被继承人的住房保证金4万元，而债务是借款用于被继承人的医疗费5万元，债务大于遗产，本应将遗产全部用于清偿债务，但因秦明是残疾人，无生活来源，应给其保留2万元作为生活费，其余的2万元用于清偿宋某的债务。因为无剩余的遗产，可以不执行遗赠。

示范案例五

王某婚前购买、婚后分期付清余款的房屋是否属于遗产？

王某（男）2004年1月离婚后，在某市城区购买了一套两室一厅的商品房，该购房合同约定：除首付购房款2万元外，其余7.2万元购房款，自2004年2月起每月给付0.1万元，须在6年内付清。同年4月王某与张女办理了结婚登记。结婚后，夫妻两人与王某之母共同居住在王某购买的这套商品房内。王某仍然每月从工资中拿出0.1万元交付购房款，直至2010年1月才全部付清。2015年5月王某夫妻两人外出旅游，在返家途中王某因意外事故死亡。张女料理完丈夫的丧事后，在清理其夫的遗物时，发现王某婚前购买的7年期的4万元国债券1张。张女向王母提出，先将王某留下的房屋包括婚姻期间房屋的增值价值10万元一起作为夫妻共同财产分割，然后再与王母共同继承并分割属于王某遗产部分的房屋及其增值的价值和4万元的国债券。王母却认为，该房屋及其全部增值和4万元的国债券均系其子婚前或婚后的个人所有财产，张女无权要求将该房屋及其增值价值作为夫妻共同财产分割，并且也无权继承该房屋及其增值价值和4万元的国债券。张女遂向房屋所在地的人民法院提起诉讼。

请问：本案依法应如何处理？

分析意见：

本案需要解决三个问题：一是王某婚前购买（按揭付款）的房屋是否属于其个人所有的财产？二是如果该房屋属于王某的个人财产，在婚姻期间王某用其工资支付了购房款，张女可否请求从王某的遗产中对夫妻共同财产给予补偿？并且该房屋在婚姻期间增值的10万元价值是否属于夫妻共同财产？三是张女是否有权继承王某遗留的房屋、其个人享有的房屋增值价值的份额以及4万元的国债券？

首先，应明确王某个人所有财产的范围。我国现行《婚姻法》第十八条明确规定，一方的婚前财产，为夫妻一方的个人财产。并且，依2001年《婚姻法解释（一）》第十九条规定："婚姻法第十八条规定为夫妻一方所有的财产，不因婚姻关系的延续而转化为夫妻共同财产。但当事人另有约定的除外。"据此，本案王某在婚前个人购买的房屋和4万元的国债券应属于王某个人所有的财产。

其次，应将死者的生存配偶所享有的财产份额从夫妻共同财产中分离出来。根据我国现行《婚姻法》第十七条规定，夫妻在婚姻期间所得的工资，归夫妻共同所有。王某在婚姻期间用其工资分期支付购房款共计6.9万元，这实际上是用夫妻共同财产支付王某个人购房的债务。因此，张女可以请求从王某的个人财产中对夫妻共同财产给予6.9万元的补偿。并且，依我国《继承法》第二十六条规定："夫妻在婚姻关系存续期间所得的共同所有的财产，除有约定的以外，如果分割遗产，应当先将共同所有的财产的一半分出为配偶所有，其余的为被继承人的遗产。"由于王某与张女婚后无约定，因此，张女享有由王某的个人财产向夫妻共同财产6.9万元补偿款的价值之一半3.45万元的所有权。该生存配偶享有的财产份额可以从王某婚前购买的4万元的国债券中扣除，然后该国债券剩余的部分0.55万元加上利息仍属于王某遗产的组成部分。（当然，王某也享有由其个人财产向夫妻共同财产6.9万元补偿款的价值之一半3.45万元，这部分财产实际上已融入他婚前购买的房屋价值之中，成为其遗产的组成部分）

再次，关于王某个人所有的房屋在婚姻期间的增值价值10万元，是否属于夫妻共同财产？对此，我国现行《婚姻法》尚无明文规定。诚然，此部分增值财产属于夫妻一方个人财产在婚姻期间的所得，依据民法原理其应当归属原所有权人所有。但必须考虑，在我国，目前多数家庭对婚姻住房只买一套，即使婚后夫妻共同还贷的婚姻住房属于夫妻一方个人所有，由于经济能力的限制夫妻他方一般不会再去购买婚姻住房。然而，由于婚后夫妻共同还贷的婚姻住房作为不动产在婚姻期间往往增值较大，如果婚姻期间该房屋的增值利益全部归属原所有权人所有，这实际上就造成未购婚姻住房的夫妻他方失去了获此增值利益的机会。2011年《婚姻法解释（三）》第十条规定："夫妻一方婚前签订不动产买卖合同，以个人财产支付首付款并在银行贷款，婚后用夫妻共同财产还贷，不动产登记于首付款支付方名下的，离婚时该不动产由双方协议处理。依前款规定不能达成协议的，人民法院可以判决该不动产归产权登记一方，尚未归还的贷款为产权登记一方的个人债务。双方婚后共同还贷支付的款项及其相对应财产增值部分，离婚时应根据婚姻法第三十九条第一款规定的原则，由产权登记一方对另一方进行补偿。"基于民法的公平原则，我国学术界有不少专家学者和司法界人士都主张，对于夫妻一方婚前个人所有但婚后夫妻共同还贷的婚姻住房，其在婚姻期间的增值价值应当被作为夫妻共同财产。[①] 就本案而言，该房屋在婚姻期间以一方工资即共同财产还贷支付的部分，其相应增值部分财产应进行补偿。也就是说，该房屋在婚姻期间10万元增值价值中死亡配偶享有的份额只有5万元可作为其遗产，由其继承人继承。

最后，应确定王某的法定继承人范围及遗产的分割方法。依我国《继承法》第十条规定，配偶、子女、父母为第一顺序法定继承人。因此，本案当事人王某之妻张女和王某之母对王某的遗产，包括该国债券剩余的部分0.55万元加上利息、婚前购买的房屋及其在婚姻期间增值价值10万元的一半都享有继承权。并且，依我国《继承法》第二十九条规定："遗产分割应当有利于生产和生活需要，不损害遗产的效用。不宜分割的遗产，可以采取折价、适当补偿或者共有等方法处理。"所以，对于遗产中不宜实物分割的不动产房屋及其增值价值，王某之妻张女和王某之母可以共同协商，采取折价补偿或者共有等方法处理。

---

① 罗杰："最高人民法院关于适用《中华人民共和国婚姻法》若干问题的解释（三）（征求意见稿）专家论证会纪要"，西南政法大学外国家庭法及妇女理论研究中心网。http://www.swupl.edu.cn/mweb/wgjtf/content.asp? cid=821305199&id=959379247. 最后访问时间：2010年6月15日。

示范案例六

无人继承且无人受遗赠的遗产应如何处理？

年已 80 多岁的王老太，丈夫早亡，膝下无儿无女，也无兄弟姐妹。她在城里有一幢二层楼房，她将一楼出租给别人做铺面，每月约有 2000 元的收入，作为她的生活费用之外每月还有结余。多年来王老太有几个堂姐堂妹有时来串串门，与王老太聊天解闷，但在生活上也没有给予太多的照顾。天有不测风云，2015 年 7 月王老太突发心脏病去世，其生前也没有留下遗嘱，王老太的几个堂姐妹为了继承王老太遗留的这幢房子和 3 万元存款争执不下，遂起诉到人民法院。

请问：王老太这幢房子和 3 万元存款应如何处理？她的几个堂姐堂妹是否可以请求分配遗产？

分析意见：

本案涉及无人继承且无人受遗赠的遗产处理问题。依我国《继承法》第五条规定："继承开始后，按照法定继承办理；有遗嘱的，按照遗嘱继承或者遗赠办理；有遗赠扶养协议的，按照协议办理。"也就是说，公民死亡后所遗留的个人所有财产可以依法由其继承人继承或受遗赠人承受。但如果死者没有继承人，也没有受遗赠人，就面临无人继承和无人受遗赠的遗产应如何处理的问题。遗产无人继承的原因包括：没有法定继承人，也没有遗嘱继承人；或者虽有法定继承人或遗嘱继承人，但均已放弃了继承权或丧失了继承权。无受遗赠人的原因有：被继承人生前未立遗嘱指定受遗赠人；或虽有遗嘱指定受遗赠人，但该遗嘱无效或所涉及的遗赠无效；受遗赠人明确表示放弃遗赠，或者在知道受遗赠后两个月内未作接受遗赠的意思表示的；或受遗赠人被人民法院取消了受遗赠权；被继承人生前没有与他人订立遗赠扶养协议；或虽有遗赠或遗赠扶养协议，但遗赠或遗赠扶养协议没有处分的遗产，仍然是无人受遗赠的遗产。我国《继承法》第三十二条规定："无人继承又无人受遗赠的遗产，归国家所有；死者生前是集体所有制组织成员的，归所在集体所有制组织所有。"

在本案中，王老太既无配偶、父母、子女，也无兄弟姐妹、祖父母、外祖父母，还无孙子女、外孙子女。因此，她没有第一顺序和第二顺序的法定继承人，也无代位继承人。并且，由于她生前没有立遗嘱，其遗产也不能发生遗嘱继承和遗赠。因此，人民法院应依法确认，王老太留下的遗产，属于无人继承、且无人受遗赠的遗产，依法应归国家所有。虽然王老太有几位旁系血亲的堂姐堂妹，但由于这些人在老太太生前没有对其尽扶养义务，不符合我国《继承法》第十四条规定的请求酌情分配遗产的条件，因此她们都无权请求酌情分得遗产。

示范案例七

五保户的遗产其亲属能否继承？

冯某与其同胞姐姐都是农民。冯某的姐姐由于小时患了小儿麻痹症留下残疾而终身未嫁。但她从小学有一门缝纫手艺，年轻时除了靠此维持生活外，还略有节余。随着年龄增长，她渐渐丧失了劳动能力。2008 年 2 月，她年满 60 岁，由村委会决定，她当上了"五保户"。自姐姐当上了"五保户"后，冯某仍时常去看望她，帮助她料理家务，逢年过节还把她接回来与亲人团聚，她患病时，为她请医煎药，尽力给予帮助。2015 年 5 月 14 日，冯某的姐姐病故，冯某参与了料理丧事。姐姐病故后，遗有其父亲分给她的 3 间瓦房及一些日用家具。后来，村委会把他姐姐的遗产全部收归集体所有，不让冯某继承。冯某遂起诉到人民法院，请求继承其姐姐的遗产。

请问：人民法院应如何处理本案？

分析意见：

关于五保对象的遗产归属问题，我国《执行继承法意见》第五十五条规定："集体组织对'五保户'实行'五保'时，双方有扶养协议的，按协议处理；没有扶养协议，死者有遗嘱继承人或法定继承人要求继承的，按遗嘱继承或法定继承处理，但集体组织有权要求扣回'五保'费用。"根据上述规定，本案冯某的姐姐在生前是由村委会决定当上"五保户"的，她并没有与村委会签订扶养协议。冯某作为其姐姐的法定继承人，要求继承其姐姐的遗产，人民法院依法应予以允许，但是冯某应当向村委会偿还其姐姐享受过的全部"五保"费用。

讨论案例

1. 如何认定遗产纠纷的诉讼时效？

2011 年 1 月，张某的父亲病故，张某由于工作忙未能回去料理丧事，只寄回了 1000 元钱。直到 2015 年 8 月张某回家后，他才知道两个哥哥已背着自己把父亲遗留下的房屋、家具和存款平分了。张某要求分割父亲的遗产，但其两个哥哥说，当时分割父亲的遗产时张某没回来，超过两年不能再分遗产了。

请问：张某还能继承父亲的遗产吗？

2. 被继承人的债务大于遗产实际价值，继承人是否应负全部清偿责任？

不久前，王某继承了已病故的父亲的遗产，总价值 4 万元。但继承后他才知道，他的父亲生前在开办个体工商户时曾向陈某借款 5 万元未返还。而他的父亲全部遗产仅有 4 万元，尚不够还欠款。陈某要求王某清偿全部欠款，被王某拒绝。于是陈某来到律师事务所咨询。

请问：王某是否有义务负责清偿父亲遗留的全部债务？

3. 继承人是否有义务承担被继承人遗留的财产损害赔偿债务，被继承人的遗产应当如何继承？

杜刚的父亲早亡，由母亲抚养长大。姐姐早已出嫁，生有一子一女。1991 年，姐姐因病去世。1993 年杜刚与王灵结婚，1994 年生下女儿杜燕。2005 年杜刚、王灵离婚，杜燕随母亲共同生活。2006 年 1 月杜刚与沈利结婚，沈利带来与前夫所生儿子沈卫国（2岁）共同生活，杜刚、沈利婚后生下儿子杜青。

2008 年 1 月，杜刚开始经营运输业，购买黄海牌卡车一辆，并办理了车身保险（保险金额 3.5 万元）和第三者责任保险。2015 年 11 月 5 日，杜刚出车到某地送货，其母及子沈卫国同时前往。不慎途中汽车翻下悬崖坠毁，祖孙三人死于非命，承运的货物也被毁损，损失 1.1 万元。

事故发生后，保险公司按合同赔偿汽车损失 3.5 万元。杜刚生前经营运输业，有存款

5 万元，家中另有杜刚与沈利结婚后新盖的房屋 2 间，共同购置的电冰箱、彩电等价值 1.5 万元。其母有个人积蓄 3 万元。

丧事毕，亲属之间为继承问题发生纠纷，起诉到人民法院。托运人也向人民法院提起诉讼，要求杜刚的继承人赔偿货物损失 1.1 万元。

请问：本案有哪些继承法律关系？承运货物的财产损失应由谁来承担？被继承人的遗产应当如何继承？

4. 股东的法定继承人表示放弃继承遗产，是否还需承担债务清偿责任？

被告某纺织有限责任公司成立于 2013 年 1 月 4 日，公司注册资本为人民币 50 万元，系由王某和季某夫妻两人共同出资，其中王某出资 30 万元，季某出资 20 万元，王某为该公司法定代表人。公司成立后，向原告蒋某等三人借款 60 万元，用于公司经营周转，被告某纺织有限责任公司向原告蒋某等三人分别出具了借据，并约定于 2014 年 9 月底前一次性还清。

2015 年 7 月，王某和季某夫妻及儿子因一起交通事故全部身亡，两人开办的纺织有限责任公司处于停业亏损状态。原告蒋某等三人为索要借款，以纺织有限责任公司和王某、季某的法定继承人王父、王母、季父、季母为被告，诉至某区人民法院，要求被告承担还款责任。

法院在审理过程中，被告某纺织有限责任公司及王父、王母、季父、季母均未出庭参加诉讼。王父、王母、季父、季母均表示放弃继承财产。

请问：某纺织有限责任公司两股东的法定继承人放弃继承后，他们对某纺织有限责任公司的债务有无清偿义务？

5. 受继子扶养的继父死亡后，继子有无权利继承继父的遗产？

吴某 20 岁时父亲死亡，其生母万某 1992 年年初经人介绍与甲村七组村民 57 岁的单身汉张某认识，两人交往一段时间后于同年 3 月公开举行了婚礼，然后就在张某婚前个人建造的 2 间房屋内以夫妻名义同居生活，但一直未办理结婚登记。在万某与张某共同生活期间，吴某帮助张某耕种责任田，并对两位老人生活上给予照料和帮助，尽了赡养、扶助义务。2002 年 12 月万某去世后，吴某仍然继续对张某尽赡养、照料义务。2005 年 1 月，甲村村委会为无儿无女的 70 岁的张某办理了“五保”手续。在“五保”期间，张某共领取了 3000 元的“五保费”和优先发放给“五保户”的 150 元救济款。此外，甲村村委会还以其他形式给予张某一定的帮助和照料。2015 年 1 月，张某去世，甲村村委会用张某的存款办理了张某的丧事，然后，以 2.8 万元的价格将张某遗留的 2 间房屋出售给了他人。

吴某以自己与张某事实上已形成了继父子间的扶养关系，且该 2 间房屋为其父母的遗产为由，向甲村村委会索要售房款未果，遂向人民法院起诉，要求甲村村委会返还应由其继承的 2.8 万元售房款。

请问：本案应如何处理？

6. 对“五保户”尽了扶助义务的邻居，是否有权请求酌情分得遗产？

某村村民孟某父母双亡，丈夫早逝，未生育子女，也无兄弟姐妹等其他近亲属，属于村里的“五保户”。2015 年春节后，孟某突患重病，生活不能自理。邻居王英平素与孟某关系较好。当她得知孟某患病后，便主动把孟某接到自己家中，服侍照料。2016 年 5 月，孟某去世，留有 1 间房屋和一些衣物、家具等遗产。孟某的侄子前来主张继承。村委会干部认为"五保户"孟某的全部遗产应归村集体所有。孟某的邻居王英则认为，她在孟某生前对其照料较多，应当有权请求酌情分得部分遗产。但孟某的侄子却认为，只有自己才是孟某的亲属，应由其一人继承死者的全部遗产。

请问：孟某的遗产应如何处理？

相关裁判实例摘录[①]

陶某新与范某被继承人债务清偿纠纷案

原告陶某新与范某芝系邻居关系，范某芝因生活开支需要，于2006年9月21日向陶某新借款1.8万元，陶某新提供借款后，向范某芝进行多次催收，范某芝均予以搪塞。范某芝离婚后于2013年9月9日因病死亡，其独生女儿被告范某在衡阳市劳动和社会保障局领取了范某芝的丧葬费3.6万元。由于范某芝已经死亡，原告陶某新遂向范某芝的法定继承人范某催要借款，被告范某以其未继承范某芝的遗产不负有偿还债务的义务为由，拒绝偿还范某芝所负债务。故陶某新诉至法院。

原审法院认为，陶某新作为债权人向债务人范某芝的法定继承人范某主张债权的前提条件是，范某作为继承人继承了被继承人范某芝的遗产，而本案中范某以自己没有继承范某芝遗产对陶某新主张的债权进行抗辩，陶某新亦未能提供范某继承了范某芝遗产的相关证据，范某领取的3.6万元丧葬费不属于遗产范围，故范某不负有偿还范某芝债务的义务，对陶某新的诉讼请求，该院不予支持。

宣判后，上诉人陶某新不服，提起上诉，称被上诉人范某在其父范某芝死亡后收到某某建筑集团长沙分公司5.8万元，该款属于遗产。请求撤销原判，改判被上诉人范某偿还上诉人的借款1.8万元。

经审理查明，范某芝生前在湖南省岳阳市某某县承包一个建筑工程，该工程挂靠在某某建筑集团长沙分公司，范某芝死亡后，该分公司给予范某5万元，该分公司部分员工共同给予范某慰问金0.8万元。

二审法院认为，被继承人债务是指被继承人死亡时遗留的应由被继承人清偿的财产义务。丧葬费是国家或者死者生前所在单位给予死者的亲属办理丧事之费用，办理丧事后该费用若有结余，一般可作为遗产处理。某某建筑集团长沙分公司因范某芝死亡而给予范某的5万元中的一部分可视为遗产，该分公司部分员工共同给予范某慰问金0.8万元系赠与行为，不属于遗产。本案中被上诉人范某在衡阳市劳动和社会保障局领取了范某芝的丧葬费3.6万元，又收到某某建筑集团长沙分公司5万元，其在一审所提供的证据证实为其父范某芝办丧事共计花费了63023.5元，范某在范某芝死亡后所获得的款项减去为其父范某芝办丧事的费用所结余的部分即22976.5元（36000元＋50000元－63023.5元＝22976.5元），可以视为遗产，且范某芝所留遗产已超过其所欠上诉人陶某新1.8万元的债务（22976.5元－18000元＝4976.5元），故被上诉人范某依法应在遗产实际价值范围内清偿被继承人范某芝生前所欠债务。上诉人陶某新上诉主张部分有理，本院予以部分支持。综上，原审判决认定被上诉人范某没有继承范某芝的遗产，系认定事实不清，应予纠正。

[①] 摘自中国裁判文书网，（2014）衡中法民一终字第134号。

第七单元

涉及少数民族、华侨、港澳台同胞的婚姻家庭继承案例

基本理论概述

民族婚姻家庭，是指少数民族在民族内、少数民族之间、少数民族与汉族之间的婚姻和家庭关系。包括结婚、离婚、复婚、扶养、监护、收养等。考虑我国多民族的特点，为尊重少数民族的风俗习惯，我国现行《婚姻法》第五十条规定，"民族自治地方的人民代表大会有权结合当地民族婚姻家庭的具体情况，制定变通规定"。目前，我国一些民族自治地方的立法机关对现行《婚姻法》规定的法定婚龄作了变通规定。新疆维吾尔自治区、内蒙古自治区、西藏自治区、宁夏回族自治区和一些自治州、自治县，均以男 20 周岁，女 18 周岁作为本地区的最低婚龄。这些变通规定一般仅适用于少数民族，不适用生活在该地区的汉族，但在我国有些地区也适用于在本地区与少数民族通婚的汉族。

涉及华侨、港澳台同胞的婚姻家庭关系主要是指侨居在外国或定居在我国香港、澳门、台湾地区的中国同胞与内地公民之间，以及华侨之间、港澳台同胞之间依照我国法律在内地缔结或解除以及依法处理的婚姻家庭关系。我国法律鼓励华侨按照居住国的法律在当地办理结婚登记或举行结婚仪式，并承认其效力。但是，根据我国《民法通则》关于适用外国法律不得违背中华人民共和国的社会公共利益的原则，该项婚姻不得与我国现行《婚姻法》的基本原则相抵触。

主要相关法律、法规链接

我国现行《婚姻法》

第五十条　民族自治地方的人民代表大会有权结合当地民族婚姻家庭的具体情况，制定变通规定。自治州、自治县制定的变通规定，报省、自治区、直辖市人民代表大会常务委员会批准后生效。自治区制定的变通规定，报全国人民代表大会常务委员会批准后生效。

我国《继承法》

第三十五条　民族自治地方的人民代表大会可以根据本法的原则，结合当地民族财产继承的具体情况，制定变通的或者补充的规定。自治区的规定，报全国人民代表大会常务委员会备案。自治州、自治县的规定，报省或者自治区的人民代表大会常务委员会批准后生效，并报全国人民代表大会常务委员会备案。

我国现行《民事诉讼法》

第二十二条 下列民事诉讼，由原告住所地人民法院管辖；原告住所地与经常居住地不一致的，由原告经常居住地人民法院管辖：

（一）对不在中华人民共和国领域内居住的人提起的有关身份关系的诉讼；

（二）对下落不明或者宣告失踪的人提起的有关身份关系的诉讼；

（三）对被采取强制性教育措施的人提起的诉讼；

（四）对被监禁的人提起的诉讼。

示范案例一

如何处理少数民族婚姻当事人的重婚问题？

1993 年 12 月 5 日，居住在四川马边自治县的一对彝族表兄妹，某甲，男，21 岁，某乙，女，18 岁，按照当地的习俗举行了婚礼，结为夫妻关系，但一直未办理结婚登记手续。1995 年某乙生一女孩，某甲对某乙生女孩甚感不满，要求某乙再为他生一男孩。但某乙因生育时难产，差点性命难保，于是不想再生孩子，并做了绝育手术。从此，某甲与某乙便为此事经常发生矛盾。1997 年 8 月 24 日，某乙终于忍受不了某甲的打骂，便带着刚满两周岁的女儿离家出走。同年 11 月 10 日，某乙在本县与 21 岁的汉族青年某丙登记结婚。某甲得知此事后，便找到某乙，要求某乙回家，某乙不从。2002 年 6 月 10 日，某甲以重婚为由向人民法院提起诉讼，要求解除某乙与某丙的婚姻关系。

请问：某乙与某丙是否构成重婚？某乙与某丙的婚姻是否有效？

分析意见：

此案涉及民族婚姻问题。民族婚姻是指少数民族之间、少数民族与汉族之间以及少数民族在本民族内的婚姻，包括结婚、离婚和复婚。由于民族婚姻具有鲜明的传统习俗性和特殊性，所以不能完全按照我国现行《婚姻法》的有关规定执行。我国现行《婚姻法》第五十条规定："民族自治地方的人民代表大会有权结合当地民族婚姻家庭的具体情况，制定变通规定……"据此，新疆、西藏、宁夏、内蒙古四个自治区，先后颁布了施行我国现行《婚姻法》的变通条例或补充规定，一些自治州、自治县也先后颁布了变通或补充规定。四川省马边彝族自治县人大常委会于 1991 年 11 月 27 日通过了《马边自治县施行婚姻法的补充规定》，并于 1992 年 9 月 26 日经四川省人大常委会批准生效。对民族婚姻一般有以下变通或补充规定：

其一，适当降低法定婚龄。我国现行《婚姻法》规定的法定婚龄偏高，在少数民族地区难以执行，所以各少数民族地区的变通或补充规定一般都把我国现行《婚姻法》规定的法定婚龄降低了两岁。《马边自治县施行婚姻法的该补充规定》第五条规定："结婚年龄，男子不得早于二十周岁，女子不得早于十八周岁。"

其二，提倡三代以内的旁系血亲不结婚。我国少数民族居住地区大多交通不便，人口稀少，因而长期盛行近亲通婚，表兄弟姐妹结婚是许多少数民族的习惯。对中表婚问题，少数民族地区的变通或补充规定采取了两种态度：一种是严格执行我国现行《婚姻法》的规定，禁止中表婚，如《新疆维吾尔自治区执行〈婚姻法〉的补充规定》第三条规定，"禁止三代以内的旁系血亲结婚"。另一种是提倡三代以内的旁系血亲不结婚，如《内蒙古自治区执行〈婚姻法〉的补充规定》第四条规定："大力提倡三代以内的旁系血亲不结婚。"《马边自治县施行婚姻法的补充规定》第六条规定："禁止直系血亲结婚，不许三代以内的旁系血亲结婚。"

其三，坚持结婚、离婚必须履行法律手续。在少数民族地区，由于传统习俗的影响，一些民众在婚姻问题上仍然是"从俗不从法"。男女青年只要按当地民族习俗确立婚姻关系后，双方都不能反悔。这给我国现行《婚姻法》施行带来了相当大的难度，造成了许多事实婚姻的存在。为了严格贯彻实施我国现行《婚姻法》的规定，各少数民族地区的变通或补充的规定大多规定，结婚、离婚必须履行法律手续。《马边自治县施行婚姻法的补充规定》第八条规定："结婚、离婚、复婚必须严格履行法律手续"。

其四，民族自治地方执行婚姻法的变通或补充规定的适用范围。对于该范围，各民族自治地方的规定不尽相同。新疆、西藏、宁夏、内蒙古四个自治区规定只适用于本自治区的少数民族；循化、化隆、孟连、沧源等自治县规定只适用于本地区少数民族中的一般群众，双方都是国家职工的，按我国现行《婚姻法》的规定执行，甘孜、阿坝、凉山等自治州规定既适用本州的少数民族，也适用于少数民族结婚的汉族。《马边自治县施行婚姻法的补充规定》第十二条规定："本补充规定适用于自治县内的彝族、其他少数民族以及与少数民族结婚的汉族。"

其五，强调维护非婚生子女的合法权益。我国有的少数民族，对非婚生子女习惯上由生母抚养，生父不负担任何抚养义务。为了保障非婚生子女的合法权益，民族自治地方的变通或补充规定大多规定，对非婚生子女生活费和教育费的负担，应按我国现行《婚姻法》的规定执行，改变全由生母负担的习惯。《马边自治县施行婚姻法的补充规定》对此未作规定。凡未作变通规定的，均应按我国现行《婚姻法》的规定执行。

就本案而言，根据《马边自治县施行婚姻法的补充规定》，并结合我国现行《婚姻法》以及司法解释的相关规定，某乙与某丙不构成重婚，某乙与某丙的婚姻合法有效。主要理由如下：

第一，某甲与某乙之间既未成立法律婚姻，也未成立事实婚姻，所以某乙与某丙既不能构成法律重婚，也不能构成事实重婚。根据我国现行《婚姻法》以及《马边自治县施行婚姻法的补充规定》，不许三代以内的旁系血亲结婚，结婚必须履行法律手续，即必须进行结婚登记。而本案中，某甲与某乙是表兄妹，不符合结婚条件，又未办理结婚登记手续。所以某甲与某乙之间不构成法律上的婚姻关系。在我国，按照司法解释的规定，事实婚姻是指在法定时间范围内，符合结婚实质要件的男女，未进行结婚登记，即以夫妻关系同居生活，群众也认为是夫妻关系的两性结合。根据 2001 年《婚姻法解释（一）》的规定，1994 年 2 月 1 日民政部《婚姻登记管理条例》公布实施以前，男女双方已经符合结婚实质要件的，按事实婚姻处理。在本案中，某甲与某乙由于是表兄妹，违反了我国现行《婚姻法》以及《马边自治县施行婚姻法的补充规定》中的结婚的实质要件，所以某甲与某乙之间不构成事实婚姻。既然某甲与某乙之间既未成立法律婚姻，也未成立事实婚姻，所以，某乙与某丙既不能构成法律重婚，也不能构成事实重婚。某乙与某丙的婚姻为合法婚姻。

第二，某乙与某丙的结婚符合结婚的实质要件与形式要件，其婚姻有效。在本案中，虽然某丙为汉族，但是根据《马边自治县施行婚姻法的补充规定》第十二条的规定，与本地区少数民族结婚的汉族同样适用该补充规定。某丙结婚时已满 21 周岁，达到了少数民族地区的变通规定的法定婚龄，在其他方面也没有违背我国现行《婚姻法》的规定，完全符合结婚的实质要件和形式要件，所以某乙与某丙的结婚登记，其婚姻为合法婚姻。

第三，关于子女的抚养问题，某甲与某乙所生之女为非婚生子女，根据我国现行《婚姻法》的规定，非婚生子女享有与婚生子女同等的权利……不直接抚养非婚生子女的生父或生母，应当负担子女的生活费和教育费，直至子女能独立生活为止。因此，某甲应承担其女儿的生活费和教育费，具体数额由双方协商，协商不成，由人民法院判决。

示范案例二

双方当事人户籍均在香港，离婚案件应由何地法院受理？

原告秦强为香港居民，与被告吴丽经人介绍于 1990 年 11 月按民俗举行婚礼，于 1991 年 8 月在福建省某市补办结婚登记手续。婚后感情尚好，生育一男一女，两子女随被告在晋江某地生活。2002 年 8 月，被告吴丽以会夫为由获准携两子女前往香港定居。原、被告在共同生活期间，未能妥善处理夫妻关系而产生纠纷，造成双方于 2004 年 10 月开始分居生活，原告秦强据此于 2005 年 8 月向某市某人民法院提起离婚诉讼。2005 年 12 月 25 日，某市某人民法院以原告与被告实际分居时间较短，夫妻感情尚未破裂为由，判决不准原告秦强与被告吴丽离婚。2014 年 1 月 4 日，原告秦强再次向某市某人民法院提起离婚诉讼，诉称：与被告吴丽婚后感情一般，经常产生纠纷，并于 2004 年 10 月开始分居生活。2005 年 8 月向某市某人民法院提起离婚诉讼，被判决不准离婚。判决之后，双方仍分居至今，夫妻已无和好可能，感情确已破裂，故再次提起诉讼，请求判决准予离婚，子女由原告抚养。

被告吴丽在答辩中提出管辖权异议，称导致夫妻感情破裂的原因是原告的重婚行为。本诉讼案并非一般普通离婚案，它涉及在港男方的重婚问题，在香港可一并审理。离婚案的双方当事人及其子女户籍、生活均在香港，应由被告所在地法院受理，以香港法例解决较为实际；双方婚姻关系存续期间拥有的共有房屋、物业等，大部分在港、澳，在香港诉讼较为方便；现已向香港法援处提交离婚申请，且被接受的法院进行排期。请求将该案交由香港法院受理。

某市某人民法院对吴丽的管辖权异议，经审查认为：原告秦强与被告吴丽的婚姻缔结地在福建省某市，本院对该案具有管辖权。依照我国现行《民事诉讼法》第三十五条之规定："两个以上人民法院都有管辖权的诉讼，原告可以向其中一个人民法院起诉"。该院于 2014 年 8 月 12 日作出裁定：驳回被告吴丽对本案管辖权提出的异议。

被告吴丽不服一审裁定，向某市中级人民法院提出上诉，诉称：虽然双方婚姻缔结地在福建某地，但双方及婚生子女长期居住在香港，双方在婚姻关系存续期间的财产大部分在港、澳，同时香港法院已接受上诉人的离婚申请。请求某市中级人民法院撤销某市某人民法院的民事裁定，由香港法院对本案行使管辖权。

某市中级人民法院经审查认为：上诉人与被上诉人的婚姻缔结地虽然在某市，但双方及其子女均居住在香港，且大部分夫妻共同财产也在香港，为便利当事人诉讼和今后执行，本案应由当地法院管辖为宜，上诉人吴丽上诉的理由可以成立，原审裁定驳回吴丽对本案管辖权提出的异议不当。依照 2015 年《适用民事诉讼法的解释》第十三条的规定："在国内结婚并定居国外的华侨，如定居国法院以离婚诉讼须由婚姻缔结地法院管辖为由不予受理，当事人向人民法院提出离婚诉讼的，由婚姻缔结地或者一方在国内的最后居住地人民法院管辖。"该院于 2014 年 11 月 4 日作出裁定：撤销某市人民法院民事裁定，本案由当事人直接向香港法院起诉。

请问：二审法院的裁定是否正确，为什么？

分析意见：

根据我国现行《民事诉讼法》关于地域管辖以及涉外民事诉讼管辖的规定以及最高人民法院有关司法解释，涉港、澳、台同胞的离婚管辖的确定，有以下几种情况：

第一，双方原在我国内地结婚，现一方居住在港、澳特别行政区，另一方居住在内地，提起离婚诉讼，由原告住所地或者经常居住地人民法院管辖；港、澳一方向港、澳地区法院提起离婚诉讼，内地一方向人民法院起诉的，受诉人民法院有权管辖。[①]

第二，居住港、澳一方当事人向港、澳特别行政区法院起诉离婚的，该法院作出离婚的判决，只要不违反我国内地法律的基本精神，且双方当事人均无异议的，该判决对双方均有拘束力；如该判决要在内地执行的，须由港、澳特区法院按我国现行《民事诉讼法》的有关规定，委托内地人民法院协助执行。[②]

第三，根据《民事诉讼法》关于地域管辖以及涉外民事诉讼管辖的规定以及最高人民法院有关司法解释，涉台离婚案件的管辖，一般应以原告住所地或者居所地法院作为管辖法院。下列三类案件，均由原告住所地或者居所地人民法院管辖：一是大陆一方要求与在台湾一方离婚的案件；二是大陆一方与在台一方分离后未办理离婚手续，一方或者双方分别在大陆和台湾再婚的，如果其中一方当事人（大陆一方）提出与原配偶离婚的案件；三是回大陆定居一方要求与在台一方离婚的案件。

第四，凡是内地人民法院享有管辖权的案件，港、澳特别行政区法院对该案的受理，并不影响当事人就同一案件在内地法院起诉；但是否受理，应视案件具体情况作出决定。根据 2015 年《最高人民法院关于认可和执行台湾地区法院民事判决的规定》，案件虽经台湾地区有关法院判决，但当事人未申请认可，而是就同一案件事实向内地人民法院提起诉讼的，应予受理。[③]

如果涉港、澳、台婚姻的当事人的结婚登记不是在内地办理，当事人在内地提起离婚诉讼的，对于来自香港、台湾、澳门的结婚登记注册证书，也要履行相关的公证、认证手续。以香港为例，该结婚注册证书，要经司法部委托的香港公证律师进行查证，后出具蜡封的公证文书，再加中国法律香港服务公司的转递章后，才可有效地在中国内地法院使用。

需要指出的是，我国最高人民法院 2001 年《关于民事诉讼证据的若干规定》第十一条第二款规定："当事人向人民法院提供的证据是在香港、澳门、台湾地区形成的，应当履行相关的证明手续。"具体方法是，在内地无住所的香港当事人从内地以外寄交或者托

---

① 参见 2015 年《适用民事诉讼法的解释》第十五条。

② 参见我国现行《民事诉讼法》第二百八十一条、第二百八十二条。

③ 参见《最高人民法院关于认可和执行台湾地区法院民事判决的规定》第十二条。

交的有关诉讼材料，需经我国司法部委托的香港律师公证；在内地无住所的澳门当事人从内地寄交或者托交的有关诉讼材料，应盖有中国法律服务（澳门）有限公司证明事务专用章。在我国内地无住所的台湾地区当事人从台湾地区寄交或者托交的有关诉讼材料，应当经台湾当地的公证机构或者其他部门、民间组织、律师出具证明，个人可以由其工作单位出具证明。此外，台湾当事人也可以通过香港、澳门当事人采用的办法办理公证事宜。

我国港、澳、台地区诉讼文书认定的事实对内地人民法院一般不具有预决的效力。但当事人对已为人民法院认可的台湾地区有关法院作出的民事判决所认定的事实无须举证。但如果对方当事人有相反证据足以推翻该判决所确认的事实的，则不能免除当事人的举证责任。对于香港、澳门地区法院的诉讼文书确认的事实，亦照此原则办理。

就本案而言，在审理过程中主要涉及以下两个问题：

第一，香港居民到内地进行离婚诉讼，内地人民法院是否可以立案受理？最高人民法院1984年4月14日（84）法民字第3号《关于原在内地登记结婚后双方均居住香港，现内地人民法院可否受理他们离婚诉讼的批复》规定："对于夫妻双方均居住在港澳的同胞，原在内地登记结婚的，现在发生离婚诉讼，如果他们向内地人民法院请求，内地原结婚登记地或原户籍地人民法院可以受理。"这是最高人民法院对港、澳同胞离婚诉讼特殊管辖所作的规定。原告秦强与被告吴丽的婚姻缔结地是在福建某地，两婚生子女均在该地出生并生活过一段时间，现原、被告及其子女均居住香港，符合最高人民法院上述司法解释所指的情形，而且原、被告双方于2005年间曾在某市某法院进行离婚诉讼，当时法院判决不准离婚。因此，此次原告再次向某市某法院提起离婚诉讼，某市某人民法院予以立案受理，是符合最高人民法院上述规定的。

第二，本案被告吴丽提出案件由香港法院受理的诉讼请求，人民法院应否予以支持？我国现行《民事诉讼法》第二十一条第一款规定："对公民提起的民事诉讼，由被告住所地人民法院管辖；被告住所地与经常居住地不一致的，由经常居住地人民法院管辖。"亦即在案件管辖上一般实行原告就被告的原则。1990年通过、1997年施行的《中华人民共和国香港特别行政区基本法》对香港的司法制度和终审权作了规定。根据法律规定的原则，对涉及香港居民案件的管辖，应遵循方便当事人诉讼，有利于民事争议解决和相互尊重，充分协商，不争管辖，便利争议解决的原则。就本案而言，被告吴丽于2014年1月在有效期限内提交的答辩状中向内地受诉法院提出管辖异议，认为双方虽然婚姻缔结地在福建，但双方当事人及其子女户籍、生活均在香港，应由被告所在地法院受理，在香港诉讼较为方便；在该婚姻关系期间拥有的共同房屋、物业等，大部分在港澳之间，以香港法例解决较为实际；且其已向港方法援处申请离婚，并被接受交给当地法院排期。请求该案由香港法院受理。

本案二审法院鉴于当事人双方及其子女均在香港，夫妻大部分共同财产也在港澳地区，从有利于公正审理，保护当事人合法权益，便利当事人依法行使诉讼权利，便利法院依法进行审理和判决执行等原则出发，认为本案应由香港当地法院管辖为宜。被告吴丽的诉讼请求之理由可以成立，应予支持。而且本案诉讼一方当事人提出管辖异议，要求该案由香港法院审理，这与最高人民法院上述司法解释的"……现在发生离婚诉讼，如果他们（此应理解为双方当事人）向内地人民法院请求"的条件不符。因此，二审法院的裁定是正确的。

示范案例三

如何处理海峡两岸同胞的重婚问题？

张某（女）与祖籍为我国台湾地区台北市人李某（男）于 1952 年 1 月在福建省某市结婚，婚后夫妻感情甚好。1953 年生有一子，取名为李建国，1954 年又生一女，取名为李建英。1958 年 2 月，李某因故去了我国台湾地区，此后音讯全无。张某便独自一人承担起抚养两个小孩的重任。1965 年，李某在我国台湾地区取得永久居留权后又与王某结婚，并生育儿女，1993 年 2 月，王某因车祸死亡。2004 年春，李某回大陆探亲，并与张某住在一起。然而，由于两人长期分居后现在的生活习惯很不相同，又加上张某成天骂李某是薄情郎，几十年都不回来看她，两个子女也想方设法向其索要钱财，李某忍无可忍，于 2006 年 1 月返回台湾地区。2015 年 2 月，张某向人民法院提出与李某离婚，并要求李某补偿两个孩子的抚养费。

请问：本案是否按离婚案件处理？李某是否应补偿两个孩子的抚养费？

分析意见：

本案是一起涉台离婚案件。涉台婚姻中的我国台湾地区同胞，是指居住在我国台湾地区或者在我国台湾地区出生现居住在国外或港、澳地区的具有中国国籍的人。已加入外国国籍的台胞按外籍华人对待；对在国外取得永久居住权的台胞按华侨对待；已在港、澳地区取得永久居住权的台胞按港、澳同胞对待。

对于涉台离婚案件，由于涉及特殊的历史原因，在处理时应充分考虑海峡两岸人民长期分离的实际情况，从有利于稳定现有婚姻家庭关系的现状出发，根据我国现行《婚姻法》规定的一夫一妻制的基本原则，结合实际情况进行处理。根据 1988 年 4 月 16 日《民政部、司法部关于去台人员与其留在大陆的配偶之间婚姻关系处理意见的通知》，以及 1988 年 8 月 9 日最高人民法院在第一次新闻发布会上发布的《关于人民法院处理涉台民事案件的几个法律问题》中所指出的精神，处理此类婚姻纠纷应掌握如下原则：

第一，海峡两岸配偶双方分离后，未办离婚手续且均未再婚的，承认其婚姻关系存续。

第二，双方分离后，留在大陆一方提出离婚，已经人民法院判决离婚，不论对方是否接到判决书，人民法院的判决都是有效的。如果双方均未再婚，现请求恢复婚姻关系的，人民法院可用裁定撤销原来的判决，宣告婚姻关系恢复。

第三，双方分离后，去台一方依照我国台湾地区有关"法律"与留在大陆的一方解除了婚姻关系，但双方均未再婚，现双方自愿恢复婚姻关系，可承认其婚姻关系存续。

第四，双方分离后，一方或者双方已经再婚，且其再婚配偶健在的，如双方自愿恢复与原配偶的婚姻关系，应按照一夫一妻制的原则，先与再婚配偶解除婚姻关系后，才可以与原配偶重新办理结婚登记。

第五，双方分离后，大陆一方未办理离婚手续，又与他人结婚或者长期与他人以夫妻关系同居生活的，原则上承认这种婚姻关系。

第六，双方分离后，未办理离婚手续，一方或者双方分别在大陆和我国台湾地区再婚的，对于这种由于特殊原因形成的婚姻关系，不以重婚对待。当事人不告诉，人民法院不主动干预。如果其中一方提出与其配偶离婚，应当按照离婚案件受理。

从本案的案情看，属于第六种情形。对于李某在台湾重婚的行为，由于是在特殊时期形成的，当事人张某不告诉，人民法院不主动干预。现张某提出与李某离婚，人民法院应当按照离婚案件受理。

关于对子女的抚养问题，由于海峡两岸长期隔离，客观上使去台人员不能对其留在大陆的子女履行抚养的义务。去台一方回大陆后，大陆一方向其索要已成年子女过去的抚养费用的，对这种请求人民法院原则上不予支持。抚养子女是夫妻双方的义务，夫妻双方都在，由夫妻双方共同抚养；一方由于特殊原因未与子女共同生活或者无力尽抚养义务，则由另一方独立承担此义务。因此，大陆一方已经尽了全部抚养义务的，不能向对方主张追索抚养费。本案中，李某去我国台湾地区以后，由于客观上的原因，使李某不能对其留在大陆的子女履行抚养义务，现子女都已成年，没有实际支付的必要，所以，对张某要求李某补偿两个孩子的抚养费的主张，人民法院依法应不予支持。

讨论案例

1. 少数民族习惯不允许与汉族通婚，当事人坚决要求结婚的能否办理结婚登记？

2012 年，某林业学院毕业的赵某（男，汉族，1989 年生），被分配到云南某林区工作，当地居民都是少数民族。不过，赵某早有思想准备，而且他十分热爱森林，所以他准备在此大干一番事业。一年以后，赵某与当地一位少数民族姑娘恋爱，但女方的父母知道了此事，坚决反对他们恋爱，因为根据女方的民族习惯，是不允许本民族男女与外族男女通婚的。尽管如此，赵某仍与这位姑娘继续谈恋爱，2014 年元月，两人到婚姻登记机关申请办理结婚登记。

请问：婚姻登记机关应否为其办理结婚登记？

2. 香港同胞在内地死亡，如何确定遗产继承案件的管辖权与准据法？

杜秋明在香港经营服装买卖，其资产达 400 万港币。2009 年，杜秋明来到深圳投资 20 万元兴建了一个服装厂，并由大儿子负责经营。2013 年 1 月，杜秋明在深圳认识了一位年轻貌美的胡女士。不久，杜秋明便与胡女士经常出双入对。2013 年 12 月，杜秋明回香港与妻子离婚后，2014 年 2 月与胡女士在内地办了结婚登记手续，并定居在深圳。香港的服装买卖则交给他的其他两个儿子和一个女儿经营。2016 年 2 月，杜秋明因病在深圳死亡。由于香港的法律有为妻子保留特殊份额的规定，杜秋明的三个儿子和一个女儿要求按内地的法律分割父亲的遗产，而胡女士知道后坚决要求适用香港的法律。

请问：该案应由香港法院还是深圳法院管辖？如果当事人向深圳法院起诉，如何适用两地的法律？

3. 台湾同胞与大陆同胞在内地离婚，应如何处理财产纠纷？

2013 年 1 月，台胞某甲（男）从我国台湾地区回四川某县探亲。在探亲期间与该县某乙（女）认识，双方于 2013 年 3 月 10 日在该省民政部门办理了结婚登记后，某甲出资 10 万元在该县购得单元楼一套，并赠送某乙价值 2 万元的金银首饰一套。婚后双方经常为经济问题发生争执，夫妻关系日益恶化。2016 年 5 月，某乙提出与某甲离婚，并要求对某甲出资购买的房屋按夫妻共同财产分割。经法院调解，某甲同意离婚，但认为房屋为自己出资购买，应为自己的个人财产，不同意按夫妻共同财产进行分割，并要求某乙返还金银首饰。某乙则认为金银首饰是某甲赠送的，应归自己所有。

　　请问：本案应如何处理？

相关裁判实例摘录①

张某英与谢某文离婚纠纷案

　　原告张某英与被告谢某文因自由恋爱认识后，于 2001 年 12 月 21 日在三明市民政局婚姻登记处登记结婚，2003 年原告跟随被告前往我国台湾地区共同生活。2006 年起，原、被告因性格不合时常发生争吵，双方感情彻底破裂。2008 年 4 月，原告独自一人回到明溪县，双方开始两地分居。2012 年 10 月 24 日，被告在我国台湾地区高雄少年及家事法院提起离婚诉讼，我国台湾地区高雄及少年家事法院以 101 年度婚字第 158 号民事判决书准许原告与被告离婚。但原告未在法定期限内申请确认法律文书的效力，原被告婚后未生育子女，没有共同财产、没有共同债权、债务。现原告以与被告夫妻感情破裂为由向本院提起离婚诉讼。

　　本法院认为：婚姻关系的缔结与解除，是公民婚姻自由权利的体现。原告张某英与被告谢某文因自由恋爱认识后，登记结婚。婚后双方虽共同生活，但原告从 2008 年 4 月份起返回大陆生活，被告长期在我国台湾地区生活，夫妻双方互不履行夫妻义务，且 2012 年 10 月 24 日，我国台湾地区高雄少年及家事法院已作出判决，准许谢某文与张某英离婚，原、被告夫妻感情已彻底破裂，故对原告的离婚诉讼请求，本院应予以支持。

---

　　① 摘自中国裁判文书网，（2015）明民初字第 256 号。

第八单元
涉外婚姻、涉外继承、涉外收养案例

基本理论概述

涉外婚姻有广义和狭义之分，广义的涉外婚姻是指具有涉外因素的婚姻，包括主体涉外，一方为本国公民，一方或双方为外国人（含无国籍人）；地域涉外，本国公民与外国人办理结婚、离婚或复婚事项是在国外办理；法律适用涉外，本国公民与外国人办理结婚、离婚或复婚事项适用国际私法中的冲突规范。狭义的涉外婚姻是指中国公民同外国人（包括无国籍人）或双方都是外国人在中国境内办理的结婚、离婚和复婚。根据我国有关法律的规定，我国公民和外国人结婚适用婚姻缔结地的法律，离婚适用受理案件的法院所在地的法律。凡涉外婚姻当事人在我国境内结婚或离婚的，都必须按照我国法律的规定办理。

涉外继承是指在继承关系的构成要素中有一个或几个涉及国外的继承，即有涉外因素的继承。涉外因素是指在继承法律关系的构成要素或与继承遗产有关的法律事实中，有涉及外国的因素。其主要表现在以下三个方面：1. 主体涉外；2. 客体涉外；3. 继承有关的法律事实涉外。

涉外收养有广义和狭义之分。广义的涉外收养，是指含有涉外因素的收养，即在收养人与被收养人之间至少有一方为外国人。狭义的涉外收养，是指外国人或无国籍人在中华人民共和国境内收养中国公民的子女。

主要相关法律、法规链接

2003 年《婚姻登记条例》

第四条　内地居民结婚，男女双方应当共同到一方当事人常住户口所在地的婚姻登记机关办理结婚登记。

中国公民同外国人在中国内地结婚的，内地居民同香港居民、澳门居民、台湾居民、华侨在中国内地结婚的，男女双方应当共同到内地居民常住户口所在地的婚姻登记机关办理结婚登记。

第十条　内地居民自愿离婚的，男女双方应当共同到一方当事人常住户口所在地的婚姻登记机关办理离婚登记。

中国公民同外国人在中国内地自愿离婚的，内地居民同香港居民、澳门居民、台湾居民、华侨在中国内地自愿离婚的，男女双方应当共同到内地居民常住户口所在地的婚姻登记机关办理离婚登记。

我国《继承法》

第三十六条　中国公民继承在中华人民共和国境外的遗产或者继承在中华人民共和国境内的外国人的遗产，动产适用被继承人住所地法律，不动产适用不动产所在地法律。

外国人继承在中华人民共和国境内的遗产或者继承在中华人民共和国境外的中国公民的遗产，动产适用被继承人住所地法律，不动产适用不动产所在地法律。

中华人民共和国与外国订有条约、协定的，按照条约、协定办理。

我国《民法通则》

第一百四十七条　中华人民共和国公民和外国人结婚适用婚姻缔结地法律，离婚适用受理案件的法院所在地法律。

我国现行《收养法》

第二十一条　外国人依照本法可以在中华人民共和国收养子女。

外国人在中华人民共和国收养子女，应当经其所在国主管机关依照该国法律审查同意。收养人应当提供由其所在国有权机构出具的有关收养人的年龄、婚姻、职业、财产、健康、有无受过刑事处罚等状况的证明材料，该证明材料应当经其所在国外交机关或者外交机关授权的机构认证，并经中华人民共和国驻该国使领馆认证。该收养人应当与送养人订立书面协议，亲自向省级人民政府民政部门登记。

收养关系当事人各方或者一方要求办理收养公证的，应当到国务院司法行政部门认定的具有办理涉外公证资格的公证机构办理收养公证。

我国现行《民事诉讼法》

第十八条　中级人民法院管辖下列第一审民事案件：

（一）重大涉外案件；

（二）在本辖区有重大影响的案件；

（三）最高人民法院确定由中级人民法院管辖的案件。

第二十二条　下列民事诉讼，由原告住所地人民法院管辖；原告住所地与经常居住地不一致的，由原告经常居住地人民法院管辖：

（一）对不在中华人民共和国领域内居住的人提起的有关身份关系的诉讼；

（二）对下落不明或者宣告失踪的人提起的有关身份关系的诉讼；

（三）对被采取强制性教育措施的人提起的诉讼；

（四）对被监禁的人提起的诉讼。

第三十三条　下列案件，由本条规定的人民法院专属管辖：

（一）因不动产纠纷提起的诉讼，由不动产所在地人民法院管辖；

（二）因港口作业中发生纠纷提起的诉讼，由港口所在地人民法院管辖；

（三）因继承遗产纠纷提起的诉讼，由被继承人死亡时住所地或者主要遗产所在地人民法院管辖。

我国《涉外民事关系法律适用法》

第二十一条　结婚条件，适用当事人共同经常居所地法律；没有共同经常居所地的，适用共同国籍国法律；没有共同国籍，在一方当事人经常居所地或者国籍国缔结婚姻的，适用婚姻缔结地法律。

第二十二条　结婚手续，符合婚姻缔结地法律、一方当事人经常居所地法律或者国籍国法律的，均为有效。

第二十三条　夫妻人身关系，适用共同经常居所地法律；没有共同经常居所地的，适用共同国籍国法律。

第二十四条　夫妻财产关系，当事人可以协议选择适用一方当事人经常居所地法律、国籍国法律或者主要财产所在地法律。当事人没有选择的，适用共同经常居所地法律；没有共同经常居所地的，适用共同国籍国法律。

第二十五条　父母子女人身、财产关系，适用共同经常居所地法律；没有共同经常居所地的，适用一方当事人经常居所地法律或者国籍国法律中有利于保护弱者权益的法律。

第二十六条　协议离婚，当事人可以协议选择适用一方当事人经常居所地法律或者国籍国法律。当事人没有选择的，适用共同经常居所地法律；没有共同经常居所地的，适用共同国籍国法律；没有共同国籍的，适用办理离婚手续机构所在地法律。

第二十七条　诉讼离婚，适用法院地法律。

第二十八条　收养的条件和手续，适用收养人和被收养人经常居所地法律。收养的效力，适用收养时收养人经常居所地法律。收养关系的解除，适用收养时被收养人经常居所地法律或者法院地法律。

第二十九条　扶养，适用一方当事人经常居所地法律、国籍国法律或者主要财产所在地法律中有利于保护被扶养人权益的法律。

第三十条　监护，适用一方当事人经常居所地法律或者国籍国法律中有利于保护被监护人权益的法律。

第三十一条　法定继承，适用被继承人死亡时经常居所地法律，但不动产法定继承，适用不动产所在地法律。

第三十二条　遗嘱方式，符合遗嘱人立遗嘱时或者死亡时经常居所地法律、国籍国法律或者遗嘱行为地法律的，遗嘱均为成立。

第三十三条　遗嘱效力，适用遗嘱人立遗嘱时或者死亡时经常居所地法律或者国籍国法律。

第三十四条　遗产管理等事项，适用遗产所在地法律。

第三十五条　无人继承遗产的归属，适用被继承人死亡时遗产所在地法律。

示范案例一

涉外离婚诉讼的管辖权如何确定？

2011 年年初，中国公民郝爽自费到美国留学。留学期间与英国留学生克鲁克·杰尔相识相恋，2013 年年初两人在美国履行了法定结婚手续。但婚后不久，郝爽发现由于观念和生活习惯不同，两人很难相处，克鲁克·杰尔还有酗酒的恶习，两人多次争吵后分居。2014 年年底，郝爽返回其在中国的住所地上海，并准备诉请和克鲁克·杰尔离婚。

请问：郝爽应向中国、美国还是英国法院提起离婚诉讼？其离婚应适用哪国法律？

分析意见：

本案主要涉及涉外离婚诉讼的管辖权问题和法律适用问题。

第一，离婚诉讼属于一种民事诉讼。民事诉讼中地域管辖的一般原则是"原告就被告"，即由被告住所地人民法院管辖。但在特殊情况下，也适用"被告就原告"原则。根据我国现行《民事诉讼法》第二十二条规定，对不在中华人民共和国领域内居住的人提起的有关身份关系的诉讼，由原告住所地人民法院管辖；原告住所地与经常居住地不一致的，由原告经常居住地人民法院管辖。本案中，郝爽作为原告，对不在中国领域内居住的配偶提起离婚之诉，应当依法向中国法院提起离婚诉讼。

第二，我国《民法通则》第一百四十七条对涉外离婚适用法律问题亦有明确规定，即中华人民共和国公民和外国人离婚适用受理案件的法院所在地法律。据此，受理案件的中国法院应适用中国法律审理郝爽与克鲁克·杰尔的离婚诉讼。

示范案例二

外国人收养中国儿童应符合哪些条件和程序？

汤姆森夫妇是美国人，他们本有一个可爱的儿子，但不幸的是，他们的儿子在刚满3岁那年，因坠机事故不幸身亡。汤姆森夫妇悲痛欲绝，为了减轻对儿子的相思之苦，在儿子死去的第二年，汤姆森夫妇便离开美国，来到中国某大学从事外教工作。现在，十多年过去了，汤姆森夫妇丝毫未减轻对儿子的思念之情，于是便萌发了收养孩子的念头。在2015年5月的一个清晨，在汤姆森夫妇居住的外教楼的花园里，人们发现了一个被丢弃的女婴以及一张写着女婴出生年月的纸条。汤姆森夫妇闻讯赶来，将小孩抱回家中喂养。但没过几天，派出所知道了此事，便来到了汤姆森家中，告诉汤姆森说："现在你们还暂时不能收养该弃婴，必须在查找不到弃婴生父母的情况下，你们才能收养，而且还要按法律规定的条件和程序办理收养手续。"汤姆森夫妇不知道外国人收养中国儿童应符合哪些条件和程序，便来到律师事务所咨询。

请问：外国人收养中国儿童应符合哪些条件和程序？

分析意见：

本案主要涉及涉外收养的条件和程序问题。我国现行《收养法》第二十一条第一款规定："外国人依照本法可以在中华人民共和国收养子女。"我国1999年《外国人在华收养子女登记办法》对外国人在中国境内收养子女的条件和程序作出了规定。

对于在中国境内办理涉外收养的条件，我国1999年《外国人在华收养子女登记办法》第三条规定："外国人在华收养子女，应当符合中国有关收养法律的规定，并应当符合收养所在国有关收养法律的规定；因收养人所在国法律的规定与中国法律的规定不一致而产生的问题，由两国政府有关部门协商处理。"就本案而言，汤姆森夫妇在中国收养子女，既要符合我国《收养法》规定的实质要件，包括被收养人的条件、收养人的条件以及送养人的条件，又要符合美国有关收养的法律规定。如果美国法律的规定与中国法律的规定不一致而产生的法律冲突问题，可以由两国政府有关部门协商处理。

对于中国境内办理涉外收养的程序，根据我国《收养法》第二十一条第二款、第三款以及我国1999年《外国人在华收养子女登记办法》第四条的规定，主要包括：

第一，外国人须向中国政府委托的收养组织提出收养申请。外国人在华收养子女，应当通过所在国政府或者政府委托的收养组织向中国政府委托的收养组织转交收养申请书并提交收养人的家庭情况报告和证明。这些报告和证明须经收养人经常居住地国公证机构或者公证人公证，并经其经常居住地国外交部或者外交部授权的机构及我国驻该国使馆或领馆认证，主要包括以下文件：（1）跨国收养申请书；（2）出生证明；（3）婚姻状况证明；（4）职业、经济收入和财产状况证明；（5）身体健康检查证明；（6）有无受过刑事处罚的证明；（7）收养人所在国主管机关同意其跨国收养子女证明；（8）家庭情况报告，包括收养申请人身份、收养的合格性和适当性、家庭状况和病史、收养动机以及适合于照顾儿童的特点。

在华工作或者学习连续居住一年以上的外国人在华收养子女，应当提交在华所在单位或者有关部门出具的婚姻状况证明，职业经济收入或者财产状况证明，有无受过刑事处罚的证明以及县级以上医疗机构出具的身体健康检查证明。

第二，送养人应当向省、自治区、直辖市人民政府民政部门提交有关证明材料。送养人应当向省、自治区、直辖市人民政府民政部门提交本人的居民户口簿和居民身份证（社会福利机构做送养人的，应当提交负责人的身份证件）、被收养人的户籍证明等情况证明，并根据不同情况提交下列有关证明：（1）被收养人的生父母为送养人的，应当提交生父母有特殊困难无力抚养的证明和生父母双方同意送养的书面意见。（2）被收养人的监护人做送养人的，应当提交被收养人的父母不具备完全民事行为能力且对被收养人有严重危害的证明或者生父母死亡证明和监护人有监护权的证明，以及其他有抚养义务的人同意送养的书面意见。（3）由社会福利机构做送养人的，应当提交弃婴、儿童被遗弃和发现的情况证明以及查找其父母或其他监护人的情况证明；被收养人是孤儿的，应当提交孤儿父母的死亡证明，以及有抚养孤儿义务的其他人同意送养的书面意见。

第三，中国收养组织向外国人发出来华收养子女通知书。省、自治区、直辖市人民政府民政部门应当对送养人提交的证件和证明材料进行审查，对查找不到生父母的弃婴和儿童公告查找其生父母。认为被收养人、送养人符合收养法规定条件的，将符合收养法规定的被收养人、送养人名单通知中国收养组织。中国收养组织对外国收养申请和有关证明进行审查后，应当在省、自治区、直辖市人民政府民政部门报送的符合《收养法》规定条件的被收养人中，参照外国收养人的意愿，选择适当的被收养人，并将该被收养人及其送养人的有关情况通过外国政府或者外国收养组织送交外国收养人。外国收养人同意收养的，中国收养组织向其发出来华收养子女通知书，同时通知有关的省、自治区、直辖市人民政府民政部门向送养人发出被收养人已被同意收养的通知。

第四，办理收养登记手续。外国人来华收养子女，应当与送养人订立书面收养协议。书面协议订立后，收养关系当事人应当到被收养人常住户口所在地的省、自治区、直辖市人民政府民政部门办理收养登记，办理收养登记时，应当填写外国人来华收养子女登记申请书并提交收养协议，同时分别提供以下材料：（1）收养人应当提供中国收养组织发出的来华收养子女通知书以及收养人的身份证件和照片；（2）送养人应提供省、自治区、直辖市人民政府民政部门发出的被收养人已被同意收养的通知以及送养人的居民户口簿和居民身份证（社会福利机构做送养人的，为其负责人的身份证件）、被收养人的照片。收养登记机关收到外国人来华收养子女登记申请书和收养人、被收养人及其送养人的有关材料后，应当自次日起7日内进行审查，对符合规定的，为当事人办理收养登记，发给收养登记证书。收养关系自登记之日起成立。

就本案而言，汤姆森夫妇首先应将该弃婴交给社会福利机构抚养，然后，通过美国政府或美国政府委托的收养组织向中国政府委托的收养组织转交收养申请并提交上述家庭情况报告的证明。抚养该弃婴的社会福利机构作为送养人应当向省、自治区、直辖市人民政府民政部门提交上述相关证明材料，审查符合法律规定的，中国收养组织可以向汤姆森夫妇发出来华收养子女通知书，同时通知有关的省、自治区、直辖市人民政府民政部门向抚养该弃婴的社会福利机构发出被收养人已被同意收养的通知。最后，汤姆森夫妇才可与抚养该弃婴的社会福利机构共同去办理涉外收养登记手续。

示范案例三

外国人在中国死亡，其遗产继承案件应由哪国法院受理？

2005 年 1 月，日本人小泽一郎来上海经商，与上海女青年杨敏结识后，于 2006 年 10 月结婚并定居在上海。2009 年 3 月，两人生有一子，中文名叫杨锐。2015 年 3 月 20 日，小泽一郎不幸去世，其父母从日本赶到上海为小泽一郎办理丧事后，因继承问题发生纠纷。杨敏认为，按日本法律规定，第一顺序继承人只包括被继承人的子女及其直系血亲，不包括被继承人的父母。所以，小泽一郎的全部遗产应由杨锐、杨敏两人继承，其父母无权继承。小泽一郎的父母却认为，小泽一郎死亡时住所地在中国，理应按中国法律处理遗产继承。按照我国《继承法》的规定，被继承人的配偶、子女、父母同为第一顺序继承人，应当共同继承小泽一郎的遗产。双方各执己见，无法达成一致意见。2015 年 5 月，小泽一郎的父母遂向上海市某区人民法院提起诉讼。杨敏得知此事后，认为由中国法院审理此事会对自己不利，于是便向日本法院提起诉讼。据查，小泽一郎死亡时主要遗产在上海，但是除在上海有房屋和存款以外，在日本还有少量存款。

请问：本案应当如何处理？

分析意见：

这是一起涉外继承案件，主要涉及两个方面的法律问题：一是民事诉讼管辖权问题，二是处理涉外继承的准据法问题。

第一，关于本案的管辖权，由于涉外继承案件的管辖直接关系到处理涉外继承案件的结果，因此，许多国家从保护本国公民或者在本国境内的财产利益出发，对涉外继承案件规定了专属管辖。我国现行《民事诉讼法》第三十三条规定："下列案件，由本条规定的人民法院专属管辖……（三）因继承遗产纠纷提起的诉讼，由被继承人死亡时住所地或者主要遗产所在地人民法院管辖。"另外，2015 年《适用民事诉讼法的解释》第五百三十一条第二款规定："根据民事诉讼法第三十三条和第二百六十六条规定，属于中华人民共和国法院专属管辖的案件，当事人不得协议选择外国法院管辖，但协议选择仲裁的除外。"根据此规定，本案属于我国人民法院专属管辖，因为被继承人死亡时住所地和主要遗产所在地都在中国。

在本案中，虽然小泽一郎的父母和杨敏都分别向中国法院和日本法院提起了诉讼，但是由于该案属于我国人民法院专属管辖，所以我国人民法院有权受理此案。另外，小泽一郎的父母在中国起诉的法院也不违反级别管辖的规定。因为，小泽一郎死亡时的经常居住地在上海，根据我国《民法通则》第十五条规定："公民以他的户籍所在地的居住地为住所，经常居住地与住所不一致的，经常居住地视为住所。"上海应视为被继承人的住所地。所以，小泽一郎的父母向上海市某区人民法院起诉符合我国关于专属管辖的规定。

第二，关于本案适用的准据法，我国《涉外民事关系法律适用法》第三十一条对涉外继承的准据法的适用作了如下规定："法定继承，适用被继承人死亡时经常居所地法律，但不动产法定继承，适用不动产所在地法律。"本案被继承人的遗产既有动产又有不动产，对于动产，由于本案属于法定继承，所以应按照中国的法律来处理遗产继承，即小泽一郎的父母、杨敏、杨税四人同为第一顺序继承人，原则上应均等分割其动产。对于不动产，根据不动产适用不动产所在地法律，由于不动产位于上海，所以也应适用中国法律并按上述原则分割。

讨论案例

1. 动产遗产在国外的继承案件能否由中国法院受理？

中国公民某甲，1999年1月去美国谋求职业，2005年2月与一名美国女士某乙结婚，并定居在美国某州某市。2016年2月，某甲在美国不幸去世。据查，某甲在美国有遗产10万美元存款。某甲在中国的母亲某丙与某乙就遗产继承问题发生纠纷。某丙认为在美国打官司肯定对己不利，于是她想在中国法院提起诉讼。

请问：某丙是否可以在中国法院提起诉讼？

2. 中国公民在国外结婚后，可否在中国法院起诉与外国人离婚？

某外国语学院有一女生苏梦，喜欢上网聊天，由于自己是法语系的学生，所以上网多半是进入法国网站的一些聊天室，用不太流利的法语跟外国友人聊天，通过网上聊天，她不但锻炼了自己的法语口语，而且还结交了不少的法国网友。后来，她与一名叫保罗的法国人开始了网恋。2009年6月，她大学毕业后便去了法国。同年9月，她与保罗在法国结婚并定居。2016年2月苏梦生育一女后，保罗开始对她冷淡。2016年5月，苏梦发现保罗与一法国女子有通奸的行为，感到忍无可忍，一气之下带着女儿返回了中国。同年8月，她向国内某地人民法院提起诉讼，要求与保罗离婚，并要求分割婚后保罗在法国的财产，同时还要求保罗负担女儿抚养费的一部分。

请问：国内某地人民法院是否应受理保罗与苏梦的离婚案件？

3. 中国法院是否受理没有离婚制度的外国夫妻离婚案件？

一对菲律宾夫妇某甲（男）与某乙（女），虽然结婚数十年，但两人感情一直不和。两人曾多次想离婚，但菲律宾法律实行禁止离婚主义，无法离婚。2015年年初，夫妇俩来中国广州经商，偶听中国商人说，中国法院可以受理外国人与外国人之间的离婚案件，遂向广州市某区人民法院提起离婚诉讼。

请问：广州市某区人民法院能否受理此案？

4. 外国公民与中国公民在中国结婚，应适用哪国法律？

瑞士公民某甲（女），是中国某大学的一名外教。某甲由于长期在中国任教与其丈夫（居住在瑞士）感情日渐疏远。同时，某甲在某大学任教期间，得到了同事某乙（男）的许多帮助和关心，于是某甲与某乙逐渐成为了一对情侣。2015年7月，某甲向中国某市某区人民法院提起离婚诉讼。同年12月，法院判决离婚。2016年3月，某甲与某乙准备向中国某民政部门申请结婚登记。但某甲不知自己是否可以在中国登记结婚，因为根据《瑞士民法典》第一百零三条规定，离婚妇女在离婚后的三百日内禁止再婚。

请问：外国公民与中国公民在中国申请结婚登记，是否既要符合中国法律又要符合本国法律的规定？

5. 外籍华人回国收养子女应当具备哪些条件及履行哪些法定手续？

马某（男）与冯某（女）从小青梅竹马，在读高中时两人开始谈恋爱，2008 年两人同时考入某大学，他们之间的感情更为深厚。2012 年两人又以优秀的成绩毕业，并同时考入美国某大学研究生院继续深造。研究生毕业以后，便结婚定居在美国，并获得永久居住权，且加入了美国国籍。结婚数年，两人事业有成，夫妻感情甚好，但不幸的是，冯某因生理原因不能生育子女。于是，马某与冯某想回国收养一名中国孩子，但他们不知道怎样办理收养手续。

请问：马某与冯某回国内收养子女，应当具备哪些条件？应当在哪个机关办理收养登记？

相关裁判实例摘录①

王甲等与陈某某遗嘱继承纠纷案

原告王甲、方甲诉称，被继承人连某某于 2011 年 5 月 7 日去世，两原告系被继承人连某某的非婚生子女，涉讼房屋系连某某与被告陈某某婚后共同财产，涉讼房屋的一半份额属连某某的遗产，两原告作为法定继承人有权继承上述遗产。被告陈某某提供的连某某的遗嘱系无效遗嘱，连某某在 1997 年出车祸后就丧失了民事行为能力，故起诉要求继承涉讼房屋。

被告陈某某辩称，对原告王甲、方甲是否系连某某非婚生子女存在异议，连某某在中国境内确有两个子女，但原告王甲、方甲的名字与遗嘱上的名字存在差异。即便原告王甲、方甲确系连某某的非婚生子女，根据连某某的遗嘱，涉讼房屋由被告陈某某继承，故涉讼房屋连某某的份额应按遗嘱继承处理。

经审理查明，被告陈某某与被继承人连某某系夫妻关系，原告王甲、方甲系连某某子女。2011 年 5 月 7 日，连某某在新加坡去世，连某某系新加坡国籍。涉讼房屋登记在被告陈某某的名下。

另查明，2001 年 7 月 13 日，连某某在新加坡立下遗嘱一份，愿将 5 万新元遗赠给其兄弟（新加坡身份证号码 S×××××××J）；5 千新元遗赠给其儿子（于 1995 年 8 月 8 日出生在中国），系非婚生子女；5 千新元遗赠给其女儿（于 1996 年 4 月 19 日出生于中国），系非婚生子女。其余遗产份额赠给其妻子。上述遗嘱由一名律师及一名精神科医生作为见证。

以上事实由原告王甲、方甲与被告陈某某陈述及原告王甲、方甲提供的死亡证明书、上海市房地产登记簿各一份，出生证明两份，被告陈某某提供的遗嘱、改名契约各一份等证据证实。

被告陈某某为证明连某某遗嘱的有效性，向法院提供：1. 新加坡高等法院、下级法院遗嘱认证事项的尽职调查各一份，以此证明无人向新加坡法院对连某某的遗嘱申请过撤

---

① 摘自中国裁判文书网；（2012）浦民一（民）初字第 19554 号。

销事宜；2. 新加坡律师 CHIATILIK 的法律意见书一份，该法律意见书阐述了新加坡法律对遗嘱的法律规定，同时根据新加坡高等法院、下级法院遗嘱认证事项的尽职调查，认为连某某的遗嘱有效，以此证明连某某遗嘱系有效遗嘱。原告王甲、方甲认为上述证据在 2013 年公证形成，系在连某某去世后形成的证据，故对其真实性均不予认可。

法院认为，继承开始后，按照法定继承办理；有遗嘱的，按照遗嘱继承或者遗赠办理；有遗赠扶养协议的，按照协议办理。本案争议一在于原告王甲、方甲是否是被继承人的继承人。根据原告王甲、方甲提供的出生证明内容看，两原告的父亲姓名为连某某，虽连某某的遗嘱中所涉及的儿子和女儿的姓名与本案原告王甲、方甲的姓名有差异，但从遗嘱中涉及两人的出生年月及母亲姓名均与原告王甲、方甲一致，故连某某的遗嘱中所述的儿子和女儿就是本案的原告王甲、方甲，故原告王甲、方甲系被继承人连某某的继承人。

本案争议二在于连某某的遗嘱是否有效。根据我国《涉外民事关系法律适用法》第三十三条的规定，遗嘱效力，适用遗嘱人立遗嘱时或者死亡时经常居所地法律或者国籍国法律。被继承人连某某系新加坡国籍，立遗嘱和死亡所在地均在新加坡，故连某某的遗嘱是否有效适用新加坡法律。根据被告陈某某提供的新加坡律师 CHIATILIK 的法律意见书，该法律意见书阐述了新加坡法律对遗嘱的法律规定，同时根据新加坡高等法院、下级法院遗嘱认证事项的尽职调查，认为连某某的遗嘱有效。法院认为，被告提供的连某某的遗嘱及新加坡律师 CHIATILIK 的法律意见书，新加坡高等法院、下级法院遗嘱认证事项的尽职调查均经过相关部门公证，具有证据效力，法院予以确认。被继承人连某某的遗嘱应依法确认有效。

综上所述，虽原告王甲、方甲系被继承人连某某的法定继承人，但由于连某某生前立有遗嘱，故应按遗嘱继承处理。

依照《中华人民共和国继承法》第五条、第二十六条第一款，《中华人民共和国涉外民事关系法律适用法》第三十三条的规定，判决如下：

一、上海市浦东新区华夏东路×××弄×××号房屋归被告陈某某所有；

二、被告陈某某于本判决生效之日起十日内支付原告王甲 15 万元；

三、被告陈某某于本判决生效之日起十日内支付原告方甲 16 万元；

负有金钱给付义务的当事人，如果未按本判决指定的期间履行给付金钱义务，应当依照《中华人民共和国民事诉讼法》第二百五十三条之规定，加倍支付迟延履行期间的债务利息。

如不服本判决，原告王甲、方甲可在判决书送达之日起十五日内，被告陈某某可在判决书送达之日起三十日内，向法院递交上诉状，并按对方当事人的人数提出副本，上诉于上海市第一中级人民法院。

第九单元
婚姻家庭继承法综合案例

示范案例一

收养关系成立后养父母离婚，收养关系该如何处理？

刘强和张月是夫妻，于2009年5月收养一名2岁的弃婴，依法办理收养登记后为其取名刘莹。由于刘强长期在外工作，刘莹一直同张月的母亲王梅生活，张月也时常到母亲处照顾刘莹并按月支付生活费。2011年7月，刘强、张月协议离婚，两人商定刘莹随张月生活。同年9月，张月与吴鹏结婚，刘莹仍与王梅一起生活，张月每月仍支付生活费500元。2015年1月，张月因病死亡，刘强与吴鹏均不愿抚养刘莹，刘强遂与王梅协商，提出以一次性支付5000元为条件解除与刘莹的收养关系。王梅则认为费用太少要求增加，双方发生争议诉讼至法院请求解决。

请问：

1. 刘强与刘莹的养父女关系是否受刘强与张月离婚的影响，为什么？

2. 吴鹏对刘莹有无法定抚养义务？为什么？

3. 如果刘强与王梅在诉讼中就一次性支付的生活费达成协议，可否解除与刘莹的收养关系，为什么？

分析意见：

本案主要涉及收养的效力、收养的解除等问题。

收养，是指通过法律拟制的方法而在本无父母子女关系的人之间创设该关系的法律行为。收养的法律效力则指法律赋予收养行为的强制性约束力。收养行为一经成立，即产生两个方面的法律效力。一为收养的拟制效力，即收养一经合法成立，收养人与被收养人之间即确立养父母子女关系的身份关系，相互间产生父母子女间的权利和义务关系，且该拟制效力还及于养父母的近亲属和养子女的后代；二为收养的解消效力，指收养关系成立后，养子女与生父母及其近亲属间的权利义务关系，因收养关系的成立而消除。

因为收养关系是一种拟制血亲，可以依一定的条件和程序而解除。我国现行《收养法》规定收养关系的解除有协议解除和诉讼解除两种方式。协议解除的条件有三：第一，双方当事人须有解除收养关系的合意；第二，当事人必须具有完全民事行为能力；第三，夫妻共同收养者，其终止收养亦须夫妻共同解除收养关系。

从本案情况来看，刘强与刘莹的依法办理收养登记而成立的合法养父女关系不受养父母离婚的影响。我国现行《婚姻法》第二十六条第二款规定："养子女和生父母间的权利和义务，因收养关系的成立而消除。"我国现行《婚姻法》第三十六条第一款、第二款规定："父母与子女间的关系，不因父母离婚而消除。离婚后，子女无论由父或母直接抚养，仍是父母双方的子女。离婚后，父母对于子女仍有抚养和教育的权利和义务。"刘强与刘莹的养父女关系不受刘强与张月离婚的影响。

吴鹏对刘莹无法定抚养义务。我国现行《婚姻法》第二十七条第二款规定："继父或继母和受其抚养教育的继子女间的权利和义务，适用本法对父母子女关系的有关规定。"从本案实际情况来看，刘莹一直随养外祖母王梅生活，并未受吴鹏的抚养教育，两人属于直系姻亲关系，故吴鹏对刘莹无法定抚养义务。

刘强不能用协议解除与刘莹的收养关系。即便刘强与王梅在诉讼中就一次性支付的生活费达成协议，也不可以解除与刘莹的收养关系。我国现行《收养法》第二十六条第一款规定："收养人在被收养人成年以前，不得解除收养关系，但收养人、送养人双方协议解除的除外，养子女年满十周岁以上的，应当征得本人同意。"由于王梅是刘莹的养外祖母，刘强是刘莹的养父，两人中任何一方均不是送养人，故双方均不符合协议解除的条件，即使双方达成解除收养关系的协议，民政部门也不能为其办理解除收养登记。

示范案例二

未办理结婚登记以夫妻名义同居，
一方要求离婚时，财产问题如何处理？

1990 年 5 月，刚满 19 岁的孟丽与 25 岁的男青年谢涛未办结婚登记即举办了婚礼并以夫妻名义在谢涛处共同生活。同年 8 月，孟丽的父亲孟祥因病死亡，留下存款 1 万元及 50 平方米私房一套，由于母亲早亡又没有其他兄弟姐妹，孟丽就与谢涛搬入该私房居住。谢涛从其舅舅处借款 2 万元对该房进行了装修并在给舅舅的借条中写明了该款的用途。自 1999 年起，谢涛长期在外地工作，夫妻感情日趋冷淡。2014 年 3 月，孟丽用父亲留下的 1 万元购买了股票若干且获利 3 万元，但孟丽却隐瞒了这一情况。2015 年 5 月，谢涛从朋友处知悉此事十分气愤，遂要求孟丽交出该款，孟丽却提出离婚要求，谢涛同意离婚但双方就财产分割无法达成一致意见，孟丽便向法院提出离婚，并提出房屋应为自己的个人财产，股票是用父亲遗产购买，其本金及收益也都应归自己所有，谢涛则提出不仅要分割房屋和股票收益且自己所欠舅舅的债务应属夫妻共同债务。

请问：

1. 孟丽与谢涛的婚姻关系是否有效，为什么？

2. 孟祥死亡时留下的 50 平米私房及 1 万元存款是否属于夫妻共同财产，为什么？

3. 孟丽取得的 3 万元股票收益是否属于夫妻共同财产，为什么？

4. 谢涛为装修房屋而向其舅舅借款 2 万元是否属于夫妻共同债务，为什么？

分析意见：

本案涉及事实婚姻、夫妻共同财产、夫妻个人财产以及夫妻债务的认定等问题。

第一，事实婚姻的认定条件。事实婚姻是相对于法律婚姻而言的，是指符合法定结婚条件和符合法定时间条件的男女双方，未办理结婚登记，便以夫妻名义同居生活，群众也认为是夫妻关系的两性结合。2001 年《婚姻法解释（一）》第五条规定："未按婚姻法

第八条规定办理结婚登记而以夫妻名义共同生活的男女，起诉到人民法院要求离婚的，应当区别对待：（一）1994年2月1日民政部《婚姻登记管理条例》公布实施以前，男女双方已经符合结婚实质要件的，按事实婚姻处理。（二）1994年2月1日民政部《婚姻登记管理条例》公布实施以后，男女双方已经符合结婚实质要件的，人民法院应告知其在案件受理前补办结婚登记，未补办结婚登记的，按解除同居关系处理。"因此，本案双方当事人的关系属于事实婚姻关系。当事人双方是在1994年2月1日前以夫妻名义同居的，在1991年5月，当事人双方均已达到结婚的法定年龄，符合结婚的实质要件和时间要件，所以应认定为事实婚姻，其婚姻关系有效。

第二，夫妻共同财产与夫妻个人财产的认定。根据我国现行《婚姻法》的规定，以婚后所得共同制为法定财产制。我国现行《婚姻法》第十七条第一款规定："夫妻在婚姻关系存续期间所得的下列财产，归夫妻共同所有：（一）工资、奖金；（二）生产、经营的收益；（三）知识产权的收益；（四）继承或赠与所得的财产，但本法第十八条第三款规定的除外；（五）其他应当归共同所有的财产"。此外，根据2001年《婚姻法解释（一）》的规定，"其他应当归共同所有的财产"包括：一方以个人财产投资取得的收益；男女双方实际取得或应当取得的住房补贴、住房公积金；男女双方实际取得或应当取得的养老保险金、破产安置补偿费。在本案中，由于当事人双方对财产关系无约定，故实行法定婚后所得共同所有制。然而，孟丽取得的遗产不属于夫妻共同财产。因为孟丽取得遗产时尚未达到法定婚龄，其事实婚姻关系不能成立，所以以其父遗留的存款1万元及其私房一套应属婚前财产，根据我国现行《婚姻法》第十八条的规定，这两项财产应属孟丽的个人财产。

孟丽用其父遗产购买股票获得的收益应属于夫妻共同财产。因为，该收益财产的取得是在其事实婚姻关系存续期间，且属于法定夫妻共同财产的范围。

第三，夫妻共同债务的认定。夫妻债务，区分为夫妻共同债务和夫妻个人债务两种情况。所谓夫妻共同债务，是指夫妻一方或双方在婚姻关系存续期间为维持婚姻家庭共同生活，或者为共同生产、经营活动所负的债务，在性质上属于连带债务。谢涛向其舅舅的借款应当属于共同债务，因为该借款确实用于两人家庭共同生活之房屋装修。

示范案例三

被继承人遗留的房屋是否属于遗产？对该房屋哪些人有权继承？

陈水旺、魏春兰夫妻共生育有两个儿子，即原告陈炳金与被告陈炳全。陈水旺拥有位于福建省某市西安中路14号房产一幢。该房屋分为两部分，南半部分二层于1976年建造，共9间房屋，另有天井1个；北半部分三层于20世纪80年代初建造，共6间房间，在靠房屋西面另建有猪舍1间、厕所1间。1990年9月，该市房地产管理局对该房屋进行产权登记，并颁发房屋产权证字第06792号房屋所有权证，确定该房屋所有权人为陈水旺（共有人栏内为空白）。2014年7月，该市国土资源局颁发第2001400号土地使用权证，确定讼争整栋房屋土地使用权人为陈水旺。2014年11月，被告陈炳全曾提出要求该市房地产管理局将讼争房屋的北半部分登记在其名下。2014年10月28日，该市房地产管理局（未将原第06792号房屋所有权证撤销或注销）作出20145033号房屋所有权证，将讼争房屋的北半部分产权登记在被告陈炳全名下。但由于原告陈炳金提出异议，故此证未予发放。母亲魏春兰生前与原告陈炳金共同生活。2008 年 5 月 3 日魏春兰去世。2008 年 9 月 18 日，陈水旺立下自书遗嘱，表示将位于西安中路房产属其本人的部分由原告陈美凤、被告陈炳金继承。2014 年 2 月 20 日陈水旺去世。现原告陈炳金诉至法院，请求法院判决将坐落于西安中路房产的一半归原告陈炳金继承。诉讼中，法院依法追加陈美凤为共同原告参加诉讼。

另查明，陈水旺与前妻章月英生育一子陈炳河，陈炳河于"文革"期间去世。陈炳河有一子二女，即儿子陈中元、女儿陈雪元、陈雪冰。诉讼中，陈中元、陈雪元、陈雪冰均表示放弃陈炳河对该房屋的代位继承权。

又查明，1956 年，陈水旺、魏春兰夫妻抱养赖美凤（即本案原告陈美凤，并将赖姓改为陈姓）为养女。之后，原告陈美凤一直与养父母共同生活。1972 年，原告陈美凤与被告陈炳全结婚。

再查明，诉争房产从 1996 年、1997 年起的管理情况如下：南半部分靠西面楼上楼下共计 4 间，北半部分靠南面二楼、三楼各 1 间由原告陈炳金管理；其余 9 间房屋由被告陈炳全夫妻管理；楼梯、天井、客厅公用；目前，猪舍、厕所双方均未使用。

请问：本案应如何处理？

分析意见：

本案系继承而引发的诉讼。在审理过程中，主要涉及以下几个问题：

第一，诉争房屋后建北半部分的产权人是谁，是否属被继承人陈水旺、魏春兰夫妻的遗产范围？我国有关房地产管理的法律规定，县级以上地方人民政府房产管理部门是房屋所有权登记的法定职能部门。诉争西安中路房产一幢，包括南北两部分，已经由某市房管局 1990 年作出的第 06792 号房屋所有权证确权登记，陈水旺是该房屋的所有权人。该证在未被撤销之前仍然具有法律效力，故应认定诉争整栋房屋均属于陈水旺、魏春兰夫妻的遗产。

第二，在关于房屋确认登记后，在民事诉讼中，法院是否应对行政确权进行审查？房屋确权后，当事人有异议，在民事诉讼中向法院提供大量的证据，证明行政确权有误，且要求撤销或变更已经颁发的房屋所有权证。在房屋确认后，当事人有异议的，可提起行政复议或直接向人民法院提起行政诉讼，以便得到救济。若当事人未通过上述途径解决，而直接向法院提起民事诉讼，要求重新确权，法院将对此不予审查，而直接予以确认。

第三，原告陈美凤是否享有陈水旺、魏春兰夫妻的财产继承权？我国《继承法》第十条规定，遗产按照下列顺序继承：第一顺序：配偶、子女、父母。第二顺序：兄弟姐妹、祖父母、外祖父母。继承开始后，应当首先由第一顺序继承人继承。该条第二款规定，本法所说的子女，包括婚生子女、非婚生子女、养子女和有抚养关系的继子女。原告陈美凤从小即被陈水旺、魏春兰夫妻收养，一直与陈水旺、魏春兰夫妻共同生活，形成了收养事实，而该收养事实发生在我国现行《收养法》公布实施之前，根据当时的政策和法律，应认定陈美凤与陈水旺、魏春兰夫妻之间形成了事实收养关系，虽然陈美凤后来与被告陈炳全结婚，但并不能改变其作为陈水旺、魏春兰夫妻之养女的身份。故原告陈美凤有权继承陈水旺、魏春兰夫妻的遗产。原告陈炳金主张陈美凤不是陈水旺、魏春兰的养女，不能参与分配遗产，但未能举证，不予支持。

第四，陈水旺立下的遗嘱是否合法有效？我国《继承法》第五条规定，继承开始后，按照法定继承办理；有遗嘱的，按照遗嘱继承或者遗赠办理；有遗赠扶养协议的，按照协议办理。陈水旺立下的自书遗嘱，是其真实意思表示，遗嘱的形式符合法律规定，内容未违反法律法规强制性规定，应认定有效。原告陈炳金主张陈水旺的遗嘱不是其真实意思表示，没有事实和法律依据，不予支持。

第五，对于被继承人陈水旺、魏春兰夫妻的遗产，依法应当如何继承？对于被继承人陈水旺、魏春兰的遗产，应按下列方式继承：先将该房屋按夫妻共同财产析出，陈水旺、魏春兰各得一半，因魏春兰先陈水旺去世，故属魏春兰的遗产部分由陈水旺、陈炳全、陈炳金、陈美凤四人继承，因魏春兰生前与原告陈炳金共同生活，根据我国《继承法》第十三条第三款的规定，与被继承人共同生活的继承人，分配遗产时，可以多分。故在分配魏春兰遗产时，原告陈炳金可以适当多分。由于陈水旺生前立下遗嘱，处分属陈水旺的遗嘱遗产中部分由陈炳全、陈美凤夫妻继承。在具体分配遗产时应按我国《继承法》第二十九条规定进行。该条规定，遗产分割应当有利于生产和生活需要，不损害遗产的效用。不宜分割的遗产，可以采取折价、适当补偿或共有等方法处理。南半部分楼梯、天井、客厅因使用需要不宜分割，应由双方共同所有、共同使用为宜。

讨论案例

1. 本案中各种财产的性质应如何认定？本案应如何处理？

2013年1月，原告苏明从我国台湾地区回广西探亲，3月中旬在A市经人介绍认识被告刘霞，双方于3月31日登记结婚（双方均系再婚）。原告于登记结婚当天，给了被告1万美元用于购置房屋，4月4日又给了被告1000美元，补足购房款。被告于4月8日以其名义办理购房手续，购得"梦达花园"内房屋一套（尚未交付使用），价值人民币28.8万元。另外，原告于3月31日送给被告金项链1条、金耳环1副、金戒指3枚。婚后双方还共同购置了长虹牌35寸彩色电视机1台、组合家具一套。婚后夫妻感情尚好，没有生育子女。在原告生病期间，被告陪原告上医院看病，照料原告。原告于同年5月底返回台湾地区。2014年8月中旬，原告从台湾地区来A市后，发现被告由于做生意，常早出晚归，对其冷淡，关心不够，遂于2015年9月向A市人民法院起诉，认为双方婚前缺乏了解，仓促结婚，婚后因年龄、性格、观念等因素，相互之间无法适应，没有夫妻感情，非但不能安度晚年，反添烦恼、痛苦，要求与被告离婚，并依法分割夫妻共同财产。

被告辩称，双方结婚是经过考虑的，婚后夫妻感情是好的，原告生病期间，自己尽了妻子的责任，且结婚后，原告就劝自己辞掉工作，自己现在没有住房，没有生活来源，原告提出离婚没有理由，不同意离婚。

A市人民法院经审理，调解和好无效，认定为夫妻感情确已破裂，遂依照我国现行《婚姻法》之规定，判决如下：

一、准予原告苏明与被告刘霞离婚；

二、共同财产分割："梦达花园"住宅（建筑面积62.31平方米）、金项链1条、金戒指1枚归原告苏明所有；长虹牌35寸彩色电视机1台、金耳环1副、金戒指2枚、组合家具一套归被告刘霞所有。

请问：一审法院的判决是否正确，为什么？

2. 离婚时，周某依法可以提出哪些请求？

王某与周某在结婚时协商签订了书面协议，双方约定婚后所得财产归各自所有。婚后，周某即辞去工作在家奉养公婆，照顾小孩。王某长期在外地工作，后与本单位同事李某公开同居生活。周某得知此情况后，遂向法院起诉请求离婚。

请问：周某可以向法院提出哪些请求，并说明理由。

3. 丈夫死亡后，妻子对子女的监护权应如何处理？丈夫所购彩票奖金应如何处理？

某县的甲和乙系婆媳关系。2014 年 3 月 13 日，甲的儿子丙（即乙之夫）在某工地施工中受重伤，后经抢救无效死亡。丙死后，人们在整理其遗物时发现其于 2014 年 2 月 12 日购买的彩票一张。同年 4 月 15 日，彩票开奖，丙所购买的彩票中了头奖 300 万元，由乙保管。当时乙已怀有近 8 个月身孕。同年 6 月 15 日早晨，乙在娘家厕所里生下男孩丁。当接到通知的妇科医生赶到时，该婴儿还在厕所内，未断脐，胸部、鼻尖有伤，断脐后孩子皮肤转黑，即被送往当地镇卫生院抢救。后来，为支付该婴儿的医疗费用和彩票奖金的分割等问题，婆媳双方发生过争执。同年 7 月 16 日，乙借洗澡为名离开医院后，未再哺养该婴儿。此后，甲自己坚持在医院护理该婴儿，并为该婴儿请了奶母，支付了哺乳费和医疗费用。婴儿丁于同年 8 月 19 日出院后，一直由甲抚养。同年 12 月 20 日，乙突然来到甲家，向甲提出要求由她直接抚养儿子丁，但遭到甲的拒绝。

2015 年 1 月 12 日，甲向某县法院起诉，请求撤销乙对儿子丁的监护资格，并确认其享有对孙子丁的监护权，还要求分得彩票奖金。

请问：本案依法应当如何处理？

相关裁判实例摘录（婚姻法）[①]

李某萍与孙某平离婚纠纷案

原告诉称：2014 年 1 月 5 日下午 4 时多，原、被告因家庭琐事发生口角，被告突然到原告工作场所殴打原告，导致原告头部、面部、牙齿、脖子、手脚、背部多处受伤，被诊断为创伤性脾破裂，并行脾大部切除术。经鉴定，原告构成重伤二级、伤残程度评定八级。现原、被告夫妻感情确已破裂，请求法院判准离婚。

被告辩称：1. 原告诉称被告婚后好吃懒做、拒绝到外工作与事实不符；2. 原告诉称被告于 2014 年 1 月 5 日下午四点多在百惠服装店殴打原告，致其重伤二度、伤残八级与事实不符。3. 被告与原告感情深厚，被告不同意离婚。

经审理查明：婚后，原、被告常因家庭琐事发生纠纷。2014 年 1 月 5 日下午 4 时多，双方再次发生口角，被告到原告工作场所殴打原告致原告头部、面部、牙齿、脖子、手脚、背部等身体部位受伤，被诊断为创伤性脾破裂，并行脾大部分切除术。汕头市公安局金平区分局以被告涉嫌故意伤害予以刑事立案，4 月 2 日被告取保候审。

裁判结果：

法院认为原、被告虽系合法夫妻，但因双方婚后未能正确处理夫妻关系，化解夫妻矛盾，且被告对原告实施家庭暴力，故原告要求离婚，应予以照准，并依照《中华人民共

[①]　摘自中国裁判文书网，（2012）嘉平民初字第 1207 号。

和国婚姻法》第三十二条等的规定，判决准予双方离婚。

被告孙某平不服一审判决向汕头市中级人民法院提起上诉称一审认定事实错误，李某萍对 2014 年 1 月 5 日的家庭纠纷的起因存在严重过错，其脾破裂发生的原因有多种可能性，孙某平根本没有殴打致使李某萍脾脏破裂的行为，公安机关刑事立案后，汕头市金平区人民检察院认定该刑事案件事实不清证据不足，于 2014 年 4 月 1 日作出不批准逮捕决定，可见李某萍脾脏破裂的具体时间和原因尚未确定。双方感情深厚，虽偶有争吵，但是是正常的夫妻生活，请求二审法院依法改判不准离婚。

二审法院认为：一审法院查明 2014 年 1 月 5 日孙某平殴打李某萍致其头部、面部、牙齿、脖子、手脚、背部等身体部位受伤，构成轻微伤，该事实有公安机关的《报案回执》、《案情介绍》及汕金公（司）鉴（法活）字（2014）第 01010 号《鉴定书》为据，足以认定孙某平实施家庭暴力。一审法院以孙某平实施家庭暴力为理由判准离婚，符合法律规定。遂判决驳回上诉，维持原判。

本案中，孙某平虽未被批准逮捕，但根据现有证据，足以认定其有家庭暴力行为，根据《中华人民共和国婚姻法》第三十二条第三款的规定："有下列情形之一，调解无效的，应准予离婚：……（二）实施家庭暴力或虐待、遗弃家庭成员的……"故法院判准双方离婚系循法律的规定而行。①

相关裁判实例摘录（继承法）②

李某、郭某阳与郭某和、童某某继承纠纷案

原告李某诉称：位于江苏省南京市某住宅小区的 306 室房屋，是其与被继承人郭某顺的夫妻共同财产。郭某顺因病死亡后，其儿子郭某阳出生。郭某顺的遗产，应当由妻子李某、儿子郭某阳与郭某顺的父母即被告郭某和、童某某等法定继承人共同继承。请求法院在析产继承时，考虑郭某和、童某某有自己房产和退休工资，而李某无固定收入还要抚养幼子的情况，对李某和郭某阳给予照顾。

被告郭某和、童某某辩称：儿子郭某顺生前留下遗嘱，明确将 306 室赠与二被告，故对该房产不适用法定继承。李某所生的孩子与郭某顺不存在血缘关系，郭某顺在遗嘱中声明他不要这个人工授精生下的孩子，他在得知自己患癌症后，已向李某表示过不要这个孩子，是李某自己坚持要生下孩子。因此，应该由李某对孩子负责，不能将孩子列为郭某顺的继承人。

法院经审理查明：1998 年 3 月 3 日，原告李某与郭某顺登记结婚。2002 年，郭某顺

---

① 一直以来，家庭暴力在离婚诉讼案件中占比不低，也是严重影响家庭和谐幸福生活的重要因素。受害者若不能及时有效地收集证据、寻求法律与社会的帮助，将可能使自身遭受更大的迫害。2014 年 3 月 4 日，最高人民法院、最高人民检察院、公安部、司法部联合发布《关于依法办理家庭暴力犯罪案件的意见》，进一步有力打击家庭暴力犯罪，依法保护受害者的合法权益。重要的是，受害方应及时稳妥地收集相关证据，维护自身的合法权益。2016 年 3 月 1 日，我国《反家庭暴力法》正式实施，我国家庭暴力的防治进入一个新的时期。

② "李某、郭某阳诉郭某和、童某某继承纠纷案"，最高人民法院审判委员会讨论通过 2015 年 4 月 15 日发布，最高法指导性案例第 50 号。

以自己的名义购买了涉案建筑面积为 45.08 平方米的 306 室房屋，并办理了房屋产权登记。2004 年 1 月 30 日，李某和郭某顺共同与南京军区南京总医院生殖遗传中心签订了人工授精协议书，对李某实施了人工授精，后李某怀孕。2004 年 4 月，郭某顺因病住院，其在得知自己患了癌症后，向李某表示不要这个孩子，但李某不同意人工流产，坚持要生下孩子。5 月 20 日，郭某顺在医院立下自书遗嘱，在遗嘱中声明他不要这个人工授精生下的孩子，并将 306 室房屋赠与其父母郭某和、童某某。郭某顺于 5 月 23 日病故。李某于当年 10 月 22 日产下一子，取名郭某阳。原告李某无业，每月领取最低生活保障金，另有不固定的打工收入，并持有夫妻关系存续期间的共同存款 18705.4 元。被告郭某和、童某某系郭某顺的父母，居住在同一个住宅小区的 305 室，均有退休工资。2001 年 3 月，郭某顺为开店，曾向童某某借款 8500 元。

南京大陆房地产估价师事务所有限责任公司受法院委托，于 2006 年 3 月对涉案 306 室房屋进行了评估，经评估房产价值为 19.3 万元。

裁判结果：

江苏省南京市秦淮区人民法院于 2006 年 4 月 20 日作出一审判决：涉案的 306 室房屋归原告李某所有；李某于本判决生效之日起 30 日内，给付原告郭某阳 33442.4 元，该款由郭某阳的法定代理人李某保管；李某于本判决生效之日起 30 日内，给付被告郭某和 33442.4 元、给付被告童某某 41942.4 元。一审宣判后，双方当事人均未提出上诉，判决已发生法律效力。

裁判理由：

法院生效裁判认为：本案争议焦点主要有两方面：一是郭某阳是否为郭某顺和李某的婚生子女？二是在郭某顺留有遗嘱的情况下，对 306 室房屋应如何析产继承？

关于争议焦点一。《最高人民法院关于夫妻离婚后人工授精所生子女的法律地位如何确定的复函》中指出："在夫妻关系存续期间，双方一致同意进行人工授精，所生子女应视为夫妻双方的婚生子女，父母子女之间权利义务关系适用《中华人民共和国婚姻法》的有关规定。"郭某顺因无生育能力，签字同意医院为其妻子即原告李某施行人工授精手术，该行为表明郭某顺具有通过人工授精方法获得其与李某共同子女的意思表示。只要在夫妻关系存续期间，夫妻双方同意通过人工授精生育子女，所生子女均应视为夫妻双方的婚生子女。我国《民法通则》第五十七条规定："民事法律行为从成立时起具有法律约束力。行为人非依法律规定或者取得对方同意，不得擅自变更或者解除。"因此，郭某顺在遗嘱中否认其与李某所怀胎儿的亲子关系，是无效民事行为，应当认定郭某阳是郭某顺和李某的婚生子女。

关于争议焦点二。我国《继承法》第五条规定："继承开始后，按照法定继承办理；有遗嘱的，按照遗嘱继承或者遗赠办理；有遗赠扶养协议的，按照协议办理。"被继承人郭某顺死亡后，继承开始。鉴于郭某顺留有遗嘱，本案应当按照遗嘱继承办理。《继承法》第二十六条规定："夫妻在婚姻关系存续期间所得的共同所有的财产，除有约定的以外，如果分割遗产，应当先将共同所有的财产的一半分出为配偶所有，其余的为被继承人的遗产。"我国《执行继承法意见》第三十八条规定："遗嘱人以遗嘱处分了属于国家、集体或他人所有的财产，遗嘱的这部分，应认定无效。"登记在被继承人郭某顺名下的 306 室房屋，已查明是郭某顺与原告李某夫妻关系存续期间取得的夫妻共同财产。郭某顺死亡后，该房屋的一半应归李某所有，另一半才能作为郭某顺的遗产。郭某顺在遗嘱中，将306室全部房产处分归其父母，侵害了李某的房产权，遗嘱的这部分应属无效。此外，《继承法》第十九条规定："遗嘱应当对缺乏劳动能力又没有生活来源的继承人保留必要的遗产份额。"郭某顺在立遗嘱时，明知其妻子腹中的胎儿而没有在遗嘱中为胎儿保留必要的遗产份额，该部分遗嘱内容无效。《继承法》第二十八条规定，"遗产分割时，应当保留胎儿的继承份额"。因此，在分割遗产时，应当为该胎儿保留继承份额。综上，在扣除应当归李某所有的财产和应当为胎儿保留的继承份额之后，郭某顺遗产的剩余部分才可以按遗嘱确定的分配原则处理。

附　录

婚姻家庭继承法律、法规及司法解释选录

中华人民共和国婚姻法

（1980 年 9 月 10 日第五届全国人民代表大会第三次会议通过，自 1981 年 1 月 1 日起施行。根据 2001 年 4 月 28 日第九届全国人民代表大会常务委员会第二十一次会议《关于修改〈中华人民共和国婚姻法〉的决定》修正、公布并施行）

第一章　总　　则

第一条　本法是婚姻家庭关系的基本准则。

第二条　实行婚姻自由、一夫一妻、男女平等的婚姻制度。

保护妇女、儿童和老人的合法权益。

实行计划生育。

第三条　禁止包办、买卖婚姻和其他干涉婚姻自由的行为。禁止借婚姻索取财物。

禁止重婚。禁止有配偶者与他人同居。禁止家庭暴力。禁止家庭成员间的虐待和遗弃。

第四条　夫妻应当互相忠实，互相尊重；家庭成员间应当敬老爱幼，互相帮助，维护平等、和睦、文明的婚姻家庭关系。

第二章　结　　婚

第五条　结婚必须男女双方完全自愿，不许任何一方对他方加以强迫或任何第三者加以干涉。

第六条　结婚年龄，男不得早于二十二周岁，女不得早于二十周岁。晚婚晚育应予鼓励。

第七条　有下列情形之一的，禁止结婚：

（一）直系血亲和三代以内的旁系血亲；

（二）患有医学上认为不应当结婚的疾病。

第八条　要求结婚的男女双方必须亲自到婚姻登记机关进行结婚登记。符合本法规定的，予以登记，发给结婚证。取得结婚证，即确立夫妻关系。未办理结婚登记的，应当补办登记。

第九条　登记结婚后，根据男女双方约定，女方可以成为男方家庭的成员，男方可以成为女方家庭的成员。

第十条　有下列情形之一的，婚姻无效：

（一）重婚的；

（二）有禁止结婚的亲属关系的；

（三）婚前患有医学上认为不应当结婚的疾病，婚后尚未治愈的；

（四）未到法定婚龄的。

第十一条　因胁迫结婚的，受胁迫的一方可以向婚姻登记机关或人民法院请求撤销该婚姻。受胁迫的一方撤销婚姻的请求，应当自结婚登记之日起一年内提出。被非法限制人身自由的当事人请求撤销婚姻的，应当自恢复人身自由之日起一年内提出。

第十二条　无效或被撤销的婚姻，自始无效。当事人不具有夫妻的权利和义务。同居期间所得的财产，由当事人协议处理；协议不成时，由人民法院根据照顾无过错方的原则判决。对重婚导致的婚姻无效的财产处理，不得侵害合法婚姻当事人的财产权益。当事人所生的子女，适用本法有关父母子女的规定。

第三章　家庭关系

第十三条　夫妻在家庭中地位平等。

第十四条　夫妻双方都有各用自己姓名的权利。

第十五条　夫妻双方都有参加生产、工作、学习和社会活动的自由，一方不得对他方加以限制或干涉。

第十六条　夫妻双方都有实行计划生育的义务。

第十七条　夫妻在婚姻关系存续期间所得的下列财产，归夫妻共同所有：

（一）工资、奖金；

（二）生产、经营的收益；

（三）知识产权的收益；

（四）继承或赠与所得的财产，但本法第十八条第三项规定的除外；

（五）其他应当归共同所有的财产。

夫妻对共同所有的财产，有平等的处理权。

第十八条　有下列情形之一的，为夫妻一方的财产：

（一）一方的婚前财产；

（二）一方因身体受到伤害获得的医疗费、残疾人生活补助费等费用；

（三）遗嘱或赠与合同中确定只归夫或妻一方的财产；

（四）一方专用的生活用品；

（五）其他应当归一方的财产。

第十九条　夫妻可以约定婚姻关系存续期间所得的财产以及婚前财产归各自所有、共同所有或部分各自所有、部分共同所有。约定应当采用书面形式。没有约定或约定不明确的，适用本法第十七条、第十八条的规定。

夫妻对婚姻关系存续期间所得的财产以及婚前财产的约定，对双方具有约束力。

夫妻对婚姻关系存续期间所得的财产约定归各自所有的，夫或妻一方对外所负的债务，第三人知道该约定的，以夫或妻一方所有的财产清偿。

第二十条　夫妻有互相扶养的义务。

一方不履行扶养义务时，需要扶养的一方，有要求对方付给扶养费的权利。

第二十一条　父母对子女有抚养教育的义务；子女对父母有赡养扶助的义务。

父母不履行抚养义务时，未成年的或不能独立生活的子女，有要求父母付给抚养费的权利。

子女不履行赡养义务时，无劳动能力的或生活困难的父母，有要求子女付给赡养费的权利。

禁止溺婴、弃婴和其他残害婴儿的行为。

第二十二条　子女可以随父姓，可以随母姓。

第二十三条　父母有保护和教育未成年子女的权利和义务。在未成年子女对国家、集体或他人造成损害时，父母有承担民事责任的义务。

第二十四条　夫妻有相互继承遗产的权利。

父母和子女有相互继承遗产的权利。

第二十五条　非婚生子女享有与婚生子女同等的权利，任何人不得加以危害和歧视。

不直接抚养非婚生子女的生父或生母，应当负担子女的生活费和教育费，直至子女能独立生活为止。

第二十六条　国家保护合法的收养关系。养父母和养子女间的权利和义务，适用本法对父母子女关系的有关规定。

养子女和生父母间的权利和义务，因收养关系的成立而消除。

第二十七条　继父母与继子女间，不得虐待或歧视。

继父或继母和受其抚养教育的继子女间的权利和义务，适用本法对父母子女关系的有关规定。

第二十八条　有负担能力的祖父母、外祖父母，对于父母已经死亡或父母无力抚养的未成年的孙子女、外孙子女，有抚养的义务。有负担能力的孙子女、外孙子女，对于子女已经死亡或子女无力赡养的祖父母、外祖父母，有赡养的义务。

第二十九条　有负担能力的兄、姐，对于父母已经死亡或父母无力抚养的未成年的弟、妹，有扶养的义务。由兄、姐扶养长大的有负担能力的弟、妹，对于缺乏劳动能力又缺乏生活来源的兄、姐，有扶养的义务。

第三十条　子女应当尊重父母的婚姻权利，不得干涉父母再婚以及婚后的生活。子女对父母的赡养义务，不因父母的婚姻关系变化而终止。

第四章　离　　婚

第三十一条　男女双方自愿离婚的，准予离婚。双方必须到婚姻登记机关申请离婚。婚姻登记机关查明双方确实是自愿并对子女和财产问题已有适当处理时，发给离婚证。

第三十二条　男女一方要求离婚的，可由有关部门进行调解或直接向人民法院提出离婚诉讼。

人民法院审理离婚案件，应当进行调解；如感情确已破裂，调解无效，应准予离婚。

有下列情形之一，调解无效的，应准予离婚：

（一）重婚或有配偶者与他人同居的；

（二）实施家庭暴力或虐待、遗弃家庭成员的；

（三）有赌博、吸毒等恶习屡教不改的；

（四）因感情不和分居满二年的；

（五）其他导致夫妻感情破裂的情形。

一方被宣告失踪，另一方提出离婚诉讼的，应准予离婚。

第三十三条　现役军人的配偶要求离婚，须得军人同意，但军人一方有重大过错的除外。

第三十四条　女方在怀孕期间、分娩后一年内或中止妊娠后六个月内，男方不得提出离婚。女方提出离婚的，或人民法院认为确有必要受理男方离婚请求的，不在此限。

第三十五条　离婚后，男女双方自愿恢复夫妻关系的，必须到婚姻登记机关进行复婚登记。

第三十六条　父母与子女间的关系，不因父母离婚而消除。离婚后，子女无论由父或母直接抚养，仍是父母双方的子女。

离婚后，父母对于子女仍有抚养和教育的权利和义务。

离婚后，哺乳期内的子女，以随哺乳的母亲抚养为原则。哺乳期后的子女，如双方因抚养问题发生争执不能达成协议时，由人民法院根据子女的权益和双方的具体情况判决。

第三十七条　离婚后，一方抚养的子女，另一方应负担必要的生活费和教育费的一部或全部，负担费用的多少和期限的长短，由双方协议；协议不成时，由人民法院判决。

关于子女生活费和教育费的协议或判决，不妨碍子女在必要时向父母任何一方提出超过协议或判决原定数额的合理要求。

第三十八条　离婚后，不直接抚养子女的父或母，有探望子女的权利，另一方有协助的义务。

行使探望权利的方式、时间由当事人协议；协议不成时，由人民法院判决。

父或母探望子女，不利于子女身心健康的，由人民法院依法中止探望的权利；中止的事由消失后，应当恢复探望的权利。

第三十九条　离婚时，夫妻的共同财产由双方协议处理；协议不成时，由人民法院根据财产的具体情况，照顾子女和女方权益的原则判决。

夫或妻在家庭土地承包经营中享有的权益等，应当依法予以保护。

第四十条　夫妻书面约定婚姻关系存续期间所得的财产归各自所有，一方因抚育子女、照料老人、协助另一方工作等付出较多义务的，离婚时有权向另一方请求补偿，另一方应当予以补偿。

第四十一条　离婚时，原为夫妻共同生活所负的债务，应当共同偿还。共同财产不足清偿的，或财产归各自所有的，由双方协议清偿；协议不成时，由人民法院判决。

第四十二条　离婚时，如一方生活困难，另一方应从其住房等个人财产中给予适当帮助。具体办法由双方协议；协议不成时，由人民法院判决。

第五章　救助措施与法律责任

第四十三条　实施家庭暴力或虐待家庭成员，受害人有权提出请求，居民委员会、村民委员会以及所在单位应当予以劝阻、调解。

对正在实施的家庭暴力，受害人有权提出请求，居民委员会、村民委员会应当予以劝阻；公安机关应当予以制止。

实施家庭暴力或虐待家庭成员，受害人提出请求的，公安机关应当依照治安管理处罚的法律规定予以行政处罚。

第四十四条 对遗弃家庭成员，受害人有权提出请求，居民委员会、村民委员会以及所在单位应当予以劝阻、调解。

对遗弃家庭成员，受害人提出请求的，人民法院应当依法作出支付扶养费、抚养费、赡养费的判决。

第四十五条 对重婚的，对实施家庭暴力或虐待、遗弃家庭成员构成犯罪的，依法追究刑事责任。受害人可以依照刑事诉讼法的有关规定，向人民法院自诉；公安机关应当依法侦查，人民检察院应当依法提起公诉。

第四十六条 有下列情形之一，导致离婚的，无过错方有权请求损害赔偿：

（一）重婚的；

（二）有配偶者与他人同居的；

（三）实施家庭暴力的；

（四）虐待、遗弃家庭成员的。

第四十七条 离婚时，一方隐藏、转移、变卖、毁损夫妻共同财产，或伪造债务企图侵占另一方财产的，分割夫妻共同财产时，对隐藏、转移、变卖、毁损夫妻共同财产或伪造债务的一方，可以少分或不分。离婚后，另一方发现有上述行为的，可以向人民法院提起诉讼，请求再次分割夫妻共同财产。

人民法院对前款规定的妨害民事诉讼的行为，依照民事诉讼法的规定予以制裁。

第四十八条 对拒不执行有关扶养费、抚养费、赡养费、财产分割、遗产继承、探望子女等判决或裁定的，由人民法院依法强制执行。有关个人和单位应负协助执行的责任。

第四十九条 其他法律对有关婚姻家庭的违法行为和法律责任另有规定的，依照其规定。

第六章 附 则

第五十条 民族自治地方的人民代表大会有权结合当地民族婚姻家庭的具体情况，制定变通规定。自治州、自治县制定的变通规定，报省、自治区、直辖市人民代表大会常务委员会批准后生效。自治区制定的变通规定，报全国人民代表大会常务委员会批准后生效。

第五十一条 本法自 1981 年 1 月 1 日起施行。

1950 年 5 月 1 日颁行的《中华人民共和国婚姻法》，自本法施行之日起废止。

最高人民法院关于适用《中华人民共和国婚姻法》
若干问题的解释（一）

（2001 年 12 月 24 日最高人民法院审判委员会第 1202 次会议通过，
2001 年 12 月 25 日公布，自 2001 年 12 月 27 日起施行）

为了正确审理婚姻家庭纠纷案件，根据《中华人民共和国婚姻法》（以下简称婚姻法）、《中华人民共和国民事诉讼法》等法律的规定，对人民法院适用婚姻法的有关问题作出如下解释：

第一条　婚姻法第三条、第三十二条、第四十三条、第四十五条、第四十六条所称的"家庭暴力"，是指行为人以殴打、捆绑、残害、强行限制人身自由或者其他手段，给其家庭成员的身体、精神等方面造成一定伤害后果的行为。持续性、经常性的家庭暴力，构成虐待。

第二条　婚姻法第三条、第三十二条、第四十六条规定的"有配偶者与他人同居"的情形，是指有配偶者与婚外异性，不以夫妻名义，持续、稳定地共同居住。

第三条　当事人仅以婚姻法第四条为依据提起诉讼的，人民法院不予受理；已经受理的，裁定驳回起诉。

第四条　男女双方根据婚姻法第八条规定补办结婚登记的，婚姻关系的效力从双方均符合婚姻法所规定的结婚的实质要件时起算。

第五条　未按婚姻法第八条规定办理结婚登记而以夫妻名义共同生活的男女，起诉到人民法院要求离婚的，应当区别对待：

（一）1994 年 2 月 1 日民政部《婚姻登记管理条例》公布实施以前，男女双方已经符合结婚实质要件的，按事实婚姻处理。

（二）1994 年 2 月 1 日民政部《婚姻登记管理条例》公布实施以后，男女双方符合结婚实质要件的，人民法院应当告知其在案件受理前补办结婚登记；未补办结婚登记的，按解除同居关系处理。

第六条　未按婚姻法第八条规定办理结婚登记而以夫妻名义共同生活的男女，一方死亡，另一方以配偶身份主张享有继承权的，按照本解释第五条的原则处理。

第七条　有权依据婚姻法第十条规定向人民法院就已办理结婚登记的婚姻申请宣告婚姻无效的主体，包括婚姻当事人及利害关系人。利害关系人包括：

（一）以重婚为由申请宣告婚姻无效的，为当事人的近亲属及基层组织。

（二）以未到法定婚龄为由申请宣告婚姻无效的，为未达法定婚龄者的近亲属。

（三）以有禁止结婚的亲属关系为由申请宣告婚姻无效的，为当事人的近亲属。

（四）以婚前患有医学上认为不应当结婚的疾病，婚后尚未治愈为由申请宣告婚姻无效的，为与患病者共同生活的近亲属。

第八条　当事人依据婚姻法第十条规定向人民法院申请宣告婚姻无效的，申请时，法定的无效婚姻情形已经消失的，人民法院不予支持。

　　第九条　人民法院审理宣告婚姻无效案件，对婚姻效力的审理不适用调解，应当依法作出判决；有关婚姻效力的判决一经作出，即发生法律效力。

　　涉及财产分割和子女抚养的，可以调解。调解达成协议的，另行制作调解书。对财产分割和子女抚养问题的判决不服的，当事人可以上诉。

　　第十条　婚姻法第十一条所称的"胁迫"，是指行为人以给另一方当事人或者其近亲属的生命、身体健康、名誉、财产等方面造成损害为要挟，迫使另一方当事人违背真实意愿结婚的情况。

　　因受胁迫而请求撤销婚姻的，只能是受胁迫一方的婚姻关系当事人本人。

　　第十一条　人民法院审理婚姻当事人因受胁迫而请求撤销婚姻的案件，应当适用简易程序或者普通程序。

　　第十二条　婚姻法第十一条规定的"一年"，不适用诉讼时效中止、中断或者延长的规定。

　　第十三条　婚姻法第十二条所规定的自始无效，是指无效或者可撤销婚姻在依法被宣告无效或被撤销时，才确定该婚姻自始不受法律保护。

　　第十四条　人民法院根据当事人的申请，依法宣告婚姻无效或者撤销婚姻的，应当收缴双方的结婚证书并将生效的判决书寄送当地婚姻登记管理机关。

　　第十五条　被宣告无效或被撤销的婚姻，当事人同居期间所得的财产，按共同共有处理。但有证据证明为当事人一方所有的除外。

　　第十六条　人民法院审理重婚导致的无效婚姻案件时，涉及财产处理的，应当准许合法婚姻当事人作为有独立请求权的第三人参加诉讼。

　　第十七条　婚姻法第十七条关于"夫妻对夫妻共同所有的财产，有平等的处理权"的规定，应当理解为：

　　（一）夫或妻在处理夫妻共同财产上的权利是平等的。因日常生活需要而处理夫妻共同财产的，任何一方均有权决定。

　　（二）夫或妻非因日常生活需要对夫妻共同财产做重要处理决定，夫妻双方应当平等协商，取得一致意见。他人有理由相信其为夫妻双方共同意思表示的，另一方不得以不同意或不知道为由对抗善意第三人。

　　第十八条　婚姻法第十九条所称"第三人知道该约定的"，夫妻一方对此负有举证责任。

　　第十九条　婚姻法第十八条规定为夫妻一方的所有的财产，不因婚姻关系的延续而转化为夫妻共同财产。但当事人另有约定的除外。

　　第二十条　婚姻法第二十一条规定的"不能独立生活的子女"，是指尚在校接受高中及其以下学历教育，或者丧失或未完全丧失劳动能力等非因主观原因而无法维持正常生活的成年子女。

　　第二十一条　婚姻法第二十一条所称"抚养费"，包括子女生活费、教育费、医疗费等费用。

　　第二十二条　人民法院审理离婚案件，符合第三十二条第二款规定"应准予离婚"情形的，不应当因当事人有过错而判决不准离婚。

　　第二十三条　婚姻法第三十三条所称的"军人一方有重大过错"，可以依据婚姻法第三十二条第三款前三项规定及军人有其他重大过错导致夫妻感情破裂的情形予以判断。

第二十四条　人民法院作出的生效的离婚判决中未涉及探望权，当事人就探望权问题单独提起诉讼的，人民法院应予受理。

第二十五条　当事人在履行生效判决、裁定或者调解书的过程中，请求中止行使探望权的，人民法院在征询双方当事人意见后，认为需要中止行使探望权的，依法作出裁定。中止探望的情形消失后，人民法院应当根据当事人的申请通知其恢复探望权的行使。

第二十六条　未成年子女、直接抚养子女的父或母及其他对未成年子女负担抚养、教育义务的法定监护人，有权向人民法院提出中止探望权的请求。

第二十七条　婚姻法第四十二条所称"一方生活困难"，是指依靠个人财产和离婚时分得的财产无法维持当地基本生活水平。

一方离婚后没有住处的，属于生活困难。

离婚时，一方以个人财产中的住房对生活困难者进行帮助的形式，可以是房屋的居住权或者房屋的所有权。

第二十八条　婚姻法第四十六条规定的"损害赔偿"，包括物质损害赔偿和精神损害赔偿。涉及精神损害赔偿的，适用最高人民法院《关于确定民事侵权精神损害赔偿责任若干问题的解释》的有关规定。

第二十九条　承担婚姻法第四十六条规定的损害赔偿责任的主体，为离婚诉讼当事人中无过错方的配偶。

人民法院判决不准离婚的案件，对于当事人基于婚姻法第四十六条提出的损害赔偿请求，不予支持。

在婚姻关系存续期间，当事人不起诉离婚而单独依据该条规定提起损害赔偿请求的，人民法院不予受理。

第三十条　人民法院受理离婚案件时，应当将婚姻法第四十六条等规定中当事人的有关权利义务，书面告知当事人。在适用婚姻法第四十六条时，应当区分以下不同情况：

（一）符合婚姻法第四十六条规定的无过错方作为原告基于该条规定向人民法院提起损害赔偿请求的，必须在离婚诉讼的同时提出。

（二）符合婚姻法第四十六条规定的无过错方作为被告的离婚诉讼案件，如果被告不同意离婚也不基于该条规定提起损害赔偿请求的，可以在离婚后一年内就此单独提起诉讼。

（三）无过错方作为被告的离婚诉讼案件，一审时被告未基于婚姻法第四十六条规定提出损害赔偿请求，二审期间提出的，人民法院应当进行调解，调解不成的，告知当事人在离婚后一年内另行起诉。

第三十一条　当事人依据婚姻法第四十七条的规定向人民法院提起诉讼，请求再次分割夫妻共同财产的诉讼时效为两年，从当事人发现之次日起计算。

第三十二条　婚姻法第四十八条关于对拒不执行有关探望子女等判决和裁定的，由人民法院依法强制执行的规定，是指对拒不履行协助另一方行使探望权的有关个人和单位采取拘留、罚款等强制措施，不能对子女的人身、探望行为进行强制执行。

第三十三条　婚姻法修改后正在审理的一、二审婚姻家庭纠纷案件，一律适用修改后的婚姻法。此前最高人民法院作出的相关司法解释如与本解释相抵触，以本解释为准。

第三十四条　本解释自公布之日起施行。

最高人民法院关于适用《中华人民共和国婚姻法》若干问题的解释（二）

（2003 年 12 月 4 日最高人民法院审判委员会第 1299 次会议通过，
2003 年 12 月 25 日公布，自 2004 年 4 月 1 日起施行）

为正确审理婚姻家庭纠纷案件，根据《中华人民共和国婚姻法》（以下简称婚姻法）、《中华人民共和国民事诉讼法》等相关法律规定，对人民法院适用婚姻法的有关问题作出如下解释：

第一条　当事人起诉请求解除同居关系的，人民法院不予受理。但当事人请求解除的同居关系，属于婚姻法第三条、第三十二条、第四十六条规定的"有配偶者与他人同居"的，人民法院应当受理并依法予以解除。

当事人因同居期间财产分割或者子女抚养纠纷提起诉讼的，人民法院应当受理。

第二条　人民法院受理申请宣告婚姻无效案件后，经审查确属无效婚姻的，应当依法作出宣告婚姻无效的判决。原告申请撤诉的，不予准许。

第三条　人民法院受理离婚案件后，经审查确属无效婚姻的，应当将婚姻无效的情形告知当事人，并依法作出宣告婚姻无效的判决。

第四条　人民法院审理无效婚姻案件，涉及财产分割和子女抚养的，应当对婚姻效力的认定和其他纠纷的处理分别制作裁判文书。

第五条　夫妻一方或者双方死亡后一年内，生存一方或者利害关系人依据婚姻法第十条的规定申请宣告婚姻无效的，人民法院应当受理。

第六条　利害关系人依据婚姻法第十条的规定，申请人民法院宣告婚姻无效的，利害关系人为申请人，婚姻关系当事人双方为被申请人。

夫妻一方死亡的，生存一方为被申请人。

夫妻双方均已死亡的，不列被申请人。

第七条　人民法院就同一婚姻关系分别受理了离婚和申请宣告婚姻无效案件的，对于离婚案件的审理，应当待申请宣告婚姻无效案件作出判决后进行。

前款所指的婚姻关系被宣告无效后，涉及财产分割和子女抚养的，应当继续审理。

第八条　离婚协议中关于财产分割的条款或者当事人因离婚就财产分割达成的协议，对男女双方具有法律约束力。

当事人因履行上述财产分割协议发生纠纷提起诉讼的，人民法院应当受理。

第九条　男女双方协议离婚后一年内就财产分割问题反悔，请求变更或者撤销财产分割协议的，人民法院应当受理。

人民法院审理后，未发现订立财产分割协议时存在欺诈、胁迫等情形的，应当依法驳回当事人的诉讼请求。

第十条　当事人请求返还按照习俗给付的彩礼的，如果查明属于以下情形，人民法院应当予以支持：

（一）双方未办理结婚登记手续的；

（二）双方办理结婚登记手续但确未共同生活的；

（三）婚前给付并导致给付人生活困难的。

适用前款第（二）、（三）项的规定，应当以双方离婚为条件。

第十一条　婚姻关系存续期间，下列财产属于婚姻法第十七条规定的"其他应当归共同所有的财产"：

（一）一方以个人财产投资取得的收益；

（二）男女双方实际取得或者应当取得的住房补贴、住房公积金；

（三）男女双方实际取得或者应当取得的养老保险金、破产安置补偿费。

第十二条　婚姻法第十七条第三项规定的"知识产权的收益"，是指婚姻关系存续期间，实际取得或者已经明确可以取得的财产性收益。

第十三条　军人的伤亡保险金、伤残补助金、医药生活补助费属于个人财产。

第十四条　人民法院审理离婚案件，涉及分割发放到军人名下的复员费、自主择业费等一次性费用的，以夫妻婚姻关系存续年限乘以年平均值，所得数额为夫妻共同财产。

前款所称年平均值，是指将发放到军人名下的上述费用总额按具体年限均分得出的数额。其具体年限为人均寿命七十岁与军人入伍时实际年龄的差额。

第十五条　夫妻双方分割共同财产中的股票、债券、投资基金份额等有价证券以及未上市股份有限公司股份时，协商不成或者按市价分配有困难的，人民法院可以根据数量按比例分配。

第十六条　人民法院审理离婚案件，涉及分割夫妻共同财产中以一方名义在有限责任公司的出资额，另一方不是该公司股东的，按以下情形分别处理：

（一）夫妻双方协商一致将出资额部分或者全部转让给该股东的配偶，过半数股东同意、其他股东明确表示放弃优先购买权的，该股东的配偶可以成为该公司股东；

（二）夫妻双方就出资额转让份额和转让价格等事项协商一致后，过半数股东不同意转让，但愿意以同等价格购买该出资额的，人民法院可以对转让出资所得财产进行分割。过半数股东不同意转让，也不愿意以同等价格购买该出资额的，视为其同意转让，该股东的配偶可以成为该公司股东。

用于证明前款规定的过半数股东同意的证据，可以是股东会决议，也可以是当事人通过其他合法途径取得的股东的书面声明材料。

第十七条　人民法院审理离婚案件，涉及分割夫妻共同财产中以一方名义在合伙企业中的出资，另一方不是该企业合伙人的，当夫妻双方协商一致，将其合伙企业中的财产份额全部或者部分转让给对方时，按以下情形分别处理：

（一）其他合伙人一致同意的，该配偶依法取得合伙人地位；

（二）其他合伙人不同意转让，在同等条件下行使优先受让权的，可以对转让所得的财产进行分割；

（三）其他合伙人不同意转让，也不行使优先受让权，但同意该合伙人退伙或者退还部分财产份额的，可以对退还的财产进行分割；

（四）其他合伙人既不同意转让，也不行使优先受让权，又不同意该合伙人退伙或者退还部分财产份额的，视为全体合伙人同意转让，该配偶依法取得合伙人地位。

第十八条　夫妻以一方名义投资设立独资企业的，人民法院分割夫妻在该独资企业中的共同财产时，应当按照以下情形分别处理：

（一）一方主张经营该企业的，对企业资产进行评估后，由取得企业一方给予另一方相应的补偿；

（二）双方均主张经营该企业的，在双方竞价基础上，由取得企业的一方给予另一方相应的补偿；

（三）双方均不愿意经营该企业的，按照《中华人民共和国个人独资企业法》等有关规定办理。

第十九条　由一方婚前承租、婚后用共同财产购买的房屋，房屋权属证书登记在一方名下的，应当认定为夫妻共同财产。

第二十条　双方对夫妻共同财产中的房屋价值及归属无法达成协议时，人民法院按以下情形分别处理：

（一）双方均主张房屋所有权并且同意竞价取得的，应当准许；

（二）一方主张房屋所有权的，由评估机构按市场价格对房屋作出评估，取得房屋所有权的一方应当给予另一方相应的补偿；

（三）双方均不主张房屋所有权的，根据当事人的申请拍卖房屋，就所得价款进行分割。

第二十一条　离婚时双方对尚未取得所有权或者尚未取得完全所有权的房屋有争议且协商不成的，人民法院不宜判决房屋所有权的归属，应当根据实际情况判决由当事人使用。

当事人就前款规定的房屋取得完全所有权后，有争议的，可以另行向人民法院提起诉讼。

第二十二条　当事人结婚前，父母为双方购置房屋出资的，该出资应当认定为对自己子女的个人赠与，但父母明确表示赠与双方的除外。

当事人结婚后，父母为双方购置房屋出资的，该出资应当认定为对夫妻双方的赠与，但父母明确表示赠与一方的除外。

第二十三条　债权人就一方婚前所负个人债务向债务人的配偶主张权利的，人民法院不予支持。但债权人能够证明所负债务用于婚后家庭共同生活的除外。

第二十四条　债权人就婚姻关系存续期间夫妻一方以个人名义所负债务主张权利的，应当按夫妻共同债务处理。但夫妻一方能够证明债权人与债务人明确约定为个人债务，或者能够证明属于婚姻法第十九条第三款规定情形的除外。

第二十五条　当事人的离婚协议或者人民法院的判决书、裁定书、调解书已经对夫妻财产分割问题作出处理的，债权人仍有权就夫妻共同债务向男女双方主张权利。

一方就共同债务承担连带清偿责任后，基于离婚协议或者人民法院的法律文书向另一方主张追偿的，人民法院应当支持。

第二十六条　夫或妻一方死亡的，生存一方应当对婚姻关系存续期间的共同债务承担连带清偿责任。

第二十七条　当事人在婚姻登记机关办理离婚登记手续后，以婚姻法第四十六条规定为由向人民法院提出损害赔偿请求的，人民法院应当受理。但当事人在协议离婚时已经明确表示放弃该项请求，或者在办理离婚登记手续一年后提出的，不予支持。

第二十八条　夫妻一方申请对配偶的个人财产或者夫妻共同财产采取保全措施的，人民法院可以在采取保全措施可能造成损失的范围内，根据实际情况，确定合理的财产担保数额。

第二十九条　本解释自 2004 年 4 月 1 日起施行。

本解释施行后，人民法院新受理的一审婚姻家庭纠纷案件，适用本解释。

本解释施行后，此前最高人民法院作出的相关司法解释与本解释相抵触的，以本解释为准。

最高人民法院关于适用《中华人民共和国婚姻法》若干问题的解释（三）

（2011 年 7 月 4 日最高人民法院审判委员会第 1525 次会议通过，
2011 年 8 月 9 日公布，自 2011 年 8 月 13 日起施行）

为正确审理婚姻家庭纠纷案件，根据《中华人民共和国婚姻法》、《中华人民共和国民事诉讼法》等相关法律规定，对人民法院适用婚姻法的有关问题作出如下解释：

第一条　当事人以婚姻法第十条规定以外的情形申请宣告婚姻无效的，人民法院应当判决驳回当事人的申请。

当事人以结婚登记程序存在瑕疵为由提起民事诉讼，主张撤销结婚登记的，告知其可以依法申请行政复议或者提起行政诉讼。

第二条　夫妻一方向人民法院起诉请求确认亲子关系不存在，并已提供必要证据予以证明，另一方没有相反证据又拒绝做亲子鉴定的，人民法院可以推定请求确认亲子关系不存在一方的主张成立。

当事人一方起诉请求确认亲子关系，并提供必要证据予以证明，另一方没有相反证据又拒绝做亲子鉴定的，人民法院可以推定请求确认亲子关系一方的主张成立。

第三条　婚姻关系存续期间，父母双方或者一方拒不履行抚养子女义务，未成年或者不能独立生活的子女请求支付抚养费的，人民法院应予支持。

第四条　婚姻关系存续期间，夫妻一方请求分割共同财产的，人民法院不予支持，但有下列重大理由且不损害债权人利益的除外：

（一）一方有隐藏、转移、变卖、毁损、挥霍夫妻共同财产或者伪造夫妻共同债务等严重损害夫妻共同财产利益行为的；

（二）一方负有法定扶养义务的人患重大疾病需要医治，另一方不同意支付相关医疗费用的。

第五条　夫妻一方个人财产在婚后产生的收益，除孳息和自然增值外，应认定为夫妻共同财产。

第六条　婚前或者婚姻关系存续期间，当事人约定将一方所有的房产赠与另一方，赠与方在赠与房产变更登记之前撤销赠与，另一方请求判令继续履行的，人民法院可以按照合同法第一百八十六条的规定处理。

第七条　婚后由一方父母出资为子女购买的不动产，产权登记在出资人子女名下的，可按照婚姻法第十八条第（三）项的规定，视为只对自己子女一方的赠与，该不动产应认定为夫妻一方的个人财产。

由双方父母出资购买的不动产，产权登记在一方子女名下的，该不动产可认定为双方按照各自父母的出资份额按份共有，但当事人另有约定的除外。

第八条　无民事行为能力人的配偶有虐待、遗弃等严重损害无民事行为能力一方的人身权利或者财产权益行为，其他有监护资格的人可以依照特别程序要求变更监护关系；变更后的监护人代理无民事行为能力一方提起离婚诉讼的，人民法院应予受理。

第九条　夫以妻擅自中止妊娠侵犯其生育权为由请求损害赔偿的，人民法院不予支持；夫妻双方因是否生育发生纠纷，致使感情确已破裂，一方请求离婚的，人民法院经调解无效，应依照婚姻法第三十二条第三款第（五）项的规定处理。

第十条　夫妻一方婚前签订不动产买卖合同，以个人财产支付首付款并在银行贷款，婚后用夫妻共同财产还贷，不动产登记于首付款支付方名下的，离婚时该不动产由双方协议处理。

依前款规定不能达成协议的，人民法院可以判决该不动产归产权登记一方，尚未归还的贷款为产权登记一方的个人债务。双方婚后共同还贷支付的款项及其相对应财产增值部分，离婚时应根据婚姻法第三十九条第一款规定的原则，由产权登记一方对另一方进行补偿。

第十一条　一方未经另一方同意出售夫妻共同共有的房屋，第三人善意购买、支付合理对价并办理产权登记手续，另一方主张追回该房屋的，人民法院不予支持。

夫妻一方擅自处分共同共有的房屋造成另一方损失，离婚时另一方请求赔偿损失的，人民法院应予支持。

第十二条　婚姻关系存续期间，双方用夫妻共同财产出资购买以一方父母名义参加房改的房屋，产权登记在一方父母名下，离婚时另一方主张按照夫妻共同财产对该房屋进行分割的，人民法院不予支持。购买该房屋时的出资，可以作为债权处理。

第十三条　离婚时夫妻一方尚未退休、不符合领取养老保险金条件，另一方请求按照夫妻共同财产分割养老保险金的，人民法院不予支持；婚后以夫妻共同财产缴付养老保险费，离婚时一方主张将养老金账户中婚姻关系存续期间个人实际缴付部分作为夫妻共同财产分割的，人民法院应予支持。

第十四条　当事人达成的以登记离婚或者到人民法院协议离婚为条件的财产分割协议，如果双方协议离婚未成，一方在离婚诉讼中反悔的，人民法院应当认定该财产分割协议没有生效，并根据实际情况依法对夫妻共同财产进行分割。

第十五条　婚姻关系存续期间，夫妻一方作为继承人依法可以继承的遗产，在继承人之间尚未实际分割，起诉离婚时另一方请求分割的，人民法院应当告知当事人在继承人之间实际分割遗产后另行起诉。

第十六条　夫妻之间订立借款协议，以夫妻共同财产出借给一方从事个人经营活动或用于其他个人事务的，应视为双方约定处分夫妻共同财产的行为，离婚时可按照借款协议的约定处理。

第十七条　夫妻双方均有婚姻法第四十六条规定的过错情形，一方或者双方向对方提出离婚损害赔偿请求的，人民法院不予支持。

第十八条　离婚后，一方以尚有夫妻共同财产未处理为由向人民法院起诉请求分割的，经审查该财产确属离婚时未涉及的夫妻共同财产，人民法院应当依法予以分割。

第十九条　本解释施行后，最高人民法院此前作出的相关司法解释与本解释相抵触的，以本解释为准。

婚姻登记条例

（2003 年 7 月 30 日国务院第 16 次常务会议通过，2003 年 8 月 8 日公布，自 2003 年 10 月 1 日起施行）

第一章　总　　则

第一条　为了规范婚姻登记工作，保障婚姻自由、一夫一妻、男女平等的婚姻制度的实施，保护婚姻当事人的合法权益，根据《中华人民共和国婚姻法》（以下简称婚姻法），制定本条例。

第二条　内地居民办理婚姻登记的机关是县级人民政府民政部门或者乡（镇）人民政府，省、自治区、直辖市人民政府可以按照便民原则确定农村居民办理婚姻登记的具体机关。

中国公民同外国人，内地居民同香港特别行政区居民（以下简称香港居民）、澳门特别行政区居民（以下简称澳门居民）、台湾地区居民（以下简称台湾居民）、华侨办理婚姻登记的机关是省、自治区、直辖市人民政府民政部门或者省、自治区、直辖市人民政府民政部门确定的机关。

第三条　婚姻登记机关的婚姻登记员应当接受婚姻登记业务培训，经考核合格，方可从事婚姻登记工作。

婚姻登记机关办理婚姻登记，除按收费标准向当事人收取工本费外，不得收取其他费用或者附加其他义务。

第二章　结婚登记

第四条　内地居民结婚，男女双方应当共同到一方当事人常住户口所在地的婚姻登记机关办理结婚登记。

中国公民同外国人在中国内地结婚的，内地居民同香港居民、澳门居民、台湾居民、华侨在中国内地结婚的，男女双方应当共同到内地居民常住户口所在地的婚姻登记机关办理结婚登记。

第五条　办理结婚登记的内地居民应当出具下列证件和证明材料：

（一）本人的户口簿、身份证；

（二）本人无配偶以及与对方当事人没有直系血亲和三代以内旁系血亲关系的签字

声明。

办理结婚登记的香港居民、澳门居民、台湾居民应当出具下列证件和证明材料：

（一）本人的有效通行证、身份证；

（二）经居住地公证机构公证的本人无配偶以及与对方当事人没有直系血亲和三代以内旁系血亲关系的声明。

办理结婚登记的华侨应当出具下列证件和证明材料：

（一）本人的有效护照；

（二）居住国公证机构或者有权机关出具的、经中华人民共和国驻该国使（领）馆认证的本人无配偶以及与对方当事人没有直系血亲和三代以内旁系血亲关系的证明，或者中华人民共和国驻该国使（领）馆出具的本人无配偶以及与对方当事人没有直系血亲和三代以内旁系血亲关系的证明。

办理结婚登记的外国人应当出具下列证件和证明材料：

（一）本人的有效护照或者其他有效的国际旅行证件；

（二）所在国公证机构或者有权机关出具的、经中华人民共和国驻该国使（领）馆认证或者该国驻华使（领）馆认证的本人无配偶的证明，或者所在国驻华使（领）馆出具的本人无配偶的证明。

第六条　办理结婚登记的当事人有下列情形之一的，婚姻登记机关不予登记：

（一）未到法定结婚年龄的；

（二）非双方自愿的；

（三）一方或者双方已有配偶的；

（四）属于直系血亲或者三代以内旁系血亲的；

（五）患有医学上认为不应当结婚的疾病的。

第七条　婚姻登记机关应当对结婚登记当事人出具的证件、证明材料进行审查并询问相关情况。对当事人符合结婚条件的，应当当场予以登记，发给结婚证；对当事人不符合结婚条件不予登记的，应当向当事人说明理由。

第八条　男女双方补办结婚登记的，适用本条例结婚登记的规定。

第九条　因胁迫结婚的，受胁迫的当事人依据婚姻法第十一条的规定向婚姻登记机关请求撤销其婚姻的，应当出具下列证明材料：

（一）本人的身份证、结婚证；

（二）能够证明受胁迫结婚的证明材料。

婚姻登记机关经审查认为受胁迫结婚的情况属实且不涉及子女抚养、财产及债务问题的，应当撤销该婚姻，宣告结婚证作废。

第三章　离婚登记

第十条　内地居民自愿离婚的，男女双方应当共同到一方当事人常住户口所在地的婚姻登记机关办理离婚登记。

中国公民同外国人在中国内地自愿离婚的，内地居民同香港居民、澳门居民、台湾居民、华侨在中国内地自愿离婚的，男女双方应当共同到内地居民常住户口所在地的婚姻登记机关办理离婚登记。

第十一条　办理离婚登记的内地居民应当出具下列证件和证明材料：

（一）本人的户口簿、身份证；

（二）本人的结婚证；

（三）双方当事人共同签署的离婚协议书。

办理离婚登记的香港居民、澳门居民、台湾居民、华侨、外国人除应当出具前款第（二）项、第（三）项规定的证件、证明材料外，香港居民、澳门居民、台湾居民还应当出具本人的有效通行证、身份证，华侨、外国人还应当出具本人的有效护照或者其他有效国际旅行证件。

离婚协议书应当载明双方当事人自愿离婚的意思表示以及对子女抚养、财产及债务处理等事项协商一致的意见。

第十二条　办理离婚登记的当事人有下列情形之一的，婚姻登记机关不予受理：

（一）未达成离婚协议的；

（二）属于无民事行为能力人或者限制民事行为能力人的；

（三）其结婚登记不是在中国内地办理的。

第十三条　婚姻登记机关应当对离婚登记当事人出具的证件、证明材料进行审查并询问相关情况。对当事人确属自愿离婚，并已对子女抚养、财产、债务等问题达成一致处理意见的，应当当场予以登记，发给离婚证。

第十四条　离婚的男女双方自愿恢复夫妻关系的，应当到婚姻登记机关办理复婚登记。复婚登记适用本条例结婚登记的规定。

第四章　婚姻登记档案和婚姻登记证

第十五条　婚姻登记机关应当建立婚姻登记档案。婚姻登记档案应当长期保管。具体管理办法由国务院民政部门会同国家档案管理部门规定。

第十六条　婚姻登记机关收到人民法院宣告婚姻无效或者撤销婚姻的判决书副本后，应当将该判决书副本收入当事人的婚姻登记档案。

第十七条　结婚证、离婚证遗失或者损毁的，当事人可以持户口簿、身份证向原办理婚姻登记的机关或者一方当事人常住户口所在地的婚姻登记机关申请补领。婚姻登记机关对当事人的婚姻登记档案进行查证，确认属实的，应当为当事人补发结婚证、离婚证。

第五章　罚　则

第十八条　婚姻登记机关及其婚姻登记员有下列行为之一的，对直接负责的主管人员和其他直接责任人员依法给予行政处分：

（一）为不符合婚姻登记条件的当事人办理婚姻登记的；

（二）玩忽职守造成婚姻登记档案损失的；

（三）办理婚姻登记或者补发结婚证、离婚证超过收费标准收取费用的。

违反前款第（三）项规定收取的费用，应当退还当事人。

第六章　附　则

第十九条　中华人民共和国驻外使（领）馆可以依照本条例的有关规定，为男女双方均居住于驻在国的中国公民办理婚姻登记。

第二十条　本条例规定的婚姻登记证由国务院民政部门规定式样并监制。

第二十一条　当事人办理婚姻登记或者补领结婚证、离婚证应当交纳工本费。工本费的收费标准由国务院价格主管部门会同国务院财政部门规定并公布。

第二十二条　本条例自 2003 年 10 月 1 日起施行。1994 年 1 月 12 日国务院批准、1994 年 2 月 1 日民政部发布的《婚姻登记管理条例》同时废止。

中华人民共和国继承法

（1985 年 4 月 10 日第六届全国人民代表大会第三次会议通过并公布，
自 1985 年 10 月 1 日起施行）

第一章　总　　则

第一条　根据《中华人民共和国宪法》规定，为保护公民的私有财产的继承权，制定本法。

第二条　继承从被继承人死亡时开始。

第三条　遗产是公民死亡时遗留的个人合法财产，包括：

（一）公民的收入；

（二）公民的房屋、储蓄和生活用品；

（三）公民的林木、牲畜和家禽；

（四）公民的文物、图书资料；

（五）法律允许公民所有的生产资料；

（六）公民的著作权、专利权中的财产权利；

（七）公民的其他合法财产。

第四条　个人承包应得的个人收益，依照本法规定继承。个人承包，依照法律允许由继承人继续承包的，按照承包合同办理。

第五条　继承开始后，按照法定继承办理；有遗嘱的，按照遗嘱继承或者遗赠办理；有遗赠扶养协议的，按照协议办理。

第六条　无行为能力人的继承权、受遗赠权，由他的法定代理人代为行使。

限制行为能力人的继承权、受遗赠权，由他的法定代理人代为行使，或者征得法定代理人同意后行使。

第七条　继承人有下列行为之一的，丧失继承权：

（一）故意杀害被继承人的；

（二）为争夺遗产而杀害其他继承人的；

（三）遗弃被继承人的，或者虐待被继承人情节严重的；

（四）伪造、篡改或者销毁遗嘱，情节严重的。

第八条　继承权纠纷提起诉讼的期限为二年，自继承人知道或者应当知道其权利被侵犯之日起计算。但是，自继承开始之日起超过二十年的，不得再提起诉讼。

第二章　法定继承

第九条　继承权男女平等。

第十条　遗产按照下列顺序继承：

第一顺序：配偶、子女、父母。

第二顺序：兄弟姐妹、祖父母、外祖父母。

继承开始后，由第一顺序继承人继承，第二顺序继承人不继承。没有第一顺序继承人继承的，由第二顺序继承人继承。

本法所说的子女，包括婚生子女、非婚生子女、养子女和有扶养关系的继子女。

本法所说的父母，包括生父母、养父母和有扶养关系的继父母。

本法所说的兄弟姐妹，包括同父母的兄弟姐妹、同父异母或者同母异父的兄弟姐妹、养兄弟姐妹、有扶养关系的继兄弟姐妹。

第十一条　被继承人的子女先于被继承人死亡的，由被继承人的子女的晚辈直系血亲代位继承。代位继承人一般只能继承他的父亲或者母亲有权继承的遗产份额。

第十二条　丧偶儿媳对公、婆，丧偶女婿对岳父、岳母，尽了主要赡养义务的，作为第一顺序继承人。

第十三条　同一顺序继承人继承遗产的份额，一般应当均等。

对生活有特殊困难的缺乏劳动能力的继承人，分配遗产时，应当予以照顾。

对被继承人尽了主要扶养义务或者与被继承人共同生活的继承人，分配遗产时，可以多分。

有扶养能力和有扶养条件的继承人，不尽扶养义务的，分配遗产时，应当不分或者少分。

继承人协商同意的，也可以不均等。

第十四条　对继承人以外的依靠被继承人扶养的缺乏劳动能力又没有生活来源的人，或者继承人以外的对被继承人扶养较多的人，可以分配给他们适当的遗产。

第十五条　继承人应当本着互谅互让、和睦团结的精神，协商处理继承问题。遗产分割的时间、办法和份额，由继承人协商确定。协商不成的，可以由人民调解委员会调解或者向人民法院提起诉讼。

第三章　遗嘱继承和遗赠

第十六条　公民可以依照本法规定立遗嘱处分个人财产，并可以指定遗嘱执行人。

公民可以立遗嘱将个人财产指定由法定继承人的一人或者数人继承。

公民可以立遗嘱将个人财产赠给国家、集体或者法定继承人以外的人。

第十七条　公证遗嘱由遗嘱人经公证机关办理。

自书遗嘱由遗嘱人亲笔书写，签名，注明年、月、日。

代书遗嘱应当有两个以上见证人在场见证，由其中一人代书，注明年、月、日，并由代书人、其他见证人和遗嘱人签名。

以录音形式立的遗嘱，应当有两个以上见证人在场见证。

遗嘱人在危急情况下，可以立口头遗嘱。口头遗嘱应当有两个以上见证人在场见证。危急情况解除后，遗嘱人能够用书面或者录音形式立遗嘱的，所立的口头遗嘱无效。

第十八条　下列人员不能作为遗嘱见证人：

（一）无行为能力人、限制行为能力人；

（二）继承人、受遗赠人；

（三）与继承人、受遗赠人有利害关系的人。

第十九条　遗嘱应当对缺乏劳动能力又没有生活来源的继承人保留必要的遗产份额。

第二十条　遗嘱人可以撤销、变更自己所立的遗嘱。

立有数份遗嘱，内容相抵触的，以最后的遗嘱为准。

自书、代书、录音、口头遗嘱，不得撤销、变更公证遗嘱。

第二十一条　遗嘱继承或者遗赠附有义务的，继承人或者受遗赠人应当履行义务。没有正当理由不履行义务的，经有关单位或者个人请求，人民法院可以取消他接受遗产的权利。

第二十二条　无行为能力人或者限制行为能力人所立的遗嘱无效。

遗嘱必须表示遗嘱人的真实意思，受胁迫、欺骗所立的遗嘱无效。

伪造的遗嘱无效。

遗嘱被篡改的，篡改的内容无效。

第四章　遗产的处理

第二十三条　继承开始后，知道被继承人死亡的继承人应当及时通知其他继承人和遗嘱执行人。继承人中无人知道被继承人死亡或者知道被继承人死亡而不能通知的，由被继承人生前所在单位或者住所地的居民委员会、村民委员会负责通知。

第二十四条　存有遗产的人，应当妥善保管遗产，任何人不得侵吞或者争抢。

第二十五条　继承开始后，继承人放弃继承的，应当在遗产处理前，作出放弃继承的表示。没有表示的，视为接受继承。

受遗赠人应当在知道受遗赠后两个月内，作出接受或者放弃受遗赠的表示。到期没有表示的，视为放弃受遗赠。

第二十六条　夫妻在婚姻关系存续期间所得的共同所有的财产，除有约定的以外，如果分割遗产，应当先将共同所有的财产的一半分出为配偶所有，其余的为被继承人的遗产。

遗产在家庭共有财产之中的，遗产分割时，应当先分出他人的财产。

第二十七条　有下列情形之一的，遗产中的有关部分按照法定继承办理：

（一）遗嘱继承人放弃继承或者受遗赠人放弃受遗赠的；

（二）遗嘱继承人丧失继承权的；

（三）遗嘱继承人、受遗赠人先于遗嘱人死亡的；

（四）遗嘱无效部分所涉及的遗产；

（五）遗嘱未处分的遗产。

第二十八条　遗产分割时，应当保留胎儿的继承份额。胎儿出生时是死体的，保留的份额按照法定继承办理。

第二十九条　遗产分割应当有利于生产和生活需要，不损害遗产的效用。

不宜分割的遗产，可以采取折价、适当补偿或者共有等方法处理。

第三十条　夫妻一方死亡后另一方再婚的，有权处分所继承的财产，任何人不得干涉。

第三十一条　公民可以与扶养人签订遗赠扶养协议。按照协议，扶养人承担该公民生养死葬的义务，享有受遗赠的权利。

公民可以与集体所有制组织签订遗赠扶养协议。按照协议，集体所有制组织承担该公民生养死葬的义务，享有受遗赠的权利。

第三十二条　无人继承又无人受遗赠的遗产，归国家所有；死者生前是集体所有制组织成员的，归所在集体所有制组织所有。

第三十三条　继承遗产应当清偿被继承人依法应当缴纳的税款和债务，缴纳税款和清偿债务以他的遗产实际价值为限。超过遗产实际价值部分，继承人自愿偿还的不在此限。

继承人放弃继承的，对被继承人依法应当缴纳的税款和债务可以不负偿还责任。

第三十四条　执行遗赠不得妨碍清偿遗赠人依法应当缴纳的税款和债务。

第五章　附　则

第三十五条　民族自治地方的人民代表大会可以根据本法的原则，结合当地民族财产继承的具体情况，制定变通的或者补充的规定。自治区的规定，报全国人民代表大会常务委员会备案。自治州、自治县的规定，报省或者自治区的人民代表大会常务委员会批准后生效，并报全国人民代表大会常务委员会备案。

第三十六条　中国公民继承在中华人民共和国境外的遗产或者继承在中华人民共和国境内的外国人的遗产，动产适用被继承人住所地法律，不动产适用不动产所在地法律。

外国人继承在中华人民共和国境内的遗产或者继承在中华人民共和国境外的中国公民的遗产，动产适用被继承人住所地法律，不动产适用不动产所在地法律。

中华人民共和国与外国订有条约、协定的，按照条约、协定办理。

第三十七条　本法自1985年10月1日起施行。

最高人民法院关于贯彻执行
《中华人民共和国继承法》若干问题的意见

（1985年9月11日最高人民法院颁行）

第六届全国人民代表大会第三次会议通过的《中华人民共和国继承法》，是我国公民处理继承问题的准则，是人民法院正确、及时审理继承案件的依据。人民法院贯彻执行继承法，要根据社会主义的法制原则，坚持继承权男女平等，贯彻互相扶助和权利义务相一致的精神，依法保护公民的私有财产的继承权。

为了正确贯彻执行继承法，我们根据继承法的有关规定和审判实践经验，对审理继承案件中具体适用继承法的一些问题，提出以下意见，供各级人民法院在审理继承案件时试行。

一、关于总则部分

1. 继承从被继承人生理死亡或被宣告死亡时开始。

失踪人被宣告死亡的，以法院判决中确定的失踪人的死亡日期，为继承开始的时间。

2. 相互有继承关系的几个人在同一事件中死亡，如不能确定死亡先后时间的，推定没有继承人的人先死亡。死亡人各自都有继承人的，如几个死亡人辈份不同，推定长辈先死亡；几个死亡人辈份相同，推定同时死亡，彼此不发生继承，由他们各自的继承人分别继承。

3. 公民可继承的其他合法财产包括有价证券和履行标的为财物的债权等。

4. 承包人死亡时尚未取得承包收益的，可把死者生前对承包所投入的资金和所付出的劳动及其增值和孳息，由发包单位或者接续承包合同的人合理折价、补偿，其价额作为遗产。

5. 被继承人生前与他人订有遗赠扶养协议，同时又立有遗嘱的，继承开始后，如果遗赠扶养协议与遗嘱没有抵触，遗产分别按协议和遗嘱处理；如果有抵触，按协议处理，与协议抵触的遗嘱全部或部分无效。

6. 遗嘱继承人依遗嘱取得遗产后，仍有权依继承法第十三条的规定取得遗嘱未处分的遗产。

7. 不满六周岁的儿童、精神病患者，应当认定其为无行为能力人。

已满六周岁，不满十八周岁的未成年人，应当认定其为限制行为能力人。

8. 法定代理人代理被代理人行使继承权、受遗赠权，不得损害被代理人的利益。法定代理人一般不能代理被代理人放弃继承权，受遗赠权。明显损害被代理人利益的，应认定其代理行为无效。

9. 在遗产继承中，继承人之间因是否丧失继承权发生纠纷，诉讼到人民法院的，由人民法院根据继承法第七条的规定，判决确认其是否丧失继承权。

10. 继承人虐待被继承人情节是否严重，可以从实施虐待行为的时间、手段、后果和社会影响等方面认定。

虐待被继承人情节严重的，不论是否追究刑事责任，均可确认其丧失继承权。

11. 继承人故意杀害被继承人的，不论是既遂还是未遂，均应确认其丧失继承权。

12. 继承人有继承法第七条第（一）项或第（二）项所列之行为，而被继承人以遗嘱将遗产指定由该继承人继承的，可确认遗嘱无效，并按继承法第七条的规定处理。

13. 继承人虐待被继承人情节严重的，或者遗弃被继承人的，如以后确有悔改表现，而且被虐待人、被遗弃人生前又表示宽恕，可不确认其丧失继承权。

14. 继承人伪造、篡改或者销毁遗嘱，侵害了缺乏劳动能力又无生活来源的继承人的利益，并造成其生活困难的，应认定其行为情节严重。

15. 在诉讼时效期间内，因不可抗拒的事由致继承人无法主张继承权利的，人民法院可按中止诉讼时效处理。

16. 继承人在知道自己的权利受到侵犯之日起的二年之内，其遗产继承权纠纷确在人民调解委员会进行调解期间，可按中止诉讼时效处理。

17. 继承人因遗产继承纠纷向人民法院提起诉讼，诉讼时效即为中断。

18. 自继承开始之日起的第十八年至第二十年期间内，继承人才知道自己的权利被侵犯的，其提起诉讼的权利，应当在继承开始之日起的二十年之内行使，超过二十年的，不得再行提起诉讼。

二、关于法定继承部分

19. 被收养人对养父母尽了赡养义务，同时又对生父母扶养较多的，除可依继承法第十条的规定继承养父母的遗产外，还可依继承法第十四条的规定分得生父母的适当的遗产。

20. 在旧社会形成的一夫多妻家庭中，子女与生母以外的父亲的其他配偶之间形成抚养关系的，互有继承权。

21. 继子女继承了继父母遗产的，不影响其继承生父母的遗产。

继父母继承了继子女遗产的，不影响其继承生子女的遗产。

22. 养祖父母与养孙子女的关系，视为养父母与养子女关系的，可互为第一顺序继承人。

23. 养子女与生子女之间、养子女与养子女之间，系养兄弟姐妹，可互为第二顺序继承人。

被收养人与其亲兄弟姐妹之间的权利义务关系，因收养关系的成立而消除，不能互为第二顺序继承人。

24. 继兄弟姐妹之间的继承权，因继兄弟姐妹之间的扶养关系而发生。没有扶养关系的，不能互为第二顺序继承人。

继兄弟姐妹之间相互继承了遗产的，不影响其继承亲兄弟姐妹的遗产。

25. 被继承人的孙子女、外孙子女、曾孙子女、外曾孙子女都可以代位继承，代位继承人不受辈数的限制。

26. 被继承人的养子女、已形成扶养关系的继子女的生子女可代位继承；被继承人亲生子女的养子女可代位继承；被继承人养子女的养子女可代位继承；与被继承人已形成扶养关系的继子女的养子女也可以代位继承。

27. 代位继承人缺乏劳动能力又没有生活来源，或者对被继承人尽过主要赡养义务的，分配遗产时，可以多分。

28. 继承人丧失继承权的，其晚辈直系血亲不得代位继承。如该代位继承人缺乏劳动能力又没有生活来源，或对被继承人尽赡养义务较多的，可适当分给遗产。

29. 丧偶儿媳对公婆、丧偶女婿对岳父、岳母，无论其是否再婚，依继承法第十二条规定作为第一顺序继承人时，不影响其子女代位继承。

30. 对被继承人生活提供了主要经济来源，或在劳务等方面给予了主要扶助的，应当认定其尽了主要赡养义务或主要扶养义务。

31. 依继承法第十四条规定可以分给适当遗产的人，分给他们遗产时，按具体情况可多于或少于继承人。

32. 依继承法第十四条规定可以分给适当遗产的人，在其依法取得被继承人遗产的权利受到侵犯时，本人有权以独立的诉讼主体的资格向人民法院提起诉讼。但在遗产分割时，明知而未提出请求的，一般不予受理；不知而未提出请求，在二年以内起诉的，应予受理。

33. 继承人有扶养能力和扶养条件，愿意尽扶养义务，但被继承人因有固定收入和劳动能力，明确表示不要求其扶养的，分配遗产时，一般不应因此而影响其继承份额。

34. 有扶养能力和扶养条件的继承人虽然与被继承人共同生活，但对需要扶养的被继承人不尽扶养义务，分配遗产时，可以少分或者不分。

三、关于遗嘱继承部分

35. 继承法实施前订立的，形式上稍有欠缺的遗嘱，如内容合法，又有充分证据证明确为遗嘱人真实意思表示的，可以认定遗嘱有效。

36. 继承人、受遗赠人的债权人、债务人，共同经营的合伙人，也应当视为与继承人、受遗赠人有利害关系，不能作为遗嘱的见证人。

37. 遗嘱人未保留缺乏劳动能力又没有生活来源的继承人的遗产份额，遗产处理时，应当为该继承人留下必要的遗产，所剩余的部分，才可参照遗嘱确定的分配原则处理。

继承人是否缺乏劳动能力又没有生活来源，应按遗嘱生效时该继承人的具体情况确定。

38. 遗嘱人以遗嘱处分了属于国家、集体或他人所有的财产，遗嘱的这部分，应认定无效。

39. 遗嘱人生前的行为与遗嘱的意思表示相反，而使遗嘱处分的财产在继承开始前灭失、部分灭失或所有权转移、部分转移的，遗嘱视为被撤销或部分被撤销。

40. 公民在遗书中涉及死后个人财产处分的内容，确为死者真实意思的表示，有本人签名并注明了年、月、日，又无相反证据的，可按自书遗嘱对待。

41. 遗嘱人立遗嘱时必须有行为能力。无行为能力人所立的遗嘱，即使其本人后来有了行为能力，仍属无效遗嘱。遗嘱人立遗嘱时有行为能力，后来丧失了行为能力，不影响遗嘱的效力。

42. 遗嘱人以不同形式立有数份内容相抵触的遗嘱，其中有公证遗嘱的，以最后所立公证遗嘱为准；没有公证遗嘱的，以最后所立的遗嘱为准。

43. 附义务的遗嘱继承或遗赠，如义务能够履行，而继承人、受遗赠人无正当理由不履行，经受益人或其他继承人请求，人民法院可以取消他接受附义务那部分遗产的权利，由提出请求的继承人或受益人负责按遗嘱人的意愿履行义务，接受遗产。

四、关于遗产的处理部分

44. 人民法院在审理继承案件时，如果知道有继承人而无法通知的，分割遗产时，要保留其应继承的遗产，并确定该遗产的保管人或保管单位。

45. 应当为胎儿保留的遗产份额没有保留的应从继承人所继承的遗产中扣回。

为胎儿保留的遗产份额，如胎儿出生后死亡的，由其继承人继承；如胎儿出生时就是死体的，由被继承人的继承人继承。

46. 继承人因放弃继承权，致其不能履行法定义务的，放弃继承权的行为无效。

47. 继承人放弃继承应当以书面形式向其他继承人表示。用口头方式表示放弃继承，本人承认，或有其它充分证据证明的，也应当认定其有效。

48. 在诉讼中，继承人向人民法院以口头方式表示放弃继承的，要制作笔录，由放弃继承的人签名。

49. 继承人放弃继承的意思表示，应当在继承开始后、遗产分割前作出。遗产分割后表示放弃的不再是继承权，而是所有权。

50. 遗产处理前或在诉讼进行中，继承人对放弃继承翻悔的，由人民法院根据其提出的具体理由，决定是否承认。遗产处理后，继承人对放弃继承翻悔的，不予承认。

51. 放弃继承的效力，追溯到继承开始的时间。

52. 继承开始后，继承人没有表示放弃继承，并于遗产分割前死亡的，其继承遗产的权利转移给他的合法继承人。

53. 继承开始后，受遗赠人表示接受遗赠，并于遗产分割前死亡的，其接受遗赠的权利转移给他的继承人。

54. 由国家或集体组织供给生活费用的烈属和享受社会救济的城市居民，其遗产仍应准许合法继承人继承。

55. 集体组织对"五保户"实行"五保"时，双方有扶养协议的，按协议处理；没有扶养协议，死者有遗嘱继承人或法定继承人要求继承的，按遗嘱继承或法定继承处理，但集体组织有权要求扣回"五保"费用。

56. 扶养人或集体组织与公民订有遗赠扶养协议，扶养人或集体组织无正当理由不履行，致协议解除的，不能享有受遗赠的权利，其支付的供养费用一般不予补偿；遗赠人无正当理由不履行，致协议解除的，则应偿还扶养人或集体组织已支付的供养费用。

57. 遗产因无人继承收归国家或集体组织所有时，按继承法第十四条规定可以分给遗产的人提出取得遗产的要求，人民法院应视情况适当分给遗产。

58. 人民法院在分割遗产中的房屋、生产资料和特定职业所需要的财产时，应依据有利于发挥其使用效益和继承人的实际需要，兼顾各继承人的利益进行处理。

59. 人民法院对故意隐匿、侵吞或争抢遗产的继承人，可以酌情减少其应继承的遗产。

60. 继承诉讼开始后，如继承人、受遗赠人中有既不愿参加诉讼，又不表示放弃实体权利的，应追加为共同原告；已明确表示放弃继承的，不再列为当事人。

61. 继承人中有缺乏劳动能力又没有生活来源的人，即使遗产不足清偿债务，也应为其保留适当遗产，然后再按继承法第三十三条和民事诉讼法第一百八十条的规定清偿债务。

62. 遗产已被分割而未清偿债务时，如有法定继承又有遗嘱继承和遗赠的，首先由法定继承人用其所得遗产清偿债务；不足清偿时，剩余的债务由遗嘱继承人和受遗赠人按比例用所得遗产偿还；如果只有遗嘱继承和遗赠的，由遗嘱继承人和受遗赠人按比例用所得遗产偿还。

五、关于附则部分

63. 涉外继承，遗产为动产的，适用被继承人住所地法律，即适用被继承人生前最后住所地国家的法律。

64. 继承法实行前，人民法院已经审结的继承案件，继承法施行后，按审判监督程序提起再审的，适用审结时的有关政策、法律。

人民法院对继承法生效前已经受理，生效时尚未审结的继承案件，适用继承法。但不得再以超过诉讼时效为由驳回起诉。

中华人民共和国收养法

（1991 年 12 月 29 日第七届全国人民代表大会常务委员会第二十三次会议通过，自 1992 年 4 月 1 日起施行。根据 1998 年 11 月 4 日第九届全国人民代表大会常务委员会第五次会议《关于修改〈中华人民共和国收养法〉的决定》修正并公布，自 1999 年 4 月 1 日起施行）

第一章　总　　则

第一条　为保护合法的收养关系，维护收养关系当事人的权利，制定本法。

第二条　收养应当有利于被收养的未成年人的抚养、成长，保障被收养人和收养人的合法权益，遵循平等自愿的原则，并不得违背社会公德。

第三条　收养不得违背计划生育的法律、法规。

第二章　收养关系的成立

第四条　下列不满十四周岁的未成年人可以被收养：

（一）丧失父母的孤儿；

（二）查找不到生父母的弃婴和儿童；

（三）生父母有特殊困难无力抚养的子女。

第五条　下列公民、组织可以作送养人：

（一）孤儿的监护人；

（二）社会福利机构；

（三）有特殊困难无力抚养子女的生父母。

第六条　收养人应当同时具备下列条件：

（一）无子女；

（二）有抚养教育被收养人的能力；

（三）未患有在医学上认为不应当收养子女的疾病；

（四）年满三十周岁。

第七条　收养三代以内同辈旁系血亲的子女，可以不受本法第四条第三项、第五条第三项、第九条和被收养人不满十四周岁的限制。

华侨收养三代以内同辈旁系血亲的子女，还可以不受收养人无子女的限制。

第八条　收养人只能收养一名子女。

收养孤儿、残疾儿童或者社会福利机构抚养的查找不到生父母的弃婴和儿童，可以不受收养人无子女和收养一名的限制。

第九条　无配偶的男性收养女性的，收养人与被收养人的年龄应当相差四十周岁以上。

第十条　生父母送养子女，须双方共同送养。生父母一方不明或者查找不到的可以单方送养。

有配偶者收养子女，须夫妻共同收养。

第十一条　收养人收养与送养人送养，须双方自愿。收养年满十周岁以上未成年人的，应当征得被收养人的同意。

第十二条　未成年人的父母均不具备完全民事行为能力的，该未成年人的监护人不得将其送养，但父母对该未成年人有严重危害可能的除外。

第十三条　监护人送养未成年孤儿的，须征得有抚养义务的人同意。有抚养义务的人不同意送养、监护人不愿意继续履行监护职责的，应当依照《中华人民共和国民法通则》的规定变更监护人。

第十四条　继父或者继母经继子女的生父母同意，可以收养继子女，并可以不受本法第四条第三项、第五条第三项、第六条和被收养人不满十四周岁以及收养一名的限制。

第十五条　收养应当向县级以上人民政府民政部门登记。收养关系自登记之日起成立。

收养查找不到生父母的弃婴和儿童的，办理登记的民政部门应当在登记前予以公告。

收养关系当事人愿意订立收养协议的，可以订立收养协议。

收养关系当事人各方或者一方要求办理收养公证的，应当办理收养公证。

第十六条　收养关系成立后，公安部门应当依照国家有关规定为被收养人办理户口登记。

第十七条　孤儿或者生父母无力抚养的子女，可以由生父母的亲属、朋友抚养。

抚养人与被抚养人的关系不适用收养关系。

第十八条　配偶一方死亡，另一方送养未成年子女的，死亡一方的父母有优先抚养的权利。

第十九条　送养人不得以送养子女为理由违反计划生育的规定再生育子女。

第二十条　严禁买卖儿童或者借收养名义买卖儿童。

第二十一条　外国人依照本法可以在中华人民共和国收养子女。

外国人在中华人民共和国收养子女，应当经其所在国主管机关依照该国法律审查同意。收养人应当提供由其所在国有权机构出具的有关收养人的年龄、婚姻、职业、财产、健康、有无受过刑事处罚等状况的证明材料，该证明材料应当经其所在国外交机关或者外交机关授权的机构认证，并经中华人民共和国驻该国使领馆认证。该收养人应当与送养人订立书面协议，亲自向省级人民政府民政部门登记。

收养关系当事人各方或者一方要求办理收养公证的，应当到国务院司法行政部门认定的具有办理涉外公证资格的公证机构办理收养公证。

第二十二条　收养人、送养人要求保守收养秘密的，其他人应当尊重其意愿，不得泄露。

第三章 收养的效力

第二十三条 自收养关系成立之日起，养父母与养子女间的权利义务关系，适用法律关于父母子女关系的规定；养子女与养父母的近亲属间的权利义务关系，适用法律关于子女与父母的近亲属关系的规定。

养子女与生父母及其他近亲属间的权利义务关系，因收养关系的成立而消除。

第二十四条 养子女可以随养父或者养母的姓，经当事人协商一致，也可以保留原姓。

第二十五条 违反《中华人民共和国民法通则》第五十五条和本法规定的收养行为无法律效力。

收养行为被人民法院确认无效的，从行为开始时起就没有法律效力。

第四章 收养关系的解除

第二十六条 收养人在被收养人成年以前，不得解除收养关系，但收养人、送养人双方协议解除的除外，养子女年满十周岁以上的，应当征得本人同意。

收养人不履行抚养义务，有虐待、遗弃等侵害未成年养子女合法权益行为的，送养人有权要求解除养父母与养子女间的收养关系。送养人、收养人不能达成解除收养关系协议的，可以向人民法院起诉。

第二十七条 养父母与成年养子女关系恶化、无法共同生活的，可以协议解除收养关系。不能达成协议的，可以向人民法院起诉。

第二十八条 当事人协议解除收养关系的，应当到民政部门办理解除收养关系的登记。

第二十九条 收养关系解除后，养子女与养父母及其他近亲属间的权利义务关系即行消除，与生父母及其他近亲属间的权利义务关系自行恢复，但成年养子女与生父母及其他近亲属间的权利义务关系是否恢复，可以协商确定。

第三十条 收养关系解除后，经养父母抚养的成年养子女，对缺乏劳动能力又缺乏生活来源的养父母，应当给付生活费。因养子女成年后虐待、遗弃养父母而解除收养关系的，养父母可以要求养子女补偿收养期间支出的生活费和教育费。

生父母要求解除收养关系的，养父母可以要求生父母适当补偿收养期间支出的生活费和教育费，但因养父母虐待、遗弃养子女而解除收养关系的除外。

第五章 法律责任

第三十一条 借收养名义拐卖儿童的，依法追究刑事责任。

遗弃婴儿的，由公安部门处以罚款；构成犯罪的，依法追究刑事责任。

出卖亲生子女的，由公安部门没收非法所得，并处以罚款；构成犯罪的，依法追究刑事责任。

第六章 附 则

第三十二条 民族自治地方的人民代表大会及其常务委员会可以根据本法的原则，结合当地情况，制定变通的或者补充的规定。自治区的规定，报全国人民代表大会常务委员会备案。自治州、自治县的规定，报省或者自治区的人民代表大会常务委员会批准后生效，并报全国人民代表大会常务委员会备案。

第三十三条　国务院可以根据本法制定实施办法。

第三十四条　本法自 1999 年 4 月 1 日起施行。

中国公民收养子女登记办法

（1999 年 5 月 12 日经国务院批准，1999 年 5 月 25 日民政部发布并施行）

第一条　为了规范收养登记行为，根据《中华人民共和国收养法》（以下简称收养法），制定本办法。

第二条　中国公民在中国境内收养子女或者协议解除收养关系的，应当依照本办法的规定办理登记。

办理收养登记的机关是县级人民政府民政部门。

第三条　收养社会福利机构抚养的查找不到生父母的弃婴、儿童和孤儿的，在社会福利机构所在地的收养登记机关办理登记。

收养非社会福利机构抚养的查找不到生父母的弃婴和儿童的，在弃婴和儿童发现地的收养登记机关办理登记。

收养生父母有特殊困难无力抚养的子女或者由监护人监护的孤儿的，在被收养人生父母或者监护人常住户口所在地（组织作监护人的，在该组织所在地）的收养登记机关办理登记。

收养三代以内同辈旁系血亲的子女，以及继父或者继母收养继子女的，在被收养人生父或者生母常住户口所在地的收养登记机关办理登记。

第四条　收养关系当事人应当亲自到收养登记机关办理成立收养关系的登记手续。

夫妻共同收养子女的，应当共同到收养登记机关办理登记手续；一方因故不能亲自前往的，应当书面委托另一方办理登记手续，委托书应当经过村民委员会或者居民委员会证明或者经过公证。

第五条　收养人应当向收养登记机关提交收养申请书和下列证件、证明材料：

（一）收养人的居民户口簿和居民身份证；

（二）由收养人所在单位或者村民委员会、居民委员会出具的本人婚姻状况、有无子女和抚养教育被收养人的能力等情况的证明；

（三）县级以上医疗机构出具的未患有在医学上认为不应当收养子女的疾病的身体健康检查证明。

收养查找不到生父母的弃婴、儿童的，并应当提交收养人经常居住地计划生育部门出具的收养人生育情况证明；其中收养非社会福利机构抚养的查找不到生父母的弃婴、儿童的，收养人还应当提交下列证明材料：

（一）收养人经常居住地计划生育部门出具的收养人无子女的证明；

（二）公安机关出具的捡拾弃婴、儿童报案的证明。

收养继子女的，可以只提交居民户口簿、居民身份证和收养人与被收养人生父或者生母结婚的证明。

第六条　送养人应当向收养登记机关提交下列证件和证明材料：

（一）送养人的居民户口簿和居民身份证（组织作监护人的，提交其负责人的身份证）；

（二）收养法规定送养时应当征得其他有抚养义务的人同意的，并提交其他有抚养义务的人同意送养的书面意见。

社会福利机构为送养人的，并应当提交弃婴、儿童进入社会福利机构的原始记录，公安机关出具的捡拾弃婴、儿童报案的证明，或者孤儿的生父母死亡或者宣告死亡的证明。

监护人为送养人的，并应当提交实际承担监护责任的证明，孤儿的父母死亡或者宣告死亡的证明，或者被收养人生父母无完全民事行为能力并对被收养人有严重危害的证明。

生父母为送养人的，并应当提交与当地计划生育部门签订的不违反计划生育规定的协议；有特殊困难无力抚养子女的，还应当提交其所在单位或者村民委员会、居民委员会出具的送养人有特殊困难的证明。其中，因丧偶或者一方下落不明由单方送养的，还应当提交配偶死亡或者下落不明的证明；子女由三代以内同辈旁系血亲收养的，还应当提交公安机关出具的或者经过公证的与收养人有亲属关系的证明。

被收养人是残疾儿童的，并应当提交县级以上医疗机构出具的该儿童的残疾证明。

第七条　收养登记机关收到收养登记申请书及有关材料后，应当自次日起 30 日内进行审查。对符合收养法规定条件的，为当事人办理收养登记，发给收养登记证，收养关系自登记之日起成立；对不符合收养法规定条件的，不予登记，并对当事人说明理由。

收养查找不到生父母的弃婴、儿童的，收养登记机关应当在登记前公告查找其生父母；自公告之日起满 60 日，弃婴、儿童的生父母或者其他监护人未认领的，视为查找不到生父母的弃婴、儿童。公告期间不计算在登记办理期限内。

第八条　收养关系成立后，需要为被收养人办理户口登记或者迁移手续的，由收养人持收养登记证到户口登记机关按照国家有关规定办理。

第九条　收养关系当事人协议解除收养关系的，应当持居民户口簿、居民身份证、收养登记证和解除收养关系的书面协议，共同到被收养人常住户口所在地的收养登记机关办理解除收养关系登记。

第十条　收养登记机关收到解除收养关系登记申请书及有关材料后，应当自次日起 30 日内进行审查；对符合收养法规定的，为当事人办理解除收养关系的登记，收回收养登记证，发给解除收养关系证明。

第十一条　为收养关系当事人出具证明材料的组织，应当如实出具有关证明材料。出具虚假证明材料的，由收养登记机关没收虚假证明材料，并建议有关组织对直接责任人员给予批评教育，或者依法给予行政处分、纪律处分。

第十二条　收养关系当事人弄虚作假骗取收养登记的，收养关系无效，由收养登记机关撤销登记，收缴收养登记证。

第十三条　本办法规定的收养登记证、解除收养关系证明的式样，由国务院民政部门制订。

第十四条　华侨以及居住在香港、澳门、台湾地区的中国公民在内地收养子女的，申请办理收养登记的管辖以及所需要出具的证件和证明材料，按照国务院民政部门的有关规定执行。

第十五条　本办法自发布之日起施行。

中华人民共和国人口与计划生育法

（2001 年 12 月 29 日第九届全国人民代表大会常务委员会第二十五次会议通过，自 2002 年 9 月 1 日起施行。根据 2015 年 12 月 27 日第十二届全国人民代表大会常务委员会第十八次会议《关于修改〈中华人民共和国人口与计划生育法〉的决定》修正并公布，自 2016 年 1 月 1 日起施行）

第一章　总　　则

第一条　为了实现人口与经济、社会、资源、环境的协调发展，推行计划生育，维护公民的合法权益，促进家庭幸福、民族繁荣与社会进步，根据宪法，制定本法。

第二条　我国是人口众多的国家，实行计划生育是国家的基本国策。

国家采取综合措施，控制人口数量，提高人口素质。

国家依靠宣传教育、科学技术进步、综合服务、建立健全奖励和社会保障制度，开展人口与计划生育工作。

第三条　开展人口与计划生育工作，应当与增加妇女受教育和就业机会、增进妇女健康、提高妇女地位相结合。

第四条　各级人民政府及其工作人员在推行计划生育工作中应当严格依法行政，文明执法，不得侵犯公民的合法权益。

计划生育行政部门及其工作人员依法执行公务受法律保护。

第五条　国务院领导全国的人口与计划生育工作。

地方各级人民政府领导本行政区域内的人口与计划生育工作。

第六条　国务院计划生育行政部门负责全国计划生育工作和与计划生育有关的人口工作。

县级以上地方各级人民政府计划生育行政部门负责本行政区域内的计划生育工作和与计划生育有关的人口工作。

县级以上各级人民政府其他有关部门在各自的职责范围内，负责有关的人口与计划生育工作。

第七条　工会、共产主义青年团、妇女联合会及计划生育协会等社会团体、企业事业组织和公民应当协助人民政府开展人口与计划生育工作。

第八条　国家对在人口与计划生育工作中作出显著成绩的组织和个人，给予奖励。

第二章　人口发展规划的制定与实施

第九条　国务院编制人口发展规划，并将其纳入国民经济和社会发展计划。

县级以上地方各级人民政府根据全国人口发展规划以及上一级人民政府人口发展规划，结合当地实际情况编制本行政区域的人口发展规划，并将其纳入国民经济和社会发展计划。

第十条　县级以上各级人民政府根据人口发展规划，制定人口与计划生育实施方案并组织实施。

县级以上各级人民政府计划生育行政部门负责实施人口与计划生育实施方案的日常工作。

乡、民族乡、镇的人民政府和城市街道办事处负责本管辖区域内的人口与计划生育工作，贯彻落实人口与计划生育实施方案。

第十一条　人口与计划生育实施方案应当规定控制人口数量，加强母婴保健，提高人口素质的措施。

第十二条　村民委员会、居民委员会应当依法做好计划生育工作。

机关、部队、社会团体、企业事业组织应当做好本单位的计划生育工作。

第十三条　计划生育、教育、科技、文化、卫生、民政、新闻出版、广播电视等部门应当组织开展人口与计划生育宣传教育。

大众传媒负有开展人口与计划生育的社会公益性宣传的义务。

学校应当在学生中，以符合受教育者特征的适当方式，有计划地开展生理卫生教育、青春期教育或者性健康教育。

第十四条　流动人口的计划生育工作由其户籍所在地和现居住地的人民政府共同负责管理，以现居住地为主。

第十五条　国家根据国民经济和社会发展状况逐步提高人口与计划生育经费投入的总体水平。各级人民政府应当保障人口与计划生育工作必要的经费。

各级人民政府应当对贫困地区、少数民族地区开展人口与计划生育工作给予重点扶持。

国家鼓励社会团体、企业事业组织和个人为人口与计划生育工作提供捐助。

任何单位和个人不得截留、克扣、挪用人口与计划生育工作费用。

第十六条　国家鼓励开展人口与计划生育领域的科学研究和对外交流与合作。

第三章　生育调节

第十七条　公民有生育的权利，也有依法实行计划生育的义务，夫妻双方在实行计划生育中负有共同的责任。

第十八条　国家提倡一对夫妻生育两个子女。

符合法律、法规规定条件的，可以要求安排再生育子女。具体办法由省、自治区、直辖市人民代表大会或者其常务委员会规定。

少数民族也要实行计划生育，具体办法由省、自治区、直辖市人民代表大会或者其常务委员会规定。

夫妻双方户籍所在地的省、自治区、直辖市之间关于再生育子女的规定不一致的，按照有利于当事人的原则适用。

第十九条　实行计划生育，以避孕为主。

国家创造条件，保障公民知情选择安全、有效、适宜的避孕节育措施。实施避孕节育手术，应当保证受术者的安全。

第二十条　育龄夫妻自主选择计划生育避孕节育措施，预防和减少非意愿妊娠。

第二十一条　实行计划生育的育龄夫妻免费享受国家规定的基本项目的计划生育技术服务。

前款规定所需经费，按照国家有关规定列入财政预算或者由社会保险予以保障。

第二十二条　禁止歧视、虐待生育女婴的妇女和不育的妇女。

禁止歧视、虐待、遗弃女婴。

第四章　奖励与社会保障

第二十三条　国家对实行计划生育的夫妻，按照规定给予奖励。

第二十四条　国家建立、健全基本养老保险、基本医疗保险、生育保险和社会福利等社会保障制度，促进计划生育。

国家鼓励保险公司举办有利于计划生育的保险项目。

有条件的地方可以根据政府引导、农民自愿的原则，在农村实行多种形式的养老保障办法。

第二十五条　符合法律、法规规定生育子女的夫妻，可以获得延长生育假的奖励或者其他福利待遇。

第二十六条　妇女怀孕、生育和哺乳期间，按照国家有关规定享受特殊劳动保护并可以获得帮助和补偿。

公民实行计划生育手术，享受国家规定的休假；地方人民政府可以给予奖励。

第二十七条　在国家提倡一对夫妻生育一个子女期间，自愿终身只生育一个子女的夫妻，国家发给《独生子女父母光荣证》。

获得《独生子女父母光荣证》的夫妻，按照国家和省、自治区、直辖市有关规定享受独生子女父母奖励。

法律、法规或者规章规定给予获得《独生子女父母光荣证》的夫妻奖励的措施中由其所在单位落实的，有关单位应当执行。

获得《独生子女父母光荣证》的夫妻，独生子女发生意外伤残、死亡的，按照规定获得扶助。

在国家提倡一对夫妻生育一个子女期间，按照规定应当享受计划生育家庭老年人奖励扶助的，继续享受相关奖励扶助。

第二十八条　地方各级人民政府对农村实行计划生育的家庭发展经济，给予资金、技术、培训等方面的支持、优惠；对实行计划生育的贫困家庭，在扶贫贷款、以工代赈、扶贫项目和社会救济等方面给予优先照顾。

第二十九条　本章规定的奖励措施，省、自治区、直辖市和较大的市的人民代表大会及其常务委员会或者人民政府可以依据本法和有关法律、行政法规的规定，结合当地实际情况，制定具体实施办法。

第五章　计划生育技术服务

第三十条　国家建立婚前保健、孕产期保健制度，防止或者减少出生缺陷，提高出生婴儿健康水平。

第三十一条　各级人民政府应当采取措施，保障公民享有计划生育技术服务，提高公民的生殖健康水平。

第三十二条　地方各级人民政府应当合理配置、综合利用卫生资源，建立、健全由计划生育技术服务机构和从事计划生育技术服务的医疗、保健机构组成的计划生育技术服务网络，改善技术服务设施和条件，提高技术服务水平。

第三十三条　计划生育技术服务机构和从事计划生育技术服务的医疗、保健机构应当在各自的职责范围内，针对育龄人群开展人口与计划生育基础知识宣传教育，对已婚育龄妇女开展孕情检查、随访服务工作，承担计划生育、生殖保健的咨询、指导和技术服务。

第三十四条　计划生育技术服务人员应当指导实行计划生育的公民选择安全、有效、适宜的避孕措施。

对已生育子女的夫妻，提倡选择长效避孕措施。

国家鼓励计划生育新技术、新药具的研究、应用和推广。

第三十五条　严禁利用超声技术和其他技术手段进行非医学需要的胎儿性别鉴定；严禁非医学需要的选择性别的人工终止妊娠。

第六章　法律责任

第三十六条　违反本法规定，有下列行为之一的，由计划生育行政部门或者卫生行政部门依据职权责令改正，给予警告，没收违法所得；违法所得一万元以上的，处违法所得二倍以上六倍以下的罚款；没有违法所得或者违法所得不足一万元的，处一万元以上三万元以下的罚款；情节严重的，由原发证机关吊销执业证书；构成犯罪的，依法追究刑事责任：

（一）非法为他人施行计划生育手术的；

（二）利用超声技术和其他技术手段为他人进行非医学需要的胎儿性别鉴定或者选择性别的人工终止妊娠的；

（三）进行假医学鉴定、出具假计划生育证明的。

第三十七条　伪造、变造、买卖计划生育证明，由计划生育行政部门没收违法所得，违法所得五千元以上的，处违法所得二倍以上十倍以下的罚款；没有违法所得或者违法所得不足五千元的，处五千元以上二万元以下的罚款；构成犯罪的，依法追究刑事责任。

以不正当手段取得计划生育证明的，由计划生育行政部门取消其计划生育证明；出具证明的单位有过错的，对直接负责的主管人员和其他直接责任人员依法给予行政处分。

第三十八条　计划生育技术服务人员违章操作或者延误抢救、诊治，造成严重后果的，依照有关法律、行政法规的规定承担相应的法律责任。

第三十九条　国家机关工作人员在计划生育工作中，有下列行为之一，构成犯罪的，依法追究刑事责任；尚不构成犯罪的，依法给予行政处分；有违法所得的，没收违法所得：

（一）侵犯公民人身权、财产权和其他合法权益的；

（二）滥用职权、玩忽职守、徇私舞弊的；

（三）索取、收受贿赂的；

（四）截留、克扣、挪用、贪污计划生育经费或者社会抚养费的；

（五）虚报、瞒报、伪造、篡改或者拒报人口与计划生育统计数据的。

第四十条　违反本法规定，不履行协助计划生育管理义务的，由有关地方人民政府责令改正，并给予通报批评；对直接负责的主管人员和其他直接责任人员依法给予行政处分。

第四十一条　不符合本法第十八条规定生育子女的公民，应当依法缴纳社会抚养费。

未在规定的期限内足额缴纳应当缴纳的社会抚养费的，自欠缴之日起，按照国家有关规定加收滞纳金；仍不缴纳的，由作出征收决定的计划生育行政部门依法向人民法院申请强制执行。

第四十二条　按照本法第四十一条规定缴纳社会抚养费的人员，是国家工作人员的，还应当依法给予行政处分；其他人员还应当由其所在单位或者组织给予纪律处分。

第四十三条　拒绝、阻碍计划生育行政部门及其工作人员依法执行公务的，由计划生育行政部门给予批评教育并予以制止；构成违反治安管理行为的，依法给予治安管理处罚；构成犯罪的，依法追究刑事责任。

第四十四条　公民、法人或者其他组织认为行政机关在实施计划生育管理过程中侵犯其合法权益，可以依法申请行政复议或者提起行政诉讼。

第七章　附　　则

第四十五条　流动人口计划生育工作的具体管理办法、计划生育技术服务的具体管理办法和社会抚养费的征收管理办法，由国务院制定。

第四十六条　中国人民解放军执行本法的具体办法，由中央军事委员会依据本法制定。

第四十七条　本法自 2002 年 9 月 1 日起施行。

中华人民共和国母婴保健法（节选）

（1994 年 10 月 27 日第八届全国人民代表大会常务委员会第十次会议通过，自 1995 年 6 月 1 日起施行。根据 2009 年 8 月 27 日第十一届全国人民代表大会常务委员会第十次会议《关于修改部分法律的决定》修正、公布并施行）

第七条　医疗保健机构应当为公民提供婚前保健服务。

婚前保健服务包括下列内容：

（一）婚前卫生指导：关于性卫生知识、生育知识和遗传病知识的教育；

（二）婚前卫生咨询：对有关婚配、生育保健等问题提供医学意见；

（三）婚前医学检查：对准备结婚的男女双方可能患影响结婚和生育的疾病进行医学检查。

第八条　婚前医学检查包括对下列疾病的检查：

（一）严重遗传性疾病；

（二）指定传染病；

（三）有关精神病。

经婚前医学检查，医疗保健机构应当出具婚前医学检查证明。

第九条　经婚前医学检查，对患指定传染病在传染期内或者有关精神病在发病期内的，医师应当提出医学意见；准备结婚的男女双方应当暂缓结婚。

第十条　经婚前医学检查，对诊断患医学上认为不宜生育的严重遗传性疾病的，医师应当向男女双方说明情况，提出医学意见；经男女双方同意，采取长效避孕措施或者施行结扎手术后不生育的，可以结婚。但《中华人民共和国婚姻法》规定禁止结婚的除外。

第十八条　经产前诊断，有下列情形之一的，医师应当向夫妻双方说明情况，并提出终止妊娠的医学意见：

（一）胎儿患严重遗传性疾病的；

（二）胎儿有严重缺陷的；

（三）因患严重疾病，继续妊娠可能危及孕妇生命安全或者严重危害孕妇健康的。

第十九条　依照本法规定施行终止妊娠或者结扎手术，应当经本人同意，并签署意见。本人无行为能力的，应当经其监护人同意，并签署意见。

依照本法规定施行终止妊娠或者结扎手术的，接受免费服务。

第三十八条　本法下列用语的含义：

指定传染病，是指《中华人民共和国传染病防治法》中规定的艾滋病、淋病、梅毒、麻风病以及医学上认为影响结婚和生育的其他传染病。

严重遗传性疾病，是指由于遗传因素先天形成，患者全部或者部分丧失自主生活能力，后代再现风险高，医学上认为不宜生育的遗传性疾病。

有关精神病，是指精神分裂症、躁狂抑郁型精神病以及其他重型精神病。

产前诊断，是指对胎儿进行先天性缺陷和遗传性疾病的诊断。

中华人民共和国妇女权益保障法

（1992 年 4 月 3 日第七届全国人民代表大会第五次会议通过，自 1992 年 10 月 1 日起施行。根据 2005 年 8 月 28 日第十届全国人民代表大会常务委员会第十七次会议《关于修改〈中华人民共和国妇女权益保障法〉的决定》修正并公布，自 2005 年 12 月 1 日起施行）

第一章　总　　则

第一条　为了保障妇女的合法权益，促进男女平等，充分发挥妇女在社会主义现代化建设中的作用，根据宪法和我国的实际情况，制定本法。

第二条　妇女在政治的、经济的、文化的、社会的和家庭的生活等各方面享有同男子平等的权利。

实行男女平等是国家的基本国策。国家采取必要措施，逐步完善保障妇女权益的各项制度，消除对妇女一切形式的歧视。

国家保护妇女依法享有的特殊权益。

禁止歧视、虐待、遗弃、残害妇女。

第三条　国务院制定中国妇女发展纲要，并将其纳入国民经济和社会发展规划。

县级以上地方各级人民政府根据中国妇女发展纲要，制定本行政区域的妇女发展规划，并将其纳入国民经济和社会发展计划。

第四条　保障妇女的合法权益是全社会的共同责任。国家机关、社会团体、企业事业单位、城乡基层群众性自治组织，应当依照本法和有关法律的规定，保障妇女的权益。

国家采取有效措施，为妇女依法行使权利提供必要的条件。

第五条　国家鼓励妇女自尊、自信、自立、自强，运用法律维护自身合法权益。

妇女应当遵守国家法律，尊重社会公德，履行法律所规定的义务。

第六条　各级人民政府应当重视和加强妇女权益的保障工作。

县级以上人民政府负责妇女儿童工作的机构，负责组织、协调、指导、督促有关部门做好妇女权益的保障工作。

县级以上人民政府有关部门在各自的职责范围内做好妇女权益的保障工作。

第七条　中华全国妇女联合会和地方各级妇女联合会依照法律和中华全国妇女联合会章程，代表和维护各族各界妇女的利益，做好维护妇女权益的工作。

工会、共产主义青年团，应当在各自的工作范围内，做好维护妇女权益的工作。

第八条　对保障妇女合法权益成绩显著的组织和个人，各级人民政府和有关部门给予表彰和奖励。

第二章　政治权利

第九条　国家保障妇女享有与男子平等的政治权利。

第十条　妇女有权通过各种途径和形式，管理国家事务，管理经济和文化事业，管理社会事务。

制定法律、法规、规章和公共政策，对涉及妇女权益的重大问题，应当听取妇女联合会的意见。

妇女和妇女组织有权向各级国家机关提出妇女权益保障方面的意见和建议。

第十一条　妇女享有与男子平等的选举权和被选举权。

全国人民代表大会和地方各级人民代表大会的代表中，应当有适当数量的妇女代表。国家采取措施，逐步提高全国人民代表大会和地方各级人民代表大会的妇女代表的比例。

居民委员会、村民委员会成员中，妇女应当有适当的名额。

第十二条　国家积极培养和选拔女干部。

国家机关、社会团体、企业事业单位培养、选拔和任用干部，必须坚持男女平等的原则，并有适当数量的妇女担任领导成员。

国家重视培养和选拔少数民族女干部。

第十三条　中华全国妇女联合会和地方各级妇女联合会代表妇女积极参与国家和社会事务的民主决策、民主管理和民主监督。

各级妇女联合会及其团体会员，可以向国家机关、社会团体、企业事业单位推荐女干部。

第十四条　对于有关保障妇女权益的批评或者合理建议，有关部门应当听取和采纳；对于有关侵害妇女权益的申诉、控告和检举，有关部门必须查清事实，负责处理，任何组织或者个人不得压制或者打击报复。

第三章　文化教育权益

第十五条　国家保障妇女享有与男子平等的文化教育权利。

第十六条　学校和有关部门应当执行国家有关规定，保障妇女在入学、升学、毕业分配、授予学位、派出留学等方面享有与男子平等的权利。

学校在录取学生时，除特殊专业外，不得以性别为由拒绝录取女性或者提高对女性的录取标准。

第十七条　学校应当根据女性青少年的特点，在教育、管理、设施等方面采取措施，保障女性青少年身心健康发展。

第十八条　父母或者其他监护人必须履行保障适龄女性儿童少年接受义务教育的义务。

除因疾病或者其他特殊情况经当地人民政府批准的以外，对不送适龄女性儿童少年入学的父母或者其他监护人，由当地人民政府予以批评教育，并采取有效措施，责令送适龄女性儿童少年入学。

政府、社会、学校应当采取有效措施，解决适龄女性儿童少年就学存在的实际困难，并创造条件，保证贫困、残疾和流动人口中的适龄女性儿童少年完成义务教育。

第十九条　各级人民政府应当依照规定把扫除妇女中的文盲、半文盲工作，纳入扫盲和扫盲后继续教育规划，采取符合妇女特点的组织形式和工作方法，组织、监督有关部门具体实施。

第二十条　各级人民政府和有关部门应当采取措施，根据城镇和农村妇女的需要，组织妇女接受职业教育和实用技术培训。

第二十一条　国家机关、社会团体和企业事业单位应当执行国家有关规定，保障妇女从事科学、技术、文学、艺术和其他文化活动，享有与男子平等的权利。

第四章　劳动和社会保障权益

第二十二条　国家保障妇女享有与男子平等的劳动权利和社会保障权利。

第二十三条　各单位在录用职工时，除不适合妇女的工种或者岗位外，不得以性别为由拒绝录用妇女或者提高对妇女的录用标准。

各单位在录用女职工时，应当依法与其签订劳动（聘用）合同或者服务协议，劳动（聘用）合同或者服务协议中不得规定限制女职工结婚、生育的内容。

禁止录用未满十六周岁的女性未成年人，国家另有规定的除外。

第二十四条　实行男女同工同酬。妇女在享受福利待遇方面享有与男子平等的权利。

第二十五条　在晋职、晋级、评定专业技术职务等方面，应当坚持男女平等的原则，不得歧视妇女。

第二十六条　任何单位均应根据妇女的特点，依法保护妇女在工作和劳动时的安全和健康，不得安排不适合妇女从事的工作和劳动。

妇女在经期、孕期、产期、哺乳期受特殊保护。

第二十七条　任何单位不得因结婚、怀孕、产假、哺乳等情形，降低女职工的工资，辞退女职工，单方解除劳动（聘用）合同或者服务协议。但是，女职工要求终止劳动（聘用）合同或者服务协议的除外。

各单位在执行国家退休制度时，不得以性别为由歧视妇女。

第二十八条　国家发展社会保险、社会救助、社会福利和医疗卫生事业，保障妇女享有社会保险、社会救助、社会福利和卫生保健等权益。

国家提倡和鼓励为帮助妇女开展的社会公益活动。

第二十九条　国家推行生育保险制度，建立健全与生育相关的其他保障制度。

地方各级人民政府和有关部门应当按照有关规定为贫困妇女提供必要的生育救助。

第五章　财产权益

第三十条　国家保障妇女享有与男子平等的财产权利。

第三十一条　在婚姻、家庭共有财产关系中，不得侵害妇女依法享有的权益。

第三十二条　妇女在农村土地承包经营、集体经济组织收益分配、土地征收或者征用补偿费使用以及宅基地使用等方面，享有与男子平等的权利。

第三十三条　任何组织和个人不得以妇女未婚、结婚、离婚、丧偶等为由，侵害妇女在农村集体经济组织中的各项权益。

因结婚男方到女方住所落户的，男方和子女享有与所在地农村集体经济组织成员平等的权益。

第三十四条　妇女享有的与男子平等的财产继承权受法律保护。在同一顺序法定继承人中，不得歧视妇女。

丧偶妇女有权处分继承的财产，任何人不得干涉。

第三十五条　丧偶妇女对公、婆尽了主要赡养义务的，作为公、婆的第一顺序法定继承人，其继承权不受子女代位继承的影响。

第六章　人身权利

第三十六条　国家保障妇女享有与男子平等的人身权利。

第三十七条　妇女的人身自由不受侵犯。禁止非法拘禁和以其他非法手段剥夺或者限制妇女的人身自由；禁止非法搜查妇女的身体。

第三十八条　妇女的生命健康权不受侵犯。禁止溺、弃、残害女婴；禁止歧视、虐待生育女婴的妇女和不育的妇女；禁止用迷信、暴力等手段残害妇女；禁止虐待、遗弃病、残妇女和老年妇女。

第三十九条　禁止拐卖、绑架妇女；禁止收买被拐卖、绑架的妇女；禁止阻碍解救被拐卖、绑架的妇女。

各级人民政府和公安、民政、劳动和社会保障、卫生等部门按照其职责及时采取措施解救被拐卖、绑架的妇女，做好善后工作，妇女联合会协助和配合做好有关工作。任何人不得歧视被拐卖、绑架的妇女。

第四十条 禁止对妇女实施性骚扰。受害妇女有权向单位和有关机关投诉。

第四十一条 禁止卖淫、嫖娼。

禁止组织、强迫、引诱、容留、介绍妇女卖淫或者对妇女进行猥亵活动。

禁止组织、强迫、引诱妇女进行淫秽表演活动。

第四十二条 妇女的名誉权、荣誉权、隐私权、肖像权等人格权受法律保护。

禁止用侮辱、诽谤等方式损害妇女的人格尊严。禁止通过大众传播媒介或者其他方式贬低损害妇女人格。未经本人同意，不得以营利为目的，通过广告、商标、展览橱窗、报纸、期刊、图书、音像制品、电子出版物、网络等形式使用妇女肖像。

第七章　婚姻家庭权益

第四十三条 国家保障妇女享有与男子平等的婚姻家庭权利。

第四十四条 国家保护妇女的婚姻自主权。禁止干涉妇女的结婚、离婚自由。

第四十五条 女方在怀孕期间、分娩后一年内或者终止妊娠后六个月内，男方不得提出离婚。女方提出离婚的，或者人民法院认为确有必要受理男方离婚请求的，不在此限。

第四十六条 禁止对妇女实施家庭暴力。

国家采取措施，预防和制止家庭暴力。

公安、民政、司法行政等部门以及城乡基层群众性自治组织、社会团体，应当在各自的职责范围内预防和制止家庭暴力，依法为受害妇女提供救助。

第四十七条 妇女对依照法律规定的夫妻共同财产享有与其配偶平等的占有、使用、收益和处分的权利，不受双方收入状况的影响。

夫妻书面约定婚姻关系存续期间所得的财产归各自所有，女方因抚育子女、照料老人、协助男方工作等承担较多义务的，有权在离婚时要求男方予以补偿。

第四十八条 夫妻共有的房屋，离婚时，分割住房由双方协议解决；协议不成的，由人民法院根据双方的具体情况，按照照顾子女和女方权益的原则判决。夫妻双方另有约定的除外。

夫妻共同租用的房屋，离婚时，女方的住房应当按照照顾子女和女方权益的原则解决。

第四十九条 父母双方对未成年子女享有平等的监护权。

父亲死亡、丧失行为能力或者有其他情形不能担任未成年子女的监护人的，母亲的监护权任何人不得干涉。

第五十条 离婚时，女方因实施绝育手术或者其他原因丧失生育能力的，处理子女抚养问题，应在有利子女权益的条件下，照顾女方的合理要求。

第五十一条 妇女有按照国家有关规定生育子女的权利，也有不生育的自由。

育龄夫妻双方按照国家有关规定计划生育，有关部门应当提供安全、有效的避孕药具和技术，保障实施节育手术的妇女的健康和安全。

国家实行婚前保健、孕产期保健制度，发展母婴保健事业。各级人民政府应当采取措施，保障妇女享有计划生育技术服务，提高妇女的生殖健康水平。

第八章　法律责任

第五十二条　妇女的合法权益受到侵害的，有权要求有关部门依法处理，或者依法向仲裁机构申请仲裁，或者向人民法院起诉。

对有经济困难需要法律援助或者司法救助的妇女，当地法律援助机构或者人民法院应当给予帮助，依法为其提供法律援助或者司法救助。

第五十三条　妇女的合法权益受到侵害的，可以向妇女组织投诉，妇女组织应当维护被侵害妇女的合法权益，有权要求并协助有关部门或者单位查处。有关部门或者单位应当依法查处，并予以答复。

第五十四条　妇女组织对于受害妇女进行诉讼需要帮助的，应当给予支持。

妇女联合会或者相关妇女组织对侵害特定妇女群体利益的行为，可以通过大众传播媒介揭露、批评，并有权要求有关部门依法查处。

第五十五条　违反本法规定，以妇女未婚、结婚、离婚、丧偶等为由，侵害妇女在农村集体经济组织中的各项权益的，或者因结婚男方到女方住所落户，侵害男方和子女享有与所在地农村集体经济组织成员平等权益的，由乡镇人民政府依法调解；受害人也可以依法向农村土地承包仲裁机构申请仲裁，或者向人民法院起诉，人民法院应当依法受理。

第五十六条　违反本法规定，侵害妇女的合法权益，其他法律、法规规定行政处罚的，从其规定；造成财产损失或者其他损害的，依法承担民事责任；构成犯罪的，依法追究刑事责任。

第五十七条　违反本法规定，对侵害妇女权益的申诉、控告、检举，推诿、拖延、压制不予查处，或者对提出申诉、控告、检举的人进行打击报复的，由其所在单位、主管部门或者上级机关责令改正，并依法对直接负责的主管人员和其他直接责任人员给予行政处分。

国家机关及其工作人员未依法履行职责，对侵害妇女权益的行为未及时制止或者未给予受害妇女必要帮助，造成严重后果的，由其所在单位或者上级机关依法对直接负责的主管人员和其他直接责任人员给予行政处分。

违反本法规定，侵害妇女文化教育权益、劳动和社会保障权益、人身和财产权益以及婚姻家庭权益的，由其所在单位、主管部门或者上级机关责令改正，直接负责的主管人员和其他直接责任人员属于国家工作人员的，由其所在单位或者上级机关依法给予行政处分。

第五十八条　违反本法规定，对妇女实施性骚扰或者家庭暴力，构成违反治安管理行为的，受害人可以提请公安机关对违法行为人依法给予行政处罚，也可以依法向人民法院提起民事诉讼。

第五十九条　违反本法规定，通过大众传播媒介或者其他方式贬低损害妇女人格的，由文化、广播电影电视、新闻出版或者其他有关部门依据各自的职权责令改正，并依法给予行政处罚。

第九章　附　则

第六十条　省、自治区、直辖市人民代表大会常务委员会可以根据本法制定实施办法。

民族自治地方的人民代表大会，可以依据本法规定的原则，结合当地民族妇女的具体情况，制定变通的或者补充的规定。自治区的规定，报全国人民代表大会常务委员会批准后生效；自治州、自治县的规定，报省、自治区、直辖市人民代表大会常务委员会批准后生效，并报全国人民代表大会常务委员会备案。

第六十一条　本法自 1992 年 10 月 1 日起施行。

中华人民共和国未成年人保护法

（1991 年 9 月 4 日第七届全国人民代表大会常务委员会第二十一次会议通过，自 1992 年 1 月 1 日施行。2006 年 12 月 29 日第十届全国人民代表大会常务委员会第二十五次会议第一次修订通过，自 2007 年 6 月 1 日起施行。根据 2012 年 10 月 26 日第十一届全国人民代表大会常务委员会第二十九次会议《关于修改〈中华人民共和国未成年人保护法〉的决定》修正并公布，自 2013 年 1 月 1 日起施行）

第一章　总　则

第一条　为了保护未成年人的身心健康，保障未成年人的合法权益，促进未成年人在品德、智力、体质等方面全面发展，培养有理想、有道德、有文化、有纪律的社会主义建设者和接班人，根据宪法，制定本法。

第二条　本法所称未成年人是指未满十八周岁的公民。

第三条　未成年人享有生存权、发展权、受保护权、参与权等权利，国家根据未成年人身心发展特点给予特殊、优先保护，保障未成年人的合法权益不受侵犯。

未成年人享有受教育权，国家、社会、学校和家庭尊重和保障未成年人的受教育权。

未成年人不分性别、民族、种族、家庭财产状况、宗教信仰等，依法平等地享有权利。

第四条　国家、社会、学校和家庭对未成年人进行理想教育、道德教育、文化教育、纪律和法制教育，进行爱国主义、集体主义和社会主义的教育，提倡爱祖国、爱人民、爱劳动、爱科学、爱社会主义的公德，反对资本主义的、封建主义的和其他的腐朽思想的侵蚀。

第五条　保护未成年人的工作，应当遵循下列原则：

（一）尊重未成年人的人格尊严；

（二）适应未成年人身心发展的规律和特点；

（三）教育与保护相结合。

第六条　保护未成年人，是国家机关、武装力量、政党、社会团体、企业事业组织、城乡基层群众性自治组织、未成年人的监护人和其他成年公民的共同责任。

对侵犯未成年人合法权益的行为，任何组织和个人都有权予以劝阻、制止或者向有关部门提出检举或者控告。

国家、社会、学校和家庭应当教育和帮助未成年人维护自己的合法权益，增强自我保护的意识和能力，增强社会责任感。

第七条　中央和地方各级国家机关应当在各自的职责范围内做好未成年人保护工作。

国务院和地方各级人民政府领导有关部门做好未成年人保护工作；将未成年人保护工作纳入国民经济和社会发展规划以及年度计划，相关经费纳入本级政府预算。

国务院和省、自治区、直辖市人民政府采取组织措施，协调有关部门做好未成年人保护工作。具体机构由国务院和省、自治区、直辖市人民政府规定。

第八条　共产主义青年团、妇女联合会、工会、青年联合会、学生联合会、少年先锋队以及其他有关社会团体，协助各级人民政府做好未成年人保护工作，维护未成年人的合法权益。

第九条　各级人民政府和有关部门对保护未成年人有显著成绩的组织和个人，给予表彰和奖励。

第二章　家庭保护

第十条　父母或者其他监护人应当创造良好、和睦的家庭环境，依法履行对未成年人的监护职责和抚养义务。

禁止对未成年人实施家庭暴力，禁止虐待、遗弃未成年人，禁止溺婴和其他残害婴儿的行为，不得歧视女性未成年人或者有残疾的未成年人。

第十一条　父母或者其他监护人应当关注未成年人的生理、心理状况和行为习惯，以健康的思想、良好的品行和适当的方法教育和影响未成年人，引导未成年人进行有益身心健康的活动，预防和制止未成年人吸烟、酗酒、流浪、沉迷网络以及赌博、吸毒、卖淫等行为。

第十二条　父母或者其他监护人应当学习家庭教育知识，正确履行监护职责，抚养教育未成年人。

有关国家机关和社会组织应当为未成年人的父母或者其他监护人提供家庭教育指导。

第十三条　父母或者其他监护人应当尊重未成年人受教育的权利，必须使适龄未成年人依法入学接受并完成义务教育，不得使接受义务教育的未成年人辍学。

第十四条　父母或者其他监护人应当根据未成年人的年龄和智力发展状况，在作出与未成年人权益有关的决定时告知其本人，并听取他们的意见。

第十五条　父母或者其他监护人不得允许或者迫使未成年人结婚，不得为未成年人订立婚约。

第十六条　父母因外出务工或者其他原因不能履行对未成年人监护职责的，应当委托有监护能力的其他成年人代为监护。

第三章　学校保护

第十七条　学校应当全面贯彻国家的教育方针，实施素质教育，提高教育质量，注重培养未成年学生独立思考能力、创新能力和实践能力，促进未成年学生全面发展。

第十八条　学校应当尊重未成年学生受教育的权利，关心、爱护学生，对品行有缺点、学习有困难的学生，应当耐心教育、帮助，不得歧视，不得违反法律和国家规定开除未成年学生。

第十九条　学校应当根据未成年学生身心发展的特点，对他们进行社会生活指导、心理健康辅导和青春期教育。

第二十条　学校应当与未成年学生的父母或者其他监护人互相配合，保证未成年学生的睡眠、娱乐和体育锻炼时间，不得加重其学习负担。

第二十一条　学校、幼儿园、托儿所的教职员工应当尊重未成年人的人格尊严，不得对未成年人实施体罚、变相体罚或者其他侮辱人格尊严的行为。

第二十二条　学校、幼儿园、托儿所应当建立安全制度，加强对未成年人的安全教育，采取措施保障未成年人的人身安全。

学校、幼儿园、托儿所不得在危及未成年人人身安全、健康的校舍和其他设施、场所中进行教育教学活动。

学校、幼儿园安排未成年人参加集会、文化娱乐、社会实践等集体活动，应当有利于未成年人的健康成长，防止发生人身安全事故。

第二十三条　教育行政等部门和学校、幼儿园、托儿所应当根据需要，制定应对各种灾害、传染性疾病、食物中毒、意外伤害等突发事件的预案，配备相应设施并进行必要的演练，增强未成年人的自我保护意识和能力。

第二十四条　学校对未成年学生在校内或者本校组织的校外活动中发生人身伤害事故的，应当及时救护，妥善处理，并及时向有关主管部门报告。

第二十五条　对于在学校接受教育的有严重不良行为的未成年学生，学校和父母或者其他监护人应当互相配合加以管教；无力管教或者管教无效的，可以按照有关规定将其送专门学校继续接受教育。

依法设置专门学校的地方人民政府应当保障专门学校的办学条件，教育行政部门应当加强对专门学校的管理和指导，有关部门应当给予协助和配合。

专门学校应当对在校就读的未成年学生进行思想教育、文化教育、纪律和法制教育、劳动技术教育和职业教育。

专门学校的教职员工应当关心、爱护、尊重学生，不得歧视、厌弃。

第二十六条　幼儿园应当做好保育、教育工作，促进幼儿在体质、智力、品德等方面和谐发展。

第四章　社会保护

第二十七条　全社会应当树立尊重、保护、教育未成年人的良好风尚，关心、爱护未成年人。

国家鼓励社会团体、企业事业组织以及其他组织和个人，开展多种形式的有利于未成年人健康成长的社会活动。

第二十八条 各级人民政府应当保障未成年人受教育的权利，并采取措施保障家庭经济困难的、残疾的和流动人口中的未成年人等接受义务教育。

第二十九条 各级人民政府应当建立和改善适合未成年人文化生活需要的活动场所和设施，鼓励社会力量兴办适合未成年人的活动场所，并加强管理。

第三十条 爱国主义教育基地、图书馆、青少年宫、儿童活动中心应当对未成年人免费开放；博物馆、纪念馆、科技馆、展览馆、美术馆、文化馆以及影剧院、体育场馆、动物园、公园等场所，应当按照有关规定对未成年人免费或者优惠开放。

第三十一条 县级以上人民政府及其教育行政部门应当采取措施，鼓励和支持中小学校在节假日期间将文化体育设施对未成年人免费或者优惠开放。

社区中的公益性互联网上网服务设施，应当对未成年人免费或者优惠开放，为未成年人提供安全、健康的上网服务。

第三十二条 国家鼓励新闻、出版、信息产业、广播、电影、电视、文艺等单位和作家、艺术家、科学家以及其他公民，创作或者提供有利于未成年人健康成长的作品。出版、制作和传播专门以未成年人为对象的内容健康的图书、报刊、音像制品、电子出版物以及网络信息等，国家给予扶持。

国家鼓励科研机构和科技团体对未成年人开展科学知识普及活动。

第三十三条 国家采取措施，预防未成年人沉迷网络。

国家鼓励研究开发有利于未成年人健康成长的网络产品，推广用于阻止未成年人沉迷网络的新技术。

第三十四条 禁止任何组织、个人制作或者向未成年人出售、出租或者以其他方式传播淫秽、暴力、凶杀、恐怖、赌博等毒害未成年人的图书、报刊、音像制品、电子出版物以及网络信息等。

第三十五条 生产、销售用于未成年人的食品、药品、玩具、用具和游乐设施等，应当符合国家标准或者行业标准，不得有害于未成年人的安全和健康；需要标明注意事项的，应当在显著位置标明。

第三十六条 中小学校园周边不得设置营业性歌舞娱乐场所、互联网上网服务营业场所等不适宜未成年人活动的场所。

营业性歌舞娱乐场所、互联网上网服务营业场所等不适宜未成年人活动的场所，不得允许未成年人进入，经营者应当在显著位置设置未成年人禁入标志；对难以判明是否已成年的，应当要求其出示身份证件。

第三十七条 禁止向未成年人出售烟酒，经营者应当在显著位置设置不向未成年人出售烟酒的标志；对难以判明是否已成年的，应当要求其出示身份证件。

任何人不得在中小学校、幼儿园、托儿所的教室、寝室、活动室和其他未成年人集中活动的场所吸烟、饮酒。

第三十八条 任何组织或者个人不得招用未满十六周岁的未成年人，国家另有规定的除外。

任何组织或者个人按照国家有关规定招用已满十六周岁未满十八周岁的未成年人的，应当执行国家在工种、劳动时间、劳动强度和保护措施等方面的规定，不得安排其从事过重、有毒、有害等危害未成年人身心健康的劳动或者危险作业。

第三十九条　任何组织或者个人不得披露未成年人的个人隐私。

对未成年人的信件、日记、电子邮件，任何组织或者个人不得隐匿、毁弃；除因追查犯罪的需要，由公安机关或者人民检察院依法进行检查，或者对无行为能力的未成年人的信件、日记、电子邮件由其父母或者其他监护人代为开拆、查阅外，任何组织或者个人不得开拆、查阅。

第四十条　学校、幼儿园、托儿所和公共场所发生突发事件时，应当优先救护未成年人。

第四十一条　禁止拐卖、绑架、虐待未成年人，禁止对未成年人实施性侵害。

禁止胁迫、诱骗、利用未成年人乞讨或者组织未成年人进行有害其身心健康的表演等活动。

第四十二条　公安机关应当采取有力措施，依法维护校园周边的治安和交通秩序，预防和制止侵害未成年人合法权益的违法犯罪行为。

任何组织或者个人不得扰乱教学秩序，不得侵占、破坏学校、幼儿园、托儿所的场地、房屋和设施。

第四十三条　县级以上人民政府及其民政部门应当根据需要设立救助场所，对流浪乞讨等生活无着未成年人实施救助，承担临时监护责任；公安部门或者其他有关部门应当护送流浪乞讨或者离家出走的未成年人到救助场所，由救助场所予以救助和妥善照顾，并及时通知其父母或者其他监护人领回。

对孤儿、无法查明其父母或者其他监护人的以及其他生活无着的未成年人，由民政部门设立的儿童福利机构收留抚养。

未成年人救助机构、儿童福利机构及其工作人员应当依法履行职责，不得虐待、歧视未成年人；不得在办理收留抚养工作中牟取利益。

第四十四条　卫生部门和学校应当对未成年人进行卫生保健和营养指导，提供必要的卫生保健条件，做好疾病预防工作。

卫生部门应当做好对儿童的预防接种工作，国家免疫规划项目的预防接种实行免费；积极防治儿童常见病、多发病，加强对传染病防治工作的监督管理，加强对幼儿园、托儿所卫生保健的业务指导和监督检查。

第四十五条　地方各级人民政府应当积极发展托幼事业，办好托儿所、幼儿园，支持社会组织和个人依法兴办哺乳室、托儿所、幼儿园。

各级人民政府和有关部门应当采取多种形式，培养和训练幼儿园、托儿所的保教人员，提高其职业道德素质和业务能力。

第四十六条　国家依法保护未成年人的智力成果和荣誉权不受侵犯。

第四十七条　未成年人已经完成规定年限的义务教育不再升学的，政府有关部门和社会团体、企业事业组织应当根据实际情况，对他们进行职业教育，为他们创造劳动就业条件。

第四十八条　居民委员会、村民委员会应当协助有关部门教育和挽救违法犯罪的未成年人，预防和制止侵害未成年人合法权益的违法犯罪行为。

第四十九条　未成年人的合法权益受到侵害的，被侵害人及其监护人或者其他组织和个人有权向有关部门投诉，有关部门应当依法及时处理。

第五章　司法保护

第五十条　公安机关、人民检察院、人民法院以及司法行政部门，应当依法履行职责，在司法活动中保护未成年人的合法权益。

第五十一条　未成年人的合法权益受到侵害，依法向人民法院提起诉讼的，人民法院应当依法及时审理，并适应未成年人生理、心理特点和健康成长的需要，保障未成年人的合法权益。

在司法活动中对需要法律援助或者司法救助的未成年人，法律援助机构或者人民法院应当给予帮助，依法为其提供法律援助或者司法救助。

第五十二条　人民法院审理继承案件，应当依法保护未成年人的继承权和受遗赠权。

人民法院审理离婚案件，涉及未成年子女抚养问题的，应当听取有表达意愿能力的未成年子女的意见，根据保障子女权益的原则和双方具体情况依法处理。

第五十三条　父母或者其他监护人不履行监护职责或者侵害被监护的未成年人的合法权益，经教育不改的，人民法院可以根据有关人员或者有关单位的申请，撤销其监护人的资格，依法另行指定监护人。被撤销监护资格的父母应当依法继续负担抚养费用。

第五十四条　对违法犯罪的未成年人，实行教育、感化、挽救的方针，坚持教育为主、惩罚为辅的原则。

对违法犯罪的未成年人，应当依法从轻、减轻或者免除处罚。

第五十五条　公安机关、人民检察院、人民法院办理未成年人犯罪案件和涉及未成年人权益保护案件，应当照顾未成年人身心发展特点，尊重他们的人格尊严，保障他们的合法权益，并根据需要设立专门机构或者指定专人办理。

第五十六条　讯问、审判未成年犯罪嫌疑人、被告人，询问未成年证人、被害人，应当依照刑事诉讼法的规定通知其法定代理人或者其他人员到场。

公安机关、人民检察院、人民法院办理未成年人遭受性侵害的刑事案件，应当保护被害人的名誉。

第五十七条　对羁押、服刑的未成年人，应当与成年人分别关押。

羁押、服刑的未成年人没有完成义务教育的，应当对其进行义务教育。

解除羁押、服刑期满的未成年人的复学、升学、就业不受歧视。

第五十八条　对未成年人犯罪案件，新闻报道、影视节目、公开出版物、网络等不得披露该未成年人的姓名、住所、照片、图像以及可能推断出该未成年人的资料。

第五十九条　对未成年人严重不良行为的矫治与犯罪行为的预防，依照预防未成年人犯罪法的规定执行。

第六章　法律责任

第六十条　违反本法规定，侵害未成年人的合法权益，其他法律、法规已规定行政处罚的，从其规定；造成人身财产损失或者其他损害的，依法承担民事责任；构成犯罪的，依法追究刑事责任。

第六十一条　国家机关及其工作人员不依法履行保护未成年人合法权益的责任，或者侵害未成年人合法权益，或者对提出申诉、控告、检举的人进行打击报复的，由其所在单位或者上级机关责令改正，对直接负责的主管人员和其他直接责任人员依法给予行政处分。

第六十二条　父母或者其他监护人不依法履行监护职责，或者侵害未成年人合法权益的，由其所在单位或者居民委员会、村民委员会予以劝诫、制止；构成违反治安管理行为的，由公安机关依法给予行政处罚。

第六十三条　学校、幼儿园、托儿所侵害未成年人合法权益的，由教育行政部门或者其他有关部门责令改正；情节严重的，对直接负责的主管人员和其他直接责任人员依法给予处分。

学校、幼儿园、托儿所教职员工对未成年人实施体罚、变相体罚或者其他侮辱人格行为的，由其所在单位或者上级机关责令改正；情节严重的，依法给予处分。

第六十四条　制作或者向未成年人出售、出租或者以其他方式传播淫秽、暴力、凶杀、恐怖、赌博等图书、报刊、音像制品、电子出版物以及网络信息等的，由主管部门责令改正，依法给予行政处罚。

第六十五条　生产、销售用于未成年人的食品、药品、玩具、用具和游乐设施不符合国家标准或者行业标准，或者没有在显著位置标明注意事项的，由主管部门责令改正，依法给予行政处罚。

第六十六条　在中小学校园周边设置营业性歌舞娱乐场所、互联网上网服务营业场所等不适宜未成年人活动的场所的，由主管部门予以关闭，依法给予行政处罚。

营业性歌舞娱乐场所、互联网上网服务营业场所等不适宜未成年人活动的场所允许未成年人进入，或者没有在显著位置设置未成年人禁入标志的，由主管部门责令改正，依法给予行政处罚。

第六十七条　向未成年人出售烟酒，或者没有在显著位置设置不向未成年人出售烟酒标志的，由主管部门责令改正，依法给予行政处罚。

第六十八条　非法招用未满十六周岁的未成年人，或者招用已满十六周岁的未成年人从事过重、有毒、有害等危害未成年人身心健康的劳动或者危险作业的，由劳动保障部门责令改正，处以罚款；情节严重的，由工商行政管理部门吊销营业执照。

第六十九条　侵犯未成年人隐私，构成违反治安管理行为的，由公安机关依法给予行政处罚。

第七十条　未成年人救助机构、儿童福利机构及其工作人员不依法履行对未成年人的救助保护职责，或者虐待、歧视未成年人，或者在办理收留抚养工作中牟取利益的，由主管部门责令改正，依法给予行政处分。

第七十一条　胁迫、诱骗、利用未成年人乞讨或者组织未成年人进行有害其身心健康的表演等活动的，由公安机关依法给予行政处罚。

第七章　附　　则

第七十二条　本法自 2007 年 6 月 1 日起施行。

中华人民共和国老年人权益保障法

（1996 年 8 月 29 日第八届全国人民代表大会常务委员会第二十一次会议通过，自 1996 年 10 月 1 日起施行。根据 2009 年 8 月 27 日第十一届全国人民代表大会常务委员会第十次会议《关于修改部分法律的决定》修正并施行。2012 年 12 月 28 日第十一届全国人民代表大会常务委员会第三十次会议修订，自 2013 年 7 月 1 日起实施。根据 2015 年 4 月 24 日第十二届全国人民代表大会常务委员会第十四次会议《全国人民代表大会常务委员会关于修改〈中华人民共和国电力法〉等六部法律的决定》第二次修正、公布并施行）

第一章　总　　则

第一条　为了保障老年人合法权益，发展老龄事业，弘扬中华民族敬老、养老、助老的美德，根据宪法，制定本法。

第二条　本法所称老年人是指六十周岁以上的公民。

第三条　国家保障老年人依法享有的权益。

老年人有从国家和社会获得物质帮助的权利，有享受社会服务和社会优待的权利，有参与社会发展和共享发展成果的权利。

禁止歧视、侮辱、虐待或者遗弃老年人。

第四条　积极应对人口老龄化是国家的一项长期战略任务。

国家和社会应当采取措施，健全保障老年人权益的各项制度，逐步改善保障老年人生活、健康、安全以及参与社会发展的条件，实现老有所养、老有所医、老有所为、老有所学、老有所乐。

第五条　国家建立多层次的社会保障体系，逐步提高对老年人的保障水平。

国家建立和完善以居家为基础、社区为依托、机构为支撑的社会养老服务体系。

倡导全社会优待老年人。

第六条　各级人民政府应当将老龄事业纳入国民经济和社会发展规划，将老龄事业经费列入财政预算，建立稳定的经费保障机制，并鼓励社会各方面投入，使老龄事业与经济、社会协调发展。

国务院制定国家老龄事业发展规划。县级以上地方人民政府根据国家老龄事业发展规划，制定本行政区域的老龄事业发展规划和年度计划。

县级以上人民政府负责老龄工作的机构，负责组织、协调、指导、督促有关部门做好老年人权益保障工作。

第七条　保障老年人合法权益是全社会的共同责任。

国家机关、社会团体、企业事业单位和其他组织应当按照各自职责，做好老年人权益保障工作。

基层群众性自治组织和依法设立的老年人组织应当反映老年人的要求，维护老年人合法权益，为老年人服务。

提倡、鼓励义务为老年人服务。

第八条　国家进行人口老龄化国情教育，增强全社会积极应对人口老龄化意识。

全社会应当广泛开展敬老、养老、助老宣传教育活动，树立尊重、关心、帮助老年人的社会风尚。

青少年组织、学校和幼儿园应当对青少年和儿童进行敬老、养老、助老的道德教育和维护老年人合法权益的法制教育。

广播、电影、电视、报刊、网络等应当反映老年人的生活，开展维护老年人合法权益的宣传，为老年人服务。

第九条　国家支持老龄科学研究，建立老年人状况统计调查和发布制度。

第十条　各级人民政府和有关部门对维护老年人合法权益和敬老、养老、助老成绩显著的组织、家庭或者个人，对参与社会发展做出突出贡献的老年人，按照国家有关规定给予表彰或者奖励。

第十一条　老年人应当遵纪守法，履行法律规定的义务。

第十二条　每年农历九月初九为老年节。

第二章　家庭赡养与扶养

第十三条　老年人养老以居家为基础，家庭成员应当尊重、关心和照料老年人。

第十四条　赡养人应当履行对老年人经济上供养、生活上照料和精神上慰藉的义务，照顾老年人的特殊需要。

赡养人是指老年人的子女以及其他依法负有赡养义务的人。

赡养人的配偶应当协助赡养人履行赡养义务。

第十五条　赡养人应当使患病的老年人及时得到治疗和护理；对经济困难的老年人，应当提供医疗费用。

对生活不能自理的老年人，赡养人应当承担照料责任；不能亲自照料的，可以按照老年人的意愿委托他人或者养老机构等照料。

第十六条　赡养人应当妥善安排老年人的住房，不得强迫老年人居住或者迁居条件低劣的房屋。

老年人自有的或者承租的住房，子女或者其他亲属不得侵占，不得擅自改变产权关系或者租赁关系。

老年人自有的住房，赡养人有维修的义务。

第十七条　赡养人有义务耕种或者委托他人耕种老年人承包的田地，照管或者委托他人照管老年人的林木和牲畜等，收益归老年人所有。

第十八条　家庭成员应当关心老年人的精神需求，不得忽视、冷落老年人。

与老年人分开居住的家庭成员，应当经常看望或者问候老年人。

用人单位应当按照国家有关规定保障赡养人探亲休假的权利。

第十九条　赡养人不得以放弃继承权或者其他理由，拒绝履行赡养义务。

赡养人不履行赡养义务，老年人有要求赡养人付给赡养费等权利。

赡养人不得要求老年人承担力不能及的劳动。

第二十条 经老年人同意，赡养人之间可以就履行赡养义务签订协议。赡养协议的内容不得违反法律的规定和老年人的意愿。

基层群众性自治组织、老年人组织或者赡养人所在单位监督协议的履行。

第二十一条 老年人的婚姻自由受法律保护。子女或者其他亲属不得干涉老年人离婚、再婚及婚后的生活。

赡养人的赡养义务不因老年人的婚姻关系变化而消除。

第二十二条 老年人对个人的财产，依法享有占有、使用、收益和处分的权利，子女或者其他亲属不得干涉，不得以窃取、骗取、强行索取等方式侵犯老年人的财产权益。

老年人有依法继承父母、配偶、子女或者其他亲属遗产的权利，有接受赠与的权利。子女或者其他亲属不得侵占、抢夺、转移、隐匿或者损毁应当由老年人继承或者接受赠与的财产。

老年人以遗嘱处分财产，应当依法为老年配偶保留必要的份额。

第二十三条 老年人与配偶有相互扶养的义务。

由兄、姐扶养的弟、妹成年后，有负担能力的，对年老无赡养人的兄、姐有扶养的义务。

第二十四条 赡养人、扶养人不履行赡养、扶养义务的，基层群众性自治组织、老年人组织或者赡养人、扶养人所在单位应当督促其履行。

第二十五条 禁止对老年人实施家庭暴力。

第二十六条 具备完全民事行为能力的老年人，可以在近亲属或者其他与自己关系密切、愿意承担监护责任的个人、组织中协商确定自己的监护人。监护人在老年人丧失或者部分丧失民事行为能力时，依法承担监护责任。

老年人未事先确定监护人的，其丧失或者部分丧失民事行为能力时，依照有关法律的规定确定监护人。

第二十七条 国家建立健全家庭养老支持政策，鼓励家庭成员与老年人共同生活或者就近居住，为老年人随配偶或者赡养人迁徙提供条件，为家庭成员照料老年人提供帮助。

第三章 社会保障

第二十八条 国家通过基本养老保险制度，保障老年人的基本生活。

第二十九条 国家通过基本医疗保险制度，保障老年人的基本医疗需要。享受最低生活保障的老年人和符合条件的低收入家庭中的老年人参加新型农村合作医疗和城镇居民基本医疗保险所需个人缴费部分，由政府给予补贴。

有关部门制定医疗保险办法，应当对老年人给予照顾。

第三十条 国家逐步开展长期护理保障工作，保障老年人的护理需求。

对生活长期不能自理、经济困难的老年人，地方各级人民政府应当根据其失能程度等情况给予护理补贴。

第三十一条 国家对经济困难的老年人给予基本生活、医疗、居住或者其他救助。

老年人无劳动能力、无生活来源、无赡养人和扶养人，或者其赡养人和扶养人确无赡养能力或者扶养能力的，由地方各级人民政府依照有关规定给予供养或者救助。

对流浪乞讨、遭受遗弃等生活无着的老年人，由地方各级人民政府依照有关规定给予救助。

第三十二条　地方各级人民政府在实施廉租住房、公共租赁住房等住房保障制度或者进行危旧房屋改造时，应当优先照顾符合条件的老年人。

第三十三条　国家建立和完善老年人福利制度，根据经济社会发展水平和老年人的实际需要，增加老年人的社会福利。

国家鼓励地方建立八十周岁以上低收入老年人高龄津贴制度。

国家建立和完善计划生育家庭老年人扶助制度。

农村可以将未承包的集体所有的部分土地、山林、水面、滩涂等作为养老基地，收益供老年人养老。

第三十四条　老年人依法享有的养老金、医疗待遇和其他待遇应当得到保障，有关机构必须按时足额支付，不得克扣、拖欠或者挪用。

国家根据经济发展以及职工平均工资增长、物价上涨等情况，适时提高养老保障水平。

第三十五条　国家鼓励慈善组织以及其他组织和个人为老年人提供物质帮助。

第三十六条　老年人可以与集体经济组织、基层群众性自治组织、养老机构等组织或者个人签订遗赠扶养协议或者其他扶助协议。

负有扶养义务的组织或者个人按照遗赠扶养协议，承担该老年人生养死葬的义务，享有受遗赠的权利。

第四章　社会服务

第三十七条　地方各级人民政府和有关部门应当采取措施，发展城乡社区养老服务，鼓励、扶持专业服务机构及其他组织和个人，为居家的老年人提供生活照料、紧急救援、医疗护理、精神慰藉、心理咨询等多种形式的服务。

对经济困难的老年人，地方各级人民政府应当逐步给予养老服务补贴。

第三十八条　地方各级人民政府和有关部门、基层群众性自治组织，应当将养老服务设施纳入城乡社区配套设施建设规划，建立适应老年人需要的生活服务、文化体育活动、日间照料、疾病护理与康复等服务设施和网点，就近为老年人提供服务。

发扬邻里互助的传统，提倡邻里间关心、帮助有困难的老年人。

鼓励慈善组织、志愿者为老年人服务。倡导老年人互助服务。

第三十九条　各级人民政府应当根据经济发展水平和老年人服务需求，逐步增加对养老服务的投入。

各级人民政府和有关部门在财政、税费、土地、融资等方面采取措施，鼓励、扶持企业事业单位、社会组织或者个人兴办、运营养老、老年人日间照料、老年文化体育活动等设施。

第四十条　地方各级人民政府和有关部门应当按照老年人口比例及分布情况，将养老服务设施建设纳入城乡规划和土地利用总体规划，统筹安排养老服务设施建设用地及所需物资。

公益性养老服务设施用地，可以依法使用国有划拨土地或者农民集体所有的土地。

养老服务设施用地，非经法定程序不得改变用途。

第四十一条 政府投资兴办的养老机构，应当优先保障经济困难的孤寡、失能、高龄等老年人的服务需求。

第四十二条 国务院有关部门制定养老服务设施建设、养老服务质量和养老服务职业等标准，建立健全养老机构分类管理和养老服务评估制度。

各级人民政府应当规范养老服务收费项目和标准，加强监督和管理。

第四十三条 设立养老机构，应当符合下列条件：

（一）有自己的名称、住所和章程；

（二）有与服务内容和规模相适应的资金；

（三）有符合相关资格条件的管理人员、专业技术人员和服务人员；

（四）有基本的生活用房、设施设备和活动场地；

（五）法律、法规规定的其他条件。

第四十四条 设立公益性养老机构应当向县级以上人民政府民政部门申请行政许可；经许可的，依法办理相应的登记。

设立经营性养老机构应当在工商行政管理部门办理登记后，向县级以上人民政府民政部门申请行政许可。

县级以上人民政府民政部门负责养老机构的指导、监督和管理，其他有关部门依照职责分工对养老机构实施监督。

第四十五条 养老机构变更或者终止的，应当妥善安置收住的老年人，并依照规定到有关部门办理手续。有关部门应当为养老机构妥善安置老年人提供帮助。

第四十六条 国家建立健全养老服务人才培养、使用、评价和激励制度，依法规范用工，促进从业人员劳动报酬合理增长，发展专职、兼职和志愿者相结合的养老服务队伍。

国家鼓励高等学校、中等职业学校和职业培训机构设置相关专业或者培训项目，培养养老服务专业人才。

第四十七条 养老机构应当与接受服务的老年人或者其代理人签订服务协议，明确双方的权利、义务。

养老机构及其工作人员不得以任何方式侵害老年人的权益。

第四十八条 国家鼓励养老机构投保责任保险，鼓励保险公司承保责任保险。

第四十九条 各级人民政府和有关部门应当将老年医疗卫生服务纳入城乡医疗卫生服务规划，将老年人健康管理和常见病预防等纳入国家基本公共卫生服务项目。鼓励为老年人提供保健、护理、临终关怀等服务。

国家鼓励医疗机构开设针对老年病的专科或者门诊。

医疗卫生机构应当开展老年人的健康服务和疾病防治工作。

第五十条 国家采取措施，加强老年医学的研究和人才培养，提高老年病的预防、治疗、科研水平，促进老年病的早期发现、诊断和治疗。

国家和社会采取措施，开展各种形式的健康教育，普及老年保健知识，增强老年人自我保健意识。

第五十一条 国家采取措施，发展老龄产业，将老龄产业列入国家扶持行业目录。扶持和引导企业开发、生产、经营适应老年人需要的用品和提供相关的服务。

第五章 社会优待

第五十二条 县级以上人民政府及其有关部门根据经济社会发展情况和老年人的特殊需要，制定优待老年人的办法，逐步提高优待水平。

对常住在本行政区域内的外埠老年人给予同等优待。

第五十三条 各级人民政府和有关部门应当为老年人及时、便利地领取养老金、结算医疗费和享受其他物质帮助提供条件。

第五十四条 各级人民政府和有关部门办理房屋权属关系变更、户口迁移等涉及老年人权益的重大事项时，应当就办理事项是否为老年人的真实意思表示进行询问，并依法优先办理。

第五十五条 老年人因其合法权益受侵害提起诉讼交纳诉讼费确有困难的，可以缓交、减交或者免交；需要获得律师帮助，但无力支付律师费用的，可以获得法律援助。

鼓励律师事务所、公证处、基层法律服务所和其他法律服务机构为经济困难的老年人提供免费或者优惠服务。

第五十六条 医疗机构应当为老年人就医提供方便，对老年人就医予以优先。有条件的地方，可以为老年人设立家庭病床，开展巡回医疗、护理、康复、免费体检等服务。

提倡为老年人义诊。

第五十七条 提倡与老年人日常生活密切相关的服务行业为老年人提供优先、优惠服务。

城市公共交通、公路、铁路、水路和航空客运，应当为老年人提供优待和照顾。

第五十八条 博物馆、美术馆、科技馆、纪念馆、公共图书馆、文化馆、影剧院、体育场馆、公园、旅游景点等场所，应当对老年人免费或者优惠开放。

第五十九条 农村老年人不承担兴办公益事业的筹劳义务。

第六章 宜居环境

第六十条 国家采取措施，推进宜居环境建设，为老年人提供安全、便利和舒适的环境。

第六十一条 各级人民政府在制定城乡规划时，应当根据人口老龄化发展趋势、老年人口分布和老年人的特点，统筹考虑适合老年人的公共基础设施、生活服务设施、医疗卫生设施和文化体育设施建设。

第六十二条 国家制定和完善涉及老年人的工程建设标准体系，在规划、设计、施工、监理、验收、运行、维护、管理等环节加强相关标准的实施与监督。

第六十三条 国家制定无障碍设施工程建设标准。新建、改建和扩建道路、公共交通设施、建筑物、居住区等，应当符合国家无障碍设施工程建设标准。

各级人民政府和有关部门应当按照国家无障碍设施工程建设标准，优先推进与老年人日常生活密切相关的公共服务设施的改造。

无障碍设施的所有人和管理人应当保障无障碍设施正常使用。

第六十四条 国家推动老年宜居社区建设，引导、支持老年宜居住宅的开发，推动和扶持老年人家庭无障碍设施的改造，为老年人创造无障碍居住环境。

第七章　参与社会发展

第六十五条　国家和社会应当重视、珍惜老年人的知识、技能、经验和优良品德，发挥老年人的专长和作用，保障老年人参与经济、政治、文化和社会生活。

第六十六条　老年人可以通过老年人组织，开展有益身心健康的活动。

第六十七条　制定法律、法规、规章和公共政策，涉及老年人权益重大问题的，应当听取老年人和老年人组织的意见。

老年人和老年人组织有权向国家机关提出老年人权益保障、老龄事业发展等方面的意见和建议。

第六十八条　国家为老年人参与社会发展创造条件。根据社会需要和可能，鼓励老年人在自愿和量力的情况下，从事下列活动：

（一）对青少年和儿童进行社会主义、爱国主义、集体主义和艰苦奋斗等优良传统教育；

（二）传授文化和科技知识；

（三）提供咨询服务；

（四）依法参与科技开发和应用；

（五）依法从事经营和生产活动；

（六）参加志愿服务、兴办社会公益事业；

（七）参与维护社会治安、协助调解民间纠纷；

（八）参加其他社会活动。

第六十九条　老年人参加劳动的合法收入受法律保护。

任何单位和个人不得安排老年人从事危害其身心健康的劳动或者危险作业。

第七十条　老年人有继续受教育的权利。

国家发展老年教育，把老年教育纳入终身教育体系，鼓励社会办好各类老年学校。

各级人民政府对老年教育应当加强领导，统一规划，加大投入。

第七十一条　国家和社会采取措施，开展适合老年人的群众性文化、体育、娱乐活动，丰富老年人的精神文化生活。

第八章　法律责任

第七十二条　老年人合法权益受到侵害的，被侵害人或者其代理人有权要求有关部门处理，或者依法向人民法院提起诉讼。

人民法院和有关部门，对侵犯老年人合法权益的申诉、控告和检举，应当依法及时受理，不得推诿、拖延。

第七十三条　不履行保护老年人合法权益职责的部门或者组织，其上级主管部门应当给予批评教育，责令改正。

国家工作人员违法失职，致使老年人合法权益受到损害的，由其所在单位或者上级机关责令改正，或者依法给予处分；构成犯罪的，依法追究刑事责任。

第七十四条　老年人与家庭成员因赡养、扶养或者住房、财产等发生纠纷，可以申请人民调解委员会或者其他有关组织进行调解，也可以直接向人民法院提起诉讼。

人民调解委员会或者其他有关组织调解前款纠纷时，应当通过说服、疏导等方式化解矛盾和纠纷；对有过错的家庭成员，应当给予批评教育。

人民法院对老年人追索赡养费或者扶养费的申请，可以依法裁定先予执行。

第七十五条　干涉老年人婚姻自由，对老年人负有赡养义务、扶养义务而拒绝赡养、扶养，虐待老年人或者对老年人实施家庭暴力的，由有关单位给予批评教育；构成违反治安管理行为的，依法给予治安管理处罚；构成犯罪的，依法追究刑事责任。

第七十六条　家庭成员盗窃、诈骗、抢夺、侵占、勒索、故意损毁老年人财物，构成违反治安管理行为的，依法给予治安管理处罚；构成犯罪的，依法追究刑事责任。

第七十七条　侮辱、诽谤老年人，构成违反治安管理行为的，依法给予治安管理处罚；构成犯罪的，依法追究刑事责任。

第七十八条　未经许可设立养老机构的，由县级以上人民政府民政部门责令改正；符合法律、法规规定的养老机构条件的，依法补办相关手续；逾期达不到法定条件的，责令停办并妥善安置收住的老年人；造成损害的，依法承担民事责任。

第七十九条　养老机构及其工作人员侵害老年人人身和财产权益，或者未按照约定提供服务的，依法承担民事责任；有关主管部门依法给予行政处罚；构成犯罪的，依法追究刑事责任。

第八十条　对养老机构负有管理和监督职责的部门及其工作人员滥用职权、玩忽职守、徇私舞弊的，对直接负责的主管人员和其他直接责任人员依法给予处分；构成犯罪的，依法追究刑事责任。

第八十一条　不按规定履行优待老年人义务的，由有关主管部门责令改正。

第八十二条　涉及老年人的工程不符合国家规定的标准或者无障碍设施所有人、管理人未尽到维护和管理职责的，由有关主管部门责令改正；造成损害的，依法承担民事责任；对有关单位、个人依法给予行政处罚；构成犯罪的，依法追究刑事责任。

第九章　附　　则

第八十三条　民族自治地方的人民代表大会，可以根据本法的原则，结合当地民族风俗习惯的具体情况，依照法定程序制定变通的或者补充的规定。

第八十四条　本法施行前设立的养老机构不符合本法规定条件的，应当限期整改。具体办法由国务院民政部门制定。

第八十五条　本法自2013年7月1日起施行。

中华人民共和国反家庭暴力法

（2015年12月27日第十二届全国人民代表大会常务委员会第十八次会议通过并公布，自2016年3月1日起施行）

第一章　总　　则

第一条　为了预防和制止家庭暴力，保护家庭成员的合法权益，维护平等、和睦、文明的家庭关系，促进家庭和谐、社会稳定，制定本法。

第二条　本法所称家庭暴力，是指家庭成员之间以殴打、捆绑、残害、限制人身自由以及经常性谩骂、恐吓等方式实施的身体、精神等侵害行为。

第三条　家庭成员之间应当互相帮助，互相关爱，和睦相处，履行家庭义务。

反家庭暴力是国家、社会和每个家庭的共同责任。

国家禁止任何形式的家庭暴力。

第四条　县级以上人民政府负责妇女儿童工作的机构，负责组织、协调、指导、督促有关部门做好反家庭暴力工作。

县级以上人民政府有关部门、司法机关、人民团体、社会组织、居民委员会、村民委员会、企业事业单位，应当依照本法和有关法律规定，做好反家庭暴力工作。

各级人民政府应当对反家庭暴力工作给予必要的经费保障。

第五条　反家庭暴力工作遵循预防为主，教育、矫治与惩处相结合原则。

反家庭暴力工作应当尊重受害人真实意愿，保护当事人隐私。

未成年人、老年人、残疾人、孕期和哺乳期的妇女、重病患者遭受家庭暴力的，应当给予特殊保护。

第二章　家庭暴力的预防

第六条　国家开展家庭美德宣传教育，普及反家庭暴力知识，增强公民反家庭暴力意识。

工会、共产主义青年团、妇女联合会、残疾人联合会应当在各自工作范围内，组织开展家庭美德和反家庭暴力宣传教育。

广播、电视、报刊、网络等应当开展家庭美德和反家庭暴力宣传。

学校、幼儿园应当开展家庭美德和反家庭暴力教育。

第七条　县级以上人民政府有关部门、司法机关、妇女联合会应当将预防和制止家庭暴力纳入业务培训和统计工作。

医疗机构应当做好家庭暴力受害人的诊疗记录。

第八条　乡镇人民政府、街道办事处应当组织开展家庭暴力预防工作，居民委员会、村民委员会、社会工作服务机构应当予以配合协助。

第九条　各级人民政府应当支持社会工作服务机构等社会组织开展心理健康咨询、家庭关系指导、家庭暴力预防知识教育等服务。

第十条　人民调解组织应当依法调解家庭纠纷，预防和减少家庭暴力的发生。

第十一条　用人单位发现本单位人员有家庭暴力情况的，应当给予批评教育，并做好家庭矛盾的调解、化解工作。

第十二条　未成年人的监护人应当以文明的方式进行家庭教育，依法履行监护和教育职责，不得实施家庭暴力。

第三章　家庭暴力的处置

第十三条　家庭暴力受害人及其法定代理人、近亲属可以向加害人或者受害人所在单位、居民委员会、村民委员会、妇女联合会等单位投诉、反映或者求助。有关单位接到家庭暴力投诉、反映或者求助后，应当给予帮助、处理。

家庭暴力受害人及其法定代理人、近亲属也可以向公安机关报案或者依法向人民法院起诉。

单位、个人发现正在发生的家庭暴力行为，有权及时劝阻。

第十四条　学校、幼儿园、医疗机构、居民委员会、村民委员会、社会工作服务机构、救助管理机构、福利机构及其工作人员在工作中发现无民事行为能力人、限制民事行为能力人遭受或者疑似遭受家庭暴力的，应当及时向公安机关报案。公安机关应当对报案人的信息予以保密。

第十五条　公安机关接到家庭暴力报案后应当及时出警，制止家庭暴力，按照有关规定调查取证，协助受害人就医、鉴定伤情。

无民事行为能力人、限制民事行为能力人因家庭暴力身体受到严重伤害、面临人身安全威胁或者处于无人照料等危险状态的，公安机关应当通知并协助民政部门将其安置到临时庇护场所、救助管理机构或者福利机构。

第十六条　家庭暴力情节较轻，依法不给予治安管理处罚的，由公安机关对加害人给予批评教育或者出具告诫书。

告诫书应当包括加害人的身份信息、家庭暴力的事实陈述、禁止加害人实施家庭暴力等内容。

第十七条　公安机关应当将告诫书送交加害人、受害人，并通知居民委员会、村民委员会。

居民委员会、村民委员会、公安派出所应当对收到告诫书的加害人、受害人进行查访，监督加害人不再实施家庭暴力。

第十八条　县级或者设区的市级人民政府可以单独或者依托救助管理机构设立临时庇护场所，为家庭暴力受害人提供临时生活帮助。

第十九条　法律援助机构应当依法为家庭暴力受害人提供法律援助。

人民法院应当依法对家庭暴力受害人缓收、减收或者免收诉讼费用。

第二十条　人民法院审理涉及家庭暴力的案件，可以根据公安机关出警记录、告诫书、伤情鉴定意见等证据，认定家庭暴力事实。

第二十一条　监护人实施家庭暴力严重侵害被监护人合法权益的，人民法院可以根据被监护人的近亲属、居民委员会、村民委员会、县级人民政府民政部门等有关人员或者单位的申请，依法撤销其监护人资格，另行指定监护人。

被撤销监护人资格的加害人，应当继续负担相应的赡养、扶养、抚养费用。

第二十二条　工会、共产主义青年团、妇女联合会、残疾人联合会、居民委员会、村民委员会等应当对实施家庭暴力的加害人进行法治教育，必要时可以对加害人、受害人进行心理辅导。

第四章　人身安全保护令

第二十三条　当事人因遭受家庭暴力或者面临家庭暴力的现实危险，向人民法院申请人身安全保护令的，人民法院应当受理。

当事人是无民事行为能力人、限制民事行为能力人，或者因受到强制、威吓等原因无法申请人身安全保护令的，其近亲属、公安机关、妇女联合会、居民委员会、村民委员会、救助管理机构可以代为申请。

第二十四条　申请人身安全保护令应当以书面方式提出；书面申请确有困难的，可以口头申请，由人民法院记入笔录。

第二十五条　人身安全保护令案件由申请人或者被申请人居住地、家庭暴力发生地的基层人民法院管辖。

第二十六条　人身安全保护令由人民法院以裁定形式作出。

第二十七条　作出人身安全保护令，应当具备下列条件：

（一）有明确的被申请人；

（二）有具体的请求；

（三）有遭受家庭暴力或者面临家庭暴力现实危险的情形。

第二十八条　人民法院受理申请后，应当在七十二小时内作出人身安全保护令或者驳回申请；情况紧急的，应当在二十四小时内作出。

第二十九条　人身安全保护令可以包括下列措施：

（一）禁止被申请人实施家庭暴力；

（二）禁止被申请人骚扰、跟踪、接触申请人及其相关近亲属；

（三）责令被申请人迁出申请人住所；

（四）保护申请人人身安全的其他措施。

第三十条　人身安全保护令的有效期不超过六个月，自作出之日起生效。人身安全保护令失效前，人民法院可以根据申请人的申请撤销、变更或者延长。

第三十一条　申请人对驳回申请不服或者被申请人对人身安全保护令不服的，可以自裁定生效之日起五日内向作出裁定的人民法院申请复议一次。人民法院依法作出人身安全保护令的，复议期间不停止人身安全保护令的执行。

第三十二条　人民法院作出人身安全保护令后，应当送达申请人、被申请人、公安机关以及居民委员会、村民委员会等有关组织。人身安全保护令由人民法院执行，公安机关以及居民委员会、村民委员会等应当协助执行。

第五章　法律责任

第三十三条　加害人实施家庭暴力，构成违反治安管理行为的，依法给予治安管理处罚；构成犯罪的，依法追究刑事责任。

第三十四条　被申请人违反人身安全保护令，构成犯罪的，依法追究刑事责任；尚不构成犯罪的，人民法院应当给予训诫，可以根据情节轻重处以一千元以下罚款、十五日以下拘留。

第三十五条　学校、幼儿园、医疗机构、居民委员会、村民委员会、社会工作服务机构、救助管理机构、福利机构及其工作人员未依照本法第十四条规定向公安机关报案，造成严重后果的，由上级主管部门或者本单位对直接负责的主管人员和其他直接责任人员依法给予处分。

第三十六条　负有反家庭暴力职责的国家工作人员玩忽职守、滥用职权、徇私舞弊的，依法给予处分；构成犯罪的，依法追究刑事责任。

第六章　附　则

第三十七条　家庭成员以外共同生活的人之间实施的暴力行为，参照本法规定执行。

第三十八条　本法自 2016 年 3 月 1 日起施行。

关于依法办理家庭暴力犯罪案件的意见

（2015 年 3 月 2 日最高人民法院、最高人民检察院、公安部、司法部印发并施行）

发生在家庭成员之间，以及具有监护、扶养、寄养、同居等关系的共同生活人员之间的家庭暴力犯罪，严重侵害公民人身权利，破坏家庭关系，影响社会和谐稳定。人民法院、人民检察院、公安机关、司法行政机关应当严格履行职责，充分运用法律，积极预防和有效惩治各种家庭暴力犯罪，切实保障人权，维护社会秩序。为此，根据刑法、刑事诉讼法、婚姻法、未成年人保护法、老年人权益保障法、妇女权益保障法等法律，结合司法实践经验，制定本意见。

一、基本原则

1. 依法及时、有效干预。针对家庭暴力持续反复发生，不断恶化升级的特点，人民法院、人民检察院、公安机关、司法行政机关对已发现的家庭暴力，应当依法采取及时、有效的措施，进行妥善处理，不能以家庭暴力发生在家庭成员之间，或者属于家务事为由而置之不理，互相推诿。

2. 保护被害人安全和隐私。办理家庭暴力犯罪案件，应当首先保护被害人的安全。通过对被害人进行紧急救治、临时安置，以及对施暴人采取刑事强制措施、判处刑罚、宣告禁止令等措施，制止家庭暴力并防止再次发生，消除家庭暴力的现实侵害和潜在危险。对与案件有关的个人隐私，应当保密，但法律有特别规定的除外。

3. 尊重被害人意愿。办理家庭暴力犯罪案件，既要严格依法进行，也要尊重被害人的意愿。在立案、采取刑事强制措施、提起公诉、判处刑罚、减刑、假释时，应当充分听取被害人意见，在法律规定的范围内作出合情、合理的处理。对法律规定可以调解、和解的案件，应当在当事人双方自愿的基础上进行调解、和解。

4. 对未成年人、老年人、残疾人、孕妇、哺乳期妇女、重病患者特殊保护。办理家庭暴力犯罪案件，应当根据法律规定和案件情况，通过代为告诉、法律援助等措施，加大对未成年人、老年人、残疾人、孕妇、哺乳期妇女、重病患者的司法保护力度，切实保障他们的合法权益。

二、案件受理

5. 积极报案、控告和举报。依照刑事诉讼法第一百零八条第一款"任何单位和个人发现有犯罪事实或者犯罪嫌疑人，有权利也有义务向公安机关、人民检察院或者人民法院报案或者举报"的规定，家庭暴力被害人及其亲属、朋友、邻居、同事，以及村（居）

委会、人民调解委员会、妇联、共青团、残联、医院、学校、幼儿园等单位、组织，发现家庭暴力，有权利也有义务及时向公安机关、人民检察院、人民法院报案、控告或者举报。

公安机关、人民检察院、人民法院对于报案人、控告人和举报人不愿意公开自己的姓名和报案、控告、举报行为的，应当为其保守秘密，保护报案人、控告人和举报人的安全。

6. 迅速审查、立案和转处。公安机关、人民检察院、人民法院接到家庭暴力的报案、控告或者举报后，应当立即问明案件的初步情况，制作笔录，迅速进行审查，按照刑事诉讼法关于立案的规定，根据自己的管辖范围，决定是否立案。对于符合立案条件的，要及时立案。对于可能构成犯罪但不属于自己管辖的，应当移送主管机关处理，并且通知报案人、控告人或者举报人；对于不属于自己管辖而又必须采取紧急措施的，应当先采取紧急措施，然后移送主管机关。

经审查，对于家庭暴力行为尚未构成犯罪，但属于违反治安管理行为的，应当将案件移送公安机关，依照治安管理处罚法的规定进行处理，同时告知被害人可以向人民调解委员会提出申请，或者向人民法院提起民事诉讼，要求施暴人承担停止侵害、赔礼道歉、赔偿损失等民事责任。

7. 注意发现犯罪案件。公安机关在处理人身伤害、虐待、遗弃等行政案件过程中，人民法院在审理婚姻家庭、继承、侵权责任纠纷等民事案件过程中，应当注意发现可能涉及的家庭暴力犯罪。一旦发现家庭暴力犯罪线索，公安机关应当将案件转为刑事案件办理，人民法院应当将案件移送公安机关；属于自诉案件的，公安机关、人民法院应当告知被害人提起自诉。

8. 尊重被害人的程序选择权。对于被害人有证据证明的轻微家庭暴力犯罪案件，在立案审查时，应当尊重被害人选择公诉或者自诉的权利。被害人要求公安机关处理的，公安机关应当依法立案、侦查。在侦查过程中，被害人不再要求公安机关处理或者要求转为自诉案件的，应当告知被害人向公安机关提交书面申请。经审查确系被害人自愿提出的，公安机关应当依法撤销案件。被害人就这类案件向人民法院提起自诉的，人民法院应当依法受理。

9. 通过代为告诉充分保障被害人自诉权。对于家庭暴力犯罪自诉案件，被害人无法告诉或者不能亲自告诉的，其法定代理人、近亲属可以告诉或者代为告诉；被害人是无行为能力人、限制行为能力人，其法定代理人、近亲属没有告诉或者代为告诉的，人民检察院可以告诉；侮辱、暴力干涉婚姻自由等告诉才处理的案件，被害人因受强制、威吓无法告诉的，人民检察院也可以告诉。人民法院对告诉或者代为告诉的，应当依法受理。

10. 切实加强立案监督。人民检察院要切实加强对家庭暴力犯罪案件的立案监督，发现公安机关应当立案而不立案的，或者被害人及其法定代理人、近亲属，有关单位、组织就公安机关不予立案向人民检察院提出异议的，人民检察院应当要求公安机关说明不立案的理由。人民检察院认为不立案理由不成立的，应当通知公安机关立案，公安机关接到通知后应当立案；认为不立案理由成立的，应当将理由告知提出异议的被害人及其法定代理人、近亲属或者有关单位、组织。

11. 及时、全面收集证据。公安机关在办理家庭暴力案件时，要充分、全面地收集、固定证据，除了收集现场的物证、被害人陈述、证人证言等证据外，还应当注意及时向村（居）委会、人民调解委员会、妇联、共青团、残联、医院、学校、幼儿园等单位、组织的工作人员，以及被害人的亲属、邻居等收集涉及家庭暴力的处理记录、病历、照片、视频等证据。

12. 妥善救治、安置被害人。人民法院、人民检察院、公安机关等负有保护公民人身安全职责的单位和组织，对因家庭暴力受到严重伤害需要紧急救治的被害人，应当立即协助联系医疗机构救治；对面临家庭暴力严重威胁，或者处于无人照料等危险状态，需要临时安置的被害人或者相关未成年人，应当通知并协助有关部门进行安置。

13. 依法采取强制措施。人民法院、人民检察院、公安机关对实施家庭暴力的犯罪嫌疑人、被告人，符合拘留、逮捕条件的，可以依法拘留、逮捕；没有采取拘留、逮捕措施的，应当通过走访、打电话等方式与被害人或者其法定代理人、近亲属联系，了解被害人的人身安全状况。对于犯罪嫌疑人、被告人再次实施家庭暴力的，应当根据情况，依法采取必要的强制措施。

人民法院、人民检察院、公安机关决定对实施家庭暴力的犯罪嫌疑人、被告人取保候审的，为了确保被害人及其子女和特定亲属的安全，可以依照刑事诉讼法第六十九条第二款的规定，责令犯罪嫌疑人、被告人不得再次实施家庭暴力；不得侵扰被害人的生活、工作、学习；不得进行酗酒、赌博等活动；经被害人申请且有必要的，责令不得接近被害人及其未成年子女。

14. 加强自诉案件举证指导。家庭暴力犯罪案件具有案发周期较长、证据难以保存，被害人处于相对弱势、举证能力有限，相关事实难以认定等特点。有些特点在自诉案件中表现得更为突出。因此，人民法院在审理家庭暴力自诉案件时，对于因当事人举证能力不足等原因，难以达到法律规定的证据要求的，应当及时对当事人进行举证指导，告知需要收集的证据及收集证据的方法。对于因客观原因不能取得的证据，当事人申请人民法院调取的，人民法院应当认真审查，认为确有必要的，应当调取。

15. 加大对被害人的法律援助力度。人民检察院自收到移送审查起诉的案件材料之日起三日内，人民法院自受理案件之日起三日内，应当告知被害人及其法定代理人或者近亲属有权委托诉讼代理人，如果经济困难，可以向法律援助机构申请法律援助；对于被害人是未成年人、老年人、重病患者或者残疾人等，因经济困难没有委托诉讼代理人的，人民检察院、人民法院应当帮助其申请法律援助。

法律援助机构应当依法为符合条件的被害人提供法律援助，指派熟悉反家庭暴力法律法规的律师办理案件。

三、定罪处罚

16. 依法准确定罪处罚。对故意杀人、故意伤害、强奸、猥亵儿童、非法拘禁、侮辱、暴力干涉婚姻自由、虐待、遗弃等侵害公民人身权利的家庭暴力犯罪，应当根据犯罪的事实、犯罪的性质、情节和对社会的危害程度，严格依照刑法的有关规定判处。对于同一行为同时触犯多个罪名的，依照处罚较重的规定定罪处罚。

17. 依法惩处虐待犯罪。采取殴打、冻饿、强迫过度劳动、限制人身自由、恐吓、侮辱、谩骂等手段，对家庭成员的身体和精神进行摧残、折磨，是实践中较为多发的虐待性质的家庭暴力。根据司法实践，具有虐待持续时间较长、次数较多；虐待手段残忍；虐待造成被害人轻微伤或者患较严重疾病；对未成年人、老年人、残疾人、孕妇、哺乳期妇女、重病患者实施较为严重的虐待行为等情形，属于刑法第二百六十条第一款规定的虐待"情节恶劣"，应当依法以虐待罪定罪处罚。

准确区分虐待犯罪致人重伤、死亡与故意伤害、故意杀人犯罪致人重伤、死亡的界限，要根据被告人的主观故意、所实施的暴力手段与方式、是否立即或者直接造成被害人伤亡后果等进行综合判断。对于被告人主观上不具有侵害被害人健康或者剥夺被害人生命的故意，而是出于追求被害人肉体和精神上的痛苦，长期或者多次实施虐待行为，逐渐造成被害人身体损害，过失导致被害人重伤或者死亡的；或者因虐待致使被害人不堪忍受而自残、自杀，导致重伤或者死亡的，属于刑法第二百六十条第二款规定的虐待"致使被害人重伤、死亡"，应当以虐待罪定罪处罚。对于被告人虽然实施家庭暴力呈现出经常性、持续性、反复性的特点，但其主观上具有希望或者放任被害人重伤或者死亡的故意，持凶器实施暴力，暴力手段残忍，暴力程度较强，直接或者立即造成被害人重伤或者死亡的，应当以故意伤害罪或者故意杀人罪定罪处罚。

依法惩处遗弃犯罪。负有扶养义务且有扶养能力的人，拒绝扶养年幼、年老、患病或者其他没有独立生活能力的家庭成员，是危害严重的遗弃性质的家庭暴力。根据司法实践，具有对被害人长期不予照顾、不提供生活来源；驱赶、逼迫被害人离家，致使被害人流离失所或者生存困难；遗弃患严重疾病或者生活不能自理的被害人；遗弃致使被害人身体严重损害或者造成其他严重后果等情形，属于刑法第二百六十一条规定的遗弃"情节恶劣"，应当依法以遗弃罪定罪处罚。

准确区分遗弃罪与故意杀人罪的界限，要根据被告人的主观故意、所实施行为的时间与地点、是否立即造成被害人死亡，以及被害人对被告人的依赖程度等进行综合判断。对于只是为了逃避扶养义务，并不希望或者放任被害人死亡，将生活不能自理的被害人弃置在福利院、医院、派出所等单位或者广场、车站等行人较多的场所，希望被害人得到他人救助的，一般以遗弃罪定罪处罚。对于希望或者放任被害人死亡，不履行必要的扶养义务，致使被害人因缺乏生活照料而死亡，或者将生活不能自理的被害人带至荒山野岭等人迹罕至的场所扔弃，使被害人难以得到他人救助的，应当以故意杀人罪定罪处罚。

18. 切实贯彻宽严相济刑事政策。对于实施家庭暴力构成犯罪的，应当根据罪刑法定、罪刑相适应原则，兼顾维护家庭稳定、尊重被害人意愿等因素综合考虑，宽严并用，区别对待。根据司法实践，对于实施家庭暴力手段残忍或者造成严重后果；出于恶意侵占财产等卑劣动机实施家庭暴力；因酗酒、吸毒、赌博等恶习而长期或者多次实施家庭暴力；曾因实施家庭暴力受到刑事处罚、行政处罚；或者具有其他恶劣情形的，可以酌情从重处罚。对于实施家庭暴力犯罪情节较轻，或者被告人真诚悔罪，获得被害人谅解，从轻处罚有利于被扶养人的，可以酌情从轻处罚；对于情节轻微不需要判处刑罚的，人民检察院可以不起诉，人民法院可以判处免予刑事处罚。

对于实施家庭暴力情节显著轻微危害不大不构成犯罪的，应当撤销案件、不起诉，或者宣告无罪。

人民法院、人民检察院、公安机关应当充分运用训诫，责令施暴人保证不再实施家庭暴力，或者向被害人赔礼道歉、赔偿损失等非刑罚处罚措施，加强对施暴人的教育与惩戒。

19. 准确认定对家庭暴力的正当防卫。为了使本人或者他人的人身权利免受不法侵害，对正在进行的家庭暴力采取制止行为，只要符合刑法规定的条件，就应当依法认定为正当防卫，不负刑事责任。防卫行为造成施暴人重伤、死亡，且明显超过必要限度，属于防卫过当，应当负刑事责任，但是应当减轻或者免除处罚。

认定防卫行为是否"明显超过必要限度"，应当以足以制止并使防卫人免受家庭暴力不法侵害的需要为标准，根据施暴人正在实施家庭暴力的严重程度、手段的残忍程度，防卫人所处的环境、面临的危险程度、采取的制止暴力的手段、造成施暴人重大损害的程度，以及既往家庭暴力的严重程度等进行综合判断。

20. 充分考虑案件中的防卫因素和过错责任。对于长期遭受家庭暴力后，在激愤、恐惧状态下为了防止再次遭受家庭暴力，或者为了摆脱家庭暴力而故意杀害、伤害施暴人，被告人的行为具有防卫因素，施暴人在案件起因上具有明显过错或者直接责任的，可以酌情从宽处罚。对于因遭受严重家庭暴力，身体、精神受到重大损害而故意杀害施暴人；或者因不堪忍受长期家庭暴力而故意杀害施暴人，犯罪情节不是特别恶劣，手段不是特别残忍的，可以认定为刑法第二百三十二条规定的故意杀人"情节较轻"。在服刑期间确有悔改表现的，可以根据其家庭情况，依法放宽减刑的幅度，缩短减刑的起始时间与间隔时间；符合假释条件的，应当假释。被杀害施暴人的近亲属表示谅解的，在量刑、减刑、假释时应当予以充分考虑。

四、其他措施

21. 充分运用禁止令措施。人民法院对实施家庭暴力构成犯罪被判处管制或者宣告缓刑的犯罪分子，为了确保被害人及其子女和特定亲属的人身安全，可以依照刑法第三十八条第二款、第七十二条第二款的规定，同时禁止犯罪分子再次实施家庭暴力，侵扰被害人的生活、工作、学习，进行酗酒、赌博等活动；经被害人申请且有必要的，禁止接近被害人及其未成年子女。

22. 告知申请撤销施暴人的监护资格。人民法院、人民检察院、公安机关对于监护人实施家庭暴力，严重侵害被监护人合法权益的，在必要时可以告知被监护人及其他有监护资格的人员、单位，向人民法院提出申请，要求撤销监护人资格，依法另行指定监护人。

23. 充分运用人身安全保护措施。人民法院为了保护被害人的人身安全，避免其再次受到家庭暴力的侵害，可以根据申请，依照民事诉讼法等法律的相关规定，作出禁止施暴人再次实施家庭暴力、禁止接近被害人、迁出被害人的住所等内容的裁定。对于施暴人违反裁定的行为，如对被害人进行威胁、恐吓、殴打、伤害、杀害，或者未经被害人同意拒不迁出住所的，人民法院可以根据情节轻重予以罚款、拘留；构成犯罪的，应当依法追究刑事责任。

24. 充分运用社区矫正措施。社区矫正机构对因实施家庭暴力构成犯罪被判处管制、宣告缓刑、假释或者暂予监外执行的犯罪分子，应当依法开展家庭暴力行为矫治，通过制定有针对性的监管、教育和帮助措施，矫正犯罪分子的施暴心理和行为恶习。

25. 加强反家庭暴力宣传教育。人民法院、人民检察院、公安机关、司法行政机关应当结合本部门工作职责，通过以案说法、社区普法、针对重点对象法制教育等多种形式，开展反家庭暴力宣传教育活动，有效预防家庭暴力，促进平等、和睦、文明的家庭关系，维护社会和谐、稳定。

关于依法处理监护人侵害未成年人权益行为若干问题的意见

（2014 年 12 月 18 日最高人民法院、最高人民检察院、公安部、民政部印发，自 2015 年 1 月 1 日起施行）

为切实维护未成年人合法权益，加强未成年人行政保护和司法保护工作，确保未成年人得到妥善监护照料，根据民法通则、民事诉讼法、未成年人保护法等法律规定，现就处理监护人侵害未成年人权益行为（以下简称监护侵害行为）的有关工作制定本意见。

一、一般规定

1. 本意见所称监护侵害行为，是指父母或者其他监护人（以下简称监护人）性侵害、出卖、遗弃、虐待、暴力伤害未成年人，教唆、利用未成年人实施违法犯罪行为，胁迫、诱骗、利用未成年人乞讨，以及不履行监护职责严重危害未成年人身心健康等行为。

2. 处理监护侵害行为，应当遵循未成年人最大利益原则，充分考虑未成年人身心特点和人格尊严，给予未成年人特殊、优先保护。

3. 对于监护侵害行为，任何组织和个人都有权劝阻、制止或者举报。

公安机关应当采取措施，及时制止在工作中发现以及单位、个人举报的监护侵害行为，情况紧急时将未成年人带离监护人。

民政部门应当设立未成年人救助保护机构（包括救助管理站、未成年人救助保护中心），对因受到监护侵害进入机构的未成年人承担临时监护责任，必要时向人民法院申请撤销监护人资格。

人民法院应当依法受理人身安全保护裁定申请和撤销监护人资格案件并作出裁判。

人民检察院对公安机关、人民法院处理监护侵害行为的工作依法实行法律监督。

人民法院、人民检察院、公安机关设有办理未成年人案件专门工作机构的，应当优先由专门工作机构办理监护侵害案件。

4. 人民法院、人民检察院、公安机关、民政部门应当充分履行职责，加强指导和培训，提高保护未成年人的能力和水平；加强沟通协作，建立信息共享机制，实现未成年人行政保护和司法保护的有效衔接。

5. 人民法院、人民检察院、公安机关、民政部门应当加强与妇儿工委、教育部门、卫生部门、共青团、妇联、关工委、未成年人住所地村（居）民委员会等的联系和协作，积极引导、鼓励、支持法律服务机构、社会工作服务机构、公益慈善组织和志愿者等社会力量，共同做好受监护侵害的未成年人的保护工作。

二、报告和处置

6. 学校、医院、村（居）民委员会、社会工作服务机构等单位及其工作人员，发现未成年人受到监护侵害的，应当及时向公安机关报案或者举报。

其他单位及其工作人员、个人发现未成年人受到监护侵害的，也应当及时向公安机关报案或者举报。

7. 公安机关接到涉及监护侵害行为的报案、举报后，应当立即出警处置，制止正在发生的侵害行为并迅速进行调查。符合刑事立案条件的，应当立即立案侦查。

8. 公安机关在办理监护侵害案件时，应当依照法定程序，及时、全面收集固定证据，保证办案质量。

询问未成年人，应当考虑未成年人的身心特点，采取和缓的方式进行，防止造成进一步伤害。

未成年人有其他监护人的，应当通知其他监护人到场。其他监护人无法通知或者未能到场的，可以通知未成年人的其他成年亲属、所在学校、村（居）民委员会、未成年人保护组织的代表以及专业社会工作者等到场。

9. 监护人的监护侵害行为构成违反治安管理行为的，公安机关应当依法给予治安管理处罚，但情节特别轻微不予治安管理处罚的，应当给予批评教育并通报当地村（居）民委员会；构成犯罪的，依法追究刑事责任。

10. 对于疑似患有精神障碍的监护人，已实施危害未成年人安全的行为或者有危害未成年人安全危险的，其近亲属、所在单位、当地公安机关应当立即采取措施予以制止，并将其送往医疗机构进行精神障碍诊断。

11. 公安机关在出警过程中，发现未成年人身体受到严重伤害、面临严重人身安全威胁或者处于无人照料等危险状态的，应当将其带离实施监护侵害行为的监护人，就近护送至其他监护人、亲属、村（居）民委员会或者未成年人救助保护机构，并办理书面交接手续。未成年人有表达能力的，应当就护送地点征求未成年人意见。

负责接收未成年人的单位和人员（以下简称临时照料人）应当对未成年人予以临时紧急庇护和短期生活照料，保护未成年人的人身安全，不得侵害未成年人合法权益。

公安机关应当书面告知临时照料人有权依法向人民法院申请人身安全保护裁定和撤销监护人资格。

12. 对身体受到严重伤害需要医疗的未成年人，公安机关应当先行送医救治，同时通知其他有监护资格的亲属照料，或者通知当地未成年人救助保护机构开展后续救助工作。

监护人应当依法承担医疗救治费用。其他亲属和未成年人救助保护机构等垫付医疗救治费用的，有权向监护人追偿。

13. 公安机关将受监护侵害的未成年人护送至未成年人救助保护机构的，应当在五个工作日内提供案件侦办查处情况说明。

14. 监护侵害行为可能构成虐待罪的，公安机关应当告知未成年人及其近亲属有权告诉或者代为告诉，并通报所在地同级人民检察院。

未成年人及其近亲属没有告诉的，由人民检察院起诉。

三、临时安置和人身安全保护裁定

15. 未成年人救助保护机构应当接收公安机关护送来的受监护侵害的未成年人，履行临时监护责任。

未成年人救助保护机构履行临时监护责任一般不超过一年。

16. 未成年人救助保护机构可以采取家庭寄养、自愿助养、机构代养或者委托政府指定的寄宿学校安置等方式，对未成年人进行临时照料，并为未成年人提供心理疏导、情感抚慰等服务。

未成年人因临时监护需要转学、异地入学接受义务教育的，教育行政部门应当予以保障。

17. 未成年人的其他监护人、近亲属要求照料未成年人的，经公安机关或者村（居）民委员会确认其身份后，未成年人救助保护机构可以将未成年人交由其照料，终止临时监护。

关系密切的其他亲属、朋友要求照料未成年人的，经未成年人父、母所在单位或者村（居）民委员会同意，未成年人救助保护机构可以将未成年人交由其照料，终止临时监护。

未成年人救助保护机构将未成年人送交亲友临时照料的，应当办理书面交接手续，并书面告知临时照料人有权依法向人民法院申请人身安全保护裁定和撤销监护人资格。

18. 未成年人救助保护机构可以组织社会工作服务机构等社会力量，对监护人开展监护指导、心理疏导等教育辅导工作，并对未成年人的家庭基本情况、监护情况、监护人悔过情况、未成年人身心健康状况以及未成年人意愿等进行调查评估。监护人接受教育辅导及后续表现情况应当作为调查评估报告的重要内容。

有关单位和个人应当配合调查评估工作的开展。

19. 未成年人救助保护机构应当与公安机关、村（居）民委员会、学校以及未成年人亲属等进行会商，根据案件侦办查处情况说明、调查评估报告和监护人接受教育辅导等情况，并征求有表达能力的未成年人意见，形成会商结论。

经会商认为本意见第11条第1款规定的危险状态已消除，监护人能够正确履行监护职责的，未成年人救助保护机构应当及时通知监护人领回未成年人。监护人应当在三日内领回未成年人并办理书面交接手续。会商形成结论前，未成年人救助保护机构不得将未成年人交由监护人领回。

经会商认为监护侵害行为属于本意见第35条规定情形的，未成年人救助保护机构应当向人民法院申请撤销监护人资格。

20. 未成年人救助保护机构通知监护人领回未成年人的，应当将相关情况通报未成年人所在学校、辖区公安派出所、村（居）民委员会，并告知其对通报内容负有保密义务。

21. 监护人领回未成年人的，未成年人救助保护机构应当指导村（居）民委员会对监护人的监护情况进行随访，开展教育辅导工作。

未成年人救助保护机构也可以组织社会工作服务机构等社会力量，开展前款工作。

22. 未成年人救助保护机构或者其他临时照料人可以根据需要，在诉讼前向未成年人住所地、监护人住所地或者侵害行为地人民法院申请人身安全保护裁定。

未成年人救助保护机构或者其他临时照料人也可以在诉讼中向人民法院申请人身安全保护裁定。

23. 人民法院接受人身安全保护裁定申请后，应当按照民事诉讼法第一百条、第一百零一条、第一百零二条的规定作出裁定。经审查认为存在侵害未成年人人身安全危险的，应当作出人身安全保护裁定。

人民法院接受诉讼前人身安全保护裁定申请后，应当在四十八小时内作出裁定。接受诉讼中人身安全保护裁定申请，情况紧急的，也应当在四十八小时内作出裁定。人身安全保护裁定应当立即执行。

24. 人身安全保护裁定可以包括下列内容中的一项或者多项：

（一）禁止被申请人暴力伤害、威胁未成年人及其临时照料人；

（二）禁止被申请人跟踪、骚扰、接触未成年人及其临时照料人；

（三）责令被申请人迁出未成年人住所；

（四）保护未成年人及其临时照料人人身安全的其他措施。

25. 被申请人拒不履行人身安全保护裁定，危及未成年人及其临时照料人人身安全或者扰乱未成年人救助保护机构工作秩序的，未成年人、未成年人救助保护机构或者其他临时照料人有权向公安机关报告，由公安机关依法处理。

被申请人有其他拒不履行人身安全保护裁定行为的，未成年人、未成年人救助保护机构或者其他临时照料人有权向人民法院报告，人民法院根据民事诉讼法第一百一十一条、第一百一十五条、第一百一十六条的规定，视情节轻重处以罚款、拘留；构成犯罪的，依法追究刑事责任。

26. 当事人对人身安全保护裁定不服的，可以申请复议一次。复议期间不停止裁定的执行。

四、申请撤销监护人资格诉讼

27. 下列单位和人员（以下简称有关单位和人员）有权向人民法院申请撤销监护人资格：

（一）未成年人的其他监护人，祖父母、外祖父母、兄、姐，关系密切的其他亲属、朋友；

（二）未成年人住所地的村（居）民委员会，未成年人父、母所在单位；

（三）民政部门及其设立的未成年人救助保护机构；

（四）共青团、妇联、关工委、学校等团体和单位。

申请撤销监护人资格，一般由前款中负责临时照料未成年人的单位和人员提出，也可以由前款中其他单位和人员提出。

28. 有关单位和人员向人民法院申请撤销监护人资格的，应当提交相关证据。

有包含未成年人基本情况、监护存在问题、监护人悔过情况、监护人接受教育辅导情况、未成年人身心健康状况以及未成年人意愿等内容的调查评估报告的，应当一并提交。

29. 有关单位和人员向公安机关、人民检察院申请出具相关案件证明材料的，公安机关、人民检察院应当提供证明案件事实的基本材料或者书面说明。

30. 监护人因监护侵害行为被提起公诉的案件，人民检察院应当书面告知未成年人及其临时照料人有权依法申请撤销监护人资格。

对于监护侵害行为符合本意见第 35 条规定情形而相关单位和人员没有提起诉讼的，人民检察院应当书面建议当地民政部门或者未成年人救助保护机构向人民法院申请撤销监护人资格。

31. 申请撤销监护人资格案件，由未成人住所地、监护人住所地或者侵害行为地基层人民法院管辖。

人民法院受理撤销监护人资格案件，不收取诉讼费用。

五、撤销监护人资格案件审理和判后安置

32. 人民法院审理撤销监护人资格案件，比照民事诉讼法规定的特别程序进行，在一个月内审理结案。有特殊情况需要延长的，由本院院长批准。

33. 人民法院应当全面审查调查评估报告等证据材料，听取被申请人、有表达能力的未成年人以及村（居）民委员会、学校、邻居等的意见。

34. 人民法院根据案件需要可以聘请适当的社会人士对未成年人进行社会观护，并可以引入心理疏导和测评机制，组织专业社会工作者、儿童心理问题专家等专业人员参与诉讼，为未成年人和被申请人提供心理辅导和测评服务。

35. 被申请人有下列情形之一的，人民法院可以判决撤销其监护人资格：

（一）性侵害、出卖、遗弃、虐待、暴力伤害未成年人，严重损害未成年人身心健康的；

（二）将未成年人置于无人监管和照看的状态，导致未成年人面临死亡或者严重伤害危险，经教育不改的；

（三）拒不履行监护职责长达六个月以上，导致未成年人流离失所或者生活无着的；

（四）有吸毒、赌博、长期酗酒等恶习无法正确履行监护职责或者因服刑等原因无法履行监护职责，且拒绝将监护职责部分或者全部委托给他人，致使未成年人处于困境或者危险状态的；

（五）胁迫、诱骗、利用未成年人乞讨，经公安机关和未成年人救助保护机构等部门三次以上批评教育拒不改正，严重影响未成年人正常生活和学习的；

（六）教唆、利用未成年人实施违法犯罪行为，情节恶劣的；

（七）有其他严重侵害未成年人合法权益行为的。

36. 判决撤销监护人资格，未成年人有其他监护人的，应当由其他监护人承担监护职责。其他监护人应当采取措施避免未成年人继续受到侵害。

没有其他监护人的，人民法院根据最有利于未成年人的原则，在民法通则第十六条第二款、第四款规定的人员和单位中指定监护人。指定个人担任监护人的，应当综合考虑其意愿、品行、身体状况、经济条件、与未成年人的生活情感联系以及有表达能力的未成年人的意愿等。

没有合适人员和其他单位担任监护人的，人民法院应当指定民政部门担任监护人，由其所属儿童福利机构收留抚养。

37. 判决不撤销监护人资格的，人民法院可以根据需要走访未成年人及其家庭，也可以向当地民政部门、辖区公安派出所、村（居）民委员会、共青团、妇联、未成年人所

在学校、监护人所在单位等发出司法建议，加强对未成年人的保护和对监护人的监督指导。

38. 被撤销监护人资格的侵害人，自监护人资格被撤销之日起三个月至一年内，可以书面向人民法院申请恢复监护人资格，并应当提交相关证据。

人民法院应当将前款内容书面告知侵害人和其他监护人、指定监护人。

39. 人民法院审理申请恢复监护人资格案件，按照变更监护关系的案件审理程序进行。

人民法院应当征求未成年人现任监护人和有表达能力的未成年人的意见，并可以委托申请人住所地的未成年人救助保护机构或者其他未成年人保护组织，对申请人监护意愿、悔改表现、监护能力、身心状况、工作生活情况等进行调查，形成调查评估报告。

申请人正在服刑或者接受社区矫正的，人民法院应当征求刑罚执行机关或者社区矫正机构的意见。

40. 人民法院经审理认为申请人确有悔改表现并且适宜担任监护人的，可以判决恢复其监护人资格，原指定监护人的监护人资格终止。

申请人具有下列情形之一的，一般不得判决恢复其监护人资格：

（一）性侵害、出卖未成年人的；

（二）虐待、遗弃未成年人六个月以上、多次遗弃未成年人，并且造成重伤以上严重后果的；

（三）因监护侵害行为被判处五年有期徒刑以上刑罚的。

41. 撤销监护人资格诉讼终结后六个月内，未成年人及其现任监护人可以向人民法院申请人身安全保护裁定。

42. 被撤销监护人资格的父、母应当继续负担未成年人的抚养费用和因监护侵害行为产生的各项费用。相关单位和人员起诉的，人民法院应予支持。

43. 民政部门应当根据有关规定，将符合条件的受监护侵害的未成年人纳入社会救助和相关保障范围。

44. 民政部门担任监护人的，承担抚养职责的儿童福利机构可以送养未成年人。

送养未成年人应当在人民法院作出撤销监护人资格判决一年后进行。侵害人有本意见第40条第2款规定情形的，不受一年后送养的限制。

涉及家庭暴力婚姻案件审理指南

（2008年3月最高人民法院中国应用法学研究所编写并发布）

涉及家庭暴力婚姻案件审理指南前言

　　本指南的编制背景　家庭暴力问题的严重性和特殊性越来越被全社会所了解，人民法院也逐渐认识到涉及家庭暴力的婚姻家庭案件与普通婚姻家庭案件的不同特点和规律，意识到其处理方式应当与普通案件有所不同。因此，传统经验和知识已越来越不适应该类案件的高质量办案需求，许多法院尤其是基层人民法院呼唤有一本为办理涉及家庭暴力的婚姻案件而编制的操作指南。

本指南的编制目的　本指南的编写目的，是为了让办理涉及家庭暴力婚姻家庭案件的法官，能有一本专业的资源手册，帮助其做好法律规则、性别平等理念、家庭暴力理论知识、审判组织保障等方面的准备，以利于提高办案效率和分配正义的质量，更好地保障家庭暴力受害人的人身和财产权利。

本指南的编制依据　本指南的法律依据包括《中华人民共和国民法通则》、《中华人民共和国民事诉讼法》、《中华人民共和国婚姻法》、《中华人民共和国妇女权益保障法》和《最高人民法院关于进一步发挥诉讼调解在构建社会主义和谐社会中积极作用的若干意见》、《最高人民法院关于民事诉讼证据的若干规定》。

党和国家领导人关于"要重视维护妇女权利，要使社会性别主流化"、"促进性别平等，实现共同发展"的重要指示，最高人民法院领导对性别平等和司法公正的强调，以及其他有关国家机关、社会团体制定的有关落实宪法规定的平等原则的政策性文件，都为本指南的编制提供了有力的政策性支持。

与此同时，基层人民法院在审判实践中根据实际需要，谨慎地在法律允许的框架内进行的有益尝试所积累的宝贵经验，也为本指南的编写提供了厚实的实践基础。

本指南的基本性质　最高人民法院院领导指示，要为法官提供一些"指南式"的研究成果，直接服务于审判工作。本指南集法律研究、实践经验、域外借鉴、法律精神于一体，是人民法院司法智慧的结晶。但本指南不属于司法解释，而是为法官提供的参考性办案指南。

本指南的形式特点　本着全面、具体、明确、实用的原则，本指南在表现形式和表述方式上没有单纯地采取法律条文式的表述，而是对绝大多数条款作了进一步阐释，既提出了规范性的要求，对法律条文和法律原则做出了解释，又论述了相关的道理，对规范性要求的基础、原因作了阐述。这些阐释对于更好地理解指南的内容将提供一定的帮助。

本指南的使用方法　本指南不能作为法官裁判案件的法律依据，但可以在判决书的说理部分引用，作为论证的依据和素材。法官在运用本指南的过程中，如果发现需要增加的内容，可以继续发展；如果发现有的内容不完全符合本地实际情况，也可以在法律的框架内做出适当调整。

本指南的受益主体　本指南虽然是法官的办案指南，但其受益主体并不限于法官。律师、当事人、研究人员以及所有关注家庭暴力司法救济途径的人士都可以从本指南中获得自己需要的知识、教益和指导。

第一章　关于家庭暴力

第一条　了解家庭暴力基本知识的必要性

家庭暴力是一个社会问题，对其认识需要多学科的专门知识。人民法院在审理涉及家庭暴力案件的过程中，如果不能正确认识和对待家庭暴力，可能对人民法院高质、高效处理此类案件产生消极影响，不利于人民法院分配公平和正义。因此，本指南借鉴其他国家法官办理涉及家庭暴力案件的指南的做法，首先介绍家庭暴力基本知识，作为正确理解和执行本《指南》所有内容必不可少的重要基础。

第二条　家庭暴力的定义

家庭暴力作为国际领域普遍关注的一个社会问题，相关国际公约对其作了界定。尽管家庭暴力受害人并不限于妇女，有些情况下男性和儿童也会成为受害人，但是，由于针对妇女的家庭暴力最为普遍、最为严重，所以相关国际公约和其他国际文件对针对妇女的家庭暴力的界定通常只表述为针对妇女的暴力。

《联合国消除对妇女的暴力行为宣言》（1993）第一条规定，"对妇女的暴力行为"系指对妇女造成或可能造成身心方面或性方面的伤害或痛苦的任何基于性别的暴力行为，包括威胁进行这类行为、强迫或任意剥夺自由，而不论其发生在公共生活还是私人生活中。

联合国秘书长《关于侵害妇女的一切形式的暴力行为的深入研究》（2006）指出，基于性别的针对妇女的暴力行为是指"因为是女性而对她施加暴力或者特别影响到妇女的暴力，包括施加于身体、心理或性的伤害或痛苦或威胁施加这类行为，强迫和其他剥夺自由的行为。基于暴力的行为损害或阻碍妇女依照一般国际或人权公约享受人权和基本自由，符合联合国《消除对妇女的暴力行为宣言》第一条的规定"。

最高人民法院关于适用《中华人民共和国婚姻法》若干问题的解释（一）（2001）第一条规定："家庭暴力是指行为人以殴打、捆绑、残害、强行限制人身自由或者其他手段，给其家庭成员的身体、精神等方面造成一定伤害后果的行为。持续性、经常性的家庭暴力，构成虐待。"

鉴于本指南旨在指导涉及家庭暴力的婚姻家庭案件的审理，所以本指南中的家庭暴力，是指发生在家庭成员之间，主要是夫妻之间，一方通过暴力或胁迫、侮辱、经济控制等手段实施侵害另一方的身体、性、精神等方面的人身权利，以达到控制另一方的目的的行为。

第三条　家庭暴力的类型

根据有关国际公约、国外立法例以及被普遍认可的学界理论研究成果，家庭暴力包括身体暴力、性暴力、精神暴力和经济控制四种类型。

1. 身体暴力是加害人通过殴打或捆绑受害人、或限制受害人人身自由等使受害人产生恐惧的行为；

2. 性暴力是加害人强迫受害人以其感到屈辱、恐惧、抵触的方式接受性行为，或残害受害人性器官等性侵犯行为；

3. 精神暴力是加害人以侮辱、谩骂、或者不予理睬、不给治病、不肯离婚等手段对受害人进行精神折磨，使受害人产生屈辱、恐惧、无价值感等作为或不作为行为；

4. 经济控制是加害人通过对夫妻共同财产和家庭收支状况的严格控制，摧毁受害人自尊心、自信心和自我价值感，以达到控制受害人的目的。

第四条　家庭暴力的普遍性和严重性

家庭暴力是一个全球性的社会问题，我国也不例外。据有关部门的权威调查，我国家庭暴力的发生率在29.7%到35.7%之间（不包括调查暗数），其中90%以上的受害人是女性。

关于家庭暴力是家务事的错误认识，以及法律救济途径的缺失，使得众多受害人生活在痛苦、愤怒和恐惧之中，严重损害受害人的人身权利。因家庭暴力引发受害人以暴制暴的恶性案件，近年来受到越来越多的关注。

第五条   家庭暴力发生和发展的规律

家庭暴力行为的发生和发展，呈周期性模式。模式的形成，一般要经过两个或两个以上暴力周期。每个周期通常包括关系紧张的积聚期（口角、轻微推搡等）、暴力爆发期（暴力发生、受害人受伤）、平静期（亦称蜜月期，加害人通过口头或行为表示道歉求饶获得原谅，双方和好直到下个暴力周期的到来）。加害人往往屡悔屡犯、始终不改。道歉、忏悔只是当家庭暴力暂时失效时，加害人借以达到继续控制受害人的手段而已。暴力周期的不断重复，使受害人感到无助和无望，因而受制于加害人。

第六条   分手暴力的特别规律

人们往往以为离婚后暴力自然就停止了，但是，引发家庭暴力的内在动机是加害人内心深处控制受害人的需要。一般情况下，这种欲望不仅不会因为离婚而消失，反而会因为受害人提出离婚请求受到刺激而增强。因此，一旦受害人提出分手，加害人往往先是采取哀求原谅、保证下不为例以及利用子女等手段来挽留受害人。然而，如果哀求不奏效，加害人往往就会转而借助暴力或实施更严重的暴力手段来达到控制目的，因而出现"分手暴力"。这种现象在夫妻分居或者离婚后相当普遍。

国际上，加拿大的实证研究表明，大约有1/3的受害妇女在对方探视未成年子女时受到暴力威胁。36%的女性在分居期间继续遭受男方的暴力侵害。美国司法部1983年和1997年3月公布的数据显示，美国有75%的家庭暴力受害人，在分手后继续遭受前夫或前男友的暴力侵害。

我国尚无这方面的统计数据，但是家庭暴力研究者普遍认为，分手期间或分手后，受害人的人身安全受家庭暴力侵害的频率和暴力的严重性确实迅速增加。

一般情况下，有三个变量可以预测发生分手暴力的危险程度：一是加害人之前有过身体暴力或暴力威胁行为；二是加害人和受害人居住地相距不远；三是加害人猜忌受害人有第三者。

第七条   一般夫妻纠纷与家庭暴力的区分

一般夫妻纠纷中也可能存在轻微暴力甚至因失手而造成较为严重的身体伤害，但其与家庭暴力有着本质的区别。家庭暴力的核心是权力和控制。加害人存在着通过暴力伤害达到目的的主观故意，大多数家庭暴力行为呈现周期性，并且不同程度地造成受害人的身体或心理伤害后果，导致受害一方因为恐惧而屈从于加害方的意愿。而夫妻纠纷不具有上述特征。

第八条   家庭暴力发生的原因

无论在社会上或家庭中，公民的人身权利均不得因任何原因而遭受人为侵害。家庭暴力的发生，不是受害人的过错，绝大多数情况下是基于性别的针对妇女的歧视。其发生的原因主要包括：

1. 加害人通过儿童期的模仿或亲身经历而习得暴力的沟通方式；

2. 家庭暴力行为通过社会和家庭文化的代际传递实现。传统文化默许男人打女人，父母打子女。在这种文化影响下长大的男人允许自己打女人，父母允许自己打子女。有这种文化的社会，接纳家庭暴力行为。在这样的家庭和社会中长大的子女，不知不觉接受了这种观念。家庭暴力行为就这样一代又一代传了下来；

3. 获益不受罚。虽然《中华人民共和国婚姻法》和《中华人民共和国妇女权益保障法》规定禁止家庭暴力，但是法律缺乏预防和制止家庭暴力的有效手段。社会给家庭暴力受害人提供的有效支持很少，因此家庭暴力发生时一般得不到干预。由于在家里打人能达到目的而不受惩罚，不管加害人事后多么后悔，又多么真诚地道歉，并保证决不再犯，都必然因缺乏真正改变自己行为的动机而一再使用暴力；

4. 加害人往往有体力上的优势。无论男打女还是女打男，加害人的体力，往往居于优势。90%以上的家庭暴力受害人是体力处于弱势的妇女、儿童和老人。

第九条　家庭暴力的相关因素

家庭暴力的发生，与加害人的原生家庭、社会和文化环境、以及双方的体力对比有关，但与暴力关系中双方的年龄、学历、职业、社会地位、经济收入、居住区域和民族等，均无必然联系。

第十条　加害人的心理和行为模式

1. 性别歧视

家庭暴力的加害人绝大多数为男性。这些男性信奉男尊女卑、男主女从的古训，他们相信暴力是其迫使受害人就范的合理而又有效的手段。因此，家庭暴力是基于性别的针对女性的暴力。

2. 内外双重面孔

加害人呈现给家人和外人的是两副不同的面孔。他们在家借助暴力手段控制家人，在外行为符合社会标准。

3. 过度的嫉妒

加害人有令人难以理解的嫉妒心。嫉妒表面上似乎是因为爱得过深，实质上嫉妒和爱没有太大关系。过度嫉妒者很少是心中有爱的人。嫉妒是嫉妒者因极度害怕失去某个人的感情、某种地位或利益而产生的焦虑，是嫉妒者不自信和缺乏安全感的表现。嫉妒者为了控制对方，以嫉妒为借口，捕风捉影，侮辱、谩骂、殴打配偶，甚至跟踪、限制对方行动自由。

4. 依赖心理

大多数加害人是不自信、不自爱、没有安全感的人，他需要借助别人对自己的态度，以证明自己的能力和价值。受害人在暴力下的顺从，是加害人获得自信和安全感的手段之一。这种依赖心理，使得加害人坚决不同意离婚，面对受害人的分手要求，加害人或采取分手暴力企图阻止受害人离开，或痛哭流涕保证痛改前非。

5. 人前自我伤害或以死相逼

受害人若想分手或离婚，加害人往往会在受害人、法官或特定人面前进行自我伤害，甚至以死相逼，其目的是为了使受害人产生内疚和幻想，以便继续控制和操纵受害人。加害人的自我伤害或者以死相逼行为只能说明，他只想达到自己的目的而不在乎对方的感受。自我伤害不是因为爱，而是暴力控制的另一种表现形式。

第十一条　受害人的心理和行为模式

1. 习得无助

家庭暴力作为一种控制手段，随着周期性循环，越来越严重，越来越频繁。无法逃脱的受暴处境，使受害人"学会了无助"。因为这种在心理学上被称为"习得无助"的信念，受害人以为自己无论如何也摆脱不了对方的控制，因而放弃反抗，忍气吞声、忍辱负重、委曲求全。

2. 抑郁状态

受害人习得无助后，悲观随之而来，而悲观是造成抑郁的主要因素。长期处于抑郁状态的人中，不少人会自杀或尝试自杀或产生杀人的念头。他们希望通过自杀或杀死加害人，来终止让他们感到如此不堪的生活。

3. 恐惧和焦虑

整天提心吊胆，神经高度紧张，是家庭暴力受害群体中最普遍的特征之一。暴力控制关系建立后，受害人会无限放大加害人的能力和权力，以为加害人无所不能。其恐惧和焦虑，甚至草木皆兵的心理，非一般人所能想象。

4. 忍辱负重

传统观念认为单亲家庭不利于未成年子女成长；经济上女性的生存能力弱于男性，离婚使得她的生活水平大大下降；社会缺乏针对家庭暴力受害人的有效支持等，迫使相当一部分受害人不到万不得已，不会报警或寻求其他外界帮助，更不会提出离婚。

5. 优柔寡断

如果受害人想要通过分手摆脱暴力控制，在社会和法律救济手段不到位的情况下，加害人的软硬兼施往往奏效。走投无路之时，受害人很可能被迫回到暴力关系中。

同样，家庭暴力受害人反复起诉和撤诉，表面上似乎优柔寡断，变化无常，实际上很可能是受害人想出的保护自己和子女暂时免受家庭暴力伤害的最佳的和最无奈的办法。

第十二条 家庭暴力对受害人和加害人的危害

家庭暴力不仅使受害人身体受伤，还会导致受害人抑郁、焦虑、沮丧、恐惧、无助、自责、愤怒、绝望和厌世等不良情绪。长期处于这种状态中，受害人会出现兴趣减弱、胆小怕事、缺乏自信和安全感、注意力难以集中、学习和工作能力下降等症状，并且出现心理问题躯体化倾向。

表面看来，施暴人似乎是家庭暴力关系中获益的一方，其实不尽然。大多数施暴人施暴，不是要把妻子打跑，而是希望能控制她。但是，通过施暴得到的结果，只能是越来越多的恐惧和冷漠。这使施暴人越来越不满，越来越受挫。随着施暴人的挫败感越来越强烈，家庭暴力的发生也就越来越频繁，越来越严重。家庭暴力越来越严重，受害人就越来越恐惧。当暴力的严重程度超过受害人的忍耐限度时，受害人就可能转为加害人，杀死原加害人。

第十三条 家庭暴力对未成年人的伤害

根据联合国秘书长2006年发布的《关于侵害妇女的一切形式的暴力行为的深入研究》，生活在暴力家庭中的未成年子女，至少会在心理健康、学习和行为三个方面出现障碍。

1. 许多出身于暴力型家庭的子女，学习时注意力难以集中。学校的差生，包括逃学和辍学的学生，有相当一部分来自暴力家庭。他们往往处于担心自己挨打和（或）担心一方家长挨打的焦虑中。其症状经常被误诊为多动症伴注意力集中障碍。然而，这些问题产生的根源往往在于使他们恐惧且缺少关爱的家庭暴力环境。

2. 即使未成年子女并不直接挨打，他们目睹一方家长挨打时所受到的心理伤害一点也不比直接挨打轻。家庭暴力发生时，孩子陷入极不安全和冲突的心理状态中。通常，他们一方面对加害人感到愤怒，另一方面又需要来自加害人的关爱。孩子无法理解，自己生活中最重要、也是最亲近的两个人之间，为什么会出现暴力。

3. 未成年子女挨打，不仅皮肉受苦，自信心和自尊心也受到很大打击。他们可能变得胆小怕事，难以信任他人，也可能变得蛮横无理、欺侮弱小、人际关系不良。心理上受到家庭暴力严重伤害的子女，还有可能在成年后出现反社会暴力倾向。加拿大的研究显示，目睹家庭暴力的孩子，出现严重行为问题的可能性，比起无暴力家庭中的孩子，男孩要高 17 倍，女孩要高 10 倍。

4. 更严重的后果是，家庭暴力行为的习得，主要是通过家庭文化的代际传递而实现的。根据联合国秘书长 2006 年《关于侵害妇女的一切形式的暴力行为的深入研究》，50%-70%的成年加害人是在暴力家庭中长大的。他们从小目睹父母之间的暴力行为，误以为家庭暴力是正常现象，并在不知不觉中学会用拳头解决问题。

第十四条　家庭暴力对社会的危害

当女性因为受暴而频频就医，或者因为家庭暴力造成的不良情绪难以排遣而导致工作效率降低、或被殴打致残或致死、或自杀、或以暴制暴杀死加害人，社会保障和社会秩序为此付出的代价不可低估。

第二章　基本原则和要求

第十五条　性别平等原则

法律面前人人平等，这个平等是指实质意义上的两性平等。法院在审理涉及家庭暴力的婚姻案件时，应当坚持实质意义上的性别平等原则，避免一切形式的隐性歧视，如：对女性在社会上和家庭中的人身权利保障采取双重标准；或者形式上男女平等对待，实质上区别对待。

第十六条　禁止家庭暴力原则

禁止家庭暴力，是我国批准加入的联合国相关文件对各国政府提出的要求，也是我国《中华人民共和国宪法》、《中华人民共和国婚姻法》、《中华人民共和国妇女权益保障法》的重要规定。我国各省市先后颁布的 69 个地方性预防和制止家庭暴力的法规，也对家庭暴力作了禁止性规定。虽然上述规定只是原则性的，可操作性有待提高，但是，众多的法规和政策体现了我国各级政府预防和制止家庭暴力的态度和决心，这也是本指南的核心。

第十七条　婚姻自由原则

婚姻自由包括结婚和离婚自由。结婚需要两个人的合意，离婚则只需一人提出且符合离婚条件即可。人民法院在维护当事人结婚自由的同时，对离婚自由的维护不可偏废。当事人一方提出离婚诉讼的，只要有离婚的法定理由，人民法院经调解不能达成和解的，应当调解或判决离婚。

在认定家庭暴力的情况下，如果一方当事人坚决要求离婚的，不管要求离婚的是加害人还是受害人，人民法院均应当尊重当事人意愿，维护婚姻自由原则，尽快调解或判决离婚，避免因久拖不决而出现更严重的暴力伤害行为。

一个不幸的婚姻死亡后，可以产生两个幸福的婚姻。即使其中有少数当事人是因为一时冲动而草率离婚的，作为成年人，他（她）们也应当为自己的行为负责。况且他们可以轻而易举地到民政部门办理复婚手续。即使复婚不可能了，这个经历也将教会他们珍惜自己未来的婚姻。

第十八条 适当照顾受害人、未成年子女原则

最大限度保护和实现弱势群体的权利是司法机关永恒的价值取向。在办理涉及家庭暴力的婚姻家庭案件过程中，应当坚持照顾受害人，以及因此直接或间接受害的未成年子女的原则。人民法院不能以任何理由做出与这一原则相悖的裁判。

第十九条 审理组织专门化

有条件的基层人民法院应当尽可能成立专门合议庭或安排专人独任审理涉及家庭暴力的婚姻案件，尽可能安排具有婚姻家庭经验和人生阅历较为丰富的中年法官，或者接受过家庭暴力专业培训和具备性别敏感性的法官办理涉及家庭暴力的婚姻案件，提高办案效率和探索审理此类案件的专门经验。

这是因为：处理家庭暴力问题不仅需要法学，还需要社会学、心理学、女性学和性别平等理论等知识，属于跨学科专业范畴。越是具备相关专业知识和社会阅历的人，越能理解婚姻案件中双方的心理互动模式和家庭暴力对婚姻的伤害，也就越能妥善处理涉及家庭暴力的婚姻案件。

第二十条 法官接受性别意识和家庭暴力知识培训

各级人民法院应当将性别平等和家庭暴力知识纳入到法官在职培训课程之中，并纳入考核内容。办理相关案件的法官每年应当接受不少于 12 个小时性别意识培训和不少于 18 个小时家庭暴力知识培训等。培训应当包括但不限于下列内容：

1. 家庭暴力的性质、范围及其发生的根本原因；
2. 家庭暴力关系中双方的互动模式；
3. 家庭暴力受害人及其家庭成员人身安全的保障措施；
4. 家庭暴力受害人和加害人可求助的社会机构及其职能；
5. 司法程序中的性别偏见；
6. 家庭暴力对幸福家庭与和谐社会的破坏作用，以及对儿童心理和行为的恶劣影响。

第二十一条 保护法官免受间接创伤

为避免法官在审理涉及家庭暴力案件时可能出现的心理枯竭或其他负面影响，各级人民法院应当尽可能给办案法官提供学习压力管理技巧的时间和机会，使法官了解有关自我保护的知识和措施，包括摄入足够的营养、积极参加体育锻炼、及时休息和放松、建立有效的社会支持系统、平衡生活和工作等。

心理学研究发现，直接或间接接触天灾人祸的人，包括受害人本人、目击者、受害人的亲朋好友和援助者，心理都会受到不同程度的负面影响。

家庭暴力是违反人性的行为。暴力的残忍性，使人经历愤怒、悲恸、哀伤和无助的心理磨难。受害人都是一些正在经历严重心理创伤的人，法官频繁地接触她/他们，很容易受到负面影响，其累积效应，易导致心理枯竭，其症状包括越来越不想和别人交往、冷嘲热讽、身心疲惫、爱发火、焦虑、悲哀、睡眠障碍、紧张性头痛等。

除心理枯竭外，法官还可能因间接接触创伤事件所产生的其他负面影响而出现心理创伤。短期的创伤可能使法官出现易怒、悲哀、焦虑和睡眠障碍。长期创伤可能导致使法官出现冷嘲热讽、酗酒，甚至失去维持良好的夫妻关系的能力。

第二十二条　为其他机构、人员提供相关培训

家庭暴力是一个社会问题，需要多机构合作，才能有效预防和制止家庭暴力。各级人民法院应当积极发挥在预防和制止家庭暴力的多机构合作链条中的作用。有条件的法院应当到当地大中小学、公安、妇联、医院、庇护所、人民调解委员会等机构，提供性别平等、家庭暴力知识和相关法律实务知识培训，以提高整个社会预防和应对家庭暴力的能力。

第三章　人身安全保护措施

第二十三条　人身安全保护措施的必要性

在涉及家庭暴力的婚姻案件审理过程中，普遍存在受害人的人身安全受威胁、精神受控制的情况，甚至存在典型的"分手暴力"现象，严重影响诉讼活动的正常进行。因此，人民法院有必要对被害人采取保护性措施，包括以裁定的形式采取民事强制措施，保护受害人的人身安全，确保诉讼程序的严肃性和公正性。

第二十四条　受害人联系方式的保密

人民法院应对受害人的有关信息保密，特别是不能将受害人的行踪及联系方式告诉加害人，以防止加害人继续威胁、恐吓或伤害受害人。

人民法院可以要求受害人留下常用的联系方式。

第二十五条　受害人保护性缺席

有证据证明存在家庭暴力且受害人处于极度恐惧之中的，正常的开庭审理可能导致受害人重新受制于加害人的，或可能使受害人的人身安全处于危险之中的，人民法院可以应受害人的申请，单独听取其口头陈述意见，并提交书面意见。该案开庭时，其代理人可以代为出庭。

第二十六条　人身安全保护裁定的一般规定

人身安全保护裁定是一种民事强制措施，是人民法院为了保护家庭暴力受害人及其子女和特定亲属的人身安全、确保民事诉讼程序的正常进行而做出的裁定。

人民法院做出的人身安全保护裁定，以民事诉讼法第 140 条第 1 款第 11 项规定等为法律依据。

第二十七条　人身安全保护裁定的主要内容

人民法院做出的人身安全保护裁定，可以包括下列内容中的一项或多项：

1. 禁止被申请人殴打、威胁申请人或申请人的亲友；

2. 禁止被申请人骚扰、跟踪申请人，或者与申请人或者可能受到伤害的未成年子女进行不受欢迎的接触；

3. 人身安全保护裁定生效期间，一方不得擅自处理价值较大的夫妻共同财产；

4. 有必要的并且具备条件的，可以责令被申请人暂时搬出双方共同的住处；

5. 禁止被申请人在距离下列场所 200 米内活动：申请人的住处、学校、工作单位或其他申请人经常出入的场所；

6. 必要时，责令被申请人自费接受心理治疗；

7. 为保护申请人及其特定亲属人身安全的其他措施。

第二十八条　人身安全保护裁定的附带内容

申请人申请并经审查确有必要的，人身安全保护裁定可以附带解决以下事项：

1. 申请人没有稳定的经济来源，或者生活确有困难的，责令被申请人支付申请人在保护裁定生效期间的生活费以及未成年子女抚养费、教育费等；

2. 责令被申请人支付申请人因被申请人的暴力行为而接受治疗的支出费用、适当的心理治疗费及其它必要的费用。

被申请人的暴力行为造成的财产损失，留待审理后通过判决解决。

第二十九条　人身安全保护裁定的种类和有效期

人身安全保护裁定分为紧急保护裁定和长期保护裁定。

紧急保护裁定有效期为 15 天，长期保护裁定有效期为 3 至 6 个月。确有必要并经分管副院长批准的，可以延长至 12 个月。

第三十条　人身安全保护措施的管辖

人身安全保护措施的申请由受害人经常居住地、加害人经常居住地或家庭暴力行为发生地的人民法院受理。

两个以上同级人民法院都有管辖权的，由最初受理的人民法院管辖。

第三十一条　人身安全保护措施申请的提出时间

人身安全保护裁定的申请，应当以书面形式提出；紧急情况下，可以口头申请。口头申请应当记录在案，并由申请人以签名、摁手印等方式确认。

人身安全保护裁定的申请，可以在离婚诉讼提起之前、诉讼过程中或者诉讼终结后的 6 个月内提出。

诉前提出申请的，当事人应当在人民法院签发人身保护裁定之后 15 日之内提出离婚诉讼。逾期没有提出离婚诉讼的，人身安全保护裁定自动失效。

第三十二条　人身安全保护申请的条件

申请人身安全保护裁定，应当符合下列条件：

1. 申请人是受害人；

2. 有明确的被申请人姓名、通讯住址或单位；

3. 有具体的请求和事实、理由；

4. 有一定证据表明曾遭受家庭暴力或正面临家庭暴力威胁。

受害人因客观原因无法自行申请的，由受害人近亲属或其他相关组织代为申请。相关组织和国家机关包括受害人所在单位、居（村）委会、庇护所、妇联组织、公安机关或检察机关等。

申请人身安全保护措施的证据，可以是伤照、报警证明、证人证言、社会机构的相关记录或证明、加害人保证书、加害人带有威胁内容的手机短信等。

第三十三条　人身安全保护措施申请的审查

人民法院收到人身安全保护措施的申请后，应当迅速对申请的形式要件及是否存在家庭暴力危险的证据进行审查。

人民法院在审查是否存在家庭暴力危险的证据时，可以根据家庭暴力案件自身的特点和规律，本着灵活、便捷的原则适当简化。

对于是否存在家庭暴力危险，申请人和被申请人均可以提交证明自己主张的证据，必要时人民法院也可以依职权调取证据予以核实或者举行听证。

第三十四条　人身安全保护裁定的做出

人民法院收到申请后，应当在 48 小时内做出是否批准的裁定。

人民法院经审查或听证确信存在家庭暴力危险，如果不采取人身安全保护措施将使受害人的合法权益受到难以弥补的损害的，应当做出人身安全保护裁定。

第三十五条　人身安全保护裁定的送达

人身安全保护裁定应当向申请人、被申请人或者同住成年家属送达，同时抄送辖区公安机关；送达方式一般以书面形式直接送达、邮寄送达或委托送达，拒绝签收的可以留置送达。情况紧急的，人民法院可以口头或通过电话等其他方式将裁定内容告知申请人、被申请人、辖区公安机关，并将告知情况记录在案。

第三十六条　人身安全保护裁定的生效与执行

人身安全保护裁定自送达之日起生效。

人民法院将人身安全保护裁定抄送辖区公安机关的同时，函告辖区的公安机关保持警觉，履行保护义务。公安机关拒不履行必要的保护义务，造成申请人伤害后果的，受害人可以以公安机关不作为为由提起行政诉讼，追究相关责任。

人民法院应当监督被申请人履行人身安全保护裁定。被申请人在人身安全裁定生效期间，继续骚扰受害人、殴打或者威胁受害人及其亲属、威逼受害人撤诉或放弃正当权益，或有其他拒不履行生效裁定行为的，人民法院可以根据民事诉讼法第 102 条相关规定，视其情节轻重处以罚款、拘留。构成犯罪的，移送公安机关处理或者告知受害人可以提起刑事自诉。

第三十七条　驳回申请及不服裁定的复议

人民法院经审查认为人身安全保护措施申请不符合申请条件的，驳回申请，并告知申请人申请复议的权利。

被申请人对人身安全保护裁定不服的，可以在收到人身安全保护裁定之日起 5 日内向签发裁定的人民法院申请复议一次。人民法院在收到复议申请之日起 5 日内做出复议裁定。复议期间不停止人身安全保护裁定的执行。

第三十八条　撤销人身安全保护裁定的听证

申请人、被申请人可以在收到人身安全紧急保护措施的裁定后 3 日内，请求人民法院举行延长或撤销紧急保护裁定的听证。

人民法院认为有必要举行听证的，应当在听证前三日将听证通知送达申请人和被申请人。特殊情况下，人民法院可以根据需要随时安排听证。

听证一律不公开进行。但是，经法院许可，双方当事人均可由一、两位亲朋陪伴出庭。陪伴当事人出庭听证的亲朋有妨碍诉讼秩序的除外。

听证通知合法送达后，申请人无正当理由拒不到庭的，一般情况下可以视为申请人放弃申请，但是，经核实受害人受到加害人胁迫或恐吓的除外。

被申请人无正当理由拒不到庭的，不影响听证的进行。

第三十九条　对撤回人身安全保护措施申请的审查

申请人提出申请后很快撤回申请的，或者经合法送达听证通知后不出席听证的，经审查，如存在以下因素，人民法院应当保持警觉，判断其是否因施暴人的威胁、胁迫所致。

存在以下因素的，不予批准：

1. 被申请人有犯罪前科的；
2. 被申请人曾有严重家庭暴力行为的；
3. 被申请人自行或与申请人共同来申请撤销的；
4. 申请人的撤销申请无正当理由的或不符合逻辑的；等等。

第四章　证　　据

第四十条　一定情况下的举证责任转移

人民法院在审理涉及家庭暴力的婚姻案件时，应当根据此类案件的特点和规律，合理分配举证责任。

对于家庭暴力行为的事实认定，应当适用民事诉讼的优势证据标准，根据逻辑推理、经验法则做出判断，避免采用刑事诉讼的证明标准。

原告提供证据证明受侵害事实及伤害后果并指认系被告所为的，举证责任转移到被告。被告虽否认侵害由其所为但无反证的，可以推定被告为加害人，认定家庭暴力的存在。

第四十一条　一般情况下，受害人陈述的可信度高于加害人

在案件审理中，双方当事人可能对于是否存在家庭暴力有截然不同的说法。加害人往往否认或淡化暴力行为的严重性，受害人则可能淡化自己挨打的事实。但一般情况下，受害人陈述的可信度高于加害人。因为很少有人愿意冒着被人耻笑的风险，捏造自己被配偶殴打、凌辱的事实。

第四十二条　加害人的悔过、保证

加害人在诉讼前做出的口头、书面悔过或保证，可以作为加害人实施家庭暴力的证据。

加害人在诉讼期间因其加害行为而对受害人做出的口头、书面道歉或不再施暴的保证，如无其它实质性的、具体的悔过行动，不应当被认为是真心悔改，也不应当被认为是真正放弃暴力沟通方式的表现，而应当被认为是继续控制受害人的另一有效手段，因此不应作为加害人悔改，或双方感情尚未破裂的证据。

家庭暴力加害人同时伴有赌博、酗酒、吸毒等恶习，之前做出的口头、书面悔过或保证可以视为其不思悔改的重要证据。

加害人的口头、书面道歉或保证应记录在案。

第四十三条　未成年女子的证言

家庭暴力具有隐蔽性。家庭暴力发生时，除了双方当事人和其子女之外，一般无外人在场。因此，子女通常是父母家庭暴力唯一的证人。其证言可以视为认定家庭暴力的重要证据。

借鉴德国、日本以及我国台湾的立法例，具备相应的观察能力、记忆能力和表达能力的 2 周岁以上的未成年子女提供与其年龄、智力和精神状况相当的证言，一般应当认定其证据效力。

法院判断子女证言的证明力大小时，应当考虑到其有可能受到一方或双方当事人的不当影响，同时应当采取措施最大限度地减少作证可能给未成年子女带来的伤害。

第四十四条　专家辅助人

人民法院可以依据当事人申请或者依职权聘请相关专家出庭，解释包括受虐配偶综合症在内的家庭暴力的特点和规律。专家辅助人必要时接受审判人员、双方当事人的询问和质疑。专家辅助人的意见，可以作为裁判的重要参考。

目前司法界以及社会上普遍对家庭暴力领域中的专门问题了解程度不够。这直接影响了科学技术知识在办理此类案件中所起的积极作用。有条件的人民法院或者法院内部的相关审判庭，可以建立一个相关专业机构或专家的名单、联络办法，并事先作好沟通，鼓励其积极参与司法活动。

第四十五条　专家辅助人资格的审查与认定

专家辅助人可以是社会认可的家庭暴力问题研究专家、临床心理学家、精神病学家、社会学家或社会工作者、一线警察、庇护所一线工作人员。他们一般应当有一年以上的直接接触家庭暴力受害人（不包括本案受害人）的研究或工作经历。

人民法院审查专家辅助人的资格时，应当首先审查其理论联系实践的能力和经验，而后审查其之前的出庭经历和获得的相关评价。

第四十六条　专家辅助人的报酬

专家辅助人出庭所需费用，由申请人承担。

第四十七条　专家评估报告

法院可以依据当事人的申请，聘请有性别平等意识的家庭暴力问题专家、青少年问题专家、临床心理学家、精神科专家、社会学家等依据"家庭暴力对未成年人的负面影响"问题清单中的内容，对家庭暴力对未成年人造成的负面影响进行评估，并形成评估报告，以此作为法院判决子女抚养权归属的参考。

评估报告的内容包括家庭暴力的负面影响是否给未成年人造成心理创作及严重程度、目前的症状、过去的成长经历，以及父母或者直接抚养者对未成年人的经历和症状所持的态度。

第四十八条　国家机关、社会团体和组织相关的记录与证明

家庭暴力受害人在提起诉讼之前曾向公安机关、人民调解组织、妇联组织、庇护所、村委会等国家机关、社会团体和组织投诉，要求庇护、接受调解的，或者家庭暴力受害人曾寻求过医学治疗、心理咨询或治疗的，上述机构提供的录音或文字记载，及出具的书面证词、诊断或相关书证，内容符合证据材料要求的，经人民法院审查后认为真实可靠的，可以作为认定家庭暴力发生的重要证据。被告人否认但又无法举出反证，且无其他证据佐证的，人民法院可以推定其为加害人。

第四十九条　公安机关的接警或出警记录

人民法院在认定家庭暴力事实时，应当将公安机关的接警和出警记录作为重要的证据。

接警或出警记录施暴人、受害人的，人民法院可以据此认定家庭暴力事实存在。

出警记录记载了暴力行为、现场描述、双方当事人情绪、第三方在场（包括未成年子女）等事项的，人民法院应当综合各种因素，查明事实，做出判断。

报警或出警记录仅记载"家务纠纷、已经处理"等含糊内容的，人民法院可以根据需要或当事人的申请，通知处理该事件的警察出庭作证。

第五十条　互殴情况下对施暴人的认定

夫妻互殴情况下，人民法院应当综合以下因素正确判断是否存在家庭暴力：

1. 双方的体能和身高等身体状况；

2. 双方互殴的原因，如：一方先动手，另一方自卫；或一方先动手，另一方随手抄起身边的物品反击；

3. 双方对事件经过的陈述；

4. 伤害情形和严重程度对比，如：一方掐住对方的脖子，相对方挣扎中抓伤对方的皮肤；

5. 双方或一方之前曾有过施暴行为等。

第五十一条　人民法院调取、收集相关证据

当事人可以申请人民法院调取、收集以下因客观原因不能自行收集的证据：

1. 当事人之外的第三人持有的证据；

2. 由于加害人对家庭财产的控制，受害人不能收集到的与家庭财产数量以及加害人隐匿、转移家庭财产行为有关的证据；

3. 愿意作证但拒绝出庭的证人的证言。

经审查确需由人民法院取证的，人民法院可以直接取证，也可以应当事人或其代理人申请签发调查令，由其代理人到相关部门取证。

第五十二条　非语言信息对案件事实判断的重要性

人的思想控制其外在行为，人的行为反映其思想。心理学研究发现，在人际沟通中，人的非语言动作所传达的信息超过65%，而语言所传达的信息低于35%。很多时候，非语言动作所传达的信息的准确性要远远超过语言所传达的信息的准确性。因此，在审理涉及家庭暴力的离婚案件中，法官应当十分注意观察双方当事人在法庭上的言行举止，特别是双方的语音、语调、眼神、表情、肢体语言等，以便对事实做出正确判断。

第五章　财产分割

第五十三条　财产分割的基本理念

离婚妇女贫困化理论认为，传统的"男主外、女主内"的性别角色导致的家庭分工，给男性带来相应的事业发展、能力增长和社会地位的提高。与此同时，女性在相夫教子的家务劳动中投入了大量时间和精力，这在很大程度上限制了她在社会上的发展。一旦离婚，多年的奉献所带来的，是工作能力和学习能力的丧失，以及家庭暴力受害造成其平等协商能力的下降，使她无法平等主张自己的权利，因而导致其离婚后的贫困化。

人民法院在分割夫妻财产时，应当坚持性别平等的基本理念。这一基本理念的实现应当达到以下目的：一是公平地补偿，以平等体现离婚妇女在婚姻关系存续期间在照顾家庭方面投入的价值。二是有助于妇女离婚后的生存和发展。

第五十四条　一般要求

家庭暴力受害人请求离婚时，与普通的离婚案件当事人相比可能面临特殊的困难，应当引起特别关注。法院应当依法采取有效干预措施，确保公平处理配偶扶养、财产分割问题。

法院在审理婚姻家庭案件中，如果发现存在家庭暴力，应当意识到当事人双方之间存

在权力失衡或者协商能力悬殊的现象。法院依法分割夫妻共同财产时，应当充分考虑家庭暴力因素，以利于女性离婚后在尽可能短的时间内恢复工作和学习的能力，找回自信、独立性和自主决策的能力，更好地承担家庭和社会责任。

第五十五条　财产利益受影响时的补偿与照顾

在加害人自认或法院认定的家庭暴力案件中，受害人需要治疗的、因家庭暴力失去工作或者影响正常工作的，以及在财产利益方面受到不利影响的，在财产分割时应得到适当照顾。

第五十六条　受害人所作牺牲的补偿与照顾

受害人向加害人提供接受高等教育的机会和资金支持，或支持加害人开拓事业而牺牲自己利益的，无论当初自愿与否，如果这种牺牲可能导致受害人离婚后生活和工作能力下降、收入减少、生活条件降低的，在财产分割时应当获得适当照顾。

第五十七条　家务劳动的平等对待

在家务劳动、抚育子女、照料老人等方面付出较多的当事人，在财产分割时可以适当予以照顾或补偿。

第五十八条　适当照顾的份额

符合上述第五十五条、第五十六条、第五十七条规定情况的受害人分割共有财产的份额一般不低于70%；针对加害人隐藏或转移财产的情况，分割夫妻共同财产时，受害方的份额一般不低于80%。

第五十九条　精神损害赔偿

家庭暴力受害人请求精神损害赔偿的，无论家庭暴力行为人是否已受到行政处罚或被追究刑事责任，人民法院均应当依据《中华人民共和国婚姻法》第46条相关规定予以支持。

第六十条　对共同债务的认定

认定夫妻一方在婚姻关系存续期间以个人名义所负债务的性质，不能机械适用《最高人民法院关于适用〈中华人民共和国婚姻法〉若干问题的解释（二）》第二十四条规定，而应综合考虑是否为家庭共同利益所负。主张为夫妻共同债务的一方应做出合理解释，相对方对此享有抗辩权。人民法院可以根据逻辑推理和日常生活经验进行判断，避免相对方的利益受损或放纵恶意债务人的不法行为。

第六十一条　对伪造债务等行为的制裁

人民法院发现一方有伪造或指使人伪造债务、转移或隐匿财产行为或嫌疑的，应当依据《中华人民共和国婚姻法》第47条和《中华人民共和国民事诉讼法》第102条相关规定予以处理。

第六十二条　对原判是否考虑家庭暴力因素的审查

被害人以家庭暴力未予认定或者认定错误导致财产分割或子女抚养判决不公而上诉或申请再审的，人民法院应当对原判是否充分考虑了涉及家庭暴力离婚案件自身的特点和规律以及当事人家庭分工模式等因素进行重点审查。一审已经认定家庭暴力，但在财产分割或子女抚养方面未给予考虑的，二审或再审过程中对此要予以重点审查，做出公平、合理的判决。

第六章　子女抚养和探视

第六十三条　加害方不宜直接抚养子女

考虑到家庭暴力行为的习得性特点，在人民法院认定家庭暴力存在的案件中，如果双方对由谁直接抚养子女不能达成一致意见，未成年子女原则上应由受害人直接抚养。但受害人自身没有基本的生活来源保障，或者患有不适合直接抚养子女的疾病的除外。

不能直接认定家庭暴力，但根据间接证据，结合双方在法庭上的表现、评估报告或专家意见，法官通过自由心证，断定存在家庭暴力的可能性非常大的，一般情况下，可以判决由受害方直接抚养子女。

有证据证明一方不仅实施家庭暴力，而且还伴有赌博、酗酒、吸毒恶习的，不宜直接抚养子女。

第六十四条　综合判断受害人的工作和生活能力

受害人很可能处于心理创伤后的应激状态，这可能在表面上使受害人直接抚养未成年子女看起来不如加害人理想，但是随着家庭暴力的停止，或者经过心理治疗，这种应激状态会逐渐消失。

人民法院需要综合考虑受害人在工作上的表现和能力，以及直接抚养子女的潜在能力，或者受害人婚前或者受暴前的工作和生活能力，做出最有利于未成年子女的判决。

第六十五条　征求未成年子女的意见

人民法院在判决由哪一方直接抚养未成年子女前，应当依法征求未成年子女的意见。但是，有下列情形之一的，未成年子女的意见只能作为参考因素：

1. 未成年人属于限制行为能力的人，其认知水平的发展还不成熟，不能正确判断什么对自己最有利；

2. 未成年子女害怕、怨恨但同时又依恋加害人。暴力家庭中的未成年子女可能在害怕、怨恨加害人对家庭成员施暴的同时，又需要加害人的关爱，因此存在较强的感情依恋。这种依恋之所以产生，是因为受害人的人身安全取决于施暴人的好恶。不违背施暴人的意愿，符合其最大利益。这种状况被心理学家称为"斯得哥尔摩综合征"，或者"心理创伤导致的感情纽带"。

3. 强者（权威）崇拜。人类对强者或权威的崇拜，使尚不能明辨是非的未成年人可能对家庭中的强者（施暴人）怀有崇拜的心理，误认为自己与受害人一起生活没有安全感，因而选择与加害人一起生活。

法官应当在综合考虑其他因素的基础上，做出真正最有利于未成年子女的判决。

第六十六条　未成年人权利优于家长的探视权

在未成年子女不受家庭暴力影响的权利与加害人探视未成年子女的权利相冲突时，应当优先考虑未成年人的权利。

加害人有下列情形之一，受害人提出申请的，人民法院可以裁定中止加害人的子女探视权：

1. 在未成年子女面前诋毁、恐吓或殴打承担直接抚养义务的受害人的；

2. 利用探视权继续控制受害人的；

3. 利用探视权对受害人进行跟踪、骚扰、威胁的；

4. 利用探视权继续对受害人和/或未成年子女施暴的；

5. 法院认为有必要的其他情形。

第六十七条 探视权的恢复

加害人有下列情形之一的，法院可以考虑恢复其探视权

1. 完成加害人心理矫治，并且有心理机构盖章、治疗师签名的其已经能够控制暴力冲动的证明；

2. 法院认为有必要的其他情形。

第六十八条 有关探视的具体规定

离婚并不一定能够阻止家庭暴力。暴力和暴力威胁可能随着离婚诉讼而进一步加剧。为了避免未成年子女成为加害人继续控制受害人的工具，最大限度保护未成年子女的利益，判决或者调解离婚的，人民法院可以在判决或者调解书中明确规定探视的方式、探视的具体时间和具体地点，以及交接办法。例如：

1. 时间：每月两次，探视时间一般为 9：00—17：00。

2. 地点：双方都信任、也有能力保障受害人和未成年子女人身安全的个人第三方、特定机构等。

特定机构包括庇护所、社会机构，包括营利和非营利机构等。

3. 接送方式：直接抚养的一方按约定提前 20 分钟把孩子送到指定地点，探视方 20 分钟后到达指定地点接走孩子。探视时间结束后，探视方按时把孩子送回到指定地点离开。直接抚养方在随后的 20 分钟内接回孩子。如果探视方有急事，要求临时变更探视时间，一般情况下，应当提前 24 小时通知第三方。第三方应当及时通知直接抚养孩子方，确定变更时间。

第六十九条 违反探视规定的处置

1. 探视方在探视日超过规定时间 30 分钟未接孩子，事先又未通知第三方的，视为放弃该次探视。

2. 探视方不得在探视时间之前的 12 小时之内和探视期间饮酒，否则视为放弃该次和（或）下次探视。

3. 迟到没有超过 30 分钟的，第三方或社会机构可以向探视方收取孩子的监管费。收费标准由双方协商。

第七章 调 解

第七十条 受害人无过错原则

任何单位或个人都没有权利，在包括家庭在内的任何场合，侵害他人人身权利。法官办理案件过程中，任何情况下都不得责备受害人，或要求受害人调整行为作为不挨打的交换条件。否则，就有可能无意中强化"做错事就该打"的错误观念。

第七十一条 有保留的中立原则

法官应当采取有保留的中立态度，通过对调解过程的掌控，减少加害人对受害人的不当影响，调整双方不平等的权利结构，提高受害人主张并维护自身权利的能力。

这是因为涉及家庭暴力的案件具有与普通民事案件不同的规律和特点，其中最大的差异在于双方不平等的互动模式，加害人在平常就控制了双方之间的话语权，案件调解时也

往往会表现出控制欲，而受害人则因加害人的暴力威慑难以主张权利。要打破这种不平等的互动模式，需要法官对弱者的适度倾斜和道义上的支持。

第七十二条　背靠背调解

在涉及家庭暴力的案件中，面对面调解可能会增加受害人继续遭受加害人骚扰、威胁、恐吓和人身伤害的危险性。因此，如果当事人提出申请或者人民法院发现存在上述可能性而认为确有必要的，应当采取背靠背的调解方式，以利于保护受害人的人身权利。

第七十三条　适时调解和多元解纷机制的运用

法官可以根据双方当事人的具体情况，灵活地决定在庭前、庭中、庭后进行调解。

对于涉及家庭暴力的离婚案件，人民法院还可以运用多元解纷机制，邀请有关人员协助调解或者委托妇联或人民调解等组织或有关人员调解等多种调解形式对案件进行调解。

第七十四条　驾驭调解过程的技巧

人民法院可以通过控制调解的具体程序和内容来驾驭调解过程。

1. 决定双方当事人发言的次序；

2. 控制当事人发言的内容。对于破坏性或恐吓性的言语或行为，如一方对另一方进行警告、威胁、恐吓等，予以制止，必要时给予训诫；

3. 根据扶弱抑强的原则，决定双方法庭陈述的时间长短；

4. 支持、鼓励受害人主张自身权利；

5. 审查民事调解协议的具体内容，对显失公平的调解协议，法官可以向处于弱势的一方当事人行使释明权，告知其显失公平的情形。处于弱势的当事人坚持该协议内容的，人民法院在查明该当事人不是因为慑于加害人的威胁、报复的基础上，可以予以确认。

人民法院对于不予确认协议的离婚案件，应当及时做出判决。

第七十五条　和好调解

加害人认识到家庭暴力的发生完全是自己的过错，认识到家庭暴力造成的严重后果，且同时具备以下两种以上情形的，可以调解和好：

1. 积极配合，遵守法庭规则；

2. 承认施暴是自己的过错，不淡化暴力严重程度，不找借口，不推卸责任，并书面保证以后不再施暴；

3. 有换位思考的能力，能感受自己的暴力行为给受害人身体和心理造成的伤痛。

第七十六条　民事调解书的必要内容

民事调解书应当包含原告诉称和被告辩称的内容，一般情况下应当载明家庭暴力责任主体、子女监护权归属、财产分割等内容。

调解和好或撤诉的，应当注明双方均不得在民事调解协议书生效或撤诉后6个月内单方面处置双方共同财产。人民法院认为必要时可行驶使明权，告知当事人提起财产确认之诉，以避免任何一方借机转移共同财产。

第七十七条　调解记录

人民法院主持调解时，应当将加害人的当庭悔过或口头保证记录在案。

对于当事人撤诉的案件，人民法院也应将已查明的家庭暴力事实记录在案。

对于加害人不思悔改，受害人再次提起离婚诉讼的，人民法院可以根据记录在案的加害人实施家庭暴力的事实，迅速调解离婚或判决离婚。

第七十八条　加害人的行为矫正

调解过程中，加害人真正愿意悔改以换取不离婚的，征得受害人同意后，人民法院可以依据《民事诉讼法》第136条规定，裁定诉讼中止，给加害人六个月的考察期。

考察期内，加害人再次施暴的，视为不思悔改，应当恢复审理。

在有条件的地区，必要时，法官可以责令加害人自费接受心理治疗，接受认知和行为的矫正。拒不接受的，承担不利后果。

第八章　其　　他

第七十九条　诉讼费的承担

家庭暴力离婚案件经调解或判决离婚的，一、二审诉讼费用原则上由加害人承担。

第八十条　人身安全保护措施的申请费用

申请人身安全保护措施的裁定，无需交纳任何费用。

第八十一条　反馈与改进本指南的途径

人民法院在本指南的试点阶段，应当保持敏感性，注意发现问题，探索解决办法，积累有益经验，提出完善的建议，随时反馈给中国应用法学研究所。

最高人民法院关于人民法院审理离婚案件
如何认定夫妻感情确已破裂的若干具体意见

（1989年12月13日最高人民法院颁行）

人民法院审理离婚案件，准予或不准离婚应以夫妻感情是否破裂作为区分的界限。判断夫妻感情是否确已破裂，应当从婚姻基础、婚后感情、离婚原因、夫妻关系的现状和有无和好的可能等方面综合分析。根据婚姻法的有关规定和审判实践经验，凡属下列情形之一的，视为夫妻感情确已破裂。一方坚决要求离婚，经调解无效，可依法判决准予离婚。

1. 一方患有法定禁止结婚疾病的，或一方有生理缺陷，或其他原因不能发生性行为，且难以治愈的。

2. 婚前缺乏了解，草率结婚，婚后未建立起夫妻感情，难以共同生活的。

3. 婚前隐瞒了精神病，婚后经治不愈，或者婚前知道对方患有精神病而与其结婚，或一方在夫妻共同生活期间患精神病，久治不愈的。

4. 一方欺骗对方，或者在结婚登记时弄虚作假，骗取《结婚证》的。

5. 双方办理结婚登记后，未同居生活，无和好可能的。

6. 包办、买卖婚姻、婚后一方随即提出离婚，或者虽共同生活多年，但确未建立起夫妻感情的。

7. 因感情不和分居已满3年，确无和好可能的，或者经人民法院判决不准离婚后又分居满1年，互不履行夫妻义务的。

8. 一方与他人通奸、非法同居，经教育仍无悔改表现，无过错一方起诉离婚，或者过错方起诉离婚，对方不同意离婚，经批评教育，处分，或在人民法院判决不准离婚后，过错方又起诉离婚，确无和好可能的。

9. 一方重婚，对方提出离婚的。

10. 一方好逸恶劳、有赌博等恶习，不履行家庭义务、屡教不改，夫妻难以共同生活的。

11. 一方被依法判处长期徒刑，或其违法、犯罪行为严重伤害夫妻感情的。

12. 一方下落不明满二年，对方起诉离婚，经公告查找确无下落的。

13. 受对方的虐待、遗弃，或者受对方亲属虐待，或虐待对方亲属，经教育不改，另一方不谅解的。

14. 因其他原因导致夫妻感情确已破裂的。

最高人民法院关于人民法院审理未办结婚登记
而以夫妻名义同居生活案件的若干意见

(1989 年 12 月 13 日最高人民法院颁行)

人民法院审理未办结婚登记而以夫妻名义同居生活的案件，应首先向双方当事人严肃指出其行为的违法性和危害性，并视其违法情节给予批评教育或民事制裁。但基于这类"婚姻"关系形成的原因和案件的具体情况复杂，为保护妇女和儿童的合法权益，有利于婚姻家庭关系的稳定，维护安定团结，在一定时期内，有条件的承认其事实婚姻关系，是符合实际的。为此，我们根据法律规定和审判实践经验，对此类案件的审理提出以下意见：

1. 1986 年 3 月 15 日《婚姻登记办法》施行之前，未办结婚登记手续即以夫妻名义同居生活，群众也认为是夫妻关系的，一方向人民法院起诉"离婚"，如起诉时双方均符合结婚的法院条件，可认定为事实婚姻关系；如起诉时一方或双方不符合结婚的法定条件，应认定非法同居关系。

2. 1986 年 3 月 15 日《婚姻登记办法》施行之后，未办结婚登记手续即以夫妻名义同居生活，群众也认为是夫妻关系的，一方向人民法院起诉"离婚"，如同居时双方均符合结婚的法定条件，可认定为事实婚姻关系；如同居时一方或双方不符合结婚的法定条件，应认定为非法同居关系。

3. 自民政部新的婚姻登记管理条例施行之日起，未办结婚登记即以夫妻名义同居生活，按非法同居关系对待。

4. 离婚后双方未再婚，未履行复婚登记手续，又以夫妻名义共同生活，一方起诉"离婚"的，一般应解除其非法同居关系。

5. 已登记结婚的一方又与第三人形成事实婚姻关系，或事实婚姻关系的一方又与第三人登记结婚，或事实婚姻关系的一方又与第三人形成新的事实婚姻关系，凡前一个婚姻关系的一方要求追究重婚罪的，无论其行为是否构成重婚罪，均应解除后一个婚姻关系。前一个婚姻关系的一方如要求处理离婚问题，应根据其婚姻关系的具体情况进行调解或者作出判决。

6. 审理事实婚姻关系的离婚案件，应当先进行调解，经调解和好或撤诉的，确认婚姻关系有效，发给调解书或裁定书，经调解不能和好的，应调解或判决准予离婚。

7. 未办结婚登记而以夫妻名义同居生活的男女，一方要求"离婚"或解除同居关系，经查确属非法同居关系的，应一律判决予以解除。

8. 人民法院审理非法同居关系的案件，如涉及非婚生子女抚养和财产分割问题，应一并予以解决。具体分割财产时，应照顾妇女、儿童的利益，考虑财产的实际情况和双方的过错程度，妥善分割。

9. 解除非法同居关系时，双方所生的非婚生子女，由哪一方抚养，双方协商，协商不成时，应根据子女的利益和双方的具体情况判决，哺乳期内的子女，原则上应由母方抚养，如父方条件好，母方同意，也可由父方抚养，子女为限制民事行为能力人的，应征求子女本人的意见，一方将未成年的子女送他人收养，须征得另一方的同意。

10. 解除非法同居关系时，同居生活期间双方共同所得的收入和购置的财产，按一般共有财产处理，同居生活前，一方自愿赠送给对方的财物可比照赠与关系处理；一方向另一方索取的财物，可参照最高人民法院（84）法办字第 112 号《关于贯彻执行民事政策法律若干问题的意见》第（18）条规定的精神处理。

11. 解除非法同居关系时，同居期间为共同生产、生活而形成的债权、债务，可按共同债权、债务处理。

12. 解除非法同居关系时，一方在共同生活期间患有严重疾病未治愈的，分割财产时，应予适当照顾，或者由另一方给予一次性的经济帮助。

13. 同居生活期间一方死亡，另一方要求继承死者遗产，如认定事实婚姻关系的，可以配偶身份按继承法的有关规定处理；如认定非法同居关系，而又符合继承法第十四条规定的，可根据相互扶助的具体情况处理。

14. 人民法院在审理未办结婚登记而以夫妻名义同居生活的案件时，对违法情节严重，应按照婚姻法、民法通则、《关于贯彻执行〈民法通则〉若干问题的意见》和其他法律、法规的有关规定，给予适当的民事制裁。

15. 本意见自颁布之日起施行。凡最高人民法院过去的规定与本意见相抵触的，均按本意见执行。

最高人民法院关于夫妻离婚后
人工授精所生子女的法律地位如何确定的复函

（1991 年 7 月 8 日最高人民法院作出）

河北省高级人民法院：

你院冀法（民）（1991）43 号《关于夫妻离婚后人工授精所生子女的法律地位如何确定的请示报告》收悉。

经研究，我们认为，在夫妻关系存续期间，双方一致同意进行人工授精，所生子女应视为夫妻双方的婚生子女，父母子女之间权利义务关系适用《婚姻法》的有关规定。

此复

附：

河北省高级人民法院关于夫妻离婚后

人工授精所生子女的法律地位如何确定的请示

冀法（民）〔1991〕43号

最高人民法院：

我省廊坊市三河县人民法院受理了王××（女，28岁，汉族）诉杨××（男，31岁，汉族）离婚一案，杨××和王××经人介绍于1987年12月登记结婚，婚后一年多未生育，经天津市计划生育技术指导所检查确认男方患无精症，经双方协商，王于1989年2月实行人工授精手术，同年11月生一女杨×，后因夫妻生活琐事多次发生争吵打架，致使感情恶化，王××于1990年4月诉至法院，要求与杨××离婚，双方同意离婚，但均争养小孩，廊坊市中级法院对人工授精所生子女的法律地位发生意见分歧，请示我院，一种意见认为小孩应判归男方抚养，因男方无生育能力；另一种意见则认为小孩应判归女方抚养，因为该小孩与男方没有血缘关系。

我院认为，此案双方争养的小孩杨×，是因男方无生育能力，在双方一致同意的情况下人工授精所生，应视为婚生子女，推定确认男方就是孩子的生父，夫妻离婚后，按照婚姻法的有关规定双方都有抚养教育子女的义务。因而也适用最高法院《关于贯彻执行民事政策若干问题的意见》中第22条的规定，鉴于本案中杨×年龄尚小，且一直随其母生活，从有利于子女成长考虑，应判决杨×同女方一起生活为宜，但此类问题法律尚无规定，特请示，请答复。

1991年4月8日

最高人民法院关于人民法院审理离婚案件
处理财产分割问题的若干具体意见

（1993年11月3日最高人民法院审判委员会第603次会议通过并颁行）

人民法院审理离婚案件对夫妻共同财产的处理，应当依照《中华人民共和国婚姻法》、《中华人民共和国妇女权益保障法》及有关法律规定，分清个人财产、夫妻共同财产和家庭共同财产，坚持男女平等，保护妇女、儿童的合法权益，照顾无过错方，尊重当事人意愿，有利生产、方便生活的原则，合情合理地予以解决。根据上述原则，结合审判实践，提出如下具体意见：

1. 夫妻双方对财产归谁所有以书面形式约定的，或以口头形式约定，双方无争议的，离婚时应按约定处理。但规避法律的约定无效。

2. 夫妻双方在婚姻关系存续期间所得的财产，为夫妻共同财产，包括：

（1）一方或双方劳动所得的收入和购置的财产；

（2）一方或双方继承、受赠的财产；

（3）一方或双方由知识产权取得的经济利益；

（4）一方或双方从事承包、租赁等生产、经营活动的收益；

（5）一方或双方取得的债权；

（6）一方或双方的其他合法所得。

3. 在婚姻关系存续期间，复员、转业军人所得的复员费、转业费，结婚时间 10 年以上的，应按夫妻共同财产进行分割。复员军人从部队带回的医药补助费和回乡生产补助费，应归本人所有。

4. 夫妻分居两地分别管理、使用的婚后所得财产，应认定为夫妻共同财产。在分割财产时，各自分别管理、使用的财产归各自所有。双方所分财产相差悬殊的，差额部分，由多得财产的一方以与差额相当的财产抵偿另一方。

5. 已登记结婚，尚未共同生活，一方或双方受赠的礼金、礼物应认定为夫妻共同财产，具体处理时应考虑财产来源、数量等情况合理分割。各自出资购置、各自使用的财物，原则上归各自所有。

6. 一方婚前个人所有的财产，婚后由双方共同使用、经营、管理的，房屋和其他价值较大的生产资料经过 8 年，贵重的生活资料经过 4 年，可视为夫妻共同财产。

7. 对个人财产还是夫妻共同财产难以确定的，主张权利的一方有责任举证。当事人举不出有力证据，人民法院又无法查实的，按夫妻共同财产处理。

8. 夫妻共同财产，原则上均等分割。根据生产、生活的实际需要和财产的来源等情况，具体处理时也可以有所差别。属于个人专用的物品，一般归个人所有。

9. 一方以夫妻共同财产与他人合伙经营的，入伙的财产可分给一方所有，分得入伙财产的一方对另一方应给予相当于入伙财产一半价值的补偿。

10. 属于夫妻共同财产的生产资料，可分给有经营条件和能力的一方。分得该生产资料的一方对另一方应给予相当于该财产一半价值的补偿。

11. 对夫妻共同经营的当年无收益的养殖、种植业等，离婚时应从有利于发展生产、有利于经营管理考虑，予以合理分割或折价处理。

12. 婚后 8 年内双方对婚前一方所有的房屋进行过修缮、装修、原拆原建，离婚时未变更产权的，房屋仍归产权人所有，增值部分中属于另一方应得的份额，由房屋所有权人折价补偿另一方；进行过扩建的，扩建部分的房屋应按夫妻共同财产处理。

13. 对不宜分割使用的夫妻共有的房屋，应根据双方住房情况和照顾抚养子女方或无过错方等原则分给一方所有。分得房屋的一方对另一方应给予相当于该房屋一半价值的补偿。在双方条件等同的情况下，应照顾女方。

14. 婚姻存续期间居住的房屋属于一方所有，另一方以离婚后无房居住为由，要求暂住的，经查实可据情予以支持，但一般不超过两年。

无房一方租房居住经济上确有困难的，享有房屋产权的一方可给予一次性经济帮助。

15. 离婚时一方尚未取得经济利益的知识产权，归一方所有。在分割夫妻共同财产时，可根据具体情况，对另一方予以适当的照顾。

16. 婚前个人财产在婚后共同生活中自然毁损、消耗、灭失，离婚时一方要求以夫妻共同财产抵偿的，不予支持。

17. 夫妻为共同生活或为履行抚养、赡养义务等所负债务，应认定为夫妻共同债务，离婚时应当以夫妻共同财产清偿。

下列债务不能认定为夫妻共同债务，应由一方以个人财产清偿：

（1）夫妻双方约定由个人负担的债务，但以逃避债务为目的的除外。

（2）一方未经对方同意，擅自资助与其没有抚养义务的亲朋所负的债务。

（3）一方未经对方同意，独自筹资从事经营活动，其收入确未用于共同生活所负的债务。

（4）其他应由个人承担的债务。

18. 婚前一方借款购置的房屋等财物已转化为夫妻共同财产的，为购置财物借款所负债务，视为夫妻共同债务。

19. 借婚姻关系索取的财物，离婚时，如结婚时间不长，或者因索要财物造成对方生活困难的，可酌情返还。

对取得财物的性质是索取还是赠与难以认定的，可按赠与处理。

20. 离婚时夫妻共同财产未从家庭共同财产中析出，一方要求析产的，可先就离婚和已查清的财产问题进行处理，对一时确实难以查清的财产的分割问题可告知当事人另案处理；或者中止离婚诉讼，待析产案件审结后再恢复离婚诉讼。

21. 一方将夫妻共同财产非法隐藏、转移拒不交出的，或非法变卖、毁损的，分割财产时，对隐藏、转移、变卖、毁损财产的一方，应予以少分或不分。具体处理时，应把隐藏、转移、变卖、毁损的财产作为隐藏、转移、变卖、毁损财产的一方分得的财产份额，对另一方的应得的份额应以其他夫妻共同财产折抵，不足折抵的，差额部分由隐藏、转移、变卖、毁损财产的一方折价补偿对方。

对非法隐藏、转移、变卖、毁损夫妻共同财产的一方，人民法院可依照《中华人民共和国民事诉讼法》第一百零二条的规定进行处理。

22. 属于事实婚姻的，其财产分割适用本意见。

属于非法同居的，其财产分割按最高人民法院《关于人民法院审理未办结婚登记而以夫妻名义同居生活案件的若干意见》的有关规定处理。

最高人民法院关于人民法院审理离婚案件处理子女抚养问题的若干具体意见

（1993 年 11 月 3 日最高人民法院审判委员会第 603 次会议通过并颁行）

人民法院审理离婚案件，对子女抚养问题，应当依照《中华人民共和国婚姻法》第二十九条、第三十条及有关法律规定，从有利于子女身心健康，保障子女的合法权益出发，结合父母双方的抚养能力和抚养条件等具体情况妥善解决。根据上述原则，结合审判实践，提出如下具体意见：

1. 两周岁以下的子女，一般随母方生活。母方有下列情形之一的，可随父方生活：

（1）患有久治不愈的传染性疾病或其他严重疾病，子女不宜与其共同生活的；

（2）有抚养条件不尽抚养义务，而父方要求子女随其生活的；

（3）因其他原因，子女确无法随母方生活的。

2. 父母双方协议两周岁以下子女随父方生活，并对子女健康成长无不利影响的，可予准许。

3. 对两周岁以上未成年的子女，父方和母方均要求随其生活，一方有下列情形之一的，可予优先考虑：

（1）已做绝育手术或因其他原因丧失生育能力的；

（2）子女随其生活时间较长，改变生活环境对子女健康成长明显不利的；

（3）无其他子女，而另一方有其他子女的；

（4）子女随其生活，对子女成长有利，而另一方患有久治不愈的传染性疾病或其他严重疾病，或者有其他不利于子女身心健康的情形，不宜与子女共同生活的。

4. 父方与母方抚养子女的条件基本相同，双方均要求子女与其共同生活，但子女单独随祖父母或外祖父母共同生活多年，且祖父母或外祖父母要求并且有能力帮助子女照顾孙子女或外孙子女的，可作为子女随父或母生活的优先条件予以考虑。

5. 父母双方对十周岁以上的未成年子女随父或随母生活发生争执的，应考虑该子女的意见。

6. 在有利于保护子女利益的前提下，父母双方协议轮流抚养子女的，可予准许。

7. 子女抚育费的数额，可根据子女的实际需要、父母双方的负担能力和当地的实际生活水平确定。

有固定收入的，抚育费一般可按其月总收入的百分之二十至三十的比例给付。负担两个以上子女抚育费的，比例可适当提高，但一般不得超过月总收入的百分之五十。

无固定收入的，抚育费的数额可依据当年总收入或同行业平均收入，参照上述比例确定。

有特殊情况的，可适当提高或降低上述比例。

8. 抚育费应定期给付，有条件的可一次性给付。

9. 对一方无经济收入或者下落不明的，可用其财物折抵子女抚育费。

10. 父母双方可以协议子女随一方生活并由抚养方负担子女全部抚育费。但经查实，抚养方的抚养能力明显不能保障子女所需费用，影响子女健康成长的，不予准许。

11. 抚育费的给付期限，一般至子女十八周岁为止。

十六周岁以上不满十八周岁，以其劳动收入为主要生活来源，并能维持当地一般生活水平的，父母可停止给付抚育费。

12. 尚未独立生活的成年子女有下列情形之一，父母又有给付能力的，仍应负担必要的抚育费：

（1）丧失劳动能力或虽未完全丧失劳动能力，但其收入不足以维持生活的；

（2）尚在校就读的；

（3）确无独立生活能力和条件的。

13. 生父与继母或生母与继父离婚时，对曾受其抚养教育的继子女，继父或继母不同意继续抚养的，仍应由生父母抚养。

14. 《中华人民共和国收养法》施行前，夫或妻一方收养的子女，对方未表示反对，并与该子女形成事实收养关系的，离婚后，应由双方负担子女的抚育费；夫或妻一方收养的子女，对方始终反对的，离婚后，应由收养方抚养该子女。

15. 离婚后，一方要求变更子女抚养关系的，或者子女要求增加抚育费的，应另行起诉。

16. 一方要求变更子女抚养关系有下列情形之一的，应予支持。

（1）与子女共同生活的一方因患严重疾病或因伤残无力继续抚养子女的；

（2）与子女共同生活的一方不尽抚养义务或有虐待子女行为，或其与子女共同生活对子女身心健康确有不利影响的；

（3）十周岁以上未成年子女，愿随另一方生活，该方又有抚养能力的；

（4）有其他正当理由需要变更的。

17. 父母双方协议变更子女抚养关系的，应予准许。

18. 子女要求增加抚育费有下列情形之一，父或母有给付能力的，应予支持。

（1）原定抚育费数额不足以维持当地实际生活水平的；

（2）因子女患病、上学，实际需要已超过原定数额的；

（3）有其他正当理由应当增加的。

19. 父母不得因子女变更姓氏而拒付子女抚育费。父或母一方擅自将子女姓氏改为继母或继父姓氏而引起纠纷的，应责令恢复原姓氏。

20. 在离婚诉讼期间，双方均拒绝抚养子女的，可先行裁定暂由一方抚养。

21. 对拒不履行或妨害他人履行生效判决、裁定、调解中有关子女抚养义务的当事人或者其他人，人民法院可依照《中华人民共和国民事诉讼法》第一百零二条的规定采取强制措施。

最高人民法院关于审理离婚案件中公房使用、承租若干问题的解答

（1996年2月5日最高人民法院审判委员会第791次会议通过并颁行）

人民法院审理离婚案件对公房使用、承租问题应当依照《中华人民共和国民法通则》、《中华人民共和国婚姻法》、《中华人民共和国妇女权益保障法》和其他有关法律规定，坚持男女平等和保护妇女、儿童合法权益等原则，考虑双方的经济收入，实事求是，合情合理地予以解决。现将审判实践中提出的一些问题，根据有关法律的规定，解答如下：

一、问：在离婚案件中，当事人对公房的使用、承租问题发生争议，人民法院可否予以处理？

答：在离婚案件中，当事人对公房的使用、承租问题发生争议，自行协商不成，或者经当事人双方单位或有关部门调解不成的，人民法院应根据案件的具体情况，依法予以妥

善处理。

二、问：夫妻共同居住的公房，在什么情况下，离婚后双方均可承租？

答：夫妻共同居住的公房，具有下列情形之一的，离婚后，双方均可承租：

（一）婚前由一方承租的公房，婚姻关系存续5年以上的；

（二）婚前一方承租的本单位的房屋，离婚时，双方均为本单位职工的；

（三）一方婚前借款投资建房取得的公房承租权，婚后夫妻共同偿还借款的；

（四）婚后一方或双方申请取得公房承租权的；

（五）婚前一方承租的公房，婚后因该承租房屋拆迁而取得房屋承租权的；

（六）夫妻双方单位投资联建或联合购置的共有房屋的；

（七）一方将其承租的本单位的房屋，交回本单位或交给另一方单位后，另一方单位另给调换房屋的；

（八）婚前双方均租有公房，婚后合并调换房屋的；

（九）其他应当认定为夫妻双方均可承租的情形。

三、问：对夫妻双方均可承租的公房，应依照什么原则处理？

答：对夫妻双方均可承租的公房，应依照下列原则予以处理：

（一）照顾抚养子女的一方；

（二）男女双方在同等条件下，照顾女方；

（三）照顾残疾或生活困难的一方；

（四）照顾无过错一方。

四、问：对夫妻双方均可承租的公房而由一方承租的，承租方对另一方是否给予经济补偿？

答：对夫妻双方均可承租的公房而由一方承租的，承租方对另一方可给予适当的经济补偿。

五、问：夫妻双方均可承租的公房能够隔开分室居住使用的，可否由双方分别租住？

答：夫妻双方均可承租的公房，如其面积较大能够隔开分室居住使用的，可由双方分别租住；对可以另调房屋分别租住或承租方给另一方解决住房的，可予准许。

六、问：离婚时，一方对另一方婚前承租的公房无权承租的，可否暂时居住？

答：离婚时，一方对另一方婚前承租的公房无权承租而解决住房确有困难的，人民法院可调解或判决其暂时居住，暂住期限一般不超过两年。暂住期间，暂住方应交纳与房屋租金等额的使用费及其他必要的费用。

七、问：离婚时，一方对另一方婚前承租的公房无权承租而另行租房经济上确有困难的，如何处理？

答：离婚时，一方对另一方婚前承租的公房无权承租，另行租房经济上确有困难的，如承租公房一方有负担能力，应给予一次性经济帮助。

八、问：在调整和变更单位自管房屋租赁关系时，是否需征得自管房单位的同意？

答：人民法院在调整和变更单位自管房屋（包括单位委托房地产管理部门代管的房屋）的租赁关系时，一般应征求自管房单位的意见。经调解或判决变更房屋租赁关系的，承租人应依照有关规定办理房屋变更登记手续。

九、问：对夫妻双方共同出资而取得"部分产权"的房屋，应如何处理？

答：对夫妻共同出资而取得"部分产权"的房屋，人民法院可参照上述有关解答，予以妥善处理。但分得房屋"部分产权"的一方，一般应按所得房屋产权的比例，依照离婚时当地政府有关部门公布的同类住房标准价，给予对方一半价值的补偿。

十、问：对夫妻双方均争房屋"部分产权"的，可否采取竞价方式解决？

答：对夫妻双方均争房屋"部分产权"的，如双方同意或者双方经济、住房条件基本相同，可采取竞价方式解决。

最高人民法院关于审理人身损害赔偿案件适用
法律若干问题的解释（节选）

（2003 年 12 月 4 日最高人民法院审判委员会第 1299 次会议通过，
2003 年 12 月 26 日公布，自 2004 年 5 月 1 日起施行）

第一条 因生命、健康、身体遭受侵害，赔偿权利人起诉请求赔偿义务人赔偿财产损失和精神损害的，人民法院应予受理。

本条所称"赔偿权利人"，是指因侵权行为或者其他致害原因直接遭受人身损害的受害人、依法由受害人承担扶养义务的被扶养人以及死亡受害人的近亲属。

本条所称"赔偿义务人"，是指因自己或者他人的侵权行为以及其他致害原因依法应当承担民事责任的自然人、法人或者其他组织。

第七条 对未成年人依法负有教育、管理、保护义务的学校、幼儿园或者其他教育机构，未尽职责范围内的相关义务致使未成年人遭受人身损害，或者未成年人致他人人身损害的，应当承担与其过错相应的赔偿责任。

第三人侵权致未成年人遭受人身损害的，应当承担赔偿责任。学校、幼儿园等教育机构有过错的，应当承担相应的补充赔偿责任。

第十二条 依法应当参加工伤保险统筹的用人单位的劳动者，因工伤事故遭受人身损害，劳动者或者其近亲属向人民法院起诉请求用人单位承担民事赔偿责任的，告知其按《工伤保险条例》的规定处理。

因用人单位以外的第三人侵权造成劳动者人身损害，赔偿权利请求第三人承担民事赔偿责任的，人民法院应予支持。

第十七条 受害人遭受人身损害，因就医治疗支出的各项费用以及因误工减少的收入，包括医疗费、误工费、护理费、交通费、住宿费、住院伙食补助费、必要的营养费，赔偿义务人应当予以赔偿。

受害人因伤致残的，其因增加生活上需要所支出的必要费用以及因丧失劳动能力导致的收入损失，包括残疾赔偿金、残疾辅助器具费、被扶养人生活费，以及因康复护理、继续治疗实际发生的必要的康复费、护理费、后续治疗费，赔偿义务人也应当予以赔偿。

受害人死亡的，赔偿义务人除应当根据抢救治疗情况赔偿本条第一款规定的相关费用外，还应当赔偿丧葬费、被扶养人生活费、死亡补偿费以及受害人亲属办理丧葬事宜支出的交通费、住宿费和误工损失等其他合理费用。

第十八条　受害人或者死者近亲属遭受精神损害，赔偿权利人向人民法院请求赔偿精神损害抚慰金的，适用《最高人民法院关于确定民事侵权精神损害赔偿责任若干问题的解释》予以确定。

精神损害抚慰金的请求权，不得让与或者继承。但赔偿义务人已经以书面方式承诺给予金钱赔偿，或者赔偿权利人已经向人民法院起诉的除外。

第二十八条　被扶养人生活费根据扶养人丧失劳动能力程度，按照受诉法院所在地上一年度城镇居民人均消费性支出和农村居民人均年生活消费支出标准计算。被扶养人为未成年人的，计算至十八周岁；被扶养人无劳动能力又无其他生活来源的，计算二十年。但六十周岁以上的，年龄每增加一岁减少一年；七十五周岁以上的，按五年计算。

被扶养人是指受害人依法应当承担扶养义务的未成年人或者丧失劳动能力又无其他生活来源的成年近亲属。被扶养人还有其他扶养人的，赔偿义务人只赔偿受害人依法应当负担的部分。被扶养人有数人的，年赔偿总额累计不超过上一年度城镇居民人均消费性支出额或者农村居民人均年生活消费支出额。

最高人民法院行政审判庭关于婚姻登记行政案件原告资格及判决方式有关问题的答复

（2005 年 10 月 8 日最高人民法院行政审判庭作出）

浙江省高级人民法院：

你院《关于婚姻关系当事人以外的其他人可否对婚姻登记行为提起行政诉讼及对程序违法的婚姻登记行为能否判决撤销的请示》收悉。经研究，答复如下：

一、依据《中华人民共和国行政诉讼法》第二十四条第二款规定，有权起诉婚姻登记行为的婚姻关系当事人死亡的，其近亲属可以提起行政诉讼。

二、根着《中华人民共和国婚姻法》第八条规定，婚姻关系双方或一方当事人未亲自到婚姻登记机关进行婚姻登记，且不能证明婚姻登记系男女双方的真实意思表示，当事人对该婚姻登记不服提起诉讼的，人民法院应当依法予以撤销。

此复。

附：

浙江省高级人民法院关于婚姻关系当事人以外的其他人可否对婚姻登记行为
提起行政诉讼及对程序违法的婚姻登记行为能否判决撤销的请示
（2005 年 4 月 22 日　［2003］浙行他字第 9 号）

最高人民法院：

我院在办理温州市中级人民法院报送请示的郑松菊、胡奕飞诉温州乐清市民政局颁发结婚证行政争议一案中，对婚姻关系当事人以外的其他人能否对婚姻登记行为提起行政诉讼，以及对程序违法但婚姻关系当事人一方已经死亡的结婚登记行为法院能否判决撤销等问题意见分歧大。合议庭及审判委员会多数意见认为，郑松菊、胡奕飞具有原告资格，有权对乐清市民政局准予胡加招、张明娣结婚登记的行政行为提起行政诉讼，且该登记行为违反法定程序，法院应判决撤销；少数意见认为，郑松菊、胡奕飞无权对他人的婚姻登记行为提起行政诉讼。对虽然违反法定程序但一方当事人已经登记的婚姻登记行为不能适用撤销判决。审判委员会的结论为多数意见。因考虑到本案社会影响大，如何适用法律认识上又很不一致，为慎重起见，特向钧院请示，请复示。

全国人民代表大会常务委员会关于
《中华人民共和国民法通则》第九十九条第一款、
《中华人民共和国婚姻法》第二十二条的解释

（2014 年 11 月 1 日第十二届全国人民代表大会常务委员会
第十一次会议通过并公告）

最高人民法院向全国人民代表大会常务委员会提出，为使人民法院正确理解和适用法律，请求对民法通则第九十九条第一款"公民享有姓名权，有权决定、使用和依照规定改变自己的姓名"和婚姻法第二十二条"子女可以随父姓，可以随母姓"的规定作法律解释，明确公民在父姓和母姓之外选取姓氏如何适用法律。

全国人民代表大会常务委员会讨论了上述规定的含义，认为：公民依法享有姓名权。公民行使姓名权属于民事活动，既应当依照民法通则第九十九条第一款和婚姻法第二十二条的规定，还应当遵守民法通则第七条的规定，即应当尊重社会公德，不得损害社会公共利益。在中华传统文化中，"姓名"中的"姓"，即姓氏，体现着血缘传承、伦理秩序和文化传统，公民选取姓氏涉及公序良俗。公民原则上随父姓或者母姓符合中华传统文化和伦理观念，符合绝大多数公民的意愿和实际做法。同时，考虑到社会实际情况，公民有正当理由的也可以选取其他姓氏。基于此，对民法通则第九十九条第一款、婚姻法第二十二条解释如下：

公民依法享有姓名权。公民行使姓名权，还应当尊重社会公德，不得损害社会公共利益。

公民原则上应当随父姓或者母姓。有下列情形之一的，可以在父姓和母姓之外选取姓氏：

（一）选取其他直系长辈血亲的姓氏；

（二）因由法定扶养人以外的人扶养而选取扶养人姓氏；

（三）有不违反公序良俗的其他正当理由。

少数民族公民的姓氏可以从本民族的文化传统和风俗习惯。

现予公告。

最高人民法院关于废止 1980 年 1 月 1 日至 1997 年 6 月 30 日期间发布的部分司法解释和司法解释性质文件（第九批）的决定（节选）

（2012 年 11 月 19 日由最高人民法院审判委员会第 1560 次会议通过，
2013 年 1 月 14 日公布，自 2013 年 1 月 18 日起施行）

为适应形势发展变化，保证国家法律统一正确适用，根据有关法律规定和审判实际需要，最高人民法院会同有关部门，对 1980 年 1 月 1 日至 1997 年 6 月 30 日期间发布的司法解释和司法解释性质文件进行了集中清理。现决定废止 1980 年 1 月 1 日至 1997 年 6 月 30 日期间发布的 429 件司法解释和司法解释性质文件。废止的司法解释和司法解释性质文件从本决定施行之日起不再适用，但过去依据下列司法解释和司法解释性质文件对有关案件作出的判决、裁定仍然有效。

予以废止的 1980 年 1 月 1 日至 1997 年 6 月 30 日期间发布的部分
司法解释和司法解释性质文件目录（第九批）

序号	司法解释和司法解释性质文件名称	发文日期、文号	废止理由
348	最高人民法院关于《婚姻登记管理条例》施行后发生的以夫妻名义非法同居的重婚案件是否以重婚罪定罪处罚的批复	1994 年 12 月 14 日 法复〔1994〕10 号	婚姻登记管理条例已废止，刑法已有明确规定

最高人民法院民一庭关于婚姻关系存续期间夫妻一方以个人名义所负债务性质如何认定的答复

（2014）民一他字第 10 号

江苏省高级人民法院：

你院（2014）苏民他字第 2 号《关于婚姻关系存续期间夫妻一方以个人名义所负债务的性质如何认定问题的请示》收悉。

经研究，同意你院审判委员会的倾向性意见。在不涉及他人的离婚案件中，由以个人名义举债的配偶一方负责举证证明所借债务用于夫妻共同生活，如证据不足，则其配偶一方不承担偿还责任。在债权人以夫妻一方为被告起诉的债务纠纷中，对于案涉债务是否属于夫妻共同债务，应当按照《最高人民法院关于适用〈中华人民共和国婚姻法〉若干问题的解释（二）》第二十四条规定认定。如果举债人的配偶举证证明所借债务并非用于夫妻共同生活，则其不承担偿还责任。

最高人民法院民事审判第一庭

二〇一四年七月十二日

图书在版编目（CIP）数据

婚姻家庭继承法学案例教程/陈苇主编 . —3 版 . —北京：群众出版社，2017.2
ISBN 978-7-5014-5627-7

Ⅰ.①婚… Ⅱ.①陈… Ⅲ.①婚姻法—案例—中国—教材②继承法—案例—中国—教材 Ⅳ.①D923.05

中国版本图书馆 CIP 数据核字（2017）第 011892 号

婚姻家庭继承法学案例教程 （第三版）

陈 苇 主编

出版发行：群众出版社

地　　址：北京市西城区木樨地南里

邮政编码：100038

经　　销：新华书店

印　　刷：北京市泰锐印刷有限责任公司

版　　次：2017 年 2 月第 3 版

印　　次：2018 年 9 月第 5 次

印　　张：21.5

开　　本：787 毫米×1092 毫米　1/16

字　　数：523 千字

书　　号：ISBN 978-7-5014-5627-7

定　　价：65.00 元

网　　址：www.qzcbs.com

电子邮箱：qzcbs@ sohu.com

营销中心电话：010-83903254

读者服务部电话（门市）：010-83903257

警官读者俱乐部电话（网购、邮购）：010-83903253

法律图书分社电话：010-83905745